DEIKE HEMPEL

Die Tariftreueerklärung im Lichte des deutschen
und europäischen Arbeitsrechts

Schriften zum Sozial- und Arbeitsrecht

Band 298

Die Tariftreueerklärung im Lichte des deutschen und europäischen Arbeitsrechts

Von

Deike Hempel

Duncker & Humblot · Berlin

Die Juristische Fakultät
der Julius-Maximilians-Universität Würzburg hat diese Arbeit
im Jahre 2009 als Dissertation angenommen.

Bibliografische Information der Deutschen Nationalbibliothek

Die Deutsche Nationalbibliothek verzeichnet diese Publikation in
der Deutschen Nationalbibliografie; detaillierte bibliografische Daten
sind im Internet über http://dnb.d-nb.de abrufbar.

Alle Rechte vorbehalten
© 2011 Duncker & Humblot GmbH, Berlin
Fremddatenübernahme: Klaus-Dieter Voigt, Berlin
Druck: Berliner Buchdruckerei Union GmbH, Berlin
Printed in Germany

ISSN 0582-0227
ISBN 978-3-428-13312-3 (Print)
ISBN 978-3-428-53312-1 (E-Book)
ISBN 978-3-428-83312-2 (Print & E-Book)

Gedruckt auf alterungsbeständigem (säurefreiem) Papier
entsprechend ISO 9706 ∞

Internet: http://www.duncker-humblot.de

Meinen Eltern

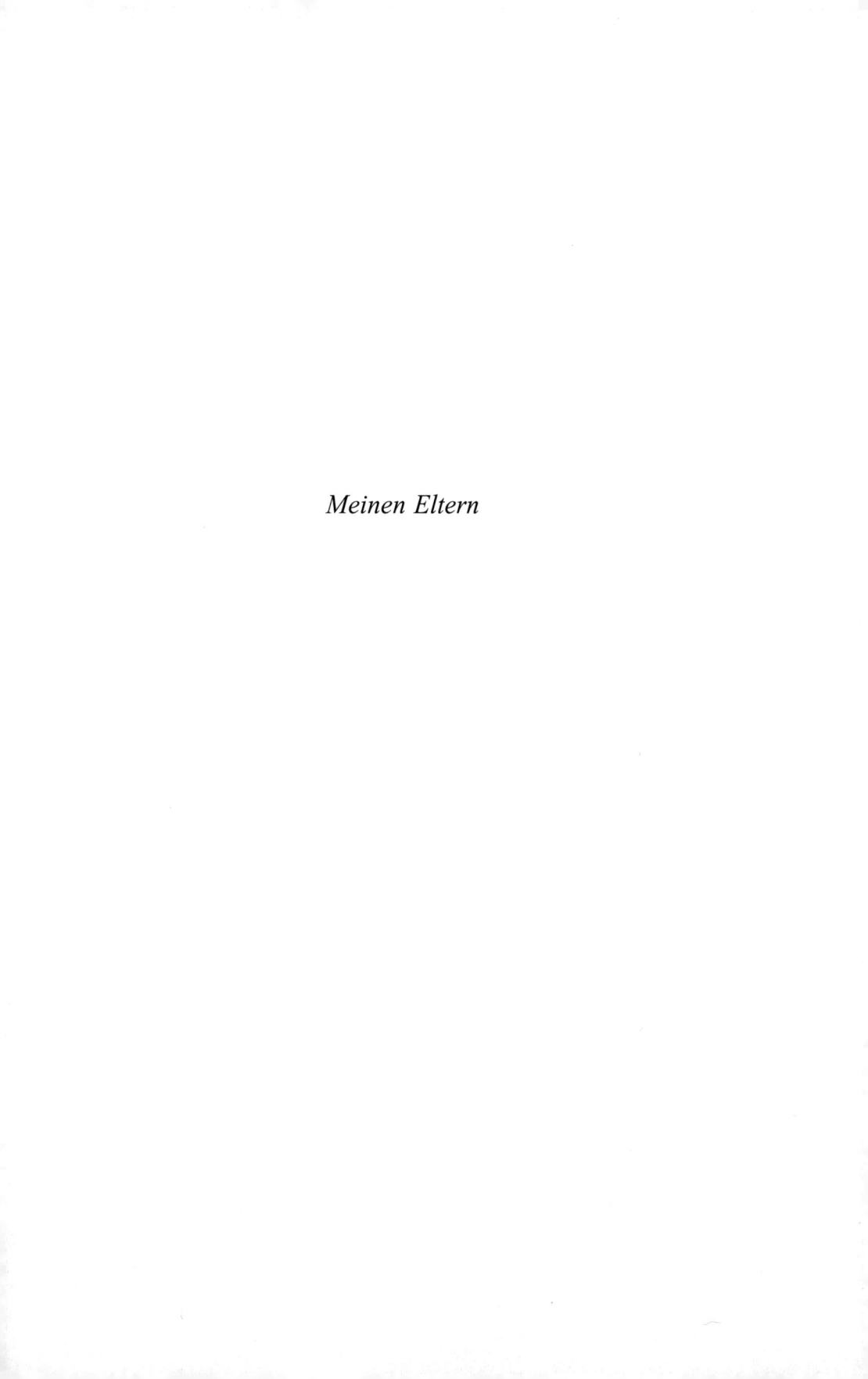

Vorwort

Die vorliegende Arbeit wurde im Sommersemester 2009 an der juristischen Fakultät der Julius-Maximilians-Universität Würzburg als Dissertation angenommen. Literatur und Rechtsprechung sind im Wesentlichen auf dem Stand von 2009. Auf spätere Gesetzes- und Rechtssprechungsänderungen wird jeweils hingewiesen. Diese Hinweise berücksichtigen die Rechtslage bis September 2010.

Mein besonderer Dank gilt meinem Doktorvater, Herrn Prof. Dr. Christoph Weber, für die Anregung zu dieser Arbeit und für ihre Betreuung. Ohne seine Ermutigung in allen Phasen des Promotionsvorhabens wäre diese Arbeit nicht entstanden. An die Zeit als wissenschaftliche Mitarbeiterin an seinem Lehrstuhl für Bürgerliches Recht und Arbeitsrecht an der Julius-Maximilians-Universität Würzburg werde ich mich immer gerne erinnern.

Herrn Prof. Dr. Christof Kerwer danke ich für die zügige Erstellung des Zweitgutachtens.

Darüber hinaus gilt mein Dank vor allem meiner Familie: Meinen Geschwistern danke ich im Allgemeinen dafür, dass sie immer da sind, wenn man sie braucht und im Besonderen für ihren Einsatz bei eiligen Kopier- und Korrekturarbeiten. Ich danke zudem meinem Großvater, der die Entstehung der Arbeit stets mit großem Interesse verfolgt und schließlich zu ihrer Veröffentlichung durch einen großzügigen Druckkostenzuschuss beigetragen hat. Meinen Eltern, die mich auch während des Studiums immer unterstützt und durch alle Höhen und Tiefen liebevoll begleitet haben, ist die Arbeit gewidmet.

Bonn, 15. Oktober 2010 *Deike Hempel*

Inhaltsverzeichnis

Teil 1

Einleitung 15

A. **Einführung** 15
B. **Die Tariftreuegesetze der Bundesländer** 18
   I. Rechtsstruktur 20
   II. Anwendungsbereich 21
   III. Kontrollen und Sanktionsmöglichkeiten 22
C. **Stand der Diskussion und Gang der Untersuchung** 22

Teil 2

**Die Tariftreuegesetze im System
der Entgeltbedingungen in Deutschland** 26

A. **Rechtliche Ausgangssituation bei reinen Inlandssachverhalten** 26
   I. Tarifverträge als Regelungsinstrument 27
      1. Wirkung von Tarifnormen 27
      2. Bindung an den Tarifvertrag 28
         a) Tarifbindung gem. § 3 TVG 29
         b) Allgemeinverbindlicherklärung gem. § 5 TVG 29
         c) Arbeitnehmer-Entsendegesetz 31
      3. Geltungsbereich von Tarifnormen 33
         a) Zeitlicher Geltungsbereich 33
         b) Räumlicher Geltungsbereich 34
         c) Betrieblicher Geltungsbereich 35
         d) Persönlicher Geltungsbereich 36
      4. Tarifkonkurrenz und Tarifpluralität 36
         a) Auflösung nach dem Grundsatz der Tarifeinheit 37
         b) Auflösung im Zusammenhang mit allgemeinverbindlichen Tarifverträgen 38
         c) Besonderheiten im Anwendungsbereich des AEntG 39
      5. Zwischenergebnis 42
   II. § 138 BGB als Untergrenze der individualvertraglichen Lohnvereinbarung 42

III. Entgeltvereinbarungen als Gegenstand einer Inhaltskontrolle nach §§ 307 ff. BGB 45
B. **Rechtliche Ausgangssituation bei grenzüberschreitenden Sachverhalten** .. 48
    I. Ermittlung des Arbeitsvertragsstatuts 49
        1. Rechtswahl 49
        2. Objektive Anknüpfung 50
            a) Regelanknüpfung nach Art. 30 Abs. 2 Nr. 1 EGBGB 51
                aa) Gewöhnlicher Arbeitsort 51
                bb) Vorübergehende Entsendung 52
            b) Regelanknüpfung nach Art. 30 Abs. 2 Nr. 2 EGBGB 55
            c) Ausnahmeregelung des Art. 30 Abs. 2 2. Halbs. EGBGB 55
            d) Objektive Anknüpfung bei den zu untersuchenden Fällen 56
        3. International zwingende Bestimmungen, Art. 34 EGBGB 57
    II. Anwendung deutscher Tarifverträge bei ausländischem Arbeitsvertragsstatut 58
        1. Geltung deutscher Tarifnormen und Arbeitsvertragsstatut 59
        2. Geltung deutscher Tarifnormen gem. Art. 30 Abs. 1 EGBGB 61
        3. Geltung deutscher Tarifnormen gem. Art. 34 EGBGB 62
        4. Geltung deutscher Tarifnormen gem. § 1 AEntG 64
C. **Wirkung der Tariftreuegesetze** 65
    I. Konstitutive und deklaratorische Tariftreueerklärung 65
    II. Tariftreueverpflichtung für Tarifgebundene 67
    III. Maßgebliche Tarifverträge 68

Teil 3

Vereinbarkeit der Tariftreuegesetze mit nationalem Verfassungsrecht   70

A. **Bestandsaufnahme** 70
    I. Stand der Diskussion 70
    II. Gang der Untersuchung 71
B. **Vereinbarkeit mit der Koalitionsfreiheit** 72
    I. Art. 9 Abs. 3 GG: Die Koalitionsfreiheit – Dogmatische Grundlagen 72
        1. Sachlicher Schutzbereich der Koalitionsfreiheit 72
            a) Positive individuelle Koalitionsfreiheit 72
            b) Kollektive Koalitionsfreiheit 72
                aa) Gegenstand der kollektiven Koalitionsfreiheit 72
                bb) Umfang der kollektiven Koalitionsfreiheit 73
                cc) Tarifautonomie und staatliche Gesetzgebung 74
            c) Negative Koalitionsfreiheit 76

Inhaltsverzeichnis 11

		aa) Herleitung der negativen Koalitionsfreiheit	76
		bb) Umfang des Schutzbereichs der negativen Koalitionsfreiheit	80
		(1) Die negative Koalitionsfreiheit als Fernbleibe und Austrittsrecht	80
		(2) Die negative Koalitionsfreiheit als „negative Tarifvertragsfreiheit"	83
	2.	Internationale Reichweite der Koalitionsfreiheit	86
		a) Persönlicher Anwendungsbereich	86
		b) Räumlicher Anwendungsbereich	87
		c) Sachlicher Anwendungsbereich	89
		aa) Bedeutung internationaler Rechtsquellen für die erforderliche Inlandsbeziehung	89
		bb) Bestimmung der Inlandsbeziehung nach dem Inhalt der tariflichen Regelung	90
		cc) Zwischenergebnis	91
	3.	Schranken	92
		a) Differenzierung zwischen Eingriff und Ausgestaltung nach der konventionellen Grundrechtsdogmatik	92
		b) Differenzierung zwischen Eingriff und Ausgestaltung im Rahmen von Art. 9 Abs. 3 GG	93
		aa) Differenzierung zwischen Eingriff und Ausgestaltung durch die Rechtsprechung	94
		bb) Kein Verzicht auf eine Differenzierung	94
		c) Abgrenzung zwischen Eingriff und Ausgestaltung	98
		d) Zusammenfassung	99
	4.	Schranken-Schranken	99
II.	Koalitionsfreiheit und Tariftreuegesetze		100
	1.	Eingriff in den Schutzbereich der Koalitionsfreiheit	100
		a) Eingriff in die negative Koalitionsfreiheit	101
		aa) Eingriff in das Fernbleibe- und Austrittsrecht	101
		bb) Eingriff in die „negative Tarifvertragsfreiheit"	104
		b) Eingriff in die positive individuelle Koalitionsfreiheit	106
		c) Eingriff in die kollektive Koalitionsfreiheit	107
		aa) Tarifvertragsparteien des Tariftreuetarifvertrages	107
		bb) Tarifvertragsparteien anderer Tarifverträge	110
		d) Zwischenergebnis	111
	2.	Schranken	111
	3.	Schranken-Schranken	113
III.	Ergebnis		118

C. Vereinbarkeit mit der Berufsfreiheit ... 118

D. Zusammenfassung ... 119

Teil 4

Vereinbarkeit der Tariftreuegesetze mit Europäischem Arbeitsrecht 121

A. **Bestandsaufnahme** 121
    I. Stand der Diskussion 121
    II. Gang der Untersuchung 122

B. **Vereinbarkeit mit der Arbeitnehmerfreizügigkeit** 125

C. **Vereinbarkeit mit der Dienstleistungsfreiheit** 129
    I. Art. 49 EG: Dienstleistungsfreiheit – Dogmatische Grundlagen 130
        1. Schutzbereich 130
            a) Begriff der Dienstleistung 130
                aa) Grenzüberschreitung 130
                bb) Entgeltlichkeit 131
                cc) Subsidiarität 131
            b) Diskriminierungsverbot 132
            c) Verbot sonstiger Beschränkungen 133
                aa) Rechtsprechung des EuGH 133
                bb) Dogmatische Grundlagen eines allgemeinen Beschränkungsverbots 135
                cc) Allgemeines Beschränkungsverbot und Korrespondenzdienstleistungen 135
                dd) Übertragung der „Keck"-Rechtsprechung auf die Dienstleistungsfreiheit 136
            d) Abgrenzung zwischen mittelbarer Diskriminierung und sonstiger Beschränkung 137
        2. Schranken 137
            a) Geschriebene und ungeschriebene Rechtfertigungsgründe 137
            b) Zwingendes Allgemeininteresse als Rechtfertigungsgrund 140
        3. Schranken-Schranken 141
    II. Dienstleistungsfreiheit und Tariftreuegesetze 142
        1. Beeinträchtigung der Dienstleistungsfreiheit 142
            a) Dienstleistungsfreiheit und Entsendung von Arbeitnehmern 143
                aa) Entsendungsfreiheit als Teil der Dienstleistungsfreiheit 143
                bb) Reichweite der Entsendungsfreiheit 144
            b) Beeinträchtigung durch Verwaltungsaufwand 146
            c) Beeinträchtigung durch Lohnaufwand 149
                aa) Mittelbare Diskriminierung durch erhöhten Lohnaufwand 150
                bb) Sonstige Beschränkung der Dienstleistungsfreiheit durch erhöhten Lohnaufwand 151
            d) Ergebnis 152

Inhaltsverzeichnis

2. Schranken 153
   a) Schutz besonderer Industrie- und Wirtschaftszweige 155
   b) Schutz der deutschen Tarifvertragsordnung 155
   c) Schutz nationaler Sozialversicherungssysteme 157
   d) Vermeidung von Wettbewerbsverzerrung/Sozialdumping 158
   e) Sozialer Arbeitnehmerschutz 160
      aa) Schutz inländischer Arbeitnehmer 160
      bb) Schutz entsandter Arbeitnehmer 161
   f) Zwischenergebnis 163
3. Schranken-Schranken 163
   a) Geeignetheit 164
   b) Erforderlichkeit 166
      aa) Doppelbelastungsverbot 166
      bb) Mindestbedingungen 168
III. Ergebnis 171

D. Vereinbarkeit mit der Entsenderichtlinie 173
   I. Anwendungsbereich der Richtlinie 174
   II. Regelungsgegenstand der Richtlinie 175
      1. Katalog zwingender Schutzbestimmungen 175
      2. Regelungsinstrumente zur Festlegung zwingender Schutzbestimmungen 176
   III. Abschließender Charakter der Entsenderichtlinie 178
      1. Abschließende Festlegung zwingender Arbeits- und Beschäftigungsbedingungen 179
         a) Auslegung nach der Systematik des Art. 3 EG-RL 96/71 179
         b) Auslegung nach dem Regelungsziel der EG-RL 96/71 181
      2. Abschließende Festlegung erstreckungsfähiger tarifvertraglicher Regelungen 183
         a) Auslegung nach der Systematik des Art. 3 EG-RL 96/71 184
         b) Auslegung nach dem Regelungsziel der EG-RL 96/71 186
      3. Ergebnis der Auslegung 187
   IV. Folgen für die Tariftreuegesetze 188

Teil 5

Zusammenfassung und Ausblick 192

Literaturverzeichnis 199

Sachregister 213

Teil 1

Einleitung

A. Einführung

Gegenstand der vorliegenden Arbeit ist die sogenannte „Tariftreueerklärung" bei der Vergabe öffentlicher Aufträge. Bis März 2008 existierten in neun Bundesländern Gesetze, die die Vergabe eines öffentlichen Auftrages an die Abgabe einer solchen Tariftreueerklärung knüpften. In weiteren Bundesländern wurden entsprechende Gesetzesentwürfe beraten. Die Tariftreueregelungen bestimmen, dass sich der Bieter gegenüber dem Auftraggeber verpflichten muss, im Falle der Zuschlagserteilung seinen Arbeitnehmern mindestens die am Ort der Leistungsausführung gültigen Tariflöhne zu zahlen. Sie werden regelmäßig bei der Ausführung von Bauleistungen, in Einzelfällen auch in weiteren Dienstleistungsbranchen, wie dem Öffentlichen Personennahverkehr oder der kommunalen Abfallentsorgung verlangt.

Gesetzliche Regelungen, die vorschreiben, dass eine Auftragsvergabe lediglich an Bieter erfolgen darf, die zur Abgabe einer Tariftreueerklärung bereit sind, sind noch relativ neu. Zwar gab es schon vor Erlass der sogenannten Tariftreugesetze seit längerem eine weit verbreitete verwaltungsrechtliche Praxis, die solche Erklärungen verlangte, eine gesetzliche Grundlage gab es dafür jedoch nicht. Seit dem Inkrafttreten des Vergaberechtsänderungsgesetzes am 1.1.1999 bestimmt § 97 Abs. 4 GWB, dass die Vergabe öffentlicher Aufträge an „fachkundige, leistungsfähige und zuverlässige Unternehmen" erfolgen muss. Andere oder weitergehende Anforderungen dürfen nach dieser Vorschrift an die Auftragnehmer nur gestellt werden, wenn sie in einem Bundes- oder Landesgesetz vorgesehen sind. Damit war der bisherigen Verwaltungspraxis der Boden entzogen. Tariftreueverpflichtungen konnten jetzt nur noch verlangt werden, wenn sie gesetzlich festgeschrieben waren. Das führte dazu, dass verschiedene Bundesländer entsprechende landesgesetzliche Vorschriften erließen.

Auch die Bundesregierung plante im Jahr 2002 den Erlass eines Gesetzes, das die Abgabe einer Tariftreueerklärung durch den Bieter zur zwingenden Voraussetzung einer Zuschlagserteilung durch den öffentlichen Auftraggeber machen sollte. Sie brachte daher den „Entwurf eines Gesetzes zur tariflichen Entlohnung bei öffentlichen Aufträgen"[1] in den Bundestag ein. Der Bundestag stimmte da-

---

[1] BT-Drs. 14/8285 vom 20.2.2002.

raufhin mehrheitlich für die Einführung des Tariftreuegesetzes. Der Bundesrat versagte dem Vorhaben im weiteren Verlauf des Gesetzgebungsverfahrens jedoch die erforderliche Zustimmung, so dass das Gesetz letztendlich nicht zustande kam.

Hintergrund der Tariftreuegesetze ist zunächst die rückläufige Tarifbindung von Arbeitsvertragsparteien in Deutschland. In immer weniger Arbeitsverhältnissen beanspruchen Tarifverträge kraft beiderseitiger Tarifbindung Geltung. Mit den Tariftreueregelungen nutzen die Landesgesetzgeber ein ordnungspolitisches Instrument, um Tarifverträgen zur Durchsetzung zu verhelfen und auf diese Weise das deutsche Tarifvertragssystem zu stützen. Die Tarifparteien und ihre Mitglieder werden vor Lohnunterbietung geschützt. Insofern erfüllen die Tariftreueregelungen eine ähnliche Funktion wie die Allgemeinverbindlicherklärung von Tarifverträgen. Zwar gibt es, wie noch gezeigt werden wird, erhebliche Unterschiede in der Wirkungsweise der Instrumente, im Ergebnis geht es jedoch in beiden Fällen darum, der Gefahr einer Aushöhlung von Tarifverträgen entgegenzutreten, indem diese auf Arbeitsverhältnisse erstreckt werden, für die sie nicht aufgrund beiderseitiger Tarifbindung Anwendung finden. Die Tariftreueregelungen werden daher in der Literatur auch kritisch als „kalte Allgemeinverbindlicherklärung"[2] bezeichnet.

Als weitere Reglungsziele der Tariftreuegesetze neben dem Schutz des Tarifsystems nennen die Landesgesetzgeber regelmäßig die Bekämpfung von Wettbewerbsverzerrungen und Sozialdumping, Bekämpfung von Arbeitslosigkeit sowie die Entlastung der sozialen Sicherungssysteme. Diese Zielsetzungen haben nur teilweise einen nationalen Hintergrund, sie weisen vielmehr zusätzlich eine europäische Dimension auf. Wenn die Gesetzgeber davon sprechen, Wettbewerbsverzerrungen und Sozialdumping entgegenwirken zu wollen, so meint dies einerseits, dass öffentliche Aufträge nicht an nationale Anbieter vergeben werden sollen, die ihren Arbeitnehmern untertarifliche Löhne zahlen. Die Lohnkosten sollen als Wettbewerbsfaktor gänzlich ausgeschaltet werden. Zur Entlastung der sozialen Sicherungssysteme kann dies dann beitragen, wenn der Staat aufgrund extrem niedriger Löhne zu Zusatzleistungen verpflichtet wäre, um den Arbeitnehmern ihren Lebensunterhalt zu sichern. Im Fokus steht hier aber sicherlich, gerade in der Baubranche, der Wettbewerb durch Niedriglohnkonkurrenz aus dem EU-Ausland. Der Lohnkostenwettbewerb mit ausländischen Unternehmen wird als Wettbewerbsverzerrung und Sozialdumping empfunden und soll durch die Tariftreuegesetze eingeschränkt werden.

Innerhalb der Europäischen Union (EU) hat die Einführung des Europäischen Binnenmarktes in den letzten Jahrzehnten zu erheblichen Veränderungen des Arbeitsmarktes geführt. Die Grundfreiheiten des EG-Vertrages ermöglichen Unter-

---

[2] *Rieble*, NZA 2000, 225 (233).

A. Einführung

nehmen, im europäischen Ausland ohne größeren Aufwand Niederlassungen zu gründen. Arbeitnehmern räumen sie einen freien Zugang zum Arbeitsmarkt jedes Mitgliedstaates ein und fördern auf diese Weise die Konkurrenz auf den nationalen Arbeitsmärkten. Ferner werden Dienstleistungsanbieter in die Lage versetzt, sich um Aufträge im EU-Ausland zu bewerben und zur Auftragsausführung die bei ihnen beschäftigten Arbeitnehmer grenzüberschreitend einzusetzen.

Der durch die Grundfreiheiten geförderte Wettbewerb führte jedoch aufgrund der großen Lohnunterschiede in den einzelnen Mitgliedstaaten auch zu einem Wettbewerb der Arbeitskosten. Im produzierenden Gewerbe können Unternehmen ihren Sitz unter Nutzung der Niederlassungsfreiheit unter erleichterten Bedingungen in Niedriglohnländer verlagern, um dort mit geringeren Personalkosten günstiger zu produzieren. Aber auch bei der Erbringung von Dienstleistungen entstand ein starker Lohnkostenwettbewerb. Die Dienstleistungsfreiheit, die ursprünglich lediglich als Ergänzung der übrigen Grundfreiheiten gedacht war, gewährt dem Dienstleistenden das Recht, unbehindert von einem Mitgliedstaat aus in einem anderen Mitgliedstaat seine Dienstleistung anzubieten, ohne dort eine ständige Niederlassung zu unterhalten. Von dieser Freiheit machen Dienstleistungserbringer aus dem EU-Ausland zunehmend Gebrauch. Soweit es sich um ortsgebundene Dienstleistungen handelt, die im Inland erbracht werden müssen, entsenden Arbeitgeber die bei ihnen beschäftigten Arbeitnehmer für den Zeitraum der Auftragsausführung nach Deutschland. Bis in die 90er Jahre wurden die entsandten Arbeitnehmer überwiegend zu den Arbeitsbedingungen ihres Herkunftslandes tätig. Dies führte insbesondere in der Baubranche zu einem erhöhten Wettbewerbsdruck auf den deutschen Arbeitsmarkt und zu steigenden Arbeitslosenzahlen. Inwieweit ein solcher Lohnkostenwettbewerb als Teil des Binnenmarktkonzepts gebilligt oder als unerwünschtes „Sozialdumping" bekämpft werden sollte, war gerade für die Entsendung von Arbeitnehmern im Rahmen der Dienstleistungsfreiheit äußerst umstritten.

Die Landesgesetzgeber wollen mit den Tariftreueregelungen diesem Lohnkostenwettbewerb entgegentreten. Insoweit ähneln die Regelungen in der Zielsetzung den Bestimmungen des Arbeitnehmerentsendegesetzes. Während das Arbeitnehmerentsendegesetz, wie noch erläutert werden wird, tariflich festgelegte Mindestarbeitsbedingungen auf entsandte Arbeitnehmer erstreckt, muss sich ein Bieter aus dem EU-Ausland bei der Bewerbung um einen öffentlichen Auftrag zur Zahlung der im Regelfall wesentlich höheren Entgeltbestimmungen eines ausgewählten örtlichen Tarifvertrages verpflichten. Dies führt gegenüber dem Arbeitnehmerentsendegesetz also zu einer noch höheren Hürde für ausländische Unternehmen. Andererseits führen Regelungen, die einen Lohnkostenwettbewerb unterbinden, dazu, dass Arbeitnehmer, die im Rahmen eines Dienstleistungsauftrags von ihrem Arbeitgeber entsandt werden, in den Genuss der höheren Entgelte kommen. Soweit also die Hürde des Marktzugangs überwunden wird, bieten solche Regelungen für die entsandten Arbeitnehmer tatsächliche Vorteile. Dies kann für die Beurteilung der Vereinbarkeit der Tariftreueregelungen mit dem europäischen Recht von Bedeutung sein.

Wie eine Bindung der Unternehmer an die örtlichen Tarifverträge bei der öffentlichen Auftragsvergabe rechtstechnisch erreicht wird, soll im Folgenden kurz skizziert werden. Außerdem soll das Ausmaß des gesetzgeberischen Tätigwerdens zur Schaffung von Tariftreueregelungen dargestellt werden, um die Bedeutung der Regelungen bei der öffentlichen Auftragsvergabe in der Bundesrepublik aufzuzeigen. Dazu erfolgt eine Bestandsaufnahme bezüglich der einzelnen Landesgesetze, die zeigen wird, dass in den westdeutschen Bundesländern eine Tariftreueerklärung beinahe flächendeckend verlangt wurde. Auch die wesentlichen Unterschiede der landesgesetzlichen Regelungen sollen kurz aufgezeigt werden.

B. Die Tariftreuegesetze der Bundesländer

Zum Zeitpunkt der sogenannten *Rüffert-Entscheidung* des Europäischen Gerichtshofs[3], die § 3 Nds.VergabeG aF für europarechtswidrig eklärte, existierten in acht Bundesländern Gesetze, die eine Vergabe öffentlicher Aufträge an die Abgabe einer Tariftreueerklärung knüpften. Vorreiter beim Erlass solcher landesgesetzlichen Regelungen war Berlin, wo schon im Jahr 1999 das Berliner Vergabegesetz (VgG Bln.)[4] mit einer entsprechenden Bestimmung versehen wurde. Diesem Beispiel folgten in den Folgejahren Bayern[5], Bremen[6], Hamburg[7], Hessen[8], Niedersachsen[9], Nordrhein-Westfalen[10], das Saarland[11], Sachsen-Anhalt[12] und Schleswig-Holstein[13]. Zwar mussten die Befürworter dieser gesetzlichen Regelungen auch Rückschläge hinnehmen, als in Sachsen-Anhalt und Nordrhein-Westfalen die Regelungen nach einigen Jahren wieder aufgehoben wurden[14] und

---

[3] EuGH 3.4.2008 Rs. C-346/06 (Rüffert) EuzW 2008, 306 ff. = NZA 2008, 357 ff.
[4] Berliner Vergabegesetz vom 9.7.1999, Berl. GVBl. 1999, S. 369.
[5] Bayerisches Bauaufträge-Vergabegesetz vom 28.6.2000, BayGVBl. 2000, S. 364.
[6] Vergabegesetz für das Land Bremen vom 17.12.2002, Brem. GBl. 2002, S. 594.
[7] Hamburgisches Vergabegesetz vom 13.2.2006, Hmb. GVBl. 2006, S. 57.
[8] Hessisches Gesetz über die Vergabe öffentlicher Aufträge vom 17.12.2007, HGVBl. 2006, I S. 922.
[9] Landesvergabegesetz vom 2.9.2002, Nds. GVBl. 2002, S. 370.
[10] Gesetz zur tariflichen Entlohnung bei öffentlichen Aufträgen im Land Nordrhein-Westfalen vom 17.12.2002, GVBl. NRW 2003, S. 340.
[11] Gesetz über die Vergabe von Bauaufträgen im Saarland vom 23.8.2000, Abl. 2000, S. 1846.
[12] Gesetz über die Vergabe öffentlicher Bauaufträge im Land Sachsen-Anhalt vom 29.6.2001, GVBl. LSA 2001, S. 234.
[13] Gesetz zur tariflichen Entlohnung bei öffentlichen Aufträgen vom 7.3.2003, GVBl. Schl.-H. 2003, S. 136.
[14] Vgl. Erstes Gesetz zur Erleichterung von Investitionen und zur Entbürokratisierung von Verwaltungsverfahren vom 17.8.2002, GVBl. LSA 2002, S. 357; Gesetz zur

B. Die Tariftreuegesetze der Bundesländer

in Baden-Württemberg[15] sowie in Thüringen[16] im Jahr 2007 Gesetzesentwürfe der SPD im Gesetzgebungsverfahren scheiterten. Jedoch ist dies nicht etwa exemplarisch für eine generelle Abkehr von landesgesetzlichen Tariftreueregelungen. Vielmehr liefen auch im Jahr 2008 noch in mehreren Bundesländern Gesetzgebungsverfahren zum Erlass entsprechender Regelungen[17]. Ferner dehnten Bundesländer, die bereits über Tariftreuegesetze verfügten, deren Anwendungsbereich aus.

Auch nach der Entscheidung des Europäischen Gerichtshofs, die § 3 Nds. VergabeG aF für europarechtswidrig erklärte, blieben die bestehenden Regelungen überwiegend in Kraft[18]. Die Bundesländer haben auf die Entscheidung nicht mit einer Aufhebung ihrer Gesetze reagiert. Stattdessen hat beispielsweise der Berliner Senat die Vergabestellen zunächst angewiesen, das gerade erst novellierte und erheblich erweiterte Berliner Vergabegesetz unangewendet zu lassen[19]. In der Freien Hansestadt Bremen ordnete das Ministerium für Wirtschaft und Häfen ebenfalls zunächst an, die Tariftreueregelungen der §§ 1 und 4 des Bremischen Landesvergabegesetzes nicht mehr anzuwenden[20]. Ebenso hat das Saarland auf die Entscheidung des EuGH reagiert[21]. Teilweise haben die Bundesländer angekündigt, ihre Gesetze nunmehr europarechtskonform ausgestalten zu wollen[22].[23]

Aufhebung des Tariftreuegesetzes Nordrhein-Westfalen vom 31.10.2006, GVBl. NRW 2006, S. 515.

[15] Landtag Baden-Württemberg Drs. 14/849 vom 29.1.2007.

[16] Thüringer Landtag Drs. 4/2611 vom 16.1.2007.

[17] Landtag Brandenburg Drs. 4/5810 vom 28.1.2008; Landtag Rheinland-Pfalz Drs. 15/1696 vom 27.11.2007; Sächsischer Landtag Drs. 4/6697 vom 13.10.2006.

[18] Lediglich Hamburg und Niedersachsen haben ihre Gesetze unmittelbar zum 1.1.2009 geändert (vgl. Änderungsgesetz vom 16.12.2008, HmbGVBl. S. 436; LVergabeG v. 15.12.2008, GVBl. 27/2008, S. 411).

[19] Vgl. Pressemitteilung des Landes Berlin vom 15.4.2008, abrufbar unter http://www.berlin.de/landespressestelle/archiv/2008/04/15/98419/index.html (28.2.2009).

[20] Senator für Wirtschaft und Häfen, Rundschreiben 1/2008 vom 7.4.2008, S. 2, abrufbar unter http://www.wirtschaft.bremen.de/sixcms/media.php/13/Rundschreiben%2001-2008%20keine%20Tariftreue.pdf (28.2.2009).

[21] Erlass der saarländischen Landesregierung zu den Auswirkungen der Urteils des EuGH vom 3.4.2008, Amtsblatt Nr. 16 v. 24.4.2008, S. 711.

[22] Berlin (vgl. Berliner Ausschreibungs- und Vergabegesetz vom 8.7.2010, Berl. GVBl. 2010, S. 399) und Bremen (Bremisches Gesetz zur Sicherung von Tariftreue, Sozialstandards und Wettbewerb bei öffentlicher Auftragsvergabe, Brem. GBl. 2009, S. 476) haben in einem zweiten Schritt nunmehr Gesetzesänderungen vorgenommen (dazu unten Teil 5); Bayern hat sein Gesetz, entgegen anders lautender Ankündigungen (vgl. Pressemitteilung Nr. 193 der Bayerischen Staatskanzlei vom 22.4.2008), mit Wirkung zum 2.1.2010 aufgehoben (vgl. § 6 des Gesetzes zur Änderung des Bayerischen Pressegesetzes und anderer Gesetzes, BayGVBl. 2009, S. 630).

[23] Untersuchungsgegenstand der Arbeit sind indes die Tariftreueregelungen in ihrer ursprünglichen Fassung. Auf die Neufassungen konnte nur noch im Ausblick eingegangen werden, vgl. Teil 5.

Alle ursprünglichen Landesgesetze gleichen sich in der Rechtsstruktur. Unterschiede ergeben sich dagegen vor allem bei der Festlegung des Geltungsbereichs sowie bei den Bestimmungen zu den Sanktionsmöglichkeiten im Fall eines Verstoßes gegen die Tariftreueverpflichtung.

I. Rechtsstruktur

Die Tariftreueregelungen der Bundesländer bestimmen, dass öffentliche Aufträge nur an Unternehmen vergeben werden dürfen, die sich *verpflichten,* ihren Arbeitnehmern das am Ort der Leistungsausführung einschlägige Tarifentgelt zu zahlen[24]. Der Wortlaut der Regelungen zeigt also, dass der Auftragnehmer bei der Auftragserteilung eine entsprechende Vertragspflicht übernimmt. Die Tariftreueverpflichtung hat einen schuldrechtlichen Charakter. Es stellt sich damit weitergehend die Frage, auf welche Rechtsfolge die Erklärung des Auftragnehmers gerichtet ist. So wird in der Literatur vereinzelt die Auffassung vertreten, die Verpflichtung des Unternehmers gegenüber dem Auftraggeber sei als ein echter Vertrag zugunsten Dritter gem. § 328 BGB zu qualifizieren[25], mit der Folge, dass den Arbeitnehmern im Fall der Auftragserteilung schon aus der Abgabe der Tariftreueerklärung gegenüber dem Auftraggeber ein Anspruch gegen den Arbeitgeber entstehen soll. Diese Auslegung ist jedoch nicht zwingend. Ebenso gut ist denkbar, dass der Unternehmer infolge der Abgabe der Tariftreueerklärung gegenüber seinem Auftraggeber lediglich gegenüber diesem verpflichtet wird, die von ihm im Rahmen der Auftragserfüllung eingesetzten Arbeitnehmer entsprechend den örtlichen Tarifen zu entlohnen, die Umsetzung dieser Verpflichtung jedoch dem Unternehmer selbst überlassen bleibt[26]. Eine Bindung des Unternehmers auch gegenüber dem Arbeitnehmer scheint auch von den Gesetzgebern bei der Schaffung der Vorschriften nicht beabsichtigt gewesen zu sein. Die Gesetze enthalten jeweils Sanktionsvorschriften für den Fall der Nichteinhaltung der Tariftreue[27]. Diese Bestimmungen erscheinen jedoch vor allem dann geboten, wenn der Unternehmer gerade nicht schon durch die Abgabe der Tariftreueerklärung gegenüber den von ihm eingesetzten Arbeitnehmern zur Entrichtung des Tariflohns verpflichtet ist.

---

[24] Vgl. Art. 3 BayBauVG (aK); § 4 Abs. 1 S. 1 Brem. VergabeG aF; § 3 Abs. 1 S. 1 HmbVgG aF; § 2 Abs. 1 S. 1 HVgG; § 3 Abs. 1 S. 1 Nds. LVergabeG aF; § 3 Abs. 1 S. 1 SaarBauVG; § 3 TTG Schl.-H.

[25] *Kempen,* in: Peter/Kempen/Zachert, Sicherung tariflicher Mindeststandards (2004), S. 51 ff.; aA ohne nähere Begründung; *Arnold,* Europarechtliche Dimension der Konstitutiven Tariftreueerklärungen, S. 33 (37 f.) für das SaarBauVG; *Dobmann,* VergabeR 2007, 167.

[26] Vgl. *Löwisch,* DB 2004, 814 (817).

[27] Art. 4 Abs. 3 BayBauVG (aK); § 1 Abs. 2 VgG Bln. aF; § 9 Brem. VergabeG aF; § 11 HmbVgG aF; §§ 4, 5 HVgG; § 8 Nds. LVergabeG aF; § 4 Abs. 3 SaarBauVG; § 7 TTG Schl.-H.

II. Anwendungsbereich

Der Anwendungsbereich der Tariftreuegesetze ist unterschiedlich weit gefasst. So sehen einige Bundesländer die Anwendung ihrer Tariftreueregelungen erst ab einem bestimmten im Gesetz festgelegten Schwellenwert vor. Wird das festgesetzte Auftragsvolumen nicht erreicht, wird eine Tariftreueverpflichtung vom Bieter im Vergabeverfahren nicht verlangt. Der hessische Gesetzgeber legt den Schwellenwert auf 50.000 Euro fest[28]. In Niedersachsen wird eine Tariftreueerklärung ab einem Auftragswert von 30.000 Euro gefordert[29], in Bremen und Schleswig-Holstein ab einem Auftragswert von 10.000 Euro[30]. In Bayern, in Berlin, in Hamburg sowie im Saarland finden die Tariftreueregelungen dagegen unabhängig vom Auftragsvolumen Anwendung.

Der Anwendungsbereich der ersten Tariftreueregelungen beschränkte sich auf die Bauwirtschaft, deren ökonomische Krise in den 90er Jahren den Ausgangspunkt für die Tariftreuediskussion bildete. Später erlassene Landesgesetze bezogen neben der Bauwirtschaft weitere Dienstleistungsbranchen in den Geltungsbereich ein. Einige Bundesländer weiteten den Anwendungsbereich ihrer Gesetze auch nachträglich aus, so dass sich insgesamt eine deutliche Entwicklung zugunsten eines sich ausdehnenden Geltungsbereichs abzeichnete. Allein das Land Niedersachsen nahm durch eine Gesetzesänderung eine Einschränkung des Anwendungsbereichs vor[31], als es im Jahr 2005 den Öffentlichen Personennahverkehr aus dem Geltungsbereich herausnahm.

Alle Tariftreuegesetze verlangen traditionell die Abgabe einer Tariftreueerklärung bei der Vergabe von Bauaufträgen. Daneben wird in Bremen, Hamburg und Schleswig-Holstein der Öffentliche Personennahverkehr in den Geltungsbereich einbezogen[32]. In Schleswig-Holstein wird darüber hinaus noch die Abfallentsorgungswirtschaft erfasst[33]. Dass Hessische Vergabegesetz verlangt die Abgabe einer Tariftreueerklärung bei der Vergabe von öffentlichen Aufträgen im Bereich des Gebäudereinigerhandwerks sowie bei der Vergabe von Bewachungsaufträgen[34]. Am weitesten reicht die Regelung des Landes Berlin. Die Neufassung des Gesetzes, die im März 2008 verabschiedet wurde[35], knüpft die Vergabe sämtlicher öffentlicher Aufträge an eine Tariftreueerklärung des Bieters[36].

---

[28] § 1 Abs. 3 HVgG.
[29] § 1 Nds. LVergabeG aF.
[30] § 2 Brem. VergabeG aF; § 2 Abs. 4 TTG Schl.-H.
[31] Änderungsgesetz vom 19.12.2005, Nds. GVBl. 2005, S. 395.
[32] § 4 Abs. 1 S. 3 Brem. VergabeG aF; § 3 Abs. 1 S. 3 HmbVgG aF; § 2 Abs. 1 TTG Schl.-H.
[33] § 2 Abs. 1 TTG Schl.-H.
[34] § 1 Abs. 1 HVgG.
[35] Erstes Gesetz zur Änderung des Berliner Vergabegesetzes vom 19.3.2008, Berl. GVBl. 2008, S. 80.
[36] § 1 Abs. 1 VgG Bln aF.

III. Kontrollen und Sanktionsmöglichkeiten

Alle landesrechtlichen Tariftreuegesetze enthalten Bestimmungen darüber, wie die Einhaltung der Tariftreueverpflichtung kontrolliert und wie Verstöße sanktioniert werden können. Im Einzelnen sind die Regelungen auch hier unterschiedlich ausgestaltet. Alle Gesetze sehen zunächst die Möglichkeit vor, Unternehmen, die gegen die Tariftreue verstoßen, für die Zukunft von der Vergabe öffentlicher Aufträge auszuschließen. Die Tariftreuegesetze von Bayern, Berlin, Hessen, dem Saarland und Schleswig-Holstein sehen einen Ausschluss vom Vergabeverfahren von bis zu drei Jahren vor[37]; Bremen und Niedersachsen wollen den Bieter dagegen lediglich bis zu einem Jahr von der öffentlichen Auftragsvergabe ausschließen[38]. Im Hamburgischen Vergabegesetz fehlt eine zeitliche Vorgabe. Neben dem Ausschluss vom Vergabeverfahren kommen jedoch noch weitere Sanktionsmöglichkeiten in Betracht. So kann in den norddeutschen Bundesländern (Bremen, Hamburg, Niedersachsen und Schleswig-Holstein) der Auftrag fristlos gekündigt werden[39]. In den meisten Bundesländern sind außerdem für den Fall des Verstoßes gegen die Tariftreue Vertragsstrafen vorgesehen[40]; allein Bayern, Berlin und das Saarland haben auf die Regelung von Vertragsstrafeversprechen verzichtet. Die Höhe der mit dem Bieter bei Auftragserteilung zu vereinbarenden Vertragsstrafe variiert. In Niedersachsen und Schleswig-Holstein kann sie bei mehreren schuldhaften Verstößen bis zu zehn Prozent des Auftragswertes betragen.

C. Stand der Diskussion und Gang der Untersuchung

Die Tariftreuegesetze der Bundesländer verpflichten alle Bieter, die sich an einem Vergabeverfahren beteiligen, zur Abgabe einer Erklärung, dass sie, im Fall der Auftragserteilung, ihre Arbeitnehmer entsprechend den vom Auftraggeber in Bezug genommenen Tarifverträgen entlohnen. Ausnahmen von der Verpflichtung zur Tariftreue gibt es nach den gesetzlichen Bestimmungen nicht. Sie ist von jedem Bewerber aus dem Inland wie aus dem Ausland abzugeben, wenn sein Angebot im Vergabeverfahren Berücksichtigung finden soll. Zur Überprüfung, ob der Dienstleistungserbringer seiner Verpflichtung nachkommt, stehen dem Auf-

---

[37] Art. 4 Abs. 3; § 1 Abs. 4 VgG Bln aF; § 5 Abs. 1 S. 1 HVgG; § 4 Abs. 3 SaarBauVG, § 7 Abs. 3 TTG Schl.-H.
[38] § 9 Abs. 3 Brem. VergabeG aF; § 8 Abs. 3 Nds. LVergabeG aF (nach § 8 Abs. 3 Nds. LVergabeG nF nunmehr auch drei Jahre).
[39] § 9 Abs. 2 Brem. VergabeG aF; § 11 Abs. 2 HmbVgG aF; § 8 Abs. 2 Nds. LVergabeG aF; § 7 Abs. 2 TTG Schl.-H.
[40] § 9 Abs. 1 Brem. VergabeG aF; § 11 Abs. 1 HambVgG aF; § 4 Abs. 1 HVgG; § 8 Abs. 1 Nds. LVergabeG aF; § 7 Abs. 1 TTG Schl.-H.

traggeber umfassende Kontrollmöglichkeiten zu. Sollten dabei Verstöße gegen die Tariftreue festgestellt werden, drohen dem Unternehmen Sanktionen.

Die Frage nach der rechtlichen Zulässigkeit solcher Regelungen wird seit dem Bestehen der Regelungen kontrovers diskutiert. Neben der Problematik, inwieweit bei der Vergabe öffentlicher Aufträge überhaupt Sekundärzwecke verfolgt werden dürfen, ist auch die Vereinbarkeit von Tariftreueverlangen mit dem Grundgesetz sowie mit dem Europarecht umstritten. Auch der Bundesgerichtshof teilte die Bedenken hinsichtlich der rechtlichen Zulässigkeit von Tariftreueverlangen als Zuschlagskriterium bei der Vergabe öffentlicher Aufträge. Daher legte er dem Bundesverfassungsgericht mit Beschluss vom 18.01.2000[41] die Frage vor, ob das Berliner Vergabegesetz, soweit es die Abgabe einer Tariftreueerklärung verlangt, gegen das Grundgesetz verstößt. Die europarechtliche Problematik deutete der Bundesgerichtshof bei seiner Vorlage an das Bundesverfassungsgericht lediglich an. Von einer Vorlage an den Europäischen Gerichtshof sah der BGH ab und stieß damit in der Literatur auf Kritik[42]. Denn in der Literatur wurde zum Zeitpunkt der Vorlage bereits über die Vereinbarkeit der Tariftreueregelungen mit europarechtlichen Vorgaben gestritten. Das Bundesverfassungsgericht entschied im Juli 2006 über die Vorlage des Bundesgerichtshofs[43] und kam dabei zu dem Schluss, dass das Berliner Vergabegesetz verfassungsrechtlich nicht zu beanstanden sei. Diese Entscheidung stieß in der Literatur auf ein geteiltes Echo[44]. In der Praxis sahen sich die Befürworter der Tariftreueregelungen in ihrer Position gestärkt, so dass nach dem Urteil des Bundesverfassungsgerichts zahlreiche neue Gesetzesinitiativen zur Schaffung neuer sowie zur Ausweitung des Anwendungsbereichs schon bestehender Tariftreuegesetze auf den Weg gebracht wurden.

In der Literatur war nicht nur das Urteil des Bundesverfassungsgerichts heftig umstritten. Hier wurde nun vor allem erneut auf die durch die Rechtsprechung noch nicht geklärte europarechtliche Problematik hingewiesen[45]. Das Oberlandesgericht Celle hatte im Jahr 2006 über einen Fall zu entscheiden, der die Anwendung des Niedersächsischen Landesvergabegesetzes zum Gegenstand hatte. Das Land Niedersachsen verlangte von dem von ihm mit Rohbauarbeiten beim Bau einer Justizvollzugsanstalt beauftragten Unternehmer die Zahlung einer Vertragsstrafe, weil das vom Beklagten eingesetzte polnische Subunternehmen bei dem Bauvorhaben polnische Arbeitnehmer untertariflich entlohnt hatte. Wie vergleichbare Vorschriften in anderen Landesgesetzen sieht das Niedersächsische Vergabegesetz vor, dass sich der Bieter nicht lediglich für den Einsatz eigener

---

[41] BGH 18.1.2000 AP GWB § 20 Nr. 1.
[42] Vgl. *Berrisch/Nehl*, ZIP 2000, 434, 435; *Weihnacht*, WUW 2000, 382 (386).
[43] BVerfG 11.7.2006, BVerfGE 116, 202 ff.
[44] Kritisch *Höfling/Rixen*, RdA 2007, 360; *Hölzl*, VergabeR 2007, 53; *Preis/Ulber*, NJW 2007, 465; *Rieble*, NZA 2007, 1; zustimmend *Schwab*, AuR 2007, 97.
[45] *Hänsel*, NJW-Spezial 2007, 69 (70); *Hölzl*, VergabeR 2007, 53 (54, 58 f.).

Arbeitnehmer zur Zahlung der maßgeblichen Tariflöhne verpflichtet. Die Tariftreueerklärung erstreckt sich vielmehr gem. § 4 Nds. LVergabeG auch darauf, die Verpflichtung zur tariflichen Entlohnung an von ihm eingesetzte Subunternehmer weiterzugeben und den Subunternehmer bei der Einhaltung der Verpflichtung zu überwachen. Diesen Fall nahm das Oberlandesgericht Celle zum Anlass, den Europäischen Gerichtshof mit der Frage der Vereinbarkeit des Niedersächsischen Vergabegesetzes mit europäischen Vorgaben zu befassen. In einem Vorlagebeschluss gem. Art. 234 EG legte es dem EuGH die Frage vor, ob die Knüpfung der öffentlichen Auftragsvergabe an die Abgabe einer Tariftreueerklärung mit der durch Art. 49 EG gewährleisteten Dienstleistungsfreiheit vereinbar sei[46]. Entgegen den Schlussanträgen des Generalanwalts gelangte der Europäische Gerichtshof zu der Auffassung, dass die Tariftreueregelung des Landes Niedersachsen gegen Vorgaben europäischen Rechts verstößt[47]. In der nationalen Presse hat diese Entscheidung hohe Wellen geschlagen. Auch in der juristischen Literatur wurde die Diskussion um die landesgesetzlichen Tariftreueregelungen noch einmal neu entfacht.

Die vorliegende Arbeit untersucht die Frage, ob Tariftreueregelungen, unabhängig davon, ob sie aus politischen Gründen wünschenswert oder aus wirtschaftlichen Gründen sinnvoll erscheinen, rechtlich zulässig sind. Dabei sind wettbewerbsrechtliche sowie spezielle vergaberechtliche Fragen, die sich in diesem Zusammenhang stellen, nicht Gegenstand der folgenden Ausführungen[48]. Die Arbeit beschränkt sich vielmehr auf eine Untersuchung des arbeitsrechtlichen Aspekts der Problematik. Ein besonderes Augenmerk liegt dabei auf der Vereinbarkeit der Tariftreuegesetze mit der aus Art. 9 Abs. 3 GG abgeleiteten Koalitionsfreiheit einerseits und der durch den EG-Vertrag gewährleisteten Dienstleistungsfreiheit andererseits.

Um die rechtlichen Auswirkungen der Tariftreuegesetze für die Unternehmer, die sich an öffentlichen Vergabeverfahren beteiligen wollen, beurteilen zu können, muss zunächst eine Einordnung in das System der Entgeltbedingungen in Deutschland erfolgen. Dies soll im nun folgenden *zweiten Teil* der Arbeit geschehen. Er beschäftigt sich zunächst mit der rechtlichen Ausgangslage deutscher und ausländischer Unternehmen. Es wird dargestellt, welche Ausgangsbedingungen für die Arbeitsverhältnisse vor Abgabe einer Tariftreueerklärung gelten, insbesondere unter welchen Voraussetzungen zwischen deutschen Tarifvertragsparteien abgeschlossene Tarifverträge Anwendung finden. Dabei wird zwischen rei-

---

[46] OLG Celle 3.8.2006 NZBau 2006, 660 ff.
[47] EuGH 3.4.2008 Rs. C-346/06 *(Rüffert)* NZA 2008, 537 ff.
[48] Vgl. zu diesen Fragestellungen z.B. *Arnold,* Die Europarechtliche Dimension der Konstitutiven Tariftreueerklärungen im deutschen Vergaberecht, (2004); *Breideneichen,* Gütermarktregelnde Tarifvereinbarungen und Tariftreueerklärungen, Hamburg (2004); *Kramer,* Tariftreue im europäischen Vergaberecht (2006); *Reichert,* Vergaberechtlicher Zwang zur Zahlung von Tariflöhnen (2007).

C. Stand der Diskussion und Gang der Untersuchung

nen Inlandssachverhalten und grenzüberschreitenden Sachverhalten differenziert. Anschließend wird die Wirkung der Tariftreuegesetze erläutert. Hier stellt sich insbesondere die Frage, welche Bedeutung den Tariftreuegesetzen zukommt, wenn das Unternehmen, das sich am Vergabeverfahren beteiligen will, schon anderweitig tarifgebunden ist.

Im *dritten Teil* untersucht die Arbeit die Vereinbarkeit der landesrechtlichen Tariftreueregelungen mit dem nationalen Verfassungsrecht. Auch hier beschränken sich die Ausführungen auf arbeitsrechtliche Aspekte. Aus diesem Grund bilden Fragen im Zusammenhang mit der Koalitionsfreiheit den Schwerpunkt der Ausführungen. In einem allgemeinen Teil wird zunächst der Ausgangspunkt der Prüfung bestimmt. Dies erscheint erforderlich, da schon der Schutzbereich des Art. 9 Abs. 3 GG unterschiedliche Auslegungsmöglichkeiten zulässt. Insbesondere der Umfang der negativen Koalitionsfreiheit wie auch die Reichweite der kollektiven Koalitionsfreiheit bedürfen hier einer genaueren Betrachtung. Während es im Zusammenhang mit der negativen Koalitionsfreiheit hauptsächlich um die Frage geht, ob diese im Sinne einer negativen Tarifvertragsfreiheit auszulegen ist, steht bei der kollektiven Koalitionsfreiheit die Problematik ihrer internationalen Reichweite im Mittelpunkt. Anhand des so festgelegten Maßstabs erfolgt alsdann die konkrete Prüfung der Tariftreueregelungen.

Der *vierte Teil* der Arbeit beleuchtet die Tariftreuegesetze der Bundesländer aus der Sicht des Europäischen Arbeitsrechts. Dabei geht es vor allem um ihre Vereinbarkeit mit der Dienstleistungsfreiheit und der Entsenderichtlinie. Auch hier wird zunächst in einem allgemeinen Teil der Maßstab für eine Überprüfung abgesteckt. Schon im Rahmen der allgemeinen Ausführungen wird sich zeigen, dass im Fall der Entsendung von Arbeitnehmern aus dem EU-Ausland zwischen den Zielen des Europäischen Binnenmarkts und dem Schutz entsandter Arbeitnehmer ein Spannungsfeld besteht. Für die Vereinbarkeit der landesrechtlichen Tariftreuegesetze mit der Dienstleistungsfreiheit kommt es im Wesentlichen darauf an, wie die Regelungen in diesem Spannungsfeld widerstreitender europäischer Interessen einzuordnen sind. Für die Frage, ob die Tariftreuegesetze einer Überprüfung anhand der Entsenderichtlinie standhalten, werden Auslegungsfragen entscheidend sein.

Im *fünften Teil* werden die wesentlichen Ergebnisse der Arbeit noch einmal zusammengefasst und abschließend bewertet.

Teil 2

Die Tariftreuegesetze im System der Entgeltbedingungen in Deutschland

Um die Wirkung von Tariftreueregelungen zu verdeutlichen, soll zunächst der Blick auf die rechtliche Ausgangssituation gerichtet werden. Dabei ist zwischen reinen Inlandssachverhalten und Sachverhalten mit Auslandsberührung zu unterscheiden.

A. Rechtliche Ausgangssituation bei reinen Inlandssachverhalten

Soweit die Parteien nicht ausnahmsweise etwas anderes vereinbart haben[1], unterliegt ihr Arbeitsverhältnis deutschem Recht. Welche Arbeitsbedingungen in einem Arbeitsverhältnis gelten, richtet sich nach deutschen Gesetzen, nach Tarifverträgen und nach den im Arbeitsvertrag getroffenen Vereinbarungen. Anders als in vielen anderen europäischen Ländern gibt es in Deutschland keinen gesetzlichen Mindestlohn. Ein Instrumentarium zur Festlegung staatlicher Mindestarbeits- und damit auch Mindestentgeltbedingungen steht zwar mit dem Gesetz über die Festsetzung von Mindestarbeitsbedingungen vom 11. Januar 1952[2], zur Verfügung. Das Gesetz sieht die Möglichkeit zur Festsetzung von Mindestarbeitsbedingungen durch beim Minister für Arbeit und Soziales einzurichtende Fachausschüsse vor. Die von den Fachausschüssen festgesetzten Arbeitsbedingungen können vom Minister für Arbeit und Soziales als Rechtsverordnung erlassen werden (§ 4 MiArbG). Allerdings setzt ein Tätigwerden zur Festsetzung von Mindestarbeitsbedingungen nach den Vorschriften des MiArbG voraus, dass Gewerkschaften oder Vereinigungen von Arbeitgebern für den Wirtschaftszweig oder die Beschäftigungsart nicht bestehen oder nur eine Minderheit der Arbeitnehmer oder Arbeitgeber umfassen und die Festsetzung von Mindestarbeitsbedingungen zur Befriedung der notwendigen sozialen und wirtschaftlichen Bedürfnisse der Arbeitnehmer erforderlich scheint (§ 1 Abs. 2 lit. a, b MiArbG). Darüber hinaus

---

[1] Gem. Art. 27 Abs. 3 EGBGB (für Verträge die nach dem 17.12.2009 geschlossen wurden gem. Art. 8 Abs. 1 Rom I-Verordnung, s.u.) können die Arbeitsvertragsparteien auch bei reinen Inlandssachverhalten die Geltung einer ausländischen Rechtsordnung vereinbaren; jedoch bleiben zwingende Bestimmungen des deutschen Rechts von der Rechtswahl unberührt.

[2] BGBl. I S. 17.

darf eine Regelung der Arbeitsbedingungen nicht schon durch Allgemeinverbindlicherklärung eines Tarifvertrags erfolgt sein (§ 1 Abs. 2 lit. c MiArbG). Die Möglichkeiten, die das MiArbG bietet, wurden bislang noch nicht genutzt.[3] Die Entgeltbedingungen werden in Deutschland vielmehr hauptsächlich durch Tarifverträge festgelegt. Außerhalb ihrer Geltungsbereiche können die Löhne im Rahmen der Privatautonomie einzelvertraglich vereinbart werden. Eine Untergrenze für die Entgeltvereinbarung wird durch § 138 BGB gewährleistet. Ob daneben die Reform des BGB aufgrund des Gesetzes zur Modernisierung des Schuldrechts vom 26.11.2001[4] weitergehende Möglichkeiten zur Kontrolle von Entgeltvereinbarungen in Formulararbeitsverträgen eröffnet, ist umstritten.

I. Tarifverträge als Regelungsinstrument

Tarifverträge stellen für deutsche Arbeitsverhältnisse ein Hauptregelungsinstrument zur Festlegung von Arbeitsbedingungen, insbesondere von Entgeltbedingungen dar. Daher soll im Folgenden kurz erläutert werden, wie Tarifverträge wirken und wie Arbeitsverhältnisse von ihnen erfasst werden können.

1. Wirkung von Tarifnormen

Die Wirkung von Tarifnormen regelt § 4 TVG. Gem. § 4 Abs. 1 TVG gelten die Rechtsnormen eines Tarifvertrags, die den Inhalt, den Abschluss oder die Beendigung von Arbeitsverhältnissen ordnen, zwischen beiderseits Tarifgebundenen, die unter den Geltungsbereich des Tarifvertrags fallen, unmittelbar und zwingend. Die unmittelbare Wirkung von Tarifnormen führt dazu, dass sie für das Arbeitsverhältnis gelten, ohne dass es eines Umsetzungsaktes bedürfte[5]. Die Tarifnorm wirkt wie ein Gesetz auf das Arbeitsverhältnis ein[6], unabhängig davon

---

[3] Die Ausführungen beziehen sich auf das Mindestarbeitsbedingungengesetz in seiner bis zum 27.4.2009 geltenden Fassung. Das Gesetz wurde durch Art. 1 Erstes Gesetz zur Änderung des Gesetzes über die Festsetznug von Mindesarbeitsbedingungen vom 22.4.2009 (BGBl. I S. 818) neu gefasst. Die Novellierung soll die Einführung von Mindestlöhnen auf der Basis dieses Gesetzes erleichtern. Hierzu wurden einige verfahrensrechtliche Änderungen vorgenommen, Bedeutender dürfte allerdings sein, dass auch die Voraussetzungen, unter denen Mindesarbeitsbedingungen erlassen werden können, erleichtert wurden. Nach der seit dem 28.4.2009 gültigen Fassung des Gesetzes ist die Festsetzung von Mindestentgelten bereits dann zulässig, wenn die tarifgebundenen Arbeitgeber weniger als 50% der in der Branche tätigen Arbeitnehmer beschäftigen (§ 1 Abs. 2 MiArbG n.F.). Vgl. zu den Einzelheiten der Novelle des Mindestarbeitsbedingungengesetzes z.B. *Bayreuther*, DB 2009, 678 ff.; *Sittard*, NZA 2009, 346 ff. Ob das Ziel des Gesetzgebers erreicht und die Möglichkeiten des Gesetzes nunmehr genutzt werden, bleibt abzuwarten.
[4] BGBl. I S. 3138.
[5] Däubler/*Deinert*, § 4 TVG Rn. 469.
[6] Däubler/*Deinert*, § 4 TVG Rn. 472; Jacobs/Krause/Oetker/*Jacobs*, Tarifvertragsrecht § 7 Rn. 2.

ob die Arbeitsvertragsparteien die Tarifnorm kennen oder ihrer Geltung zustimmen[7]. Die zwingende Wirkung hat zur Folge, dass die Parteien keine von der Tarifnorm abweichenden Vereinbarungen treffen dürfen. Die Regelung des § 4 Abs. 1 TVG, die zunächst allgemein von einer zwingenden Wirkung spricht, wird durch § 4 Abs. 3 TVG konkretisiert. Die Vorschrift bestimmt, dass vom Tarifvertrag abweichende Vereinbarungen nur zulässig sind, soweit sie durch den Tarifvertrag gestattet sind oder eine Änderung der Regelungen zugunsten des Arbeitnehmers enthalten. Den Regelungen des Tarifvertrages kommt also nur eine einseitig zwingende Wirkung zu. Der Grund für diese Regelung ist in der Funktion des Tarifvertrags als Instrument des Arbeitnehmerschutzes zu sehen. Damit der Tarifvertrag diese Funktion erfüllen kann, dürfen den tarifgebundenen Arbeitsvertragsparteien vom Tarifvertrag abweichende einzelvertragliche Abmachungen nicht gestattet sein[8], es sei denn, die Tarifvertragsparteien haben sie ausnahmsweise durch Aufnahme einer Öffnungsklausel in den Tarifvertrag selbst vorgesehen (§ 4 Abs. 3, 1. Alt. TVG). Vereinbarungen der Arbeitsvertragsparteien, die zuungunsten des Arbeitnehmers von tarifvertraglichen Regelungen abweichen und nicht von einer solchen Öffnungsklausel gedeckt sind, sind dagegen gem. § 134 BGB nichtig[9].

Die unmittelbare und zwingende Wirkung von Tarifnormen tritt jedoch nur ein, wenn die Voraussetzungen des § 4 Abs. 1 TVG vorliegen; die Parteien des Arbeitsvertrags müssen also tarifgebunden sein und unter den Geltungsbereich des Tarifvertrags fallen.

2. Bindung an den Tarifvertrag

Eine Bindung an den Tarifvertrag kann auf unterschiedliche Weise begründet werden. Das Tarifvertragsgesetz stellt zunächst die Bindung an den Tarifvertrag kraft Mitgliedschaft in den Vordergrund (§ 3 TVG). Darüber hinaus kann die Wirkung eines Tarifvertrags aber auch kraft staatlichen Hoheitsakts in Form der Allgemeinverbindlicherklärung herbeigeführt werden. Zudem hat der Gesetzgeber weitere Möglichkeiten zur Erstreckung der Tarifbindung von Arbeitsvertragsparteien geschaffen.

---

[7] BAG 16.9.1986 AP BetrVG 1972 § 77 Nr. 17 (C II 2 b der Gründe); 21.9.1989 AP BetrVG 1972 § 77 Nr. 43 (IV 1 a der Gründe); Jacobs/Krause/Oetker/*Jakobs*; Tarifvertragsrecht § 7 Rn. 2; *Junker,* Grundkurs Arbeitsrecht Rn. 523; Wiedemann/*Wank*, § 4 TVG Rn. 733.
[8] *Junker,* Grundkurs Arbeitsrecht Rn. 526.
[9] *Löwisch/Rieble,* § 4 TVG Rn. 21 ff.

a) Tarifbindung gem. § 3 TVG

Gem. § 3 Abs. 1 TVG ist der Arbeitgeber tarifgebunden, wenn er Partei eines Tarifvertrags ist. Das ist dann der Fall, wenn er einen sog. Firmentarifvertrag abgeschlossen hat. Im Übrigen sind Arbeitgeber wie Arbeitnehmer gem. § 3 Abs. 1 TVG an einen Tarifvertrag gebunden, wenn sie Mitglied der Tarifvertragspartei sind. Die Mitgliedschaft richtet sich dabei nach internem Verbandsrecht. Da § 3 TVG auf dem Grundgedanken basiert, dass die Mitglieder der Tarifvertragsparteien diese durch ihren Verbandsbeitritt zur Setzung für sie verbindlicher Normen legitimiert haben, setzt eine Mitgliedschaft im Sinne von § 3 TVG voraus, dass verbandsrechtlich gewährleistet ist, dass das Mitglied der Tarifvertragspartei die tarifrechtlich relevanten Handlungen des Verbandes beeinflussen kann, bzw. mit seinem Beitritt das in der Vergangenheit liegende Verhalten als für sich maßgeblich anerkannt hat[10]. Eine Mitgliedschaft in diesem Sinne erfordert daher zumindest ein Stimmrecht in der Mitgliederversammlung sowie das aktive und passive Wahlrecht zu den Vereinsorganen[11].

Die Tarifgebundenheit kraft Mitgliedschaft nach § 3 Abs. 1 TVG beginnt mit dem Beitritt zur Tarifvertragspartei. Ein Ende der Tarifgebundenheit müsste nach § 3 Abs. 1 TVG konsequenterweise an den Austritt aus Arbeitgeberverband oder Gewerkschaft geknüpft sein. Jedoch sieht § 3 Abs. 3 TVG für den Fall der Beendigung der Tarifbindung eine andere Regelung vor: nach dieser Vorschrift bleibt die Tarifgebundenheit bestehen, bis der Tarifvertrag endet. § 3 Abs. 3 TVG fingiert die für die Tarifbindung erforderliche Mitgliedschaft bis zum Ablauf des Tarifvertrags. Sie erweitert die Tarifbindung der Tarifvertragsparteien und bewirkt, dass es für das Ende der Tarifbindung nicht auf den Austritt aus der Tarifvertragspartei, sondern auf den Ablauf des Tarifvertrags ankommt[12].

b) Allgemeinverbindlicherklärung gem. § 5 TVG

Durch Allgemeinverbindlicherklärung kann der Bundesminister für Arbeit und Soziales im Zusammenwirken mit den Spitzenorganisationen der Arbeitgeber und Arbeitnehmer Tarifverträge auch auf nicht tarifgebundene Arbeitgeber und Arbeitnehmer erstrecken. Das Verfahren sowie die Wirkung der Allgemeinverbindlicherklärung regelt § 5 TVG.

Gem. § 5 Abs. 1 TVG erfolgt die Allgemeinverbindlicherklärung von Tarifverträgen auf Antrag einer Tarifvertragspartei. Sie setzt voraus, dass die an den Tarifvertrag gebundenen Arbeitgeber mindestens 50% der unter den Geltungsbereich des Tarifvertrags fallenden Arbeitnehmer beschäftigen und die Allgemein-

---

[10] Jacobs/Krause/Oetker/*Oetker*, Tarifvertragsrecht § 6 Rn. 12.
[11] Jacobs/Krause/Oetker/*Oetker*, Tarifvertragsrecht § 6 Rn. 13.
[12] *Junker*, Grundkurs Arbeitsrecht Rn. 540.

verbindlicherklärung im öffentlichen Interesse geboten erscheint oder dass die Allgemeinverbindlicherklärung zur Behebung eines sozialen Notstands erforderlich ist.

Bevor der Bundesminister für Arbeit und Soziales über den Antrag auf Allgemeinverbindlicherklärung entscheidet, muss er gem. § 5 Abs. 2 TVG den am Ausgang des Verfahrens interessierten Gewerkschaften und Arbeitgeberverbänden sowie den obersten Arbeitsbehörden der Länder, auf deren Bereich sich der Tarifvertrag erstreckt, Gelegenheit zur schriftlichen Stellungnahme und zur mündlichen Äußerung in einer öffentlichen Verhandlung geben. Bei Einspruch der obersten Arbeitsbehörde eines beteiligten Landes kann der Bundesminister für Arbeit und Soziales den Tarifvertrag nur mit Zustimmung der Bundesregierung für allgemeinverbindlich erklären, § 5 Abs. 3 TVG.

Gegenstand einer Allgemeinverbindlicherklärung kann nur ein wirksamer Tarifvertrag sein. Ein unwirksamer Tarifvertrag kann durch eine Allgemeinverbindlicherklärung nicht geheilt werden. Vielmehr geht eine Allgemeinverbindlicherklärung in diesem Fall ins Leere. Auch Firmentarifverträge können grundsätzlich Gegenstand einer Allgemeinverbindlicherklärung sein; allerdings ist schwer vorstellbar, dass für eine solche Allgemeinverbindlicherklärung das erforderliche öffentliche Interesse gegeben ist[13]. Durch die Allgemeinverbindlicherklärung kann nur die im TVG bestimmte Wirkung für einen bestehenden Tarifvertrag herbeigeführt werden. Die Normen können nicht verändert, insbesondere dürfen dem Tarifvertrag keine Normen hinzugefügt werden. Umstritten ist lediglich, ob eine Allgemeinverbindlicherklärung von Teilen eines Tarifvertrags möglich ist[14]. Die Bindung an den Inhalt des Tarifvertrags gilt auch hinsichtlich seiner Bestimmungen zum fachlichen, persönlichen und räumlichen Geltungsbereich. Insbesondere kann die Allgemeinverbindlicherklärung keine Ausdehnung des Geltungsbereichs eines Tarifvertrags bewirken[15].

Vielmehr kommt der Allgemeinverbindlicherklärung allein die in § 5 Abs. 4 TVG bestimmte Wirkung zu. Demnach erfassen mit der Allgemeinverbindlicherklärung die Normen des Tarifvertrags in seinem Geltungsbereich auch die bisher nicht tarifgebundenen Arbeitgeber und Arbeitnehmer. § 5 Abs. 4 TVG tritt so neben § 3 TVG und stellt die Tarifbindung bisher nicht tarifgebundener Arbeitsvertragsparteien her. Sie werden fortan so behandelt, als wären sie tarifgebunden; das gilt unabhängig von ihrer Kenntnis von der Allgemeinverbindlicherklärung[16].

---

[13] Erfk/*Franzen,* § 5 TVG Rn. 6; MünchArbR/*Löwisch/Rieble,* § 268 Rn. 18.
[14] So ErfK/*Franzen,* § 5 TVG Rn. 8; MünchArbR/*Löwisch/Rieble,* § 268 Rn. 21 ff.; *Löwisch/Rieble,* § 5 TVG Rn. 25 ff.; aA HWK/*Henssler,* § 5 TVG Rn. 8; Wiedemann/ *Wank,* § 5 TVG Rn. 59.
[15] Erfk/*Franzen,* § 5 TVG Rn. 5; Däubler/*Lakies,* § 5 TVG Rn. 165; MünchArbR/ *Löwisch/Rieble,* § 268 Rn. 25.
[16] Jacobs/Krause/Oetker/*Oetker,* Tarifvertragsrecht § 6 Rn. 97.

Die Tarifnormen gelten auch für sie gem. § 4 Abs. 1 TVG unmittelbar und zwingend[17].

Die Allgemeinverbindlicherklärung eines Tarifvertrags kann durch den Bundesminister für Arbeit und Soziales im Einvernehmen mit den Vertretern der Spitzenorganisationen von Arbeitgebern und Arbeitnehmern wieder aufgehoben werden, wenn für die Aufhebung ein öffentliches Interesse besteht (§ 5 Abs. 5 S. 1 TVG). Im Übrigen endet die Allgemeinverbindlicherklärung gem. § 5 Abs. 5 S. 3 TVG mit dem Ablauf des Tarifvertrags. Fraglich ist, welche Folgen das Ende der Allgemeinverbindlicherklärung für nicht tarifgebunden Arbeitsverhältnisse hat. Dazu trifft § 5 TVG keine Regelung. Würden die Tarifnormen mit Ablauf der Allgemeinverbindlicherklärung für diese Arbeitsverhältnisse keine Wirkung mehr entfalten, bestünde jedoch die Gefahr inhaltsloser Arbeitsverhältnisse. Das Bundesarbeitsgericht wendet daher nach Ablauf der Allgemeinverbindlicherklärung in diesen Fällen § 4 Abs. 5 TVG analog an, so dass die Normen des Tarifvertrags auch für die nicht gem. § 3 TVG an den Tarifvertrag gebundenen Arbeitsverhältnisse Nachwirkung entfalten[18].

c) Arbeitnehmer-Entsendegesetz

Eine Erstreckung von Tarifnormen auf Nichtorganisierte sieht auch das Arbeitnehmer-Entsendegesetz (AEntG)[19] vor. § 1 AEntG verfolgt in erster Linie das Ziel, Mindestentgeltsätze sowie sonstige im Gesetz aufgeführte Mindestarbeitsbedingungen auf ausländische Arbeitgeber und Arbeitnehmer zu erstrecken. § 1 Abs. 1 S. 1 AEntG bestimmt daher, dass bestimmte, in allgemeinverbindlichen Tarifverträgen des Baugewerbes festgelegte Arbeitsbedingungen auch auf ein Arbeitsverhältnis zwischen einem Arbeitgeber mit Sitz im Ausland und seinem im räumlichen Geltungsbereich des Tarifvertrags des Tarifvertrags beschäftigtem Arbeitnehmer zwingende Anwendung findet. Zur Verhinderung einer Diskriminierung ausländischer Arbeitgeber stellt § 1 Abs. 1 S. 3 AEntG klar, dass auch inländische Arbeitgeber, die unter den Geltungsbereich eines entsprechenden Tarifvertrages fallen, ihren Arbeitnehmern mindestens die dort vorgeschriebenen

---

[17] ErfK/*Franzen*, § 5 TVG Rn. 5; Däubler/*Lakies*, § 5 TVG Rn. 164; Jacobs/Krause/Oetker/*Oetker*, Tarifvertragsrecht § 6 Rn. 98.

[18] BAG 19.1.1962 AP TVG § 5 Nr. 11; 18.6.1980 AP TVG § 4 Ausschlussfristen Nr. 68; 27.11.1991 AP TVG § 4 Nachwirkung Nr. 22; 25.10.2000 AP TVG § 4 Nachwirkung Nr. 38; zustimmend: ErfK/*Franzen*, § 5 TVG Rn. 26; Däubler/*Lakies* § 5 TVG Rn. 193; aA für den Fall, dass die Allgemeinverbindlicherklärung aufgehoben wird: MünchArbR/*Löwisch/Rieble* § 268 Rn. 28.

[19] Die Ausführungen in dieser Arbeit beziehen sich auf das Arbeitnehmer-Entsendegesetz in seiner bis zum 23.4.2009 geltenden Fassung. Das Gesetz ist nach Abschluss der vorliegenden Arbeit durch ein neues Arbeitnehmer-Entsendegesetz vom 20. April 2009 (BGBl. I S. 799), das am 24.4.2009 in Kraft getreten ist, ersetzt worden. Vgl. zu den neuen Regelungen *Bayreuther*, DB 2009, 678 ff.; *Sittard*, NZA 2009, 346.

Arbeitsbedingungen gewährleisten müssen. Diese ursprünglich nur für den Bereich der Bauwirtschaft getroffene Regelung wurde 2007 durch zwei Gesetzesänderungen ausgeweitet und gilt nunmehr auch für Gebäudereiniger und für Briefzusteller, § 1 Abs. 1 S. 4 AEntG.[20]

Das AEntG sieht außerdem die Möglichkeit vor, auch nicht für allgemeinverbindlich erklärte Tarifverträge auf Außenseiter zu erstrecken. Gem. § 1 Abs. 3a AEntG kann das Bundesministerium für Arbeit und Soziales durch Rechtsverordnung bestimmen, dass die Rechtsnormen eines Tarifvertrages auf alle unter den Geltungsbereich dieses Tarifvertrags fallenden nicht tarifgebundenen Arbeitgebern und Arbeitnehmern Anwendung findet. Damit hat der Gesetzgeber zusätzlich zur Allgemeinverbindlicherklärung nach § 5 TVG eine weitere Möglichkeit geschaffen, Tarifverträge auf Außenseiter zu erstrecken. Der Gesetzgeber beabsichtigte durch diese Regelung, die erst nachträglich in das AEntG eingefügt wurde, die Erstreckung von Tarifnormen zu erleichtern und das AEntG so effektiver zu gestalten[21]. Voraussetzung für die Rechtsverordnung ist lediglich, dass eine Tarifvertragspartei einen Antrag auf Allgemeinverbindlicherklärung gestellt hat. Die materiell-rechtlichen Voraussetzungen, die § 5 TVG an die Allgemeinverbindlicherklärung stellt, müssen indes nicht eingehalten werden[22]. Das ergibt sich aus dem Wortlaut der Vorschrift, der für den Erlass der Rechtsverordnung lediglich an die Antragstellung anknüpft. Hätte der Gesetzgeber gewollt, dass auch bei Erlass einer Rechtsverordnung nach § 1 Abs. 3a AEntG die materiell-rechtlichen Voraussetzungen der Allgemeinverbindlicherklärung vorliegen müssen, hätte er dies ausdrücklich in den Gesetzeswortlaut aufnehmen müssen[23]. Der Bundesminister für Arbeit und Soziales ist daher gem. § 1 Abs. 3a AEntG auch

---

[20] Auch das neue Arbeitnehmer-Entsendegesetz aus dem Jahr 2009 sieht die Erstreckung allgemeinverbindlicher Tarifverträge auf entsandte Arbeitnehmer vor. Neu ist, dass grundsätzlich nur solche Arbeitsbedingungen auf entsandte Arbeitnehmer erstreckt werden können, die in einem bundesweiten Tarifvertrag geregelt sind; etwas anderes gilt lediglich für Tarifverträge, die die Dauer des Erholungsurlaubs oder die Beitragspflicht zu Urlaubskassen zum Gegenstand haben (§ 3 S. 2 AEntG nF). Im Übrigen haben weitere Branchen Aufnahme in das Arbeitnehmer-Entsendegesetz gefunden: Gem. § 4 AEntG nF gilt das AEntG nunmehr für das Baugewerbe, die Gebäudereinigung, Briefdienstleistungen, Sicherheitsdienstleistungen, Bergbauspezialarbeiten auf Steinkohlebergwerken, Wäschereidienstleistungen im Objektkundengeschäft, die Abfallwirtschaft einschließlich Straßenreinigung und und Winterdienst sowie für Aus- und Weiterbildungsdienstleistungen nach dem SGB II und dem SGB III. Zudem wurde der Pflegebereich in das AEntG aufgenommen, für den das Gesetz Sondervorschriften beinhaltet.

[21] *Büdenbender,* RdA 2000, 193 (197); *Sansone/Ulber,* AuR 2008, 125 (126).

[22] *Bieback,* RdA 2000, 207 (211); *Humbert,* Staatliche Regelungsbefugnisse, S. 96 f.; *Jacobs,* GS Walz (2008), S. 289 (305); Däubler/*Lakies,* Anhang 2 zu § 5 TVG, § 1 AEntG Rn. 102; *Kreiling,* NZA 2001, 1118 (1119); HWK/*Tillmanns,* § 1 AEntG Rn. 14; aA *Blanke,* AuR 1999, 417 (426); *Büdenbender,* RdA 2000, 193 (196 ff.); Löwisch/Rieble, § 5 TVG Rn. 148; *Sittard,* NZA 2007, 1090 (1091).

[23] Däubler/*Lakies,* Anhang 2 zu § 5 TVG, § 1 AEntG Rn.102.

zum Erlass einer entsprechenden Verordnung ermächtigt, wenn beispielsweise das Quorum des § 5 Abs. 1 S. 1 Nr. 1 TVG nicht erreicht oder ein Einvernehmen im Ausschuss nicht erzielt wird.[24]

3. Geltungsbereich von Tarifnormen

Der Geltungsbereich eines Tarifvertrags wird, anders als die Tarifgebundenheit, nicht durch Gesetz geregelt, sondern durch die Tarifvertragsparteien festgelegt. Er betrifft die Frage, welche Normadressaten in welchem zeitlichen Rahmen von den Tarifnormen erfasst werden[25]. Den Geltungsbereich des Tarifvertrags können die Tarifvertragsparteien im Rahmen ihrer Tarifzuständigkeit unter Berücksichtigung der allgemeinen Grenzen der Tarifautonomie frei bestimmen. Das gilt für den zeitlichen, räumlichen, sachlichen sowie den persönlichen Geltungsbereich des Tarifvertrags. Trifft der Tarifvertrag keine ausdrückliche Regelung hinsichtlich seines Geltungsbereichs, ist dieser im Zweifel durch Auslegung zu ermitteln[26].

a) Zeitlicher Geltungsbereich

Der zeitliche Geltungsbereich legt fest, in welchen zeitlichen Grenzen der Tarifvertrag Geltung beanspruchen soll. Er deckt sich mit der Dauer des Tarifvertrags. So beginnt die Geltung eines Tarifvertrags, grundsätzlich mit dessen Abschluss, d.h. mit Unterzeichnung des Tarifvertrags durch die Tarifvertragsparteien (§ 1 Abs. 2 TVG, § 126 BGB)[27]. Allerdings können die Parteien davon abweichend den Beginn der Geltung des Tarifvertrags auch frei vereinbaren. Für die Beendigung des Tarifvertrags kommen alle für Verträge bekannten Aufhebungstatbestände in Betracht[28]. Die meisten Tarifverträge werden für einen bestimmten Zeitraum geschlossen, so dass ein Ende der Tarifbindung aufgrund der Befristung infolge Zeitablaufs eintritt. Enthält der Tarifvertrag keine Befristungsregelung, sieht er häufig die Möglichkeit einer ordentlichen Kündigung vor. Soweit dies nicht der Fall ist, wird über eine analoge Anwendung des § 77 Abs. 5 BetrVG diskutiert; der Tarifvertrag könnte demnach mit einer Frist von drei Monaten gekündigt werden[29]. Die Geltung des Tarifvertrags endet auch, wenn die Tarifver-

---

[24] Die Möglichkeit, nicht für allgemeinverbindlich erklärte Tarifverträge auf Außenseiter zu erstrecken, ist nach der Neufassung des Arbeitnehmer-Entsendegesetzes bestehen geblieben. § 1 Abs. 3a AEntG wurde dabei grundlegend überarbeitet. Das Verfahren zum Erlass der Rechtsverordnung ist nunmehr in § 7 AEntG nF geregelt; vgl. zu den Einzelheiten des neu geregelten Verfahrens *Bayreuther*, DB 2009, 678 ff.
[25] *Junker*, Grundkurs Arbeitsrecht Rn. 553.
[26] Jacobs/Krause/Oetker/*Jacobs*, Tarifvertragsrecht § 5 Rn. 17.
[27] *Löwisch/Rieble*, § 4 TVG Rn. 84.
[28] ErfK/*Franzen*, § 1 TVG Rn. 30.
[29] Vgl. näher zum Stand der Diskussion Wiedemann/*Wank*, § 4 TVG Rn. 24 m.w.N.

tragsparteien einen Aufhebungsvertrag schließen. Schließen die Tarifvertragsparteien einen neuen Tarifvertrag über einen schon tariflich geregelten Gegenstand ab, ist darin idR ein konkludenter Aufhebungsvertrag zu sehen. Mit dem Ablauf der zeitlichen Geltung schließt sich in der Regel eine Nachwirkung des Tarifvertrags nach § 4 Abs. 5 TVG an.

b) Räumlicher Geltungsbereich

Durch die Festlegung des räumlichen Geltungsbereichs bestimmen die Tarifvertragsparteien innerhalb welcher geographischen Grenzen der Tarifvertrag gelten soll. Sie können frei vereinbaren, ob der von ihnen geschlossene Tarifvertrag für ganz Deutschland, für ein Bundesland, einen Bezirk oder eine noch kleinere räumliche Einheit gilt. Dabei sind die Tarifvertragsparteien an die staatlichen Grenzen nicht gebunden; vielmehr werden die tariflichen Grenzen historisch begründet häufig unabhängig von staatlichen Demarkationslinien gezogen[30]. Verändern sich staatliche oder kommunale Grenzen, auf die ein Tarifvertrag Bezug nimmt, hat das keine Auswirkungen auf seinen Geltungsbereich[31]. Der räumliche Geltungsbereich eines Tarifvertrags muss nicht auf das Bundesgebiet beschränkt sein. Die Tarifvertragsparteien können auch Tarifverträge für im Ausland beschäftigte Arbeitnehmer schließen, wenn ein hinreichender Bezug zum Inland gegeben ist[32].

Als Anknüpfungspunkt für den räumlichen Geltungsbereich des Tarifvertrags können die Tarifvertragsparteien den Sitz des Unternehmens oder des Betriebs oder den Erfüllungsort wählen. In Zweifelsfällen richtet sich der Geltungsbereich nach dem Schwerpunkt des Arbeitsverhältnisses[33]. Der Schwerpunkt des Arbeitsverhältnisses liegt dort, wo die nach dem Arbeitsvertrag geschuldeten Leistungen, insbesondere die Arbeitsleistung des Arbeitnehmers faktisch erbracht werden. Er richtet sich also regelmäßig nach dem Erfüllungsort des Arbeitsverhältnisses[34]. Dieser liegt in der Regel am Betriebssitz des Arbeitgebers. Der Tarifvertrag der Betriebsstätte bleibt grundsätzlich auch dann maßgeblich, wenn der Arbeitnehmer vorübergehend in ein anderes Tarifgebiet entsandt wird. Dasselbe gilt, wenn ein Arbeitnehmer, z.B. für Montagearbeiten, für längere Zeit an wechselnden Arbeitsstellen außerhalb des Tarifgebiets tätig wird. Lediglich wenn am

---

[30] Jacobs/Krause/Oetker/*Jacobs*, Tarifvertragsrecht § 5 Rn. 34.

[31] ErfK/*Franzen*, § 4 TVG Rn. 11.

[32] BAG 11.9.1991 AP IPR Arbeitsrecht Nr. 29; ErfK/*Franzen*, § 4 TVG Rn. 10; Jacobs/Krause/Oetker/*Jacobs*, Tarifvertragsrecht § 5 Rn. 35; Wiedemann/*Wank*, § 4 TVG Rn. 132.

[33] HWK/*Henssler*, § 4 TVG Rn. 14; Jacobs/Krause/Oetker/*Jacobs*, Tarifvertragsrecht § 5 Rn. 40; Löwisch/Rieble, § 4 TVG Rn. 69; Wiedemann/*Wank*, § 4 TVG Rn. 124.

[34] Däubler/*Deinert*, § 4 TVG Rn. 208; Jacobs/Krause/Oetker/*Jacobs*, Tarifvertragsrecht § 5 Rn. 40.

Ort der Arbeitsleistung eine Zweigorganisation besteht und der Arbeitnehmer dieser zugerechnet werden kann, kommt die Anwendung des am Ort der Arbeitsleistung einschlägigen Tarifvertrags in Betracht[35].

Für Montagearbeiter des Baugewerbes enthält § 5 Nr. 5 BRTV Bau besondere Bestimmungen, die für die unter den Geltungsbereich des Tarifvertrags fallenden Arbeitnehmer das Günstigkeitsprinzip vorsehen: So behalten auswärts beschäftigte Arbeitnehmer den Anspruch auf den Tariflohn ihres Einstellungsortes. Für den Fall, dass der Tariflohn der auswärtigen Arbeitsstelle höher ist, haben sie jedoch Anspruch auf diesen Lohn, solange sie dort tätig sind. Bei dieser Klausel handelt es sich jedoch nicht um eine Regelung des Geltungsbereichs des Tarifvertrags, sondern um eine dynamische Verweisungsklausel auf den Tarifvertrag des Einsatzortes. Für das Arbeitsverhältnis sind die Bestimmungen des verweisenden Tarifvertrags, nicht aber des Tarifvertrags des Arbeitsortes maßgeblich[36].

c) Betrieblicher Geltungsbereich

Die Tarifvertragsparteien grenzen den Adressatenkreis über die Festlegung des zeitlichen und räumlichen Geltungsbereichs weiter ein. Trotz einer neuen Tendenz zum sogenannten Berufsverbandsprinzip[37], wonach bestimmte Berufsgruppen ihre eigenen Vertretungen haben, sind die Tarifvertragsparteien bisher noch überwiegend nach dem sogenannten Industrieverbandsprinzip organisiert. Aus diesem Grund erfolgt eine Eingrenzung des Adressatenkreises derzeit regelmäßig noch nach der Art des Betriebs, so dass vom betrieblichen Geltungsbereich eines Tarifvertrags gesprochen werden kann[38].

Tarifverträge werden in der Regel für alle Betriebe einer bestimmten Branche eines Wirtschaftszweigs geschlossen. Ihre Normen gelten für alle Arbeitnehmer des Betriebs, unabhängig davon, ob ihre Arbeitsverhältnisse dem typischen Berufsbild der Branche entsprechen[39]. Stellt der Tarifvertrag bei der Bestimmung des Geltungsbereichs auf die Branchenzugehörigkeit des Betriebs ab, kommt es auf die Zugehörigkeit des Unternehmens zu einer bestimmten Branche nicht an, so dass in einem Unternehmen mit mehreren Betrieben unterschiedliche Tarif-

---

[35] BAG 3.12.1985 AP TVG § 1 Tarifverträge: Großhandel Nr. 5; Däubler/*Deinert*, TVG § 4 Rn. 222.
[36] *Löwisch/Rieble*, § 4 TVG Rn. 72, 108.
[37] HWK/*Henssler*, § 2 TVG Rn. 33; Jacobs/Oetker/Krause/*Jacobs*, Tarifvertragsrecht § 5 Rn. 48.
[38] Die Terminologie ist insoweit uneinheitlich. Die Tarifvertragsparteien selbst (vgl. BAG 21.3.1973 AP TVG § 4 Geltungsbereich Nr. 12 unter II der Gründe) sowie der Gesetzgeber (z. B. § 146 Abs. 3 SGB III, § 1 AEntG) sprechen in diesem Zusammenhang häufig vom „fachlichen Geltungsbereich", in der Literatur werden die Begriffe teilweise als Synonyme verwendet.
[39] ErfK/*Franzen*, § 4 TVG Rn. 12; HWK/*Henssler*, § 4 TVG Rn. 15; Jacobs/Krause/Oetker/*Jacobs*, Tarifvertragsrecht § 5 Rn. 49.

verträge Anwendung finden können⁴⁰. In Mischbetrieben, in denen unterschiedliche Tätigkeiten verrichtet werden, kommt es für die Bestimmung des betrieblichen Geltungsbereichs nach ständiger Rechtsprechung des Bundesarbeitsgerichts darauf an, welche Tätigkeiten die Arbeitnehmer überwiegend verrichten⁴¹.

d) Persönlicher Geltungsbereich

Mit der Festlegung des persönlichen Geltungsbereichs legen die Tarifvertragsparteien fest, für welche Arbeitnehmer der Tarifvertrag gelten soll. Häufig werden in Tarifverträgen an die Eigenschaft des Arbeitnehmers als Angestellter/Arbeiter, Auszubildender oder Teilzeitbeschäftigter angeknüpft. Auch eine Anknüpfung an Alter, Geschlecht oder Staatsangehörigkeit ist denkbar. Zu beachten ist in diesem Zusammenhang, dass die Tarifvertragsparteien, wenn sie bei der Geltung von Tarifnormen nach persönlichen Eigenschaften von Arbeitnehmern differenzieren wollen, insbesondere an Art. 3 GG gebunden sind⁴².

4. Tarifkonkurrenz und Tarifpluralität

Bei der Festlegung der Geltungsbereiche von Tarifverträgen kann es in verschiedener Hinsicht zu Überschneidungen kommen: Zu unterscheiden sind insoweit die Fälle der Tarifeinheit und die Fälle der Tarifpluralität.

Tarifkonkurrenz liegt vor, wenn mehrere Tarifverträge über dieselbe Regelungsmaterie im selben Arbeitsverhältnis unmittelbar und zwingend gelten⁴³. Sie kann in unterschiedlichen Konstellationen auftreten. Eine tarifautonome Konkurrenz kann beispielsweise entstehen, wenn ein Verbandstarifvertrag mit einem Firmentarifvertrag konkurriert, oder sie kann durch eine Doppelmitgliedschaft des Arbeitnehmers oder des Arbeitgebers verursacht werden⁴⁴. Daneben besteht die Möglichkeit einer staatlich veranlassten Tarifkonkurrenz. Sie entsteht, wenn die staatliche Rechtsetzung einen Tarifvertrag auf Außenseiter erstreckt⁴⁵. Insbesondere tritt Tarifkonkurrenz dann ein, wenn Normen eines für allgemeinverbindlich erklärten Tarifvertrages auf unmittelbar und zwingend geltende Normen eines Verbandstarifvertrages oder eines Firmentarifvertrages treffen.

---

⁴⁰ ErfK/*Franzen*, § 4 TVG Rn. 12.
⁴¹ BAG 25.2.1987 AP TVG § 1 Tarifverträge: Bau Nr. 81; 22.4.1987 AP TVG § 1 Tarifverträge: Bau Nr. 82; 25.11.1987 AP TVG § 1 Tarifverträge: Einzelhandel Nr. 18; 12.12.1988 AP TVG § 1 Tarifverträge: Bau Nr. 106; 24.8.1994 AP TVG § 1 Tarifverträge: Bau Nr. 181.
⁴² Däubler/*Deinert*, § 4 TVG Rn. 431; *Löwisch/Rieble*, § 4 TVG Rn. 92.
⁴³ ErfK/*Franzen*, § 4 TVG Rn. 65.
⁴⁴ *Löwisch/Rieble*, § 4 TVG Rn. 116.
⁴⁵ *Löwisch/Rieble*, § 4 TVG Rn. 120.

Dagegen handelt es sich um einen Fall der Tarifpluralität, wenn lediglich der Arbeitgeber, nicht aber der Arbeitnehmer an mehrere Tarifverträge gebunden ist[46], und daher mehrere Tarifverträge zwar im selben Betrieb, nicht aber im selben Arbeitsverhältnis Anwendung beanspruchen[47].

a) Auflösung nach dem Grundsatz der Tarifeinheit

Das Bundesarbeitsgericht löst sowohl die Tarifkonkurrenz als auch die Tarifpluralität nach dem Grundsatz der Tarifeinheit auf[48]. Dabei steht der Gedanke im Vordergrund, dass aus pragmatischen Gründen in jedem Betrieb nur ein Tarifvertrag Anwendung finden soll, um den Verwaltungsaufwand möglichst gering zu halten.

Für die Fälle der Tarifkonkurrenz stimmt die Literatur diesem Grundsatz uneingeschränkt zu, weil hier eine echte Konkurrenzsituation zwischen sich widersprechenden Regelungen bestehen kann, die zwingend einer Auflösung bedarf. Uneinigkeit besteht hier lediglich über den geeigneten Lösungsansatz zur Auflösung der Konkurrenz. Die Rechtsprechung greift insoweit in aller Regel auf das auch als Methode zur Auflösung von Gesetzeskonkurrenzen bekannte Spezialitätsprinzip zurück *(lex specialis derogat legi generali)*, so dass ein speziellerer Tarifvertrag den generelleren verdrängt[49]. Nach der Rechtsprechung des BAG findet daher jeweils allein derjenige Tarifvertrag Anwendung, der dem Betrieb räumlich, betrieblich, fachlich und persönlich am nächsten steht[50]. So geht beispielsweise ein Firmentarifvertrag wegen seines engeren Geltungsbereichs einem von derselben Gewerkschaft geschlossenen Verbandstarifvertrag vor[51].

Entgegen der herrschenden Lehre[52] möchte das BAG auch die Fälle der Tarifpluralität nach dem Grundsatz der Tarifeinheit auflösen. Nach Ansicht des BAG

---

[46] BAG 5.9.1990 AP TVG § 4 Tarifkonkurrenz Nr. 19; ErfK/*Franzen*, § 4 TVG Rn. 70.

[47] Jacobs/Krause/Oetker/*Jacobs*, Tarifvertragsrecht § 7 Rn. 201.

[48] Zur Rechtsprechungsänderung des Bundesarbeitsgerichts im Jahr 2010 s.u.

[49] St. Rspr., vgl. nur BAG 22.2.1957 AP TVG § 4 Tarifkonkurrenz Nr. 2; 14.6.1989 AP TVG § 4 Tarifkonkurrenz Nr. 16; 23.3.2005 AP TVG § 4 Tarifkonkurrenz Nr. 29; in der Literatur werden dagegen nach unterschiedlichen Fallgruppen der Tarifkonkurrenz differenzierende Lösungsansätze vertreten: vgl. Jacobs/Krause/Oetker/*Jacobs*, Tarifvertragsrecht § 7 Rn. 218 ff.; Wiedemann/*Wank*, § 4 TVG Rn. 298 ff.

[50] St. Rspr., vgl. nur BAG 23.3.2005 AP TVG § 4 Tarifkonkurrenz Nr. 29 (I 1 a der Gründe) m.w.N.

[51] BAG 24.1.2001 AP TVG § 1 Tarifverträge: Metallindustrie Nr. 173; 4.4.2001 AP TVG § 4 Tarifkonkurrenz Nr. 26; 23.3.2005 AP TVG § 4 Tarifkonkurrenz Nr. 29.

[52] Vgl. nur ErfK/*Franzen*, § 4 TVG Rn. 71 f.; HWK/*Henssler*, § 4 TVG Rn. 46 ff.; *Jacobs*, Tarifeinheit und Tarifkonkurrenz, S. 411 ff.; *ders.*, NZA 2008, 325; *Reichold*, RdA 2007, 321 (324 f.); *Löwisch/Rieble*, § 4 TVG Rn. 132 ff.; Wiedemann/*Wank*, § 4 TVG Rn. 287.

erfordert die Rechtssicherheit, dass alle Arbeitsverhältnisse eines Betriebes demselben Tarifvertrag unterstehen. Eine Anknüpfung an die Tarifbindung des Arbeitgebers gewährleiste eine vom Wechsel der Arbeitnehmer und vom Zufall unabhängige betriebseinheitliche Anwendung desjenigen Tarifvertrages, der den Erfordernissen des Betriebs und der beschäftigten Arbeitnehmer entspreche. Zudem würde die Möglichkeit einer Geltung unterschiedlicher Tarifverträge in einem Betrieb dazu führen, dass die Arbeitnehmer ihre Gewerkschaftszugehörigkeit offenbaren müssten. Eine solche Pflicht ist nach Ansicht des Bundesarbeitsgerichts rechtlich nicht begründbar und tatsächlich nicht durchsetzbar[53].[54]

*b) Auflösung im Zusammenhang
mit allgemeinverbindlichen Tarifverträgen*

Von diesen Grundsätzen weicht das Bundesarbeitsgericht auch in den Fällen, in denen ein Verbandstarifvertrag und ein für allgemeinverbindlich erklärter Tarifvertrag aufeinandertreffen, nicht ab[55]. Es wendet auch hier das Spezialitätsprinzip an[56]. Geht ein Verbandstarifvertrag einem für allgemeinverbindlich erklärten Tarifvertrag beispielsweise wegen seiner größeren Sachnähe im Wege der Spezialität vor, so gilt dies nach der Rechtsprechung des BAG nicht lediglich im einzelnen Arbeitsverhältnis zur Auflösung der Tarifkonkurrenz wenn der Arbeitnehmer tarifgebunden ist. Vielmehr soll der Grundsatz der Tarifeinheit hier auch

---

[53] BAG 14.6.1989 AP TVG § 4 Tarifkonkurrenz Nr. 16.

[54] Diese Auffassung, die das Bundesarbeitsgericht in st. Rechtsprechung seit 1957 vertrat, hat es nunmehr für den Fall einer unmittelbaren Tarifgebundenheit des Arbeitgebers nach § 3 Abs.1 TVG ausdrücklich aufgegeben (BAG 7.7.2010 – 4 AZR 549/08 – juris Rn. 21 ff.). In seiner ausführlichen Begründeung führt das Gericht aus, für den Grundsatz der Tarifeinheit bestehe in diesen Fällen weder eine ausdrückliche noch eine gewohnheitsrechtlich anerkannte Rechtsgrundlage, er könne auch nicht auf übergeordnete Prinzipien der Rechtssicherheit und der Rechtsklarheit gestützt werden. Eine richterliche Rechtsfortbildung scheide bereits mangels einer planwidrigen Regelungslücke aus; die Voraussetzung für eine gesetzesübersteigende Rechtsfortbildung lägen ebenfalls nicht vor. Ungeachtet dessen wäre eine solche Rechtsfortbildung nach Auffassung des Bundesarbeitsgerichts mit dem Grundrecht der Koalitionsfreiheit nach Art. 9 Abs. 3 GG unvereinbar. Vgl. im Einzelnen BAG 7.7.2010 – 4 AZR 549/08 – juris Rn. 21 ff.

[55] Ob das Bundesarbeitsgericht seine Rechtsprechung auch für diese Fälle ändern wird, bleibt abzuwarten Die Entscheidung vom 7.7.2010 bezieht sich ausdrücklich nur auf Fälle, in denen der Arbeitgeber kraft Tarifbindung gem. § 3 Abs. 1 TVG an mehrere Tarifverträge gebunden ist. Mit Blick auf die Begründung des Urteils erschiene eine Rechtsprechungsänderung jedoch auch für die Fälle, in denen die Tarifpluralität auf einem Aufeinandertreffen eines Verbandstarifvertrages mit einem allgemeinverbindlichen Tarifvertrag beruht, konsequent.

[56] In der Literatur wird dagegen teilweise angenommen, eine Tarifkonkurrenz sei in diesen Fallkonstellationen grundsätzlich zugunsten des tarifautonomen Regelungswerks aufzulösen, vgl. Jacobs/Krause/Oetker/*Jacobs*, Tarifvertragsrecht § 7 Rn. 220; *Löwisch/Rieble*, § 4 TVG Rn. 146 m.w.N.

die Tarifpluralität auflösen, so dass der allgemeinverbindliche Tarifvertrag auch auf die Nichtorganisierten keine Anwendung findet[57].

In der Literatur wird eine solche Auflösung der Tarifpluralität als dem Schutzzweck der Allgemeinverbindlicherklärung zuwiderlaufend kritisiert. So wird argumentiert, die Allgemeinverbindlicherklärung solle insbesondere dazu führen, dass auch Nichtorganisierten ein gewisser Mindestschutz garantiert werden solle. Dieser Zweck werde durch die Rechtsprechung des Bundesarbeitsgerichts vereitelt[58].

c) Besonderheiten im Anwendungsbereich des AEntG

Der Zehnte Senat des Bundesarbeitsgerichts sprach sich zunächst in mehreren Entscheidungen auch im Zusammenhang mit den Regelungen des Arbeitnehmer-Entsendegesetzes für die Anwendung des Spezialitätsprinzips zur Auflösung von Tarifkollisionen aus. Er löste daher die Kollision zwischen den Bestimmungen eines Verbandstarifvertrages und eines allgemeinverbindlichen Tarifvertrages über das Sozialkassenverfahren im Baugewerbe gem. § 1 Abs. 3 AEntG nach dem üblichen Lösungsansatz stets zugunsten eines Verbandstarifvertrages auf, sofern dieser sich als der speziellere Tarifvertrag darstellte[59]. Der Zehnte Senat war der Ansicht, soweit § 1 Abs. 3 S. 2 AEntG für den ausländischen Arbeitgeber bzw. Satz 3 für den inländischen Arbeitgeber eine gesetzliche Rechtspflicht zur Beitragsabführung begründe, handele es sich um klarstellende Bestimmungen zu § 1 Abs. 3 S. 1 AEntG, deren Zweck sich darin erschöpfe, dass sie als Gebotsnormen den rechtstechnisch erforderlichen Anknüpfungspunkt für die in § 5 AEntG enthaltene Bußgeldbewehrung bilde. Anhaltspunkte dafür, dass der Gesetzgeber im Zuge der Einführung des AEntG die Frage von Tarifkonkurrenz und Tarifpluralität für den Bereich der Tarifverträge über das Sozialkassenverfahren gesetzlich im Sinne eines unbedingten Vorrangs dieser Tarifverträge regeln wollte, sah der Zehnte Senat nicht[60].

Der Neunte Senat ist dieser Ansicht entgegen getreten. Er vertrat die Auffassung, dass es Arbeitgebern des Baugewerbes nicht möglich sei, durch Abschluss speziellerer Tarifverträge die Wirkung der Erstreckung nach dem AEntG abzuwenden. Vielmehr seien die allgemeinverbindlichen Rechtsnormen kraft Gesetzes ausnahmslos anzuwenden. Um die Frage zwischen den Senaten zu klären,

---

[57] BAG 14.6.1989 AP TVG § 4 Tarifkonkurrenz Nr. 16.
[58] Jacobs/Oetker/Krause/*Jacobs,* Tarifvertragsgesetz § 7 Rn. 232; *Löwisch/Rieble,* § 4 TVG Rn. 136; ähnlich *Hanau,* NZA 2003, 128, 131.
[59] BAG 26.1.1994 AP TVG § 4 Tarifkonkurrenz Nr. 22; 4.12.2002 AP TVG § 4 Tarifkonkurrenz Nr. 28.
[60] BAG 4.12.2002 AP TVG § 4 Tarifkonkurrenz Nr. 28 (II 1 d aa der Gründe).

fragte der Neunte Senat in einem Verfahren nach § 45 Abs. 3 S. 1 ArbGG beim Zehnten Senat an, ob dieser an seiner Rechtsauffassung festhalte[61].

Zur Begründung seiner Rechtsauffassung beruft sich der Neunte Senat insbesondere auf den Gesetzeszweck und die Entstehungsgeschichte des Arbeitnehmer-Entsendegesetzes[62]. Außerdem seien gemeinschaftsrechtliche Aspekte bei der Auslegung des Gesetzes zu berücksichtigen: Ziel des Gesetzes sei u.a. die Sicherung angemessener Arbeitsbedingungen. Dieser Schutzzweck könne jedoch nicht erreicht werden, wenn die allgemeinverbindlichen Tarifbestimmungen dadurch unterlaufen werden könnten, dass der Arbeitgeber an einen anderen Tarifvertrag gem. § 3 Abs. 1 TVG gebunden sei. Aus der Entstehungsgeschichte des Gesetzes ergebe sich, dass der Gesetzgeber durch eine Gesetzesänderung klarstellen wollte, dass § 1 AEntG ausnahmslos für inländische Arbeitgeber und alle Arbeitgeber mit Sitz im Ausland gelten solle.

Besonderes Gewicht misst der Neunte Senat aber einer Entscheidung des EuGH bei, nach der es eine nicht gerechtfertigte Beschränkung der Dienstleistungsfreiheit darstellt, wenn ein inländischer Arbeitgeber den mit einem für den allgemeinverbindlich erklärten Tarifvertrag festgesetzten Mindestlohn durch den Abschluss eines Firmentarifvertrages unterschreiten kann, während einem Arbeitgeber, der in einem anderen Mitgliedstaat ansässig ist, dies nicht möglich ist[63]. Diese zu § 1 Abs. 1 Nr. 1 AEntG ergangene Rechtsprechung enthalte einen allgemeinen Grundsatz, der für die Auslegung von § 1 Abs. 1 Nr. 2 AEntG und die hieran anknüpfenden Bestimmungen heranzuziehen sei. Eine Unterschreitung der im Rahmen des Arbeitnehmer-Entsendegesetzes geschlossenen allgemeinverbindlichen Tarifverträge durch speziellere Tarifverträge ist daher nach Auffassung des Neunten Senats nach dem Urteil des EuGH ausgeschlossen[64].

Auf die Anfrage des Neunten Senats hat der Zehnte Senat seine entgegenstehende Rechtsprechung mit Beschluss vom 13.5.2004[65] aufgegeben und sich, jedenfalls soweit Urlaubskassenbeiträge betroffen sind, der Auffassung des Neunten Senats angeschlossen[66].

Diese Lösung des Bundesarbeitsgerichts ist nicht ohne Widerspruch geblieben. Bedenken ergeben sich sowohl aus verfassungsrechtlicher wie aus europarechtlicher Sicht. Art. 9 Abs. 3 GG gewährt den Tarifvertragsparteien als essentiellen

---

[61] BAG 9.9.2003 – 9 AZR 478/02 (juris).
[62] Zustimmend *Preis/Temming,* Anm. zu BAG 20.7.2004, EzA AEntG § 1 Nr. 3, S. 34.
[63] EuGH 24.1.2002 Rs. C-164/99 *(Portugaia Construções)* Slg. 2002, I-787.
[64] BAG 9.9.2003 – 9 AZR 478/02 (juris); so auch schon *Hanau,* NZA 2003, 128 (131).
[65] BAG 13.5.2004 – 10 AS 6/04, IBR 2004, 462 (LS), Volltext bei juris.
[66] Vgl. nunmehr auch BAG 18.10.2006 AP TVG § 1 Tarifverträge: Bau Nr. 287 Rn. 34.

A. Rechtliche Ausgangssituation bei reinen Inlandssachverhalten   41

Bestandteil der sogenannten kollektiven Koalitionsfreiheit das Recht zum Abschluss von Tarifverträgen. Bei einem generellen Vorrang des unter den Geltungsbereich des Arbeitnehmer-Entsendegesetzes fallenden Tarifvertrages werden andere Koalitionen in ihrer kollektiven Koalitionsfreiheit beschränkt, da die von ihnen geschlossenen Tarifverträge nicht zur Anwendung kommen. Ob diese Beschränkung gerechtfertigt ist, ist umstritten[67]. Kritik erfährt auch der europarechtliche Argumentationsansatz des Bundesarbeitsgerichts. In der Literatur wird insoweit vertreten, auch einem ausländischen Arbeitgeber sei es möglich, durch den Abschluss von Firmentarifverträgen mit deutschen Gewerkschaften die nach dem Arbeitnehmer-Entsendegesetz erstreckten Tarifverträge zu umgehen[68]. Stellt unter dieser Prämisse die Umgehung der unter den Geltungsbereich des AEntG fallenden Tarifverträge kein Privileg deutscher Arbeitgeber dar, muss die Frage nach der Vereinbarkeit der Anwendung des Spezialitätsgrundsatzes mit der Dienstleistungsfreiheit zumindest neu gestellt werden[69].

Für die Praxis muss indes auf der Grundlage der Rechtsprechung des Bundesarbeitsgerichts davon ausgegangen werden, dass jedenfalls die allgemeinverbindlichen Sozialkassentarifverträge nicht durch speziellere Tarifverträge verdrängt werden können. Eine Tarifkollision zwischen einem Sozialkassentarifvertrag und einem spezielleren Verbands- oder Firmentarifvertrag ist nach der geltenden BAG Rechtsprechung nicht nach dem Spezialitätsgrundsatz, sondern immer zugunsten des Sozialkassentarifvertrages aufzulösen. Letzterer enthält damit echte, nicht unterbietbare Mindestarbeitsbedingungen[70].

Vieles spricht dafür, dass das Bundesarbeitsgericht diese Grundsätze, trotz der zurückhaltenden Äußerungen des Zehnten Senats, auch auf Tarifverträge nach § 1 Abs. 1 AEntG und damit insbesondere auch auf solche, die materielle Arbeitsbedingungen wie z.B. Mindestentgelte festsetzen, anwenden wird[71]. Insbesondere beziehen sich die Ausführungen des Neunten Senats zur Begründung seiner Rechtsauffassung nicht speziell auf die Sozialkassentarifverträge, sondern sind auf alle Tarifverträge nach dem AEntG übertragbar.

---

[67] Für eine gerechtfertigte Beschränkung: BAG 25.6.2002 AP AEntG § 1 Nr. 12 (A II 5 c der Gründe); *Döring*, Rechtsprobleme des Ausländereinsatzes in der Bauwirtschaft, S. 98 f.; *Wank/Börgmann*, NZA 2001, 177 (181); aA *Junker/Wichmann*, NZA 1996, 505 (509 f.); *Löwisch/Rieble*, § 4 TVG Rn. 149; *Sellin*, Arbeitnehmermobilität und Entsenderecht, S. 325 f.
[68] *Dörfler*, Die Nettolohnhaftung nach dem Arbeitnehmer-Entsendegesetz, S. 139; Jacobs/Oetker/Krause/*Jacobs*, Tarifvertragsgesetz § 7 Rn. 225; *ders.*, Tarifeinheit und Tarifkonkurrenz, S. 298 ff.; Däubler/*Lakies*, Anhang 2 zu § 5 TVG, § 1 AEntG Rn. 108; aA *Bayreuther*, EuZW 2001, 764 (766); *Junker/Wichmann*, NZA 1996, 505 (511).
[69] Vgl. *Sittard*, ZIP 2007, 1444 (1448).
[70] *Sittard*, ZIP 2007, 1444 (1447).
[71] So auch *Sittard*, ZIP 2007, 1444 (1448) und unter Berufung auf BAG 25.6.2002 AP AEntG § 1 Nr. 12: Jacobs/Oetker/Krause/*Jacobs*, Tarifvertragsgesetz § 7 Rn. 225.

Die Rechtsprechung betrifft die problematischen Fälle, in denen der speziellere Tarifvertrag für die Arbeitnehmer ungünstigere Arbeitsbedingungen enthält. Vor dem Hintergrund der europarechtlichen Begründung der Rechtsprechung ist davon auszugehen, dass eine Modifizierung des Spezialitätsprinzips auf diese Fälle beschränkt ist[72]. Enthält ein speziellerer Tarifvertrag dagegen für die Arbeitnehmer günstigere Arbeitsbedingungen, steht eine unzulässige Beeinträchtigung der Dienstleistungsfreiheit nicht zu befürchten, sodass eine bestehende Tarifkonkurrenz bedenkenlos nach dem Spezialitätsgrundsatz aufgelöst werden kann.[73]

5. Zwischenergebnis

Zusammenfassend lässt sich feststellen, dass deutsche Arbeitgeber in unterschiedlichen Konstellationen an Tarifverträge gebunden sind. Eine Tarifbindung kann sich aufgrund der Mitgliedschaft beider Arbeitsvertragsparteien in den Tarifvertrag schließenden Verbänden und Gewerkschaften ergeben. Alternativ kommt eine Bindung der Arbeitsvertragsparteien an einen Tarifvertrag in Betracht, wenn dieser für allgemeinverbindlich erklärt worden ist. Im Geltungsbereich des AEntG können Tarifverträge auch durch Rechtsverordnung auf Außenseiter erstreckt werden.

Tarifkonkurrenz und Tarifpluralität werden in der Praxis grundsätzlich nach dem Grundsatz der Spezialität aufgelöst. Anders entscheidet das Bundesarbeitsgericht bisher nur für Tarifverträge, die in den Geltungsbereich des Arbeitnehmer-Entsendegesetz fallen. Diese können nicht durch speziellere Tarifverträge, die für Arbeitnehmer ungünstigere Arbeitsbedingungen enthalten, umgangen werden. Die nach dem AEntG erstreckten Tarifverträge enthalten damit echte Mindeststandards.

II. § 138 BGB als Untergrenze der individualvertraglichen Lohnvereinbarung

Gelten in einem Arbeitsvertrag die Vergütungsregelungen eines Tarifvertrages mit zwingender Wirkung, können die Arbeitsvertragsparteien lediglich für den Arbeitnehmer günstigere abweichende Vereinbarungen treffen. Jenseits einer Ta-

---

[72] *Sittard*, NZA 2007, 1090 (1093).

[73] In der Neufassung des Arbeitnehmer-Entsendegesetzes hat der Gesetzgeber diese Problematik nunmehr ausdrücklich geregelt: Gem. § 8 Abs. 2 AEntG nF ist ein Tarifvertrag nach den §§ 4 bis 6 des Gesetzes, der durch Allgemeinverbindlicherklärung oder Rechtsverordnung auf nicht an ihn gebundenen Arbeitgeber sowie Arbeitnehmer und Arbeitnehmerinnen erstreckt wird, von einem Arbeitgeber auch dann einzuhalten, wenn er nach § 3 TVG oder kraft Allgemeinverbindlicherklärung nach § 5 TVG an einen anderen Tarifvertrag gebunden ist.

rifbindung sind die Vertragsparteien dagegen bei der Gestaltung individualvertraglicher Lohnvereinbarungen relativ frei. Eine Untergrenze bildet jedoch das in § 138 BGB normierte Verbot sittenwidriger Vereinbarungen. Insoweit erlaubt das BGB eine Inhaltskontrolle der vertraglichen Vereinbarung der Entgelthöhe. Rechtsfolge einer gegen § 138 BGB verstoßenden Lohnvereinbarung ist nicht die Nichtigkeit des gesamten Arbeitsvertrages, sondern an die Stelle der vereinbarten Löhne tritt die übliche Vergütung im Sinne des § 612 Abs. 2 BGB[74]. Sowohl § 138 Abs. 1 BGB (Wuchergeschäft) als auch § 138 Abs. 2 BGB (Verstoß gegen die guten Sitten) setzen objektiv ein auffälliges Missverhältnis von Leistung und Gegenleistung voraus. Die Antwort auf die Frage, wann eine Lohnvereinbarung im auffälligen Missverhältnis zur Arbeitsleistung steht, ist jedoch aus mehreren Gründen schwierig.

So ist schon fraglich, wie der Bezugsmaßstab festzusetzen ist. Das Bundesarbeitsgericht befürwortet eine Beurteilung anhand des objektiven Werts der Arbeitsleistung. Dieser richte sich nach der verkehrsüblichen Vergütung[75]. Als Orientierung bei der Bestimmung der verkehrsüblichen Vergütung dient dem Bundesarbeitsgericht im Ausgangspunkt das Tarifniveau des jeweiligen Wirtschaftszweiges. Dies gelte jedenfalls dann, wenn in dem Wirtschaftsgebiet üblicherweise der Tariflohn gezahlt werde, weil dann grundsätzlich davon ausgegangen werden könne, dass Arbeitskräfte auf dem Arbeitsmarkt nur zu den Tariflohnsätzen gewonnen werden könnten. Wo es an einem Tariflohn als Vergleichswert fehlt oder der Tariflohn nicht der verkehrsüblichen Vergütung entspricht, soll nach dem Bundesarbeitsgericht das allgemeine Entgeltniveau des Wirtschaftsgebiets maßgeblich sein[76]. Eine Orientierung an anderen denkbaren Bezugsmaßstäben wie beispielsweise dem Sozialhilfesatz[77] oder der Pfändungsgrenze nach § 850c ZPO[78], die in der Instanzrechtsprechung und in der Literatur vorgeschlagen werden, lehnte es in einer jüngeren Entscheidung ausdrücklich ab[79]. Zur Begründung führt das Bundesarbeitsgericht an, sowohl die Festlegung des Sozialhilfesatzes als auch die Bestimmung der Pfändungsgrenzen des § 850c ZPO hätten jeweils eine andere Schutzrichtung als § 138 BGB und sagten nichts

---

[74] Däubler/*Lakies*, Anhang 1 zu § 5 TVG Rn. 46; MüKo/*Müller-Glöge*, § 612 Rn. 32; HWK/*Thüsing*, § 612 BGB Rn. 32; aA (für Gesamtnichtigkeit) ArbG Bremen 30.8.2000 NZA-RR 2001, 27 (28).
[75] BAG 23.5.2001 EzA BGB § 138 Nr. 29 (II 2 a der Gründe).
[76] BAG 24.3.2004 AP BGB § 138 Nr. 59 (I 1 a der Gründe).
[77] So ArbG Bremen 30.8.2000 NZA-RR 2001, 27 (29); Däubler/*Lakies*, Anhang 1 zu § 5 TVG Rn. 47 f.; *Peter*, in: Peter/Kempen/Zachert, Sicherung tariflicher Mindeststandards (2004), S. 107.
[78] So *Bispinck/Schäfer*, in: Schulten/Bispink/Schäfer, Mindestlöhne in Europa, S. 268 (293).
[79] BAG 24.3.2004 AP BGB § 138 Nr. 59 (I 1 der Gründe) = SAE 2005, 197 (198 f.) (mit insoweit zustimmender Anmerkung *Schmitt*); *Henssler/Sittard*, RdA 2007, 159 (161).

zur Bewertung aus, wann ein Missverhältnis zwischen Leistung und Gegenleistung vorliege[80].

Nicht nur die Bezugsgröße ist schwer zu bestimmen. Auch die Festlegung der Unterschreitungsgrenze, von der ab eine Entgelthöhe als sittenwidrig eingestuft werden kann, bereitet große Schwierigkeiten. Für die Frage, ab welchem Abweichungsgrad der Entgeltvereinbarung von der Bezugsgröße von einer Sittenwidrigkeit der Vereinbarung ausgegangen werden kann, haben weder die Instanzgerichte noch das Bundesarbeitsgericht bisher einen festen Richtwert entwickelt. Der Strafsenat des Bundesgerichtshofs hat in einer Revisionsentscheidung die Würdigung eines Landgerichts gebilligt, dass das für den Straftatbestand der Lohnwucher ebenfalls erforderliche auffällige Missverhältnis vorliege, wenn der vereinbarte Lohn zwei Drittel des Tariflohns betrage[81]. Dieser Richtwert wurde zunächst von der arbeitsrechtlichen Instanzrechtsprechung für ein auffälliges Missverhältnis im Sinne des § 138 Abs. 2 BGB vereinzelt übernommen[82]. In einer neuen Entscheidung aus dem Jahr 2009 hat auch das Bundesarbeitsgericht die Zwei-Drittel-Grenze für maßgeblich erachtet[83]. Jedoch soll es sich hierbei nicht um einen absoluten Richtwert handeln. Vielmehr seien jeweils die besonderen Einzelumstände zu berücksichtigen. Sie könnten die Bestimmung des Wertes der Arbeitsleistung und die Beurteilung der sittenwidrigen Ausbeutung beeinflussen und gegebenenfalls zu einer Korrektur der Zwei-Drittel-Grenze führen[84].

Im Ergebnis bietet § 138 BGB auch unter Berücksichtigung der aktuellen höchstrichterlichen Rechtsprechung allenfalls einen gewissen Schutz der Arbeitnehmer vor völlig unangemessener Entlohnung im Einzelfall. Mangels fester Uterschreitungsgrenzen herrscht hier eine erhebliche Rechtsunsicherheit. Darüber hinaus kann § 138 BGB keinen flächendeckenden Schutz vor sogenannten „Hungerlöhnen" gewährleisten. Insbesondere dort, wo schon die nach der Rechtsprechung als Bezugsmaßstab anzusetzende übliche Vergütung zur Existenzsicherung nicht ausreicht, ist der Arbeitnehmer de lege lata auch durch § 138 BGB nicht vor extremen Niedriglöhnen geschützt[85].

---

[80] BAG 24.3.2004 AP BGB § 138 Nr. 59 (I 1 b und c der Gründe).
[81] BGH 22.4.1997 BGHSt 43 (53).
[82] LAG Berlin 20.2.1998 NZA-RR 1998, 392; ArbuR 1998, 468; zustimmend *Peter,* ArbuR 1999, 289 (293); *Reinecke,* NZA 2000, Beilage zu Heft 3, 23 (32); *Schmitt,* SAE 2005, 201 (204).
[83] BAG 22.4.2009 AP BGB § 138 Nr. 64.
[84] BAG 22.4.2009 AP BGB § 138 Nr. 64 (II 1 a cc der Gründe).
[85] Vgl. dazu ausführlich *Bepler,* FS Richardi (2007), S. 189 ff.; *Jacobs,* GS Walz (2008), S. 289 (298 ff.).

III. Entgeltvereinbarungen als Gegenstand einer Inhaltskontrolle nach §§ 307 ff. BGB

Nach der Neuregelung des BGB aufgrund des Gesetzes zur Modernisierung des Schuldrechts vom 26.11.2001[86] unterliegen auch Allgemeine Geschäftsbedingungen in Formulararbeitsverträgen der AGB-Kontrolle. Fraglich ist, ob seitdem die dort getroffenen Entgeltvereinbarungen einer Inhaltskontrolle nach den Maßstäben der §§ 307 ff. BGB standhalten müssen und sich somit unterhalb der Grenze der Sittenwidrigkeit eine Möglichkeit zur Entgeltkontrolle eröffnet.

Im allgemeinen Zivilrecht findet eine Inhaltskontrolle in Form einer Preiskontrolle grundsätzlich nicht statt. Die vertragliche Ausgestaltung des Verhältnisses der Hauptleistungspflichten gehört zum Kernbereich der Privatautonomie. Der Gesetzgeber agiert hier bewusst zurückhaltend, so dass die Parteien die Vertragsbedingungen in diesem Bereich in aller Regel ohne gesetzliche Vorgaben frei vereinbaren können[87]. Das Fehlen gesetzliche Vorgaben führt dazu, dass auch eine AGB-Kontrolle zur Überprüfung der Angemessenheit vertraglicher Preisvereinbarungen nicht in Betracht kommt. Denn gem. § 307 Abs. 3 S. 1 BGB findet eine Inhaltskontrolle nach den §§ 307 bis 309 BGB nur statt, wenn die zu untersuchende Bestimmung von Rechtsvorschriften abweicht oder diese ergänzt. Eine Ausnahme gilt insoweit nur für die Transparenzkontrolle des § 307 Abs. 1 S. 2 BGB, die gem. § 307 Abs. 3 S. 2 BGB stets durchzuführen ist.

Auch im Bereich des Arbeitsrechts gibt es bislang keine gesetzlichen Vorgaben, die die Arbeitsvertragsparteien bei der Vereinbarung des Arbeitsentgelts binden. Insbesondere hat der Gesetzgeber bisher von der Festlegung gesetzlicher Mindestlöhne abgesehen. Jedoch wird der Begriff „Rechtsvorschriften" in § 307 Abs. 3 BGB weit ausgelegt. Er umfasst alle materiellen Gesetze, insbesondere auch Verordnungen, Satzungen und Tarifverträge[88]. Letztere entfalten Normwirkung jedoch nur, wenn sie im Arbeitsverhältnis unmittelbar gelten, also nur in einem Arbeitsverhältnis zwischen zwei tarifgebundenen Arbeitsvertragsparteien (§ 4 Abs. 1 S. 1 TVG). Vertragliche Vereinbarungen, die lediglich den Inhalt des einschlägigen Tarifvertrages wiederholen, unterliegen gem. § 307 Abs. 3 S. 1 BGB nicht der AGB-Kontrolle. Der Anwendungsbereich für eine Inhaltskontrolle des vertraglich vereinbarten Entgelts ist dagegen prinzipiell eröffnet, wenn tarifgebundene Parteien im Arbeitsvertrag vom Tarifvertrag abweichende Vereinbarungen treffen. Allerdings kommt einer Inhaltskontrolle in diesen Fällen kaum Bedeutung zu: Gem. § 4 Abs. 1 S. 1 TVG gelten die Tarifnormen zwischen den beiderseits Tarifgebundenen nicht nur unmittelbar, sondern auch zwingend. Ab-

---

[86] BGBl. I S. 3138.
[87] Ausnahmen bilden in diesem Zusammenhang Gebührenordnungen für Ärzte und Architekten.
[88] Palandt/*Grüneberg*, § 307 BGB Rn. 64.

weichende Abmachungen sind gem. § 4 Abs. 1 S. 3 TVG nur zulässig, wenn sie für den Arbeitnehmer günstigere Regelungen enthalten. Dass von Tarifverträgen abweichende vertragliche Regelungen zu einer „unangemessenen Benachteiligung" des Arbeitnehmers führen und deswegen der Inhaltskontrolle nicht standhalten, ist wegen des Günstigkeitsprinzips demnach ausgeschlossen[89].

Die Möglichkeit zu einer weitergehende Entgeltkontrolle könnte sich allenfalls aus § 310 Abs. 4 S. 3 BGB ergeben. Unter Berufung auf diese Vorschrift wird in der Literatur vereinzelt davon ausgegangen, dass die Schuldrechtsreform den Weg für eine generelle Angemessenheitskontrolle arbeitsvertraglicher Entgeltvereinbarungen geebnet habe[90]. § 310 Abs. 4 S. 3 BGB führe dazu, dass auch von einschlägigen Tarifverträgen abweichende arbeitsvertragliche Entgeltvereinbarungen nicht Tarifgebundener einer Inhaltskontrolle zugänglich seien. Zur Begründung wird einerseits auf den Wortlaut verwiesen. § 310 Abs. 3 S. 1 BGB besage, wenn man § 310 Abs. 4 S. 3 BGB in ihn hineinlese, dass die Inhaltskontrolle gem. § 307 Abs. 1 BGB für Bestimmungen in Allgemeinen Geschäftsbedingungen gelte, „durch die von Tarifverträgen abweichende [...] Regelungen vereinbart werden". Genauso wie gesetzliche Bestimmungen im Sinne von § 307 Abs. 3 S. 1 BGB allgemein Geltung beanspruchten, könne dies kraft der Verweisung auf diese Vorschrift in § 310 Abs. 4 S. 3 BGB nur so verstanden werden, dass der jeweils einschlägige Tarifvertrag eine „Allgemeinwirkung" wie ein Gesetz bzw. eine sonstige Rechtsvorschrift erzeuge[91]. Zudem spreche für eine solche Interpretation des § 310 Abs. 4 S. 3 BGB, dass der Vorschrift nur bei diesem Verständnis eine eigenständige Bedeutung zukomme[92].[93]

Diese Auslegung des § 310 Abs. 4 S. 3 BGB vermag jedoch nicht zu überzeugen. Wird durch Entgeltvereinbarungen in Formulararbeitsverträgen das Tarifniveau unterschritten, eröffnet § 310 Abs. 4 S. 3 BGB nicht in jedem Fall die Möglichkeit einer Angemessenheitsprüfung im Rahmen einer AGB-Kontrolle. Die Vorschrift ist vielmehr dahingehend auszulegen, dass sie klarstellt, dass Klauseln, die lediglich den Inhalt von Tarifverträgen wiedergeben, keiner Inhaltskontrolle unterliegen[94].

---

[89] *Günther,* AGB-Kontrolle von Arbeitsverträgen, S. 164; *Richardi,* NZA 2002, 1057 (1061).

[90] *Däubler,* NZA 2001, 1329 (1334 f.); *Lakies,* NZA-RR 2002, 337 (344); *Peter,* in: Peter/Kempen/Zachert, Sicherung tariflicher Mindeststandards (2004), S. 118.

[91] Däubler/*Lakies,* Anhang 1 zu 5 TVG Rn. 64; *ders.,* NZA-RR 2002, 337 (344).

[92] *Kittner/Deinert,* in: Kittner/Zwanziger, § 15 Rn. 52; *Peter,* in: Peter/Kempen/Zachert, Sicherung tariflicher Mindeststandards (2004), S. 118; *Reinecke,* DB 2002, 583 (585).

[93] Die Autoren, die eine Inhaltskontrolle vertraglicher Entgeltvereinbarungen bei Abweichung vom Tariflohnniveau befürworten, gehen davon aus, dass in einer Unterschreitung um 20% eine unangemessene Benachteiligung liegt; vgl. *Däubler,* NZA 2001, 1329 (1335), *Lakies,* NZA-RR 2002, 337 (344); *Peter,* in: Peter/Kempen/Zachert, Sicherung tariflicher Mindeststandards (2004), S. 118.

Dass die gegenteilige Ansicht zu einer Fülle von Durchführungsproblemen und zu massiver Rechtsunsicherheit führen könnte[95], ist dabei nicht entscheidend. Bei der Beantwortung der Frage, wann eine Entgeltvereinbarung sittenwidrig ist und somit gegen § 138 BGB verstößt, bestehen diese Schwierigkeiten ebenfalls[96]. Auch die Problematik, ob eine Überprüfung untertariflicher Entgeltvereinbarungen zu einer verdeckten Allgemeinverbindlichkeit von Tarifverträgen führt und daher Kollisionen mit der durch Art. 9 GG garantierten negativen Koalitionsfreiheit entstehen[97], muss hier nicht im Detail untersucht werden. Dass § 310 Abs. 4 S. 3 BGB nicht dahingehend interpretiert werden kann, dass er generell eine Entgeltkontrolle untertariflicher Entgeltvereinbarungen fordert, ergibt sich schon aus dem Wortlaut der Vorschrift, aus der Gesetzessystematik sowie aus der Intention des Gesetzgebers.

Zunächst beinhaltet § 310 Abs. 4 S. 3 BGB lediglich eine Verweisung auf § 307 Abs. 3 BGB. Die Gleichstellung von Tarifverträgen und Rechtsvorschriften ist demnach auf die Regelungsaussage des § 307 Abs. 3 BGB beschränkt. Hätte der Gesetzgeber Tarifnormen und Rechtsvorschriften im Rahmen der AGB-Kontrolle generell gleichsetzen wollen, hätte er auf § 307 BGB insgesamt und nicht lediglich auf dessen Absatz 3 verweisen können[98]. Zudem spricht die Systematik der §§ 305 ff. BGB dagegen, dass der Gesetzgeber durch die Verweisung in § 310 Abs. 4 S. 3 BGB eine Inhaltskontrolle untertariflicher Entgeltvereinbarungen einführen wollte. § 310 BGB regelt mit den sogenannten Bereichseinschränkungen gerade die Beschränkungen des Anwendungsbereichs der §§ 305 ff. BGB, so dass eine Norm, die die Kontrollmöglichkeiten erweitert, in diesem Zusammenhang eine systemfremde Regelung darstellen würde[99]. Auch aus den Materialien zur Gesetzesentstehung ergibt sich, dass der Gesetzgeber lediglich klarstellen wollte, „dass auch Einzelarbeitsverträge, die Bezug auf einen Tarifvertrag nehmen, ohne dass eine beiderseitige Tarifbindung besteht [...], nicht der Inhaltskontrolle unterliegen, sondern nur am Transparenzgebot zu mes-

---

[94] HWK/*Gotthardt*, § 307 BGB Rn. 11; *Henssler*, RdA 2002, 129 (136); *Lingemann*, NZA 2002, 181 (188 f.).

[95] Vgl. zu den praktischen Hindernissen: *Günther*, AGB-Kontrolle von Arbeitsverträgen, S. 166 ff.

[96] Vgl. oben Teil 1 A. II.

[97] So *Diehn*, NZA 2004, 129 (135); *Günther*, AGB-Kontrolle im Arbeitsrecht, S. 175 ff.; *Henssler*, RdA 2002, 129 (136); *Lingemann*, NZA 2002, 181 (189); *Sellin*, Arbeitnehmermobilität und Entsenderecht, S. 113; *Thüsing/Lambrich*, RdA 2002, 193 (196); *Tschöpe*, DB 2002, 1830 (1833).

[98] *Bayreuther*, RdA 2003, 81; HWK/*Gotthardt*, § 307 BGB Rn. 11; *Günther*, AGB-Kontrolle im Arbeitsrecht, S. 168 f.; *Henssler*, RdA 2002, 129 (136); *Sellin*, Arbeitnehmermobilität und Entsenderecht, S. 113; *Thüsing/Lambrich*, RdA 2002, 193 (196).

[99] *Diehn*, NZA 2004, 129 (135); *Günther*, AGB-Kontrolle im Arbeitsrecht, S. 169 f.; *Henssler*, RdA 2002, 129 (136).

sen sind"[100]. Die Vorschrift dient somit nach dem Willen des Gesetzgebers allein dazu, eine mittelbare Tarifzensur zu vermeiden. Darüber hinaus verfolgte der Gesetzgeber das Ziel, das Schutzniveau der Vertragsinhaltskontrolle im Arbeitsrecht an dasjenige des Zivilrechts anzugleichen[101]. Da im allgemeinen Zivilrecht eine Inhaltskontrolle bezüglich der Hauptleistungspflichten jedoch in aller Regel nicht erfolgt, würde die Einführung einer umfassenden Entgeltkontrolle im Arbeitsrecht nicht zu einer Angleichung sondern zu einer Verschärfung der Vertragsinhaltskontrolle führen. Den Willen zu einer solchen im Vergleich zum allgemeinen Zivilrecht gravierenden Erweiterung des Kreises kontrollfähiger Klauseln hätte der Gesetzgeber durch eine Stellungnahme oder durch eine eindeutige Regelung deutlicher zum Ausdruck gebracht[102].

Als Ergebnis bleibt daher festzuhalten, dass die Erstreckung der Vertragsinhaltskontrolle nach den §§ 305 ff. BGB auf Arbeitsverträge nicht prinzipiell zu einem erweiterten Umfang gerichtlicher Überprüfung von Entgeltvereinbarungen führt. Eine generelle Erschwerung von Tarifunterschreitungen für nicht tarifgebundene Arbeitsvertragparteien ist § 310 Abs. 4 S. 3 BGB nicht zu entnehmen. Auch für Formulararbeitsverträge bleibt es somit dabei, dass einzelvertragliche Lohnvereinbarungen allein am Maßstab des § 138 BGB zu messen sind. Einen weitergehenden Schutz vor Niedriglöhnen bietet auch die AGB-Kontrolle nicht.

B. Rechtliche Ausgangssituation bei grenzüberschreitenden Sachverhalten

Weist ein Sachverhalt eine Auslandsberührung auf, muss zunächst das für den Sachverhalt maßgebliche Recht bestimmt werden. Ausgangspunkt bei der Bestimmung des anzuwendenden Rechts bildet das Internationale Privatrecht. Die relevanten Vorschriften finden sich im Übereinkommen über das auf vertragliche Schuldverhältnisse anzuwendende Recht vom 19. Juni 1980[103], auch Schuldvertragsübereinkommen (EVÜ) genannt.[104]

---

[100] Gegenäußerung der Bundesregierung zur Stellungnahme des Bundesrates, BT-Drs. 14/6857, S. 54.

[101] Gegenäußerung der Bundesregierung zur Stellungnahme des Bundesrates, BT-Drs. 14/6857, S. 54.

[102] *Günther*, AGB-Kontrolle im Arbeitsrecht, S. 172 f.; *Reinecke*, DB 2002, 583 (585); *Tschöpe*, DB 2002, 1830 (1833).

[103] ABlEG L 266 v. 9.10.1980.

[104] Für Verträge, die nach dem 17. Dezember 2009 geschlossen worden sind, gilt nunmehr die Verordnung (EG) Nr. 593/2008 des Europäischen Parlaments und des Rates vom 17. Juni 2008 über das auf vertragliche Schuldverhältnisse anzuwendende Recht (Rom I), ABlEU L 177/6 v. 4.7.2008. Der Verordnungsvorschlag der Kommission aus dem Jahr 2005 sah zunächst erhebliche Änderungen des Arbeitskollisionsrechts vor. Diese wurden jedoch im Laufe des Gesetzgebungsverfahrens überwiegend gestrichen oder abgeschwächt, sodass sich durch das Inkrafttreten der Verordnung kaum

B. Rechtliche Ausgangssituation bei grenzüberschreitenden Sachverhalten   49

Im deutschen Recht richtet sich das für vertragliche Schuldverhältnisse maßgebliche Kollisionsrecht für Verträge, die bis zum 17.Dezember 2009 abgeschlossen worden sind, nach den §§ 27 ff. EGBGB, die die Vorschriften des EVÜ umsetzen. Art. 30 ff. EGBGB enthalten dabei spezielle Regelungen für Arbeitsverträge. Nach diesen Vorschriften muss zunächst ermittelt werden, welche Rechtsordnung auf einen Arbeitsvertrag Anwendung findet. Aufgrund der herausragenden Bedeutung von Tarifverträgen für die Regelung von Arbeitsbedingungen genügt es aber nicht, festzustellen welche Rechtsordnung für den Arbeitsvertrag maßgeblich ist. Um die für ein Arbeitsverhältnis geltenden Arbeitsbedingungen bestimmen zu können, muss vielmehr in einem weiteren Schritt untersucht werden, welche Tarifverträge Anwendung finden. Im Fall der Entsendung von Arbeitnehmern aus dem EU-Ausland nach Deutschland ist dabei von besonderem Interesse, inwieweit nach den Regeln des Internationalen Privatrechts deutsche Tarifverträge auf die Arbeitsverhältnisse entsandter Arbeitnehmer Anwendung finden.

I. Ermittlung des Arbeitsvertragsstatuts

In Fällen mit Auslandsberührung muss das auf die vertraglichen Beziehungen zwischen Arbeitgeber und Arbeitnehmer anwendbare Recht, das sogenannte Arbeitsvertragsstatut, ermittelt werden. Es ist maßgebend für das Zustandekommen, den Inhalt und die Beendigung des Arbeitsverhältnisses[105].

Das Arbeitsvertragsstatut muss in mehreren Schritten ermittelt werden. Zunächst ist dabei zu prüfen, ob die Vertragsparteien sich auf die Anwendung eines bestimmten Rechts geeinigt haben, denn gem. Art. 27, 30 Abs. 1 EGBGB haben sie grundsätzlich die Möglichkeit, das auf den Arbeitsvertrag anwendbare Recht frei zu bestimmen. Anschließend muss das nach objektiven Kriterien anzuwendende Recht bestimmt werden. Dieses kommt einerseits zur Anwendung, wenn eine Rechtswahl durch die Parteien nicht vorliegt, kann sich andererseits aber auch bei wirksamer Rechtswahl (teilweise) gegenüber dem gewählten Recht durchsetzen. Des Weiteren können international zwingende Normen, die unabhängig vom ermittelten Vertragsstatut gelten, zu beachten sein.

1. Rechtswahl

Die Rechtswahl kann gem. Art. 27 Abs. 1 S. 2 EGBGB ausdrücklich oder konkludent erfolgen. Sie ist jedoch in ihrer Wirkung im Einzelfall inhaltlich be-

---

Änderungen ergeben dürften; vgl. dazu ausführlich *Wurmnest,* Das neue Internationale Arbeitsvertragsrecht der Rom I-Verordnung, EuZA 2009, 481 ff.
[105] MünchArbR/*Birk,* § 20 Rn. 114; *Franzen,* AR-Blattei SD 920 Rn. 132; MüKo/*Martiny,* Art. 30 EGBGB Rn. 86 ff.; ErfK/*Schlachter,* Art. 34 EGBGB Rn. 14.

schränkt: Gem. Art. 30 Abs. 1 EGBGB darf bei Arbeitsverträgen die Rechtswahl der Parteien nicht dazu führen, dass dem Arbeitnehmer der Schutz entzogen wird, der ihm durch die zwingenden Bestimmungen des Rechts gewährt wird, das nach der objektiven Anknüpfung anzuwenden wäre, wenn keine Rechtswahl stattgefunden hätte. Das bedeutet, dass das gewählte Vertragsstatut durch die Heranziehung des objektiven Vertragsstatuts inhaltlich korrigiert wird, wenn letzteres für den Arbeitnehmer günstiger ist[106]. Die zwingenden Bestimmungen des objektiven Vertragsstatuts legen auf diese Weise das gesetzliche Minimum des kollisionsrechtlichen Arbeitnehmerschutzes fest[107]. Auch bei Vorliegen einer Rechtswahl ist daher immer das objektive Arbeitsvertragsstatut zu ermitteln[108]. Dieses in Art. 30 Abs. 1 EGBGB verankerte kollisionsrechtliche Günstigkeitsprinzip wirft jedoch gleich mehrere Fragen auf, die dazu führen, dass die Regelung in der Praxis nur schwer handhabbar ist.

Zum einen ist im Fall der Rechtswahl durch die Vertragsparteien immer ein Vergleich zwischen der durch die Rechtswahl bestimmten Rechtsordnung und der nach den Grundsätzen der objektiven Anknüpfung ermittelten Rechtsordnung vorzunehmen, was für nationale Gerichte per se mit Schwierigkeiten verbunden ist. Darüber hinaus lässt sich Art. 30 EGBGB nicht entnehmen, welche Regelungen als „zwingende Bestimmungen" im Sinne der Vorschrift anzusehen oder wie diese zu bestimmen sind. Schließlich ist auch die Methode der Durchführung des Günstigkeitsvergleichs nach Art. 30 Abs. 1 EGBGB noch nicht abschließend geklärt; viel spricht hier allerdings dafür, die aus dem materiellen Arbeitsrecht bekannte Methode des Sachgruppenvergleichs zu übertragen[109].

2. Objektive Anknüpfung

Wenn die Vertragsparteien im Arbeitsvertrag keine Vereinbarung über die auf den Vertrag anzuwendende Rechtsordnung getroffen haben, wird das auf das Arbeitsverhältnis anzuwendende Recht nach objektiven Kriterien bestimmt. Die dafür maßgebliche Regelung findet sich in Art. 30 Abs. 2 EGBGB. Danach gilt das Recht des Staates, in dem der Arbeitnehmer in Erfüllung des Vertrages gewöhnlich seine Arbeit verrichtet *(lex loci laboris),* selbst wenn er vorübergehend in einen anderen Staat entsandt ist (Nr. 1) oder in dem sich die Niederlassung befindet, die den Arbeitnehmer eingestellt hat, sofern dieser seine Arbeit gewöhnlich nicht in ein und demselben Staat verrichtet (Nr. 2). Art. 30 Abs. 2 EGBGB enthält demnach zwei Regelanknüpfungen. Diese stehen im Verhältnis der Alterna-

---

[106] MünchArbR/*Birk*, § 20 Rn. 18; MüKo/*Martiny,* Art. 30 EGBGB Rn. 38.
[107] MünchArbR/*Birk*, § 20 Rn. 20; *Franzen,* AR-Blattei SD 920 Rn. 121.
[108] *Hergenröder,* ZfA 1999, 1 (19).
[109] Vgl. dazu ausführlich *Franzen,* AR-Blattei SD 920 Rn. 126 ff.; *Schlachter,* NZA 2000, 57 (61); *Thüsing,* NZA 2003, 1303 (1307); *Winkler v. Mohrenfels,* EAS B 3000 Rn. 40 ff.

B. Rechtliche Ausgangssituation bei grenzüberschreitenden Sachverhalten   51

tivität; sie schließen sich gegenseitig aus. Welche Rechtsordnung anwendbar ist, regelt sich entweder nach dem gewöhnlichen Arbeitsort oder nach dem Ort der einstellenden Niederlassung. Zudem bilden die beiden Anknüpfungen ein abschließendes System, in das sich alle denkbaren Vertragsgestaltungen einordnen lassen[110]. Welche der beiden Regelanknüpfungen maßgeblich ist, entscheidet sich danach, ob der Arbeitnehmer seine Arbeitsleistung gewöhnlich in einem oder in mehreren Staaten erbringt. Eine Ausnahmeregelung enthält Art. 30 Abs. 2 2. Halbs. EGBGB, der bestimmt, dass, wenn sich aus den Umständen ergibt, dass das Arbeitsverhältnis eine engere Verbindung zu einem anderen Staat aufweist, das Recht dieses Staates anzuwenden ist.

a) Regelanknüpfung nach Art. 30 Abs. 2 Nr. 1 EGBGB

Im Rahmen der Regelanknüpfung nach Art. 30 Abs. 2 Nr. 1 EGBGB muss zunächst der gewöhnliche Arbeitsort bestimmt werden. Außerdem ist zu klären, unter welchen Voraussetzungen von einer „vorübergehenden Entsendung" gesprochen werden kann.

aa) Gewöhnlicher Arbeitsort

Der gewöhnliche Arbeitsort ist der Ort, an dem der Arbeitnehmer in Erfüllung des Arbeitsvertrages üblicherweise und im Wesentlichen die Arbeit verrichtet[111]. Bei der Ermittlung des gewöhnlichen Arbeitsorts werden zwei Fälle unterschieden: Ist der Arbeitnehmer in einen Betrieb eingegliedert, so ist der Betriebsort gewöhnlicher Arbeitsort; wird die Arbeitsleistung dagegen überwiegend nicht am Betriebsort erbracht, kommt es für die Bestimmung des gewöhnlichen Arbeitsorts darauf an, wo die Tätigkeit des Arbeitnehmers ihr zeitliches und inhaltliches Schwergewicht hat[112]. Anknüpfungspunkt bildet nicht ein bestimmter geografischer Ort oder eine bestimmte politische Gemeinde; entscheidend für die Bestimmung des gewöhnlichen Arbeitsorts ist allein, in welchem Staatsgebiet er sich befindet. Dies ergibt sich schon aus dem Wortlaut von Art. 30 Abs. 2 Nr. 1 EGBGB, der auf den „Arbeitsstaat" abstellt („Recht des Staates, in dem der Arbeitnehmer [...] gewöhnlich seine Arbeit verrichtet")[113].

---

[110] *Junker*, in: 50 Jahre Bundesarbeitsgericht (2004), S. 1197 (1203); *E. Lorenz*, RdA 1989, 220 (222 f.).

[111] *Franzen*, AR-Blattei SD 920 Rn. 48; Staudinger/*Magnus*, Art. 30 EGBGB Rn. 99.

[112] BAG 29.10.1992 AP IPR Arbeitsrecht Nr. 31 (III 4 der Gründe); *Junker*, in: 50 Jahre Bundesarbeitsgericht (2004), S. 1197 (1202); MüKo/*Martiny*, Art. 30 EGBGB Rn. 47; *Schachter*, NZA 2000, 57 (59).

[113] BAG 12.12.2001 AP EGBGB nF Art. 30 Nr. 10 (B I 2 a der Gründe); *Junker*, in: 50 Jahre Bundesarbeitsgericht (2004), S. 1197 (1202); *ders.*, FS Heldrich (2005), S. 719 (727).

bb) Vorübergehende Entsendung

Das nach dem Recht des „Arbeitsstaates" ermittelte Vertragsstatut gilt gem. Art. 30 Abs. 2 Nr. 1 2. Halbs. EGBGB auch dann, wenn der Arbeitnehmer „vorübergehend in einen anderen Staat entsandt" wird. Was unter einer „vorübergehenden Entsendung" in diesem Sinne zu verstehen ist, lässt das Gesetz offen. Als Anknüpfungspunkt für eine Begriffsbestimmung muss der Wortlaut dienen. Darüber hinaus kann auch die Gesetzessystematik Rückschlüsse auf die Interpretation zulassen.

Eine Entsendung im kollisionsrechtlichen Sinn setzt nach überwiegender Ansicht begrifflich voraus, dass der Arbeitnehmer eine Vorbeschäftigung im Inland aufweist, und dass die Arbeitsvertragsparteien einig sind, dass der Arbeitnehmer zurückkehrt[114]. Tatsächlich kann bei Vorliegen dieser beiden Kriterien sicher von einem Entsendefall ausgegangen werden. Im Umkehrschluss handelt es sich jedenfalls nicht um einen Fall der Entsendung, wenn ein Arbeitgeber Arbeitnehmer für einen speziellen Auslandseinsatz anwirbt und sie auch nur dort beschäftigen möchte[115]. Ob die Kriterien der Vorbeschäftigung im Inland und des Rückkehrwillens indes in jedem Fall kumulativ vorliegen müssen, erscheint zweifelhaft.

Im Hinblick auf die systematische Stellung der Entsenderegelung in Art. 30 Abs. 2 Nr. 1 2. Halbs. EGBGB liegt es nahe, der Bestimmung keine eigenständige, sondern lediglich eine klarstellende Funktion beizumessen[116]. Die Vorschrift enthält demnach keine Regelung über die Entsendefälle als eigene Fallgruppe bei der Bestimmung der anwendbaren Rechtsordnung. Vielmehr stellt sie lediglich klar, dass der gewöhnliche Arbeitsort durch eine Tätigkeit in einem anderen Staat unberührt bleiben kann. Wird Art. 30 Abs. 2 Nr. 1 2. Halbs. EGBGB in diesem Sinne verstanden, ergeben sich daraus Folgen für die Interpretation der Entsendung. Der Entsendebegriff ist dann vom Ausgangspunkt des gewöhnlichen Arbeitsorts zu bestimmen. Bei der Frage, ob eine Entsendung vorliegt, kommt es entscheidend darauf an, dass der Einsatz des Arbeitnehmers in einem anderen Staat nicht dazu führt, dass dieser Staat zu seinem gewöhnlichen Arbeitsort wird. Demnach kann eine Entsendung auch vorliegen, wenn ein Arbeitnehmer zunächst nicht an seinem Stammarbeitsplatz eingesetzt worden ist, aber eine Rückkehr an den Stammarbeitsplatz vorgesehen ist[117] oder wenn ein Arbeitnehmer lange an

---

[114] BAG 21.10.1980 AP IPR Arbeitsrecht Nr. 17 (II 3 c der Gründe) (m. Anm. Beitzke); *Franzen*, AR-Blattei SD 920 Rn. 56; *ders.*, DZWir 1996, 89 (90); *Hickl*, NZA 1997, 513 (514); *Junker*, Internationales Arbeitsrecht, S.182 f.; *Schlachter*, NZA 2000, 57, 60.

[115] *Deinert*, RdA 1996, 339 (341); *Hanau*, FS Everling (1) (1995), S. 415 (426).

[116] *Deinert*, RdA 1996, 339 (341); *Hoppe*, Die Entsendung von Arbeitnehmern, S. 174; so i.E. auch *Junker*, FS Heldrich (2005), S.719 (737 f.): Begriff der vorübergehenden Entsendung dient als Auslegungshilfe für den Begriff des gewöhnlichen Arbeitsorts.

[117] So auch *Mankowski*, IPRax 2006, 101 (107); ErfK/*Schlachter*, Art. 34 EGBGB Rn. 9.

einem Stammarbeitsplatz eingesetzt war, sein Arbeitsverhältnis aber nach einem vergleichsweise kurzen Auslandseinsatz endet[118].

Art. 30 Abs. 2 Nr. 1 2. Halbs. EGBGB spricht von *vorübergehender* Entsendung. Wann eine Entsendung als vorübergehend anzusehen ist, ergibt sich aus der Vorschrift nicht. Insbesondere enthält sie keine zeitliche Höchstgrenze. Ihre Anwendung bereitet daher Schwierigkeiten und hat in der Literatur zu unterschiedlichen Ansätzen hinsichtlich der Bestimmung des vorübergehenden Charakters einer Entsendung geführt.

Zum Teil wird vertreten, das Gegenteil von „vorübergehend" sei länger dauernd[119], während überwiegend zunächst grundsätzlich angenommen wird, „vorübergehend" bilde den Gegenbegriff zu „endgültig"[120]. Allerdings schließt sich an diese Diskussion auch bei den Vertretern der letztgenannten Ansicht häufig die Frage an, wann auch eine längere Entsendung nicht mehr als vorübergehend angesehen werden kann.

In der Literatur werden vereinzelt ohne gesetzliche Anknüpfungspunkte fixe zeitliche Höchstgrenzen von einem, zwei[121] oder drei[122] Jahren vorgeschlagen, bei deren Überschreitung eine vorübergehende Entsendung zumindest regelmäßig ausgeschlossen sein soll. Auf der Suche nach objektiven Anhaltspunkten für eine Höchstgrenze wird auch diskutiert, diese unter Rückgriff auf die im Sozialrecht geltenden Fristen des Art. 14 Abs. 1 der VO (EWG) Nr. 1408/71[123] auf zwölf bzw. 24 Monate festzulegen[124]. Die Übertragung derart enger Höchstgrenzen auf das Arbeitsrecht erscheint jedoch nicht angemessen, weil sie weder dem Flexibilitätsbedürfnis moderner Arbeitsverhältnisse noch dem Interesse der Arbeitsvertragsparteien, die in der Regel einen Wechsel des Arbeitsvertragsstatuts vermeiden wollen, gerecht wird[125].

Überwiegend wird eine fixe zeitliche Höchstgrenze generell abgelehnt. Vielfach heißt es, die Frage, ob eine Entsendung noch als vorübergehend zu qualifizieren sei, richte sich nach den Umständen des Einzelfalls, ohne dass näher ausgeführt wird, welche Umstände für die Beurteilung herangezogen werden sol-

---

[118] Vgl. zu den unterschiedlichen Fallgestaltungen der Entsendung im Einzelnen *Hoppe*, Die Entsendung von Arbeitnehmern, S. 172 ff.
[119] *Gamillscheg*, ZfA 1983, 307 (333).
[120] MünchArbR/*Birk*, § 20 Rn. 37; *Deinert*, RdA 1996, 339 (341); *E. Lorenz*, RdA 1989, 220 (223); *Schlachter*, NZA 2000, 57 (59); *Thüsing*, NZA 2003, 1303 (1306).
[121] *Heilmann*, Das Arbeitsvertragsstatut, S. 144.
[122] *Gamillscheg*, ZfA 1983, 307 (333).
[123] Art. 14 Abs. 1 der VO (EWG) Nr. 1408/71 bestimmt, dass entsandte Personen für einen Zeitraum von 12 Monaten, der auf 24 Monate verlängerbar ist, den Vorschriften des Entsendestaates unterliegen.
[124] *v. Hoffmann/Thorn*, IPR, § 10 Rn. 81.
[125] *Schlachter*, NZA 2000, 57 (60).

len[126]. Soweit auf diese Frage jedoch näher eingegangen wird, besteht Uneinigkeit darüber, ob es für die Bewertung allein auf die Vereinbarung der Vertragsparteien[127] oder darüber hinaus auch oder sogar vorrangig auf objektive Gegebenheiten ankommen soll[128]. Eine Berücksichtigung der objektiven Umstände beinhaltet hauptsächlich eine Untersuchung der Dauer der Entsendung, so dass bei diesem Lösungsansatz im Ergebnis – teilweise im Gegensatz zu den Ausführungen zum Ausgangspunkt – die länger dauernde Entsendung regelmäßig als nicht mehr vorübergehende eingestuft wird. Letztlich muss bei diesem Ansatz bestimmt werden, wann eine länger dauernde Entsendung zu einer Verschiebung des Schwerpunkts des Arbeitsverhältnisses führt, was in der Praxis zu erheblichen Anwendungsschwierigkeiten und zu Rechtsunsicherheit führt.

Einiges spricht daher dafür, die Vereinbarung der Vertragsparteien als maßgeblich anzusehen. Sehen die Parteien die Entsendung des Arbeitnehmers ins Ausland als vorübergehend an, wollen sie in der Regel einen Statutenwechsel vermeiden. Dieses Ergebnis würde bei einer Orientierung am Parteiwillen über Art. 30 Abs. 2 Nr. 1 BGB regelmäßig erreicht, so dass dieser Ansatz eine interessengerechte Lösung bietet. Außerdem wird durch diesen Ansatz die Unsicherheit bei der Anwendung der Vorschrift weitestgehend beseitigt. Er ermöglicht einen praktikablen Umgang mit der Vorschrift und gewährleistet eine gewisse Rechtssicherheit. Haben die Parteien eine vorübergehende Entsendung vereinbart, sprechen jedoch gewichtige objektive Gegebenheiten für eine Verlagerung des Schwerpunkts des Arbeitsverhältnisses, so besteht in Ausnahmefällen die Möglichkeit eines Statutenwechsels gem. Art. 30 Abs. 2 aE EGBGB. Dadurch können unbillige Ergebnisse korrigiert werden.

Von einer vorübergehenden Entsendung kann somit gesprochen werden, solange ein endgültiger Wechsel des Arbeitnehmers in das Ausland nicht gewollt ist[129]. Nicht ausreichend dürfte insofern jedoch eine lose Vereinbarung der Vertragsparteien sein. Der Rückkehrwille muss sich vielmehr als hinreichend konkret darstellen. Erforderlich ist, dass die Parteien eine Rückkehr des Arbeitnehmers in seinen Herkunftsstaat der Vertragsdurchführung auch nach längerer Zeit noch ernsthaft zugrunde legen[130]. Typische Entsendesituationen liegen vor, wenn der Arbeitnehmer für einen im Voraus befristeten Zeitraum im Ausland eingesetzt wird. Schwierigkeiten können sich ergeben, wenn die Parteien den Zeit-

---

[126] MüKo/*Martiny*, Art. 30 EGBGB Rn. 57; Staudinger/*Magnus*, Art. 30 EGBGB Rn. 111.

[127] *Deinert*, RdA 1996, 339 (341); *Junker*, Internationales Arbeitsrecht, S. 183; *E. Lorenz*, RdA 1989, 220 (223).

[128] MünchArbR/*Birk*, § 20 Rn. 38; *Franzen*, AR-Blattei SD 920 Rn. 61; Staudinger/*Magnus*, Art. 30 EGBGB Rn. 111; *Winkler v. Mohrenfels*, EAS B 3000 Rn. 56.

[129] Palandt/*Thorn*, Art. 30 EGBGB Rn. 7; *Junker*, Internationales Arbeitsrecht, S. 183; *Schlachter*, NZA 2000, 57 (60).

[130] ErfK/*Schlachter*, § 34 EGBGB Rn. 9; *dies.*, NZA 2000, 57 (60).

raum für den Auslandseinsatz nicht ausdrücklich festgesetzt haben. In diesen Fällen kann von einer vorübergehenden Entsendung dennoch gesprochen werden, wenn die Dauer des Auslandseinsatzes bestimmbar und daher begrenzt ist. Das ist insbesondere bei projektbezogenen Auslandseinsätzen der Fall. Haben die Parteien dagegen weder einen bestimmten Entsendezeitraum noch einen projektbezogenen Auslandseinsatz vereinbart, kann dieser regelmäßig nicht als vorübergehend eingestuft werden, da sich die Parteien ersichtlich auf einen für sie selbst nicht überschaubaren Zeitraum geeinigt haben[131]. In diesen Fällen verlagert sich der Schwerpunkt der Vertragsdurchführung regelmäßig auf den ausländischen Arbeitsort.

b) Regelanknüpfung nach Art. 30 Abs. 2 Nr. 2 EGBGB

Befindet sich der gewöhnliche Arbeitsort des Arbeitnehmers nicht in einem, sondern in mehreren Staaten, greift Art. 30 Abs. 2 Nr. 2 EGBGB, der für diesen Fall das Recht des Staates, in dem sich die einstellende Niederlassung befindet, für maßgeblich erklärt. Die Vorschrift regelt demnach die Fälle, in denen die Arbeitsleistung keinen territorialen Schwerpunkt zu einem bestimmten Staat aufweist. Typische Anwendungsfälle sind beispielsweise Arbeitsverhältnisse von Reiseleitern, Flugpersonal, Zugpersonal im grenzüberschreitenden Zugverkehr oder Monteuren, die ständig in verschiedenen Ländern tätig sind. Mit der Anknüpfung an den Einstellungsort sollen ständige Statutenwechsel vermieden werden[132].

c) Ausnahmeregelung des Art. 30 Abs. 2 2. Halbs. EGBGB

Art. 30 Abs. 2 2. Halbsatz EGBGB enthält eine Ausweichklausel, nach der die objektive Anknüpfung nach Art. 30 Abs. 2 Nr. 1 und 2 EGBGB für die Ermittlung der maßgeblichen Rechtsordnung ausnahmsweise nicht ausschlaggebend ist, wenn nach den Gesamtumständen des Einzelfalls eine engere Verbindung zu einem anderen Staat besteht. Welche Umstände bei der Beurteilung dieser Frage berücksichtigt werden können, lässt das Gesetz wiederum offen. In Betracht kommen insbesondere die gemeinsame Staatsangehörigkeit der Parteien, die Vertragssprache, der Ort des Vertragsschlusses und der Wohnort des Arbeitnehmers[133]. Liegen entsprechende Einzelfallumstände vor, müssen sie gegen diejenigen Umstände abgewogen werden, die zur Subsumtion unter eine der beiden Re-

---

[131] *Schlachter*, ErfK § 34 EGBGB Rn. 9; aA *E. Lorenz*, RdA 1989, 220 (223), der davon ausgeht, dass es auch in diesen Fällen bei der Anwendbarkeit des vor dem Auslandseinsatz maßgebenden Rechts bleibt.
[132] MünchArbR/*Birk*, § 20 Rn. 42; *Schlachter*, NZA 2000, 57 (60); *Winkler v. Mohrenfels*, EAS B 3000 Rn. 58.
[133] *Winkler v. Mohrenfels*, EAS B 3000 Rn. 61.

gelanknüpfungen geführt haben. Diesen Umständen ist durch das Gesetz ein besonderes Gewicht beigemessen worden, so dass eine engere Verbindung zur Rechtsordnung eines anderen Staates nur bei besonders gewichtigen Einzelfallumständen in Betracht kommt[134].

Eine typische Fallgestaltung, in der regelmäßig die Ausnahmeregelung des Art. 30 Abs. 2 2. Halbs. EGBGB greift, ist die projektbezogene Anwerbung von Arbeitnehmern für einen Auslandseinsatz. Wirbt ein Arbeitgeber in seinem Heimatstaat Arbeitnehmer für ein bestimmtes Projekt im Ausland an, ohne sie nach Abschluss des Projekts im Heimatstaat weiterbeschäftigen zu wollen, liegt der gewöhnliche Arbeitsort zwar im Ausland, weil nur dort gearbeitet werden soll. Allerdings ist der Arbeitsort hier häufig die einzige Verbindung zum Aufnahmestaat. Die Staatsangehörigkeit der Parteien, der Wohnsitz des Arbeitnehmers, die Vertragssprache und gegebenenfalls weitere Umstände werden hier regelmäßig ergeben, dass der Schwerpunkt des Arbeitsverhältnisses im Heimatstaat der Vertragsparteien liegt. Eine andere Beurteilung wird lediglich dann angezeigt sein, wenn die Arbeitnehmer durch den Arbeitgeber am Ort der Arbeitsausführung angeworben werden[135].

d) Objektive Anknüpfung bei den zu untersuchenden Fällen

Erhalten Unternehmen aus den europäischen Mitgliedstaaten den Zuschlag für einen öffentlichen Auftrag, werden sie zu dessen Ausführung in aller Regel die bei ihnen beschäftigten Arbeitnehmer nach Deutschland entsenden. Der gewöhnliche Arbeitsort der Arbeitnehmer befindet sich dann im Herkunftsstaat, so dass gem. Art. 30 Abs. 2 Nr. 1 EGBGB dessen Rechtsordnung Anwendung findet. Der Auslandseinsatz ändert daran nichts, weil öffentliche Aufträge, je nach Branche, entweder projektbezogen oder für einen begrenzten Zeitraum vergeben werden. In beiden Fällen stehen Beginn und Ende des Auslandseinsatzes für die Arbeitsvertragsparteien fest. Ein endgültiger Wechsel des Arbeitnehmers nach Deutschland ist von den Parteien nicht gewollt, so dass die Kriterien einer „vorübergehenden" Entsendung im Sinne von Art. 30 Abs. 2 Nr. 1 2. Halbs. EGBGB erfüllt sind. Dies gilt unabhängig davon, wie lange der Auslandseinsatz des Arbeitnehmers dauert.

Beschäftigt der ausländische Arbeitnehmer bei der Ausführung des Auftrags eigens zu diesem Zweck in seinem Heimatstaat angeworbene Arbeitnehmer, gilt auch hier nach objektiver Anknüpfung das Recht des Herkunftsstaates. Dies ergibt sich in solchen Fällen aus Art. 30 Abs. 2 2. Halbs. EGBGB, denn trotz des

---

[134] *Schlachter,* NZA 2000, 57 (60).
[135] *Deinert,* RdA 1996, 339 (341); *Fritzsche,* Die Vereinbarkeit des Arbeitnehmer-Entsendegesetzes sowie der erfassten Tarifverträge mit höherrangigem Recht, S. 60.

gewöhnlichen Arbeitsorts in Deutschland weist das Arbeitsverhältnis in diesen Fällen in aller Regel eine engere Verbindung zum Heimatstaat auf.

3. International zwingende Bestimmungen, Art. 34 EGBGB

Wenn feststeht, dass das Arbeitsverhältnis einer ausländischen Rechtsordnung unterliegt, können deutsche arbeitsrechtliche Vorschriften sich in Einzelfällen dennoch nach Maßgabe des Art. 34 EGBGB gegen die ausländische Rechtsordnung durchsetzen. Gem. Art. 34 EGBGB bleiben solche Bestimmungen des deutschen Rechts, die ohne Rücksicht auf das auf den Vertrag anzuwendende Recht den Sachverhalt zwingend regeln, anwendbar.

Welchen Bestimmungen des deutschen Rechts eine zwingende Wirkung zukommt, ist gesetzlich nicht näher bestimmt. Die Frage ist umstritten und bislang nicht abschließend geklärt. Weitgehende Einigkeit besteht dahingehend, dass nicht jede nach deutschem Recht zwingende Regelung eine zwingende Bestimmung im Sinne des Art. 34 EBGB und damit eine sogenannte Eingriffsnorm darstellt. Mit Blick auf Art. 30 Abs. 1 EGBGB ist dies überzeugend. Art. 30 Abs. 1 BGB ordnet an, dass eine Rechtswahl der Arbeitsvertragsparteien nicht dazu führen darf, dass dem Arbeitnehmer der Schutz entzogen wird, der ihm durch die zwingenden Bestimmungen des Rechts gewährt wird, das ohne eine Rechtswahl anzuwenden wäre. Wäre jede vertraglich unabdingbare arbeitsrechtliche Norm als zwingende Norm im Sinne des Art. 34 EGBGB einzustufen, wäre Art. 30 Abs. 1 EGBG überflüssig, da sich das deutsche Recht ohnehin über Art. 34 EGBG durchsetzen würde[136]. Über Art. 34 EGBGB setzen sich nur die sogenannten international zwingenden Normen des deutschen Rechts durch, die auch als Eingriffsnormen bezeichnet werden. Inländische Gesetze sind nach der Rechtsprechung des Bundesarbeitsgerichts daher nur als Eingriffsnormen im Sinne des Art. 34 EGBGB zu klassifizieren, wenn sie „entweder ausdrücklich oder nach ihrem Sinn und Zweck" ohne Rücksicht auf das nach deutschem Kollisionsrecht anwendbare Recht gelten sollen[137]. Erforderlich sei, dass die Vorschrift nicht nur auf den Schutz von Individualinteressen der Arbeitnehmer gerichtet sei, sondern mit ihr zumindest auch öffentliche Gemeinwohlinteressen verfolgt würden[138].

Ob mit einer Vorschrift neben Individualinteressen der Arbeitnehmer auch Gemeinwohlinteressen verfolgt werden, ist im Einzelfall oft schwer zu bestimmen.

---

[136] BAG 24.8.1989 AP IPR Arbeitsrecht Nr. 30 (A II 6 a der Gründe); 6.11.2002 AP AEntG § 1a Nr. 1 (B II 3 der Gründe); 12.1.2005 AP AEntG § 1a Nr. 2 (II 2 a der Gründe).
[137] BAG 12.1.2005 AP AEntG § 1a Nr. 2 (II 2 a der Gründe).
[138] BAG 24.8.1989 AP IPR Arbeitsrecht Nr. 30 (A II 6 b der Gründe); 3.5.1995 AP IPR Arbeitsrecht Nr. 32 (III 1 a der Gründe); 12.12.2001 AP EGBGB nF Art. 30 Nr. 10 (B II 1 der Gründe); 9.7.2003 AP TVG § 1 Tarifverträge: Bau Nr. 261 (B II 2 a der Gründe); 12.1.2005 AP AEntG § 1a Nr. 2 (II 2 a der Gründe).

Besonders problematisch ist insoweit, dass im Arbeitsrecht auch individualschützende Normen in den meisten Fällen einen allgemeinen sozialpolitischen Zweck verfolgen[139]. Als Anhaltspunkt dafür, dass eine Norm nicht lediglich Individualinteressen dient, sondern auch im Interesse des Gemeinwohls besteht, gilt, dass Gerichte oder Behörden an der Maßnahme beteiligt sind[140] oder dass die Vorschrift sanktionsbewehrt ist[141]. Der Umkehrschluss, dass Normen keine Eingriffsnormen sein können, wenn ihre Durchsetzung dem Arbeitnehmer überlassen bleibt, kann aber nicht gezogen werden[142]. Die Beteiligung von Gerichten oder Behörden stellt lediglich eins von vielen möglichen Indizien für einen gemeinschützenden Zweck einer Norm dar. Fehlt eines der Indizien, kann sich der gemeinschützende Charakter der Norm aus anderen Anhaltspunkten ergeben[143].

Von der Rechtsprechung wurden bisher insbesondere § 14 Abs. 1 MuSchG[144], § 3 EFZG[145] sowie Regelungen über den Kündigungsschutz von Betriebsverfassungsorganen und bei Massenentlassungen[146] als Eingriffsnormen im Sinne des Art. 34 EGBGB anerkannt. Ein zwingender Charakter der Regelungen zum Betriebsübergang (§ 613a BGB)[147] sowie der Normen des ersten Abschnitts des Kündigungsschutzgesetzes (§§ 1–14 KSchG)[148] hat die Rechtsprechung dagegen abgelehnt.

II. Anwendung deutscher Tarifverträge bei ausländischem Arbeitsvertragsstatut

In Deutschland werden Arbeitsbedingungen, wie oben erläutert, vielfach durch Tarifverträge festgelegt. Daher ist es für die Arbeitsverhältnisse entsandter Arbeitnehmer, die grundsätzlich ausländischem Recht unterliegen, von erheblicher Bedeutung, ob und gegebenenfalls in welchem Ausmaß neben deutschen Rechtsnormen auch Bestimmungen, die von deutschen Tarifvertragsparteien in Tarifverträgen festgelegt worden sind, Geltung beanspruchen.

---

[139] ErfK/*Schlachter*, Art. 34 EGBGB Rn. 16; HWK/*Tillmanns*, Art. 27, 30, 34 EGBGB Rn. 33.
[140] BAG 24.8.1989 AP IPR Arbeitsrecht Nr. 30 (A II 6 c der Gründe); *Junker*, in: 50 Jahre Bundesarbeitsgericht (2004), S. 1197 (1213); ErfK/*Schlachter*, Art. 34 EGBGB Rn. 16.
[141] *Junker*, in: 50 Jahre Bundesarbeitsgericht (2004), S. 1197 (1213).
[142] So aber LAG Hessen 16.11.1999 NZA-RR 2000, 401 (405 f.).
[143] ErfK/*Schlachter*, Art. 34 EGBGB Rn. 16.
[144] BAG 12.12.2001 AP EGBGB Art. 30 nF Nr. 10.
[145] BAG 12.12.2001 AP EGBGB nF Art. 30 Nr. 10; aA *Franzen*, IPRax 2003, 239 (242).
[146] BAG 24.3.1992 AP IPR Arbeitsrecht Nr. 30 (A II 6 c der Gründe).
[147] BAG 29.10.1992 AP IPR Arbeitsrecht Nr. 31.
[148] BAG 24.8.1989 AP IPR Arbeitsrecht Nr. 30.

B. Rechtliche Ausgangssituation bei grenzüberschreitenden Sachverhalten

Führt die Anwendung der Regelungen des IPR dazu, dass das Arbeitsverhältnis ausländischem Recht unterliegt, ist damit die Geltung deutscher Tarifverträge nicht ausgeschlossen. Denkbar ist zum einen, dass eine Regelung von Arbeitsverhältnissen durch tarifliche Normen gänzlich unabhängig vom Arbeitsvertragsstatut erfolgen kann. Aber auch, wenn man davon ausgeht, dass Regelungen eines von deutschen Tarifvertragsparteien geschlossenen Tarifvertrages grundsätzlich nur auf Arbeitsverhältnisse Anwendung finden können, die auch im Übrigen dem deutschen Recht unterliegen, ist die Geltung seiner Normen nicht ausgeschlossen. Ob und gegebenenfalls in welchem Umfang sie Geltung beanspruchen, hängt bei Zugrundelegung dieser Prämisse davon ab, ob die Tarifnormen als zwingende Bestimmungen im Sinne des Art. 30 EGBGB bzw. als international zwingende Normen im Sinne des Art. 34 EGBGB eingeordnet werden können.

1. Geltung deutscher Tarifnormen und Arbeitsvertragsstatut

In der Literatur wird verbreitet vertreten, der Geltungsbereich eines deutschen Tarifvertrages könne auch Arbeitsverhältnisse erfassen, die ausländischem Recht unterliegen[149].

Dies soll sich schon aus der durch Art. 9 Abs. 3 GG garantierten Koalitionsfreiheit ergeben[150]. Die Koalitionen hätten demnach einen weitreichenden Schutzauftrag für alle ihre Mitglieder, auch wenn diese, aus welchen Gründen auch immer, einem ausländischen Arbeitsvertragsstatut unterlägen. Dabei wird davon ausgegangen, dass die Erfüllung des Schutzauftrages der Koalitionen eine umfassende Regelungsbefugnis für die Arbeitsverhältnisse aller Mitglieder erfordere und daher die Geltung deutscher Tarifnormen gänzlich unabhängig vom Arbeitsvertragsstatut zu beurteilen sei. Auch § 3 Abs. 1 TVG soll für eine solche umfassende Regelungsbefugnis sprechen. Die Norm knüpfe für die Frage der Anwendbarkeit von Tarifverträgen allein an die Tarifbindung an[151]. Weitere Voraussetzungen, wie beispielsweise das Eingreifen eines deutschen Arbeitsvertragsstatuts würden gerade nicht aufgestellt.

Zudem wurde in der Literatur, vor allem vor der IPR-Reform von 1986, befürchtet, bei einer Abhängigkeit der Tarifnormgeltung vom Arbeitsvertragsstatut könne der Arbeitgeber den Mitgliedern der Gewerkschaft durch eine von ihm

---

[149] *Däubler*, TVG Einleitung Rn. 617; *Franzen*, DZWir 1996, 89 (91); *Hauchka/Henssler*, NZA 1988, 597 (599 f.); *Hergenröder*, ZfA 1999, 1 (40); ErfK/*Schlachter*, Art. 34 EGBGB Rn. 27; *dies.*, RdA 1994, 179.
[150] *Däubler*, TVG Einleitung Rn. 617; *Franzen*, AR-Blattei SD 920 Rn. 337.
[151] *Birk*, FS Beitzke (1979), S. 831 (860); *Hergenröder*, ZfA 1999, 1 (40); *Schlachter*, RdA 2004, 179; *Wimmer*, Die Gestaltung internationaler Arbeitsverhältnisse, S. 201 f.

leicht zu beeinflussende Rechtswahl den Schutz des Tarifvertrages entziehen[152]. Seit der Einführung von Art. 30 EGBGB sehen jedoch auch diejenigen, die an der gänzlichen Unabhängigkeit von Tarifnormgeltung und Arbeitsvertragsstatut festhalten wollen, diese Bedenken ausgeräumt[153]. Gem. Art. 30 Abs. 1 EGBGB darf die Rechtswahl der Arbeitsvertragsparteien nicht dazu führen, dass dem Arbeitnehmer der Schutz entzogen wird, der ihm durch die zwingenden Bestimmungen des Rechts gewährt wird, dass ohne eine Rechtswahl nach der objektiven Anknüpfung maßgeblich wäre. Zwingende Bestimmungen im Sinne der Vorschrift können auch Tarifnormen sein[154], so dass diese Anwendung finden, soweit sie für den Arbeitnehmer günstiger sind als das nach der Rechtswahl anzuwendende Recht. Eine Flucht vor der Anwendung von Tarifnormen durch die Wahl eines ausländischen Arbeitsvertragsstatuts ist damit nicht möglich, so dass hier keine Schutzlücke besteht.

Das Bundesarbeitsgericht teilt die Auffassung von der Unabhängigkeit von Tarifnormgeltung und Arbeitsvertragsstatut nicht. Vielmehr gehen die unterschiedlichen Senate des Bundesarbeitsgerichts übereinstimmend davon aus, dass eine Anwendung deutscher Tarifverträge nur in Betracht kommt, wenn das Arbeitsverhältnis auch im Übrigen deutschem Recht unterliegt[155], ohne dies jedoch näher zu begründen.

Für die Ansicht des BAG lassen sich indes überzeugende Argumente finden: Bei dem normativen Teil deutscher Tarifverträge handelt es sich anerkanntermaßen um Gesetze im materiellen Sinn. Ihre Bestimmungen sind insoweit gem. Art. 2 EGBGB auch Gesetze im Sinne des EGBGB. Hat die Tarifnorm aber den Charakter einer Rechtsnorm, so müssen Tarifnormen und staatlich gesetztes Recht auch kollisionsrechtlich gleich behandelt werden[156]. Daher finden deutsche Tarifnormen als Teil der deutschen Rechtsordnung gem. Art. 30 EGBGB Anwendung, wenn das Arbeitsverhältnis deutschem Recht unterliegt. Findet auf ein Arbeitsverhältnis ausländisches Recht Anwendung, können sich, wie erläutert, deutsche Arbeitsgesetze nur in Ausnahmefällen über Art. 34 EGBGB gegenüber dem Vertragsstatut durchsetzen. Die Gleichstellung von tariflicher und staatlicher Rechtssetzung muss demnach dazu führen, dass auch Tarifnormen in diesen Fällen nur ausnahmsweise Geltung beanspruchen können. Könnten die

---

[152] *Birk,* FS Beitzke (1979), S. 831 (861).

[153] *Schlachter,* RdA 2004, 179 f.

[154] *Däubler,* TVG Einleitung Rn. 593a; *Löwisch/Rieble,* Grundlagen Rn. 94; *Thüsing/Müller,* BB 2004, 1333 (1333 f.).

[155] BAG 4.5.1977 AP TVG § 1 Tarifverträge: Bau Nr. 30; 25.6.2002 AP AEntG § 1 Nr. 12 (A II 2 e bb der Gründe); 9.7.2003 AP TVG § 1 Tarifverträge: Bau Nr. 261 = RdA 2004, 175 ff. (m. Anm. *Schlachter*); 20.8.2003 AP BGB § 620 Befristeter Arbeitsvertrag Nr. 245 (B II 1 der Gründe).

[156] *Junker,* Internationales Arbeitsrecht, S. 431; *C. Müller,* International zwingende Normen des deutschen Arbeitsrechts, S. 137; Wiedemann/*Thüsing,* § 1 TVG Rn. 86 f.

B. Rechtliche Ausgangssituation bei grenzüberschreitenden Sachverhalten

Tarifvertragsparteien nämlich generell auch für die Arbeitsverhältnisse ihrer Mitglieder, die einem ausländischen Tarifvertragsstatut unterliegen, Regelungen treffen, reichten ihre Kompetenzen weiter als die des deutschen Gesetzgebers.

Für die Ansicht des Bundesarbeitsgerichts spricht außerdem, dass deutsche Verbände, wenn sie Tarifverträge abschließen, die deutsche Rechtsordnung im Blick haben. Auf die ganz überwiegende Zahl der Arbeitsverhältnisse ihrer Mitglieder wird die deutsche Rechtsordnung Anwendung finden. Es ist daher davon auszugehen, dass die Tarifvertragsparteien durch die von ihnen geschaffenen Normen in der Regel die deutsche Rechtsordnung ergänzen wollen und die Tarifnormen gemeinsam mit den deutschen Rechtsnormen ein harmonisches Rechtsgefüge bilden sollen. In einer fremden Rechtsordnung, die den Tarifvertragsparteien mitunter vielleicht nicht einmal hinreichend bekannt sind, können die Tarifnormen dagegen einen Fremdkörper bilden[157].

Auch Art. 9 Abs. 3 GG verlangt keine weiterreichende Regelungskompetenz der Koalitionen. Um allen Mitgliedern der Koalition einen hinreichenden Schutz gewähren zu können, genügt es, dass die Tarifvertragsparteien Regelungen schaffen können, die sich gem. Art. 34 EGBGB gegen ein ausländisches Arbeitsvertragsstatut durchsetzen können[158].

Im Ergebnis spricht demnach Vieles dafür, mit dem BAG eine normative Wirkung von Tarifnormen deutscher Tarifverträge grundsätzlich nur zuzulassen, wenn das Arbeitsverhältnis auch im Übrigen deutschem Recht unterliegt. Damit ist aber eine Geltung deutscher Tarifnormen in Arbeitsverhältnissen unter ausländischem Vertragsstatut nicht ausgeschlossen. Wie für staatliche Normen muss nämlich auch für Tarifnormen die Möglichkeit, dass sich die Tarifnormen im Einzelfall über Art. 30 Abs. 1 EGBGB oder als international zwingende Bestimmungen über Art. 34 EGBGB in einem Arbeitsverhältnis mit ausländischem Arbeitsvertragsstatut durchsetzen, in Betracht gezogen werden.

2. Geltung deutscher Tarifnormen gem. Art. 30 Abs. 1 EGBGB

Grundsätzlich besteht die Möglichkeit, dass sich Tarifnormen gem. Art. 30 Abs. 1 EGBGB gegenüber den Regelungen des Arbeitsvertragsstatuts durchsetzen. Die Vorschrift sorgt dafür, dass dem Arbeitnehmer durch eine Rechtswahl nicht der Schutz entzogen werden kann, den ihm die Rechtsordnung der objektiven Regelanknüpfung gewährt. Ist demnach nach der objektiven Anknüpfung deutsches Recht anzuwenden und führt erst eine Rechtswahl zur Anwendung der ausländischen Rechtsordnung, können sich deutsche Rechtsnormen und damit

---
[157] *C. Müller*, International zwingende Normen des deutschen Arbeitsrechts, S. 137 f.
[158] *C. Müller*, International zwingende Normen des deutschen Arbeitsrechts, S. 136; Wiedemann/*Thüsing*, § 1 TVG Rn. 86 f.

auch deutsche Tarifvertragsnormen gem. Art. 30 Abs. 1 EGBGB durchsetzen, wenn sie für den Arbeitnehmer günstigere Regelungen enthalten.

Für die hier zu untersuchenden Fälle kommt eine Durchsetzung tariflicher Regelungen auf diesem Weg jedoch nicht in Betracht. Werden Arbeitnehmer ausländischer Unternehmen bei der Ausführung eines öffentlichen Auftrags für einen begrenzten Zeitraum in Deutschland tätig, so gilt für ihre Arbeitsverhältnisse regelmäßig das Recht ihres Herkunftsstaates. Die Anwendbarkeit des ausländischen Rechts ergibt sich nicht erst aus einer Rechtswahl der Arbeitsvertragsparteien, sondern bereits aus der objektiven Regelanknüpfung gem. Art. 30 Abs. 2 EGBGB[159], so dass die Voraussetzungen für einen Günstigkeitsvergleich gem. Art. 30 Abs. 1 BGB nicht vorliegen.

3. Geltung deutscher Tarifnormen gem. Art. 34 EGBGB

Die Geltung deutscher Tarifnormen kommt folglich allein über Art. 34 EGBGB in Betracht. Wie schon erläutert sind die im normativen Teil eines Tarifvertrages getroffenen Regelungen Gesetze im Sinne des Art. 2 EGBG und damit staatlich gesetztem Recht kollisionsrechtlich gleichgestellt. Damit sind tarifliche Regelungen auch grundsätzlich taugliche Objekte für eine Anwendung des Art. 34 EGBGB[160]. Schwieriger ist es, zu bestimmen, wann eine Tarifvertragsnorm als international zwingende Norm einzuordnen ist.

Nach einer Entscheidung des Fünften Senats des Bundesarbeitsgerichts aus dem Jahr 2005[161] sollen tarifvertragliche Normen in dieser Hinsicht nach denselben Kriterien beurteilt werden, die auch bei staatlich gesetztem Recht vom Bundesarbeitsgericht für maßgeblich gehalten worden sind[162]. Inländische Gesetze, so der Fünfte Senat in der genannten Entscheidung, seien Eingriffsnormen im Sinne des Art. 34 EGBGB, wenn sie entweder ausdrücklich oder nach ihrem Sinn und Zweck ohne Rücksicht auf das nach den deutschen Kollisionsnormen anwendbare Recht gelten sollten.

Hinsichtlich nicht für allgemeinverbindlich erklärter Tarifvertragsnormen wird vielfach vertreten, dass sie schon deshalb keine international zwingenden Normen sein könnten, weil sie nicht den Schutz von Gemeinwohlinteressen bezweckten, sondern allein auf den Ausgleich der widerstreitenden Interessen der Arbeitsvertragsparteien gerichtet seien[163]. Den Vertretern dieser Ansicht ist zuzugeben,

---

[159] Siehe oben Teil 1 B. I. 2. d).

[160] BAG 12.1.2005 AP AEntG § 1a Nr. 2 (II 2 b der Gründe); *Deinert*, RdA 1996, 339 (344); Wiedemann/*Thüsing*, § 1 TVG Rn. 85.

[161] BAG 12.1.2005 AP AEntG § 1a Nr. 2 (II 2 der Gründe).

[162] Das Bundesarbeitsgericht verweist insoweit auf die Entscheidungen BAG 3.5. 1995 AP IPR Arbeitsrecht Nr. 32; 12.12.2001 AP EGBGB nF Art. 30 Nr. 10.

[163] So *Deinert*, RdA 1996, 339 (344); *Franzen*, AR-Blattei SD 920 Rn. 348; *Fritzsche*, Die Vereinbarkeit des Arbeitnehmer-Entsendegesetzes sowie der erfassten Tarif-

dass die Tarifvertragsparteien in aller Regel nicht den Schutz von Gemeinwohlinteressen im Blick haben. Fraglich ist jedoch, ob dies zu dem Ergebnis führen muss, dass Bestimmungen, die einem nicht für allgemeinverbindlich erklärten Tarifvertrag entstammen, sich generell nicht über Art. 34 EGBGB durchsetzen können.

Die Formulierung des Bundesarbeitsgerichts in der zitierten Entscheidung legt nah, dass es sich bei dem Kriterium des Schutzes von Gemeinwohlinteressen nicht um eine unabdingbare Voraussetzung für die Einstufung einer Norm als international zwingende Bestimmung handelt, sondern dass die gemeinschützende Zwecksetzung lediglich als Auslegungskriterium dient, wenn eine ausdrückliche Anordnung der international zwingenden Wirkung durch den Normgeber fehlt[164]. Für eine solche Interpretation der Rechtsprechung des Fünften Senats spricht auch der Wortlaut einer älteren Entscheidung, auf die im Urteil Bezug genommen wird. Dort heißt es, soweit es an einer ausdrücklichen Regelung durch den Gesetzgeber fehle, könne sich nur noch aus dem Sinn und Zweck der Norm ergeben, ob sie international zwingend gelten solle[165]. Die These, dass die Zwecksetzung der Norm lediglich in Zweifelsfällen heranzuziehen und daher als Auslegungsregel zu betrachten ist, wird auch von der Rechtsprechung des BGH gestützt. Danach sind für die Einordnung einer Bestimmung die mit ihr verfolgten ordnungspolitischen Interessen maßgeblich, „wenn das Gesetz den internationalen Geltungsanspruch nicht regelt"[166].

Ist die gemeinschützende Zwecksetzung jedoch bei der Beurteilung ob eine international zwingende Norm vorliegt nur als Auslegungsregel heranzuziehen, schadet es im Fall der Tarifvertragsnormen nicht, wenn sie lediglich die Interessen der Arbeitsvertragsparteien regeln wollen. Tarifvertragsnormen können sich dennoch über Art. 34 EGBGB durchsetzen, wenn die Tarifvertragsparteien dies ausdrücklich festlegen.

Für die Normen eines allgemeinverbindlichen Tarifvertrages bestehen hinsichtlich ihrer Einordnung als international zwingende Bestimmungen keine Besonderheiten. Insbesondere können tarifvertragliche Regelungen nicht allein durch die Allgemeinverbindlicherklärung einen internationalen Geltungsanspruch erlangen. Gem. § 5 Abs. 4 TVG wird mit der Allgemeinverbindlichkeit bewirkt, dass die Rechtsnormen eines Tarifvertrages in seinem Geltungsbereich auch die nicht tarifgebundenen Arbeitgeber und Arbeitnehmer erfasst. Es erfolgt also lediglich eine Erstreckung der Tarifnormen auf bisher Nichttarifgebundene; der Geltungsbereich der Norm wird dagegen durch die Allgemeinverbindlicherklä-

---

verträge mit höherrangigem Recht, S. 166; Wiedemann/*Wank,* § 5 TVG Rn. 138; *Winkler v. Mohrenfels,* EAS B 3000 Rn. 93.
[164] Wiedemann/*Thüsing,* § 1 TVG Rn. 88.
[165] BAG 3.5.1995 AP IPR Arbeitsrecht Nr. 32 (III 1 a der Gründe).
[166] BGH 27.2.2003 NJW 2003, 2020, 2021.

rung gerade nicht erweitert. Schon aufgrund dieser Konzeption des Gesetzes kommt eine generelle Qualifizierung der Normen allgemeinverbindlicher Tarifverträge als Eingriffsnormen nicht in Betracht[167].

Darüber hinaus ist das „öffentliche Interesse", das gem. § 5 Abs. 1 S. 1 Nr. 2 TVG als Voraussetzung für eine Allgemeinverbindlicherklärung vorliegen muss, nicht deckungsgleich mit dem öffentlichen Gemeinwohlinteresse als Merkmal einer Eingriffsnorm nach Art. 34 EGBGB[168], so dass aus der Allgemeinverbindlicherklärung auch keine Rückschlüsse auf ein ausreichendes öffentliches Interesse an der international zwingenden Geltung der Norm gezogen werden kann[169].

Als Zwischenergebnis ist demnach festzuhalten, dass deutsche Tarifvertragsnormen für Arbeitsverhältnisse, die einem ausländischen Arbeitsvertragsstatut unterliegen, grundsätzlich über Art. 34 EGBGB Geltung beanspruchen können. Das gilt nach hier vertretener Auffassung sowohl für einfache wie auch für allgemeinverbindliche Tarifverträge[170]. Entscheidend für die Beurteilung ist der Wille der Tarifvertragsparteien als Normgeber, der auf die Herbeiführung einer international zwingenden Wirkung gerichtet sein muss.

4. Geltung deutscher Tarifnormen gem. § 1 AEntG

Ob Normen eines deutschen Tarifvertrages auf ein Arbeitsverhältnis, das einem ausländischen Vertragsstatut unterliegt, über Art. 34 EGBGB Anwendung finden können, ist grundsätzlich eine Frage des Einzelfalls. Dies gilt, wenn auch, wie gerade gesehen, nicht unumstritten[171], auch für Tarifverträge, die gem. § 5 TVG für allgemeinverbindlich erklärt worden sind. Eine andere Beurteilung ergibt sich lediglich im Anwendungsbereich des AEntG.

---

[167] BAG 9.7.2003 AP TVG § 1 Tarifverträge: Bau Nr. 261 (B II 2 d aa der Gründe); *Döring*, Rechtsprobleme des Ausländereinsatzes in der deutschen Bauwirtschaft, S. 77; *Junker*, Internationales Arbeitsrecht, S. 432; Wiedemann/*Thüsing*, § 1 TVG Rn. 88.

[168] BAG 9.7.2003 AP TVG § 1 Tarifverträge: Bau Nr. 261 (B II 2 d bb der Gründe); *Thüsing/Müller*, BB 2004, 1333 (1336).

[169] So aber *Däubler*, Einleitung Rn. 655; *Deinert*, RdA 1996, 339 (345); *Hanau*, FS Everling (1) (1995), S. 415 (427 f.); *Wimmer*, Die Gestaltung internationaler Arbeitsverhältnisse, S. 208; *Winkler v. Mohrenfels*, EAS B 3000 Rn. 93.

[170] In der Praxis wird sich die Frage für nicht allgemeinverbindliche Tarifverträge selten stellen, da ihre Normen nur zwischen den Tarifgebundenen unmittelbar und zwingend Wirkung beanspruchen und ausländische Arbeitsvertragsparteien in aller Regel nicht Mitglieder der tarifschließenden deutschen Verbände sind; vgl. dazu *C. Müller*, International zwingende Normen des deutschen Arbeitsrechts, S. 142; *Stoll*, Eingriffsnormen im Internationalen Privatrecht, S. 173; *Wichmann*, Dienstleistungsfreiheit und grenzüberschreitende Entsendung von Arbeitnehmern, S. 44 f.

[171] Für eine generelle Einordnung allgemeinverbindlich erklärter Tarifverträge als zwingende Normen im Sinne des Art. 34 EGBGB vgl. die Nachweise in Fn. 7.

Gem. § 1 Abs. 1 S. 1 AEntG finden solche Rechtsnormen eines für allgemeinverbindlich erklärten Tarifvertrages, die Mindestentgeltsätze einschließlich der Überstundensätze (Nr. 1) oder die Dauer des Erholungsurlaubs, das Urlaubsentgelt oder ein zusätzliches Urlaubsgeld (Nr. 2) zum Gegenstand haben, auf Arbeitsverhältnisse zwischen einem Arbeitgeber mit Sitz im Ausland und seinem im räumlichen Geltungsbereich des Tarifvertrages beschäftigten Arbeitnehmer zwingend Anwendung. Durch diese Vorschrift werden die entsprechenden Tarifnormen ausdrücklich für zwingend anwendbar erklärt und erhalten dadurch den Charakter von Eingriffsnormen im Sinne des Art. 34 EGBGB[172]. Dasselbe gilt für Normen eines Tarifvertrages, die die in § 1 Abs. 1 S. 1 AEntG genannten Gegenstände betreffen, wenn sie zwar nicht für allgemeinverbindlich erklärt worden sind, aber unter Einhaltung der dafür maßgeblichen Voraussetzungen gem. § 1 Abs. 3a AEntG durch Rechtsverordnung auf Arbeitsverhältnisse bisher nicht tarifgebundener Arbeitsvertragsparteien erstreckt wurden.

Im Bereich der Bauwirtschaft, sowie im Bereich des Gebäudereinigerhandwerks und der Briefdienstleistungen (§ 1 Abs. 1 S. 1, S. 3 AEntG) finden daher die in Tarifverträgen getroffenen Entgeltvereinbarungen auch auf Arbeitsverhältnisse, die sich im Übrigen nach ausländischem Recht richten, Anwendung, wenn der entsprechende Tarifvertrag für allgemeinverbindlich erklärt oder durch Rechtsverordnung auf nicht Tarifgebundene erstreckt worden ist. Der Gesetzgeber hat damit die Unsicherheit über die Anwendung allgemeinverbindlicher Tarifverträge auf entsandte Arbeitnehmer für die vom AEntG erfassten Branchen beseitigt.

C. Wirkung der Tariftreuegesetze

Um die Tariftreuegesetze am Maßstab des deutschen und europäischen Arbeitsrechts überprüfen zu können, ist nunmehr zu untersuchen, wie sie sich in das dargestellte System der Entgeltbedingungen in Deutschland einfügen.

I. Konstitutive und deklaratorische Tariftreueerklärung

Die Tariftreueregelungen sehen vor, dass sich die Bewerber verpflichten, bei der Entlohnung ihrer bei der Auftragsausführung eingesetzten Arbeitnehmer bestimmte, vom öffentlichen Auftraggeber in Bezug genommene Tarifverträge zugrunde zu legen.

---

[172] BAG 25.6.2002 AP AEntG § 1 Nr. 12 (A II 1 a der Gründe); *Hickl*, NZA 1997, 513 (516); Däubler/*Lakies*, Anhang 2 zu § 5 TVG, § 1 AEntG Rn. 24; Preis/*Temming*, Anm. zu BAG 20.7.2004, EzA AEntG § 1 Nr. 3, S. 21; HWK/*Tillmanns*, § 1 AEntG Rn. 1; *Wank/Börgmann*, NZA 2001, 177 (179).

Soweit § 3 TVG greift, hat die Tariftreueerklärung für die an den maßgeblichen Tariftreuetarifvertrag gebundenen Arbeitgeber rein deklaratorischen Charakter. Sie sind nach dem Tarifvertrag in Verbindung mit dem Arbeitsvertrag ohnehin zu einer entsprechenden Entlohnung ihrer Arbeitnehmer verpflichtet. Gleiches gilt für Arbeitgeber, die durch eine Bezugnahmeklausel in den Arbeitsverträgen mit ihren Arbeitnehmern auf den entsprechenden Tarifvertrag dessen Inhalt zum Inhalt der Arbeitsverhältnisse gemacht haben. Auch für Arbeitgeber, die aufgrund von Tarifverträgen, die einen höheren Lohn vorsehen, aufgrund entsprechender Bezugnahmen oder aufgrund individualrechtlicher Vereinbarungen ihren Arbeitnehmern gegenüber zur Zahlung von Löhnen verpflichtet sind, die oberhalb des Lohnniveaus des Tariftreuetarifvertrages liegen, führt die Abgabe einer Tariftreueerklärung nicht zu weitergehenden Verpflichtungen. Wenn diese Arbeitgebergruppen die verlangte Erklärung abgeben, spricht man von einer sogenannten *deklaratorischen Tariftreueerklärung*. Allerdings bewirkt die Abgabe einer Tariftreueerklärung auch in diesen Fällen, dass der Auftraggeber, wenn der Arbeitgeber seine Arbeitnehmer dennoch untertariflich entlohnt, die in den einzelnen Tariftreuegesetzen vorgesehenen Sanktionsmöglichkeiten nutzen kann. Daher wird die Erklärung des Arbeitgebers auch als *sanktionierende Tariftreueerklärung* bezeichnet. Diese ist keinen arbeitsrechtlichen Bedenken ausgesetzt und kann daher bei der Untersuchung im weiteren Verlauf der Arbeit außer Betracht bleiben.

Hauptgegenstand der Untersuchung sind vielmehr die sogenannten *konstitutiven Tariftreueerklärungen*. Sie führen dazu, dass Arbeitgeber, die ursprünglich nicht an den vom öffentlichen Auftraggeber für maßgeblich erklärten Tarifvertrag gebunden sind, nunmehr zur Einhaltung seiner Entgeltbedingungen verpflichtet werden. Der Begriff „Tariftreueerklärung" ist in diesem Zusammenhang eigentlich irreführend, denn „tariftreu" kann sich nur derjenige verhalten, der an Tarifverträge gebunden ist[173]. Konstitutive Tariftreueerklärungen werden jedenfalls von Außenseiterarbeitgebern gefordert. Soweit sie sich nicht durch eine arbeitsvertragliche Bezugnahmenklausel zur Einhaltung von Tariflöhnen verpflichtet haben, können sie die Entgeltbedingungen mit ihren Arbeitnehmern frei aushandeln und die Tariflöhne unterbieten. Fraglich ist, welche Behandlung die Tariftreuegesetze für Arbeitgeber vorsehen, die an Tarifverträge gebunden sind, in denen Löhne unterhalb des Lohnniveaus des Tariftreuetarifvertrages liegen. Eine von ihnen abgegebene Tariftreueerklärung könnte wie die Erklärung von Außenseitern einen konstitutiven Charakter haben, wenn die schuldrechtliche Bindung gegenüber dem Auftraggeber dazu führt, dass der Arbeitgeber seine Arbeitnehmer nach den höheren Entgeltsätzen entlohnen muss.

---

[173] So auch *Breideneichen*, Gütermarktregelnde Tarifvereinbarungen und Tariftreueerklärungen, S. 130; *Dobmann*, Die Tariftreueerklärung bei der Vergabe öffentlicher Aufträge, S. 22.

II. Tariftreueverpflichtung für Tarifgebundene

In der Literatur ist jedoch umstritten, was für Arbeitsverhältnisse gelten soll, für die bereits ein Tarifvertrag unmittelbar und zwingend gem. §§ 3 Abs. 1, 4 Abs. 1 TVG kraft beiderseitiger Tarifbindung Anwendung findet.

Zunächst ist festzuhalten, dass bei Abgabe einer Tariftreueerklärung keine Tarifkonkurrenz entsteht, die nach den Grundsätzen der Tarifeinheit aufzulösen wäre. Tarifkonkurrenz liegt lediglich dann vor, wenn mehrere Tarifverträge über dieselbe Regelungsmaterie im selben Arbeitsverhältnis unmittelbar und zwingend gelten[174]. Die Tariftreueregelungen bewirken jedoch keine unmittelbare und zwingende Wirkung des maßgeblichen Tarifvertrages für die Arbeitsverhältnisse. Der Arbeitgeber muss die Tariftreueerklärung vielmehr durch schuldrechtliche Vereinbarungen in den einzelnen Arbeitsverhältnissen umsetzen. Die Fälle, in denen ein normativ wirkender Tarifvertrag auf einen Tariftreuetarifvertrag trifft, sind deshalb nach dem Günstigkeitsprinzip aufzulösen[175].

Sieht der normativ wirkende Tarifvertrag ein höheres Entgelt vor als der Tariftreuetarifvertrag, ändert eine Tariftreueerklärung des Unternehmers nichts an der unmittelbaren zwingenden Wirkung des zwischen den Tarifvertragsparteien geschlossenen Tarifvertrages. Dies ergibt sich häufig schon aus dem Wortlaut des jeweiligen Tariftreuegesetzes, wenn es dort heißt, der Bieter verpflichte sich, „mindestens"[176] die entsprechenden maßgeblichen Tariflöhne zu zahlen. Diejenigen Landesgesetze, in denen eine solche ausdrückliche Regelung fehlt, sind in diesem Sinne teleologisch auszulegen, da sie darauf abzielen, die Bedingungen der Arbeitnehmer zu verbessern, nicht aber darauf, ihre Rechte zu beschneiden. Sieht der normativ wirkende Tarifvertrag dagegen ein niedrigeres Entgelt vor, muss der Arbeitgeber die Differenz zuzahlen.

Nicht überzeugen kann die teilweise in der Literatur vertretene Auffassung, Arbeitgeber würden durch die Tariftreuegesetze nicht in gleicher Weise wie Außenseiter zur Zahlung eines höheren Entgelts veranlasst. Soweit Arbeitgeber an autonome Tarifverträge gebunden seien, die ein gegenüber dem Tariftreuetarifvertrag niedrigeres Entgelt vorsehen, seien sie nicht verpflichtet, den Differenzbetrag zuzuzahlen. Eine solche Verpflichtung könne nicht Inhalt der Tariftreueregelungen sein, denn eine solche Interpretation sei nicht verfassungskonform. Sie beinhalte vielmehr eine unzulässige Tarifzensur, die sich mit Art. 9 Abs. 3 GG nicht vereinbaren lasse[177]. Dagegen ist jedoch einzuwenden, dass der Wortlaut

---

[174] Vgl. oben Teil 2 A. I. 4.
[175] Vgl. auch *Dornbusch,* Die Berücksichtigung vergabefremder Zwecke, S. 151.
[176] Vgl. § 4 Abs. 1 Brem. VergabeG; § 3 Abs. 1 HmbgVgG; § 3 Abs. 1 Nds. LVergabeG aF.
[177] *Löwisch,* DB 2004, 814 (816); *Löwisch/Rieble,* § 5 TVG Rn. 177; einschränkend *Tiedje,* NZBau 2007, 23 (25), der im Fall des Berliner Vergabegesetzes unter Berufung auf Art. 9 Abs. 3 GG eine Auslegung dahingehend vornehmen will, dass sich jedenfalls

der Tariftreueregelungen nahe legt, dass die Gesetzgeber davon ausgingen, dass die Entgelte der Tariftreue-Tarifverträge für alle potentiellen Auftragnehmer verbindlich sein sollen. Auch der Sinn und Zweck der Tariftreueregelungen spricht gegen eine solche Auslegung. Die Tariftreuegesetze wollen dem Lohnkostenwettbewerb entgegentreten. Durch die Verpflichtung zur Abgabe von Tariftreueregelungen sollen gerade für alle Auftragnehmer verbindliche Mindestarbeitsbedingungen geschaffen werden. Dem würde es widersprechen, nunmehr einen Wettbewerb der Tarifverträge zuzulassen. Ob eine solche Ausdehnung der Entgeltregelungen der Tariftreuetarifverträge auch auf Arbeitsverhältnisse, für die andere Tarifverträge gelten, mit Art. 9 Abs. 3 GG vereinbar ist, ist an anderer Stelle zu prüfen[178]. Für eine verfassungskonforme Auslegung ist insoweit angesichts des klaren Wortlauts der Vorschriften wie unter Berücksichtigung des Sinn und Zwecks der Tariftreueregelungen jedenfalls kein Raum.

III. Maßgebliche Tarifverträge

Die Tariftreuegesetze der Bundesländer verlangen, dass die am Vergabeverfahren teilnehmenden Unternehmer sich verpflichten, die von ihnen bei der Auftragsausführung eingesetzten Arbeitnehmer entsprechend den im jeweiligen Bundesland[179] bzw. den „am Ort der Ausführung"[180] tarifvertraglich vorgesehenen Entgelten zu entlohnen. Am Ort der Arbeitsausführung und erst recht im jeweiligen Bundesland können indes mehrere Tarifverträge unterschiedlicher Tarifvertragsparteien bestehen. Dann stellt sich die Frage, ob jeder beliebige für das entsprechende Tarifgebiet abgeschlossene Tarifvertrag Gegenstand der Tariftreueerklärung sein kann oder ob jeweils nur ein bestimmter Tarifvertrag maßgeblich ist. Insbesondere muss geklärt werden, ob auch Firmentarifverträge in Bezug genommen werden können.

Nicht alle landesrechtlichen Tariftreuebestimmungen enthalten nähere Angaben zu diesem Problemkreis. So enthalten die Landesgesetze von Bayern, Berlin, Hessen, dem Saarland und Schleswig-Holstein keinerlei Angaben darüber, ob und gegebenenfalls wie eine Auswahl vorzunehmen ist.

Das Vergabegesetz für das Land Bremen sieht vor, dass der öffentliche Auftraggeber, wenn am Ort der Leistungsausführung mehrere Tarifverträge gelten, bei der Auftragsvergabe einen „repräsentativen" Tarifvertrag zugrunde legt, der

---

die normative Bindung an einen Tarifvertrag, der den örtlichen Geltungsbereich Berlin umfasst, durchsetzen muss.

[178] Vgl. Teil 3 B. II. 1. c).

[179] Vgl. Art. 3 Abs. 2 BayBauVG; § 1 Abs. 1 VgG Bln.; § 3 Nds. LVergabeG aF; § 3 Abs. 1 SaarBauVG.

[180] Vgl. § 4 Abs. 1 Brem. VergabeG; § 3 Abs. 1 HmbVgG aF; § 2 Abs. 1 HVgG; § 3 Abs. 1 TTG Schl.-H.

C. Wirkung der Tariftreuegesetze

mit einer tariffähigen Gewerkschaft vereinbart wurde[181]. Das Gesetz ermächtigt den Senat, durch Rechtsverordnung das Verfahren zur Ermittlung der repräsentativen Tarifverträge festzulegen. Von dieser Ermächtigung hat der Senat Gebaruch gemacht und die Bremische Vergabeverordnung erlassen[182], die in § 1 umfangreiche Regelungen enthält, wie die repräsentativen Tarifverträge zu bestimmen sind. Demnach trifft die Entscheidung, welche Tarifverträge als repräsentativ anzusehen sind, der Senator für Arbeit, Frauen, Gesundheit, Jugend und Soziales auf Grund von Empfehlungen eines Beirates. Dieser setzt sich aus Mitgliedern zusammen, die von Gewerkschaften und Arbeitgeberverbänden vorgeschlagen werden. Trifft der Beirat keine Entscheidung, gelten alle am Ort der Leistungsausführung mit einer tariffähigen Gewerkschaft abgeschlossenen Tarifverträge als repräsentativ. Der Senator führt eine Liste der repräsentativen Tarifverträge. Diese Liste bildet sodann die Grundlage der Entscheidung des öffentlichen Auftraggebers darüber, welche von mehreren repräsentativen Tarifverträgen der Bieter seinem Angebot zugrunde legen muss.

Das Hamburgische Vergabegesetz bestimmt, dass der Auftraggeber einen gültigen Tarifvertrag des Gewerbes in Hamburg zugrunde legen muss, der mit einer tariffähigen Gewerkschaft vereinbart wurde. Tarifverträge zur Regelung von Mindestlöhnen dürfen dabei nicht berücksichtigt werden[183]. Nähere Angaben darüber, wie der Tarifvertrag auszuwählen ist, trifft das Gesetz nicht.

Detailliertere Regelungen enthält dagegen das Vergabegesetz des Landes Niedersachsen. Das Gesetz sieht hier eindeutig vor, dass eine Auswahl berücksichtigungsfähiger Tarifverträge getroffen wird. Die in Betracht kommenden Tarifverträge müssen in Niedersachsen, ausdrücklich jedoch nicht zwingend am Ort der Ausführung der Leistung gelten[184]. Ähnlich wie in Bremen wird in Niedersachsen eine Liste derjenigen Tarifverträgen erstellt, die der Auftraggeber bei der Vergabe von öffentlichen Aufträgen berücksichtigen kann. Auch in Niedersachsen werden die Verbände bei der Auswahl beteiligt. Näheres ergibt sich auch hier aus einer Durchführungsverordnung[185].

---

[181] § 4 Abs. 2 S. 1 Brem. VergabeG.
[182] Verordnung zur Durchführung des Vergabegesetzes für das Land Bremen vom 21.9.2004, Brem. GBl., S. 475.
[183] § 3 Abs. 2 HmbVgG aF.
[184] § 3 Abs. 2 Nds. LVergabeG aF.
[185] Verordnung zur Durchführung des Landesvergabegesetzes vom 23. Januar 2003, zuletzt geändert durch Art. 1 ÄndVO vom 11.12.2006, Nds. GVBl., S. 584 (außer Kraft seit 1.1.2009).

Teil 3

Vereinbarkeit der Tariftreuegesetze mit nationalem Verfassungsrecht

A. Bestandsaufnahme

I. Stand der Diskussion

Im Rahmen der Überprüfung der Rechtmäßigkeit der Tariftreuegesetze steht auf nationaler Ebene eine die Vereinbarkeit mit der durch Art. 9 Abs. 3 GG gewährten Koalitionsfreiheit im Mittelpunkt. Die Diskussion erstreckt sich dabei auf alle Aspekte des Schutzbereichs. Das Meinungsspektrum in Literatur und Rechtsprechung ist weit gefächert. Dies liegt zum einen daran, dass es sich bei Art. 9 Abs. 3 GG um ein sehr komplexes Grundrecht handelt, so dass Konflikte unter verschiedenen Gesichtspunkten denkbar sind. Diskutiert werden sowohl eine Beeinträchtigung der positiven individuellen als auch der kollektiven Koalitionsfreiheit.

Im Zentrum der Auseinandersetzungen steht jedoch die sogenannte negative Koalitionsfreiheit. In Rechtsprechung und Literatur sind zu der Frage, ob in dem Verlangen einer Tariftreueerklärung bei der öffentlichen Auftragsvergabe eine Beeinträchtigung der negativen Koalitionsfreiheit liegt, zahlreiche unterschiedliche Standpunkt vertreten worden. Eine besondere Brisanz hat das Problem durch eine Auseinandersetzung der obersten Gerichte erhalten. So hatte der BGH im Jahr 2000 über die Tariftreueverpflichtung im Vergabegesetz des Landes Berlin zu entscheiden. Das Gericht sah in der Verpflichtung zur Abgabe einer Tariftreueerklärung einen Verstoß gegen die negative Koalitionsfreiheit und legte die Frage mit Beschluss vom 18.01.2001[1] im Rahmen eines konkreten Normenkontrollverfahrens gem. Art. 100 GG dem Bundesverfassungsgericht zur Entscheidung vor. Die Entscheidung wurde in der Literatur unterschiedlich aufgenommen. Von einem Teil der Literatur wurde die Entscheidung des BGH vehement kritisiert[2], während sie auf der anderen Seite auch Zustimmung erfuhr[3].

---

[1] BGH 18.1.2000 AP GWB § 20 Nr. 1.
[2] *Däubler,* ZIP 2000, 681 ff.; *Rieble,* NZA 2000, 225 (233); *Schwab,* NZA 2001, 701 ff.; *ders.,* Anm. zu BGH 18.1.2000, AuR 2000, 273 ff.
[3] *Berrisch/Nehl,* Anm. zu BGH 18.1.2000, ZIP 2000, 434 (434); *Böhm/Danker,* NVwZ 2000, 767 f.; *Knipper,* WuW 1999, 677 (679); *Scholz,* RdA 2001, 193 (198).

Das Bundesverfassungsgericht ließ sich mit seiner Entscheidung viel Zeit. Im Jahr 2006 schließlich entschied das Gericht, die Tariftreueregelung des Landes Berlin sei verfassungsrechtlich nicht zu beanstanden[4]. Die Begründung des Urteils ist knapp, insbesondere die Ausführungen zur negativen Koalitionsfreiheit sind enttäuschend, denn eine ausführliche Auseinandersetzung mit der Argumentation des BGH findet nicht statt. So verwundert es nicht, dass auch nach der Entscheidung des Bundesverfassungsgerichts die Diskussionen um die Vereinbarkeit von Tariftreuegesetzen mit der Koalitionsfreiheit nicht verstummt sind.

II. Gang der Untersuchung

Die sehr unterschiedlichen Bewertungen in Rechtsprechung und Literatur sind nicht nur auf eine unterschiedliche Bewertung der Tariftreuegesetze zurückzuführen. Sie basieren vielmehr schon darauf, dass der Schutzbereich des Grundrechts unterschiedlich weit ausgelegt wird. Daher soll im Folgenden zunächst eine ausführliche Auseinandersetzung mit den relevanten Fragen der Auslegung der Koalitionsfreiheit erfolgen. Zunächst werden die unterschiedlichen Aspekte der Koalitionsfreiheit erläutert. Ein besonderes Augenmerk liegt dabei auf der Problematik, wie weit der Schutzbereich der Koalitionsfreiheit reicht, denn hier sind viele Punkte bis heute nicht abschließend geklärt. Dies gilt insbesondere für den Schutzbereich der negativen Koalitionsfreiheit. Aber auch im Bereich der kollektiven Koalitionsfreiheit, namentlich der Tarifautonomie, gibt es offene Fragen. Hier geht es insbesondere darum, in welchem Umfang und unter welchen Voraussetzungen in die Rechte der Koalition aus Art. 9 Abs. 3 GG eingegriffen werden darf. Darüber hinaus ist bei der Untersuchung der Vereinbarkeit der Tariftreueerklärung mit Art. 9 Abs. 3 GG nicht nur die Koalitionsfreiheit inländischer natürlicher Personen sowie inländischer Koalitionen zu untersuchen; vielmehr ist auch zu prüfen, inwieweit sich ausländische Personen und Verbände auf Rechte aus Art. 9 Abs. 3 GG berufen können. Bevor eine Prüfung der Tariftreuevorschriften an Art. 9 Abs. 3 GG erfolgen kann, soll daher zunächst eine Standortbestimmung hinsichtlich des Grundrechts vorgenommen werden. Anschließend erfolgt die konkrete Prüfung der Vereinbarkeit der Tariftreueregelungen mit der Koalitionsfreiheit.

---

[4] BVerfG 11.7.2006 BVerfGE 116, 202 ff.

B. Vereinbarkeit mit der Koalitionsfreiheit

I. Art. 9 Abs. 3 GG: Die Koalitionsfreiheit – Dogmatische Grundlagen

1. Sachlicher Schutzbereich der Koalitionsfreiheit

a) Positive individuelle Koalitionsfreiheit

Nach seinem Wortlaut gewährt Art. 9 Abs. 3 GG zunächst das Recht, zur Wahrung und Förderung der Arbeits- und Wirtschaftsbedingungen Vereinigungen zu bilden. Daraus ergibt sich zunächst das Individualgrundrecht jedes einzelnen Arbeitnehmers und Arbeitgebers, sich mit anderen zu einer Koalition zusammenzuschließen. Dies beinhaltet die Gründung von sowie Beitritt und Verbleib in Koalitionen. Das bloße Recht zur Bildung von Koalitionen würde dem Einzelnen allerdings wenig nützen. Einigkeit besteht daher auch darüber, dass dem Einzelnen daneben auch das Recht zugestanden werden muss, sich koalitionszweckrealisierend zu betätigen[5].

b) Kollektive Koalitionsfreiheit

Art. 9 Abs. 3 GG schützt nach herrschender Meinung aber nicht nur die Freiheit des Einzelnen, Koalitionen zu bilden, vielmehr ist auch die Koalition selbst Schutzobjekt des Art. 9 Abs. 3 GG. Man spricht daher von einem sogenannten Doppelgrundrecht.

aa) Gegenstand der kollektiven Koalitionsfreiheit

Art. 9 Abs. 3 GG schützt die Koalition in ihrem Bestand, ihrer organisatorischen Ausgestaltung und in ihrer Betätigung, soweit diese die Wahrung und Förderung der Arbeits- und Wirtschaftsbedingungen zum Ziel hat. Zwar ergibt sich der Schutz der Koalition als solcher nicht ausdrücklich aus dem Wortlaut der Vorschrift; jedoch geht das Bundesverfassungsgericht in seinen Entscheidungen zutreffend davon aus, dass sich der Wille des Gesetzgebers zum Schutz der Koalition aus der Aufnahme des Vereinigungszwecks in den Schutzbereich des Grundrechts ablesen lasse[6]. Sinn und Zweck von Art. 9 Abs. 3 GG sprechen ebenfalls dafür, auch die Betätigung der Vereinigung selbst in den Schutzbereich

---

[5] Allgemeine Auffassung, vgl. nur BVerfG 30.11.1965 BVerfGE 19, 303 (312); 1.3.1979 BVerfGE 50, 290 (367); 23.4.1986 BVerfGE 73, 261 (270); *Büdenbender,* RdA 2000, 193 (201); ErfK/*Dieterich,* Art. 9 GG Rn. 30; MünchArbR/*Löwisch/Rieble,* § 244 Rn. 2.

[6] BVerfG 1.3.1979 BVerGE 50, 290 (367); 26.6.1991 BVerfGE 84, 212 (224).

einzubeziehen. Andernfalls würde die Vereinigungsfreiheit des Einzelnen weitgehend leer laufen, wenn der Staat zwar nicht die Freiheit zum Zusammenschluss, wohl aber die der entstandenen Koalition nach Belieben beschränken könnte[7]. Der Schutz der individuellen Koalitionsfreiheit wäre also unvollkommen, wenn nicht auch die aufgrund der individuellen Koalitionsfreiheit gebildeten Koalitionen in ihrer Betätigung geschützt wären[8]. Diese Auslegung des Art. 9 Abs. 3 GG, die von einer zusätzlichen Gewährleistung der kollektiven Koalitionsfreiheit ausgeht, entspricht der ständigen Rechtsprechung sowie der ganz überwiegenden Ansicht in der Literatur[9].

Das Recht der Koalitionen, sich zur Wahrung und Förderung der Arbeits- und Wirtschaftsbedingungen frei zu betätigen, nehmen die Verbände und Gewerkschaften hauptsächlich durch den Abschluss von Tarifverträgen wahr.[10] Im Mittelpunkt der durch Art. 9 Abs. 3 GG garantierten Betätigungsfreiheit steht daher die Tarifautonomie. Sie gewährleistet den Koalitionen einen Freiraum, in dem Arbeitnehmer und Arbeitgeber ihre Interessengegensätze in eigener Verantwortung austragen können[11]. Der Grund für die Einräumung derart weitgehender Befugnisse besteht in der Annahme, dass die Tarifvertragsparteien besser in der Lage sind, ausgewogene, den unterschiedlichen Interessen von Arbeitgebern und Arbeitnehmern Rechnung tragende Regelungen zu finden als der Staat.

bb) Umfang der kollektiven Koalitionsfreiheit

In welchem Umfang die kollektive Koalitionsfreiheit durch Art. 9 Abs. 3 GG geschützt werden soll, war lange Zeit nicht geklärt.

In der Rechtsprechung des Bundesverfassungsgerichts zur Koalitionsfreiheit tauchte schon früh der Begriff des „Kernbereichs" koalitionsmäßiger Betätigung auf. In mehreren Entscheidungen stellte das Gericht im Zusammenhang mit dem Begriff des Kernbereichs fest, dass nur solche Betätigungen der Koalition verfassungsrechtlich geschützt sein könnten, die unerlässlich seien, um den Koalitionszweck, nämlich die Wahrung und Förderung der Arbeits- und Wirtschaftsbedingungen, wirksam verfolgen zu können[12]. Diese Aussagen des Bundesverfassungsgerichts wurden überwiegend dahingehend interpretiert, dass der

---

[7] *Büdenbender*, RdA 2000, 193 (202); *Lieb*, Arbeitsrecht, Rn. 432.
[8] *Dieterich*, RdA 2002, 1 (8); *Schaub*, ArbR-Hdb. § 188 Rn. 13.
[9] Teilweise wird ein Schutz der Koalition jedoch nur unter Rückgriff auf Art. 19 Abs. 3 GG befürwortet, vgl. *Höfling*, FS Friauf (1996), S. 377 (380); *Höfling/Rixen*, RdA 2007, 360 (362); *Jarass/Pieroth*, Art. 9 GG Rn. 37; *Ossenbühl/Cornils*, Tarifautonomie und staatliche Gesetzgebung, S. 96 ff.
[10] *Jarass/Pieroth*, Art. 9 GG Rn. 39.
[11] BVerfG 18.11.1954 BVerfGE 4, 96 (107).
[12] BVerfG 14.4.1964 BVerfGE 17, 319 (333 f.); 30.11.1965 BVerfGE 19, 303 (321); 26.5.1970 BVerfGE 28, 295 (304); 18.12.1974 BVerfGE 38, 281 (305); 19.2.1975

Schutzbereich der Koalitionsfreiheit eng auszulegen, also nur ein Kernbereich der Koalitionsbetätigung überhaupt vom Schutzbereich des Art. 9 Abs. 3 GG umfasst sei.

Einer solchen Interpretation ist das Bundesverfassungsgericht aber inzwischen entgegengetreten. In einer Entscheidung zur Mitgliederwerbung durch Gewerkschaften hat das Gericht ausgeführt, der Grundrechtsschutz erstrecke sich auf alle koalitionsspezifischen Verhaltensweisen. Ob die koalitionsspezifische Tätigkeit für die Wahrnehmung der Koalitionsfreiheit unerlässlich sei, könne dagegen erst bei der Einschränkung der Freiheit Bedeutung erlangen[13]. Wenn den Entscheidungen des Bundesverfassungsgerichts eine Gleichsetzung des Kernbereichs mit dem Schutzbereich entnommen worden sei, handele es sich hier um ein „nicht fernliegendes" Missverständnis, das nunmehr klargestellt werde[14].

Nach der Klarstellung des Bundesverfassungsgerichts, die vielfach entgegen den Ausführungen des Gerichts auch als „Aufgabe der Kernbereichsformel"[15] bezeichnet wird[16], ist die Unsicherheit hinsichtlich des Umfangs des Schutzbereichs nunmehr zugunsten einer weiten Auslegung beseitigt. Der Schutzbereich der kollektiven Koalitionsfreiheit umfasst also zunächst jede Betätigung der Koalition, soweit sie der Wahrung und Förderung der Arbeits- und Wirtschaftsbedingungen dient. Die Frage, welche Bedeutung die konkrete Betätigung für die Koalition hat, ist demnach keine Frage des Schutzbereichs, sondern bestimmt vielmehr die Voraussetzungen, unter denen eine Beschränkung der Koalitionsfreiheit vorgenommen werden kann.

cc) Tarifautonomie und staatliche Gesetzgebung

Den Koalitionen wird im Rahmen der Koalitionsbetätigungsfreiheit, wie oben gesehen, das Recht eingeräumt, Arbeits- und Wirtschaftsbedingungen eigenverantwortlich durch den Abschluss von Tarifverträgen zu regeln. Aber auch der Gesetzgeber wird durch Art. 74 Abs. 1 Nr. 12 GG ermächtigt, arbeitsrechtliche Regelungen zu treffen. Das wirft die Frage auf, in welchem Verhältnis tarifvertragliche und gesetzliche Normsetzung stehen.

Das Bundesverfassungsgericht hat in zahlreichen Entscheidungen den Koalitionen ein Normsetzungsrecht, nicht aber ein Normsetzungsmonopol zugespro-

---

BVerfGE 38, 386 (393); 1.3.1979 BVerfGE 50, 290 (368); 17.2.1981 BVerfGE 57, 220 (245 f.).

[13] BVerfG 14.11.1995 BVerfGE 93, 352 (358).

[14] BVerfG 14.11.1995 BVerfGE 93, 352 (359 f.).

[15] Vgl. nur ErfK/*Dieterich,* Art. 9 GG Rn. 41; *Lieb,* Arbeitsrecht, Rn. 450; *Pieroth/ Schlink,* Grundrechte, Rn. 737; *Wank,* JZ 1996, 629 (630).

[16] Ausführlich zu der Frage, ob es sich um eine Rechtsprechungswende oder lediglich um eine Klarstellung handelt vgl. *Friese,* Kollektive Koalitionsfreiheit und Betriebsverfassung, S. 181 ff.

chen. Das Gericht vertritt die Auffassung, den Tarifvertragsparteien komme im Bereich der Regelung von Arbeits- und Wirtschaftsbedingungen eine „Normsetzungsprärogative" zu. Den Tarifvertragsparteien soll ein Vorrecht zur Normsetzung zustehen, der Staat besitze daneben nur eine subsidiäre Regelungszuständigkeit. Soweit es sich um den Inhalt von Arbeitsverhältnissen handele, habe der Staat seine Zuständigkeit weit zurückgenommen[17].

In der Literatur werden zum Verhältnis von staatlicher zu tariflicher Normsetzung zahlreiche unterschiedliche Ansichten vertreten. Sie reichen von der Annahme einer Tabuzone, innerhalb derer der Gesetzgeber überhaupt nicht tätig werden dürfe, bis zu der These, eine Grenze der staatlichen Gesetzgebung sei erst dann erreicht, wenn die Tarifautonomie andernfalls ausgehöhlt oder in toto aufgehoben werde[18].

Den in der Literatur vertretenen Extrempositionen kann nicht zugestimmt werden. Einerseits spricht die durch Art. 74 Abs. 1 Nr. 12 GG garantierte Kompetenz des Gesetzgebers zur Normsetzung im Bereich des Arbeitsrechts gegen eine Tabuzone für den Gesetzgeber. Die Vorschrift verdeutlicht, dass das Grundgesetz den Koalitionen grundsätzlich nicht die alleinige Regelungskompetenz zugedacht hat[19]. Darüber hinaus ist zu bedenken, dass der Staat auch aus durch die Verfassung festgelegten Staatszielbestimmungen einen Regelungsauftrag hat, dem er nachkommen und für den ihm entsprechende Kompetenzen zur Verfügung stehen müssen[20].

Andererseits kann jedoch auch die Ansicht, dem Staat seien bei der Gesetzgebung im Bereich des Arbeitsrechts keine Grenzen gesetzt, solange die Tarifautonomie als Institut nicht gefährdet sei, nicht überzeugen. Spätestens seit der Entscheidung des Bundesverfassungsgerichts zur Mitgliederwerbung der Gewerkschaften steht fest, dass der Schutzbereich im Bereich der kollektiven Koalitionsfreiheit weit auszulegen ist. Das durch die Tarifautonomie gewährleistete Recht, Tarifverträge mit Regelungen zu Arbeits- und Wirtschaftsbedingungen auszuhandeln, ist Teil der durch Art. 9 Abs. 3 GG geschützten Betätigungsgarantie der Koalitionen. Demnach ist die tarifliche Normsetzung umfassend von Art. 9 Abs. 3 GG geschützt. Jede staatliche Normsetzung in diesem Bereich beeinträchtigt die Betätigungsfreiheit der Koalitionen und stellt damit einen Eingriff in die kollektive Koalitionsfreiheit dar. Die Grenzen der staatlichen Gesetzgebung verlaufen daher dort, wo ein Eingriff in die Koalitionsfreiheit nicht verfassungsrechtlich gerechtfertigt ist.

---

[17] BVerfG 24.5.1977 BVerfGE 44, 322 (340 ff.).
[18] Vgl. zu einzelnen unterschiedlichen Ansätzen *Otto,* FS Zeuner (1994), S. 121 (133 ff.).
[19] *Butzer,* RdA 1994, 375 (379).
[20] *Butzer,* RdA 1994, 375 (379).

76 Teil 3: Vereinbarkeit der Tariftreuegesetze mit nationalem Verfassungsrecht

Mag dieses Ergebnis auf den ersten Blick den Schluss nahe legen, dass die Kompetenzen des Gesetzgebers im Bereich des Arbeitsrechts stark eingeschränkt sind; es wird sich noch zeigen, dass seine Möglichkeiten durchaus ausreichend sind, um allen ihm obliegenden Aufgaben nachzukommen. Eine bedeutende Rolle spielt insoweit auch, dass der Schutzbereich des Art. 9 Abs. 3 GG nicht in allen Bereichen gleich intensiv ist, und deswegen gesetzgeberische Maßnahmen nicht immer gleichbleibend hohen Hürden unterliegen. Die Frage, wie die Anforderungen im Einzelnen zu bestimmen sind, stellt sich erst auf der Rechtfertigungsebene und wird daher dort behandelt werden.

Festzuhalten ist vorerst Folgendes: Ein Normsetzungsmonopol der Tarifvertragsparteien garantiert Art. 9 Abs. 3 GG nicht. Andererseits existieren keine Tabuzonen für den Gesetzgeber, so dass seine Kompetenzen auch nicht in Einzelbereichen von vornherein beschränkt sind. Den Tarifvertragsparteien kommt bei der Normsetzung im Bereich der Arbeits- und Wirtschaftsbedingungen im Verhältnis zum Gesetzgeber kein Alleinrecht, sondern lediglich ein Vorrecht zu.

c) Negative Koalitionsfreiheit

Die positive individuelle Koalitionsfreiheit gewährleistet, wie oben dargestellt, die Freiheit, zur Wahrung und Förderung der Arbeits- und Wirtschaftsbedingungen Vereinigungen zu bilden, ihnen beizutreten und in ihnen zu verbleiben. Darin kann sich die Freiheit aus Art. 9 Abs. 3 GG aber nicht erschöpfen. Denn eine wahre Freiheit ist nur dann gegeben, wenn die zu treffende Entscheidung in beide Richtungen, nämlich dahingehend ob man etwas tun oder gerade nicht tun möchte, getroffen werden kann. Ohne die Freiheit, etwas nicht zu tun, ist die Freiheit, eine Handlung vorzunehmen, unvollständig. Für die durch Art. 9 Abs. 3 GG garantierte Koalitionsfreiheit bedeutet das, dass neben das Recht, einer Koalition beizutreten und in ihr zu verbleiben, ein Fernbleibe- und Austrittsrecht treten muss. Das Recht, einer Koalition beizutreten und ihr fernzubleiben sind Teile desselben Freiheitsrechts.

aa) Herleitung der negativen Koalitionsfreiheit

Über die Herleitung der negativen Koalitionsfreiheit besteht keine Einigkeit. Während sich nach überwiegender Meinung in Rechtsprechung und Literatur die negative Koalitionsfreiheit wie die positive Koalitionsfreiheit aus Art. 9 Abs. 3 GG ableitet[21], wird in der Literatur teilweise vertreten, das Recht, Koalitionen fernzubleiben, ergebe sich aus Art. 2 GG[22]. Bedeutung gewinnt dieser Meinungs-

---

[21] Vgl. nur Dreier/*Bauer,* Art. 9 GG Rn. 81; Sachs/*Höfling,* Art. 9 GG Rn. 65; *Jarass/Pieroth,* Art. 9 GG Rn. 36.
[22] So z.B. *Biedenkopf,* JZ 1961, 346 (347); *Gamillscheg,* Die Grundrechte im Arbeitsrecht, S. 101 f.; *Säcker,* Grundprobleme der kollektiven Koalitionsfreiheit, S. 22 ff.

streit bei der Frage der Eingriffsvoraussetzungen. Während Art. 9 Abs. 3 GG vorbehaltlos gewährt wird, ist ein Eingriff in Art. 2 Abs. 1 GG aufgrund des allgemeinen Gesetzesvorbehalts unter vergleichsweise niedrigeren Voraussetzungen möglich.

Die Auffassung, die die negative Koalitionsfreiheit durch Art. 2 Abs. 1 GG gewährleistet sieht, stützt sich zunächst auf die große soziale Bedeutung der Koalitionen für den Rechtsstaat[23]. Bei den Koalitionen handle es sich um ein Element der verfassungsmäßigen Ordnung[24]; daher müsse eine Beschränkung der negativen Koalitionsfreiheit zugunsten der Koalitionen möglich sein. Der negativen Koalitionsfreiheit gebühre deshalb nur der relative Schutz des Art. 2 Abs. 1 GG. Ein solcher Vorrang des Schutzes der Koalition vor dem Schutz des einzelnen Arbeitnehmers lässt sich dem Grundgesetz jedoch nicht ohne weiteres entnehmen. Soweit befürchtet worden ist, die Funktionsfähigkeit der Koalitionen könne durch die negative Koalitionsfreiheit beeinträchtigt werden, so kann dies heute durch die tatsächlichen Verhältnisse als widerlegt angesehen werden[25].

Gegen eine Herleitung der negativen Koalitionsfreiheit aus Art. 9 Abs. 3 GG wird der Wortlaut der Vorschrift angeführt. Nach dem Wortlaut schütze Art. 9 Abs. 3 GG nur das Recht, Vereinigungen zu bilden. Von einem Fernbleiberecht sei dagegen nichts erwähnt. Zudem wird vorgebracht, Art. 9 Abs. 3 GG diene der Wahrung und Förderung der Arbeits- und Wirtschaftsbedingungen. Es sei aber nur schwer begreiflich, wie dieser Zweck dadurch verwirklicht werden solle, dass sich jemand an der sozialen Selbstverwaltung nicht beteilige und allem fernbleibe[26].

Aus der Tatsache, dass Art. 9 Abs. 3 GG ein Fernbleibe- und Austrittsrecht nicht erwähnt, lässt sich für die Frage, ob die negative Koalitionsfreiheit sich aus dieser Norm ergeben kann, nichts Entscheidendes ableiten. Schließlich sind alle Freiheitsrechte des Grundgesetzes, auch die, deren negatives Korrelat nicht bestritten wird, so formuliert, dass sie ausdrücklich nur die Freiheit zur Handlung, nicht jedoch die zum Unterlassen garantieren.

Auch der Einwand, ein Fernbleiben diene nicht der Wahrung und Förderung von Arbeits- und Wirtschaftsbedingungen, kann als Argument gegen einen Schutz der negativen Koalitionsfreiheit durch Art. 9 Abs. 3 GG nicht überzeugen. Die Vorschrift gewährleistet ausdrücklich nur das Recht, Vereinigungen zu bilden, die die Wahrung und Förderung der Arbeits- und Wirtschaftsbedingungen zum Ziel haben. Sie ist also als Freiheitsrecht formuliert. Die kollektive Koalitionsfreiheit, deren Bestandteil auch die Tarifautonomie ist, wurde aus der positi-

---

[23] *Hueck/Nipperdey*, Arbeitsrecht II/1, S.154.
[24] *Hueck/Nipperdey*, Arbeitsrecht II/1, S.159.
[25] Vgl. *Ingelfinger*, Arbeitsplatzgestaltung durch Betriebsnormen, S. 163.
[26] *Gamillscheg*, Die Grundrechte im Arbeitsrecht, S. 101 f.

ven individuellen Koalitionsfreiheit entwickelt, um dieser zum Durchbruch zu verhelfen. Dadurch wird der Charakter des Art. 9 Abs. 3 GG als Freiheitsrecht jedoch nicht berührt[27]. Dieser steht als Ausgangspunkt aller Interpretationen im Vordergrund.

Auch wird die Entstehungsgeschichte der Vorschrift als Argument gegen eine Ableitung der negativen Koalitionsfreiheit aus Art. 9 Abs. 3 GG angeführt. Im Entwurf des Art. 9 Abs. 3 GG enthielt die Bestimmung einen Satz, der ausdrücklich verbot, Zwang zum Beitritt zu einer Koalition auszuüben. Aus der Tatsache, dass dieser Satz im Laufe des Gesetzgebungsverfahrens gestrichen wurde, wird vielfach geschlossen, dass eine negative Koalitionsfreiheit durch Art. 9 Abs. 3 GG nach dem Willen des Gesetzgebers nicht gewährt werden sollte[28].

Richtig ist, dass durch die Streichung des Zusatzes die negative Koalitionsfreiheit nicht ausdrücklich Eingang in die Vorschrift gefunden hat. Dies lässt allerdings keinen Rückschluss dahingehend zu, dass die negative Koalitionsfreiheit überhaupt nicht aus Art. 9 Abs. 3 GG abzuleiten wäre. Eine Streichung des Zusatzes, dass kein Beitrittszwang ausgeübt werden dürfe, erfolgte vielmehr lediglich, um den Bedenken der Gewerkschaften Rechnung zu tragen, die befürchteten, dass andernfalls Verwaltung und Rechtsprechung dazu verleitet würden, jegliche gewerkschaftliche Betätigung als unzulässigen Organisationszwang zu beanstanden und zu unterbinden[29]. Inhaltlich waren sich aber alle Beteiligten darüber einig, dass die Berufsverbände – wie bis zu diesem Zeitpunkt ihrer Entwicklung – auch weiterhin auf dem Prinzip des freiwilligen Beitritts beruhen sollten. Inhaltlich wurde der Zusatz also durchaus gebilligt. Eine Stellungnahme gegen die Gewährung der negativen Koalitionsfreiheit lässt sich aus den Vorgängen im Gesetzgebungsverfahren daher nicht ableiten[30].

Gegen eine Ableitung der negativen Koalitionsfreiheit aus Art. 9 Abs. 3 GG wird schließlich auch die Entwicklungsgeschichte des Koalitionsrechts angeführt. Stets sei lediglich um die Anerkennung der positiven Koalitionsfreiheit gerungen worden. Zwar habe einmal ein gesetzlicher Schutz der negativen Koalitionsfreiheit durch § 153 RGewO bestanden, der jeden mit Strafe bedrohte, der einen anderen mit Gewalt oder Drohung zum Koalitionsbeitritt bestimmen oder am Koalitionsaustritt hindern wollte. Dieser Schutz sei aber mit der Abschaffung der Vorschrift entfallen und könne nun nicht über Art. 9 Abs. 3 GG wieder eingeführt werden[31].

---

[27] Vgl. auch *Ingelfinger*, Arbeitsplatzgestaltung durch Tarifnormen, S. 164.
[28] *Gamillscheg*, Die Grundrechte im Arbeitsrecht, S. 102; *Schmidt-Eriksen*, Tarifvertragliche Betriebsnormen, S. 169 ff.
[29] Vgl. *Buchner*, Tarifvertragsgesetz und Koalitionsfreiheit, S. 47; *Ingelfinger*, Arbeitsplatzgestaltung durch Betriebsnormen, S. 165; *Wagenitz*, Die personellen Grenzen der Tarifmacht, S. 43.
[30] Vgl. *Buchner*, Tarifvertragsgesetz und Koalitionsfreiheit, S. 47.

Auch diese Argumentation vermag jedoch nicht restlos zu überzeugen. Zwar ist es richtig, dass die Gewerkschaften im 19. Jahrhundert ausschließlich um die Anerkennung der positiven Koalitionsfreiheit kämpften. Solange diese aber nicht zugestanden war, konnte sich die Problematik der negativen Koalitionsfreiheit gar nicht stellen. Das Recht des Einzelnen, einem Verband fernbleiben oder aus ihm austreten zu dürfen, kann erst dann überhaupt in Zweifel gezogen werden, wenn das positive Vereinigungsrecht des einzelnen und der Verbände anerkannt ist. Denn erst dann besteht die Gefahr eines Organisationszwangs[32]. Auch aus der Abschaffung des § 153 RGewO lässt sich nicht ohne weiteres schließen, dass der negativen Koalitionsfreiheit ein besonderer Schutz verwehrt bleiben sollte. So ist umstritten, ob die Vorschrift nur den einzelnen, oder auch den Staat vor der Macht der Verbände schützen wollte[33]. Viel spricht dafür, dass beide Motive bei der Streichung der Vorschrift eine Rolle gespielt haben, wobei sich das Gewicht der einzelnen Beweggründe wohl nicht festlegen lässt[34]. Festzuhalten bleibt daher, dass es sich zumindest nicht eindeutig um eine Entscheidung zulasten eines besonderen Schutzes der negativen Koalitionsfreiheit handelt, so dass ein Rückschluss aus der historischen Entwicklung auf die Versagung eines Schutzes aus Art. 9 Abs. 3 nicht gezogen werden kann.

Die Herleitung der negativen Koalitionsfreiheit aus Art. 2 Abs. 1 GG vermag alles in allem nicht zu überzeugen. Die besseren Argumente sprechen für die Herleitung aus Art. 9 Abs. 3 GG. Insbesondere steht eine solche Auslegung auch mit der Auslegung anderer Freiheitsrechte in Einklang. So umfasst die Religionsfreiheit aus Art. 4 GG das Recht, nicht zu glauben, die Meinungsfreiheit aus Art. 5 GG das Recht, keine Meinung zu äußern, und die Vereinigungsfreiheit aus Art. 9 Abs. 1 GG das Recht, einem Verein fernzubleiben. Auch Art. 12 Abs. 1 GG gewährleistet eine negative Berufsfreiheit. Dies begründet sich auch hier jeweils dadurch, dass eine Freiheit eben nur dann vollständig gewährleistet ist, wenn sie auch die Freiheit, nicht zu handeln, umfasst. Dabei ist als allgemeines Prinzip erkennbar, dass die negative Seite des jeweiligen Grundrechts nicht eigenständig festgeschrieben ist, sondern sich jeweils als Teil des einheitlichen Grundrechts darstellt. Art. 2 Abs. 1 GG gewährleistet daneben das allgemeine Recht, nicht zu handeln, stellt aber, ebenso wie seine positive Seite, insoweit lediglich einen Auffangtatbestand dar.

---

[31] *Biedenkopf,* JZ 1961, 346.
[32] Vgl. *Buchner,* Tarifvertragsgesetz und Koalitionsfreiheit, S. 47; *Wagenitz,* Die personellen Grenzen der Tarifmacht, S. 42.
[33] Vgl. einerseits *Biedenkopf,* JZ 1961, 346; andererseits *Heiseke,* RdA 1960, 299.
[34] Vgl. *Buchner,* Tarifvertragsgesetz und Koalitionsfreiheit, S. 47 Fn. 37.

bb) Umfang des Schutzbereichs der negativen Koalitionsfreiheit

Die Herleitung der negativen Koalitionsfreiheit stellt jedoch nicht die einzige Problematik im Rahmen der negativen Koalitionsfreiheit dar. Insbesondere der Umfang des Schutzbereichs der negativen Koalitionsfreiheit wirft Probleme auf und ist sehr umstritten. Dabei geht es um die Frage, ob die negative Koalitionsfreiheit Außenseitern über ein bloßes Fernbleiberecht hinaus auch das Recht garantiert, grundsätzlich von Rechtssetzungsakten einer Koalition verschont zu bleiben.

Die Frage nach dem Umfang des Schutzbereichs der negativen Koalitionsfreiheit bedarf hier einer näheren Prüfung. Die Antwort auf die Frage, ob durch die Tariftreuegesetze der Bundesländer in die negative Koalitionsfreiheit eingegriffen wird, kann davon abhängen, wie deren Schutzbereich definiert wird. Ein Eingriff in die negative Koalitionsfreiheit wird überwiegend mit dem Argument abgelehnt, die Tariftreuegesetze erzeugten keinen ausreichenden Beitrittsdruck. Sollte durch die Landesgesetze, was noch zu prüfen sein wird[35], tatsächlich kein ausreichender Druck zum Eintritt in eine bestimmte Koalition ausgeübt werden, käme bei einem weiten Verständnis der negativen Koalitionsfreiheit dennoch eine Beeinträchtigung der negativen Koalitionsfreiheit in Betracht. Sollte die negative Koalitionsfreiheit nämlich umfassend davor schützen, von der Wirkung von Rechtssetzungsakten der Koalition verschont zu bleiben, könnte dies der Zulässigkeit von Regelungen entgegenstehen, die eine Verpflichtung zur Unterwerfung unter Tarifnormen verlangen.

(1) Die negative Koalitionsfreiheit als Fernbleibe und Austrittsrecht

Nach einer in der Literatur vertretenen Ansicht, der sich auch das Bundesverfassungsgericht angeschlossen hat[36], beschränkt sich die negative Koalitionsfreiheit auf ein Fernbleibe- und Austrittsrecht. Verboten sind daher auch nach dieser Auffassung alle Maßnahmen, die einen unzulässigen Druck auf Außenseiter in Bezug auf einen Koalitionsbeitritt ausüben können. Nicht geschützt sei der Außenseiter dagegen vor fremdbestimmter Normierung[37].

---

[35] Vgl. unten Teil 3 B. II. 1. a).
[36] BVerfG 20.7.1971 BVerfGE 31, 297 (302); 24.5.1977 BVerfGE 44, 322 (352). In der zweiten Entscheidung wird die negative Koalitionsfreiheit sogar noch generell in Frage gestellt. Sie soll aber jedenfalls nur die Freiheit beinhalten, „sich einer anderen als der vertragsschließenden oder keiner Koalition anzuschließen" und gewährleisten, dass ein „Zwang oder Druck in Richtung auf eine Mitgliedschaft nicht ausgeübt" wird. Vgl. auch BVerfG 14.6.1983 BVerfGE 64, 208 (213 f.).
[37] ErfK/*Dieterich*, Art. 9 GG Rn. 36.

B. Vereinbarkeit mit der Koalitionsfreiheit

Als ein Hauptargument wird hier die Herleitung der negativen Koalitionsfreiheit aus der Spiegelbildlichkeit zur positiven Koalitionsfreiheit angeführt. Wie oben bereits festgestellt, sind die positive und die negative Koalitionsfreiheit zwei Seiten einer Medaille: Dass eine negative Koalitionsfreiheit existieren muss, ergibt sich daraus, dass die Koalitionsfreiheit unvollständig wäre, wenn sie zwar ein aktives Tun in eine bestimmte Richtung schützte, nicht jedoch, das Recht zur Passivität oder zum Handeln in die entgegengesetzte Richtung gewährleistete. Aus dieser Wechselbezüglichkeit wird geschlossen, dass die negative Koalitionsfreiheit nur soweit reichen kann, wie sie ein genaues Spiegelbild der positiven Koalitionsfreiheit darstellt.

Alsdann wird, soweit eine genaue Untersuchung überhaupt stattfindet, aufgezeigt, dass ein Schutz vor fremdbestimmter Normsetzung sich aus dem Spiegelbild der positiven Koalitionsfreiheit nicht ableiten lasse. Dies gelte sowohl für die individuelle als auch für die kollektive Koalitionsfreiheit.

Die individuelle positive Koalitionsfreiheit garantiert das Recht zur Gründung, zum Eintritt sowie zum Verbleib in der Koalition. Daraus ergibt sich, dass die negative Koalitionsfreiheit – spiegelbildlich – zunächst das Recht zum Austritt aus der Koalition sowie das Recht, der Koalition von vornherein fernzubleiben, beinhaltet. Ein Schutz vor der Normsetzung der Koalition kann dagegen von der negativen Koalitionsfreiheit nur dann umfasst sein, wenn die positive Koalitionsfreiheit ihrerseits die Normunterwerfung beinhaltet. Dies wird aber gerade bestritten. Die Normsetzungsbefugnis sei Teil der Tarifautonomie, deren Träger die Koalition sei. Die Rechtssetzungsbefugnis sei damit Teil der kollektiven Koalitionsfreiheit. Sie stelle einen Akt der Freiheitsausübung des Verbandes dar. Dass die Tarifnormen für die Mitglieder bindende Wirkung entfalten, sei daher Folge der Ausübung der kollektiven Koalitionsfreiheit, könne jedoch von den Mitgliedern nicht gefordert werden[38]. Die Unterworfenheit unter den Tarifvertrag sei also nicht Teil des Schutzbereichs, sondern lediglich das durch einen Beitritt zur Koalition angestrebte Ziel. Die Freiheitsrechte des Grundgesetzes schützten jedoch nur die Handlungsfreiheiten, nicht dagegen die Motive, aus denen der Grundrechtsträger sich für die Ausübung des Grundrechts entscheidet[39].

Auch aus der kollektiven Koalitionsfreiheit lasse sich ein Schutz vor fremdbestimmter Normsetzung nicht ableiten. Das Recht zur Normsetzung stehe der Koalition als Vereinigung zu. Das Pendant dazu auf negativer Seite bilde die Freiheit der Koalition, von ihrer Normsetzungsbefugnis keinen Gebrauch zu machen. Ein Rückschluss auf die negative individuelle Koalitionsfreiheit etwa in Form einer individuellen „negativen Tarifautonomie"[40], die das Recht gewährte, keine Tarifnormen zu erlassen oder dem Geltungsanspruch fremdgeschaffener

---
[38] *Humbert,* Staatliche Regelungsbefugnisse, S. 311; *Schubert,* RdA 2001, 199 (201).
[39] Vgl. *Schubert,* RdA 2001, 199 (202).
[40] *Ossenbühl/Cornils,* Tarifautonomie und staatliche Gesetzgebung, S. 36.

Tarifnormen nicht zu unterfallen, könne dagegen mit dem Spiegelbildlichkeitsargument nicht begründet werden[41].

Für eine Beschränkung der negativen Koalitionsfreiheit auf ein Fernbleiberecht wird auch vorgebracht, sie ergebe sich schon aus der verfassungsrechtlichen Garantie eines funktionierenden Tarifvertragswesens durch Art. 9 Abs. 3 GG. Eine hinreichende Ordnung des Arbeitslebens durch Tarifverträge sei ohne einen Beitrittszwang nur möglich, wenn den Verbänden eine umfassende Rechtssetzungsmacht zustehe, die auch Außenseiter erfasse[42]. Tarifverträge seien aufgrund dieser Funktion, darauf ausgerichtet, Verbindlichkeit für den gesamten Wirtschaftszweig und nicht lediglich für Mitglieder der Tarifvertragsparteien zu beanspruchen[43]. Daher seien die Tarifvertragsparteien schon aufgrund des Verfassungsauftrags grundsätzlich auch gegenüber Außenseitern zur Normsetzung legitimiert. Geht man von diesen Gegebenheiten aus, ist ein Schutz vor fremdbestimmter Normsetzung durch die negative Koalitionsfreiheit ausgeschlossen.

Dass ein Schutz vor fremdbestimmter Normsetzung nicht bestehen könne, wird ferner mit einer Parallele zur staatlichen Gesetzgebung begründet. So wird darauf verwiesen, dass vom Bundestag verabschiedete Gesetze, schließlich auch von denjenigen zu befolgen seien, die nicht an den Wahlen für den Bundestag teilgenommen hätten. Diese Situation sei mit derjenigen vergleichbar, die für Außenseiter einer Koalition bestehe. Auch diese könnten daher von einer Normsetzung erfasst werden, auf die sie keinen Einfluss hätten. Zudem stehe es den Außenseitern frei, einer Koalition beizutreten und auf diese Weise auf die Gestaltung der Tarifnormen Einfluss zu nehmen[44].

Ein ähnlicher Ansatzpunkt wird verfolgt, wenn die Rechtsetzungsmacht der Koalitionen mit der innerstaatlichen Zwangskörperschaft verglichen wird. Der Außenseiter sei vergleichbar mit einem Bürger, der der Normsetzungsmacht einer Körperschaft unterworfen sei, ohne ihr beigetreten zu sein[45]. Zudem wird für eine enge Auslegung des Schutzbereichs angeführt, Art. 9 Abs. 3 GG beziehe sich lediglich auf den Status als Mitglied[46]. Eine Erstreckung von Tarifnormen auf Außenseiter wirke sich zwar auf deren Arbeitsverhältnis, nicht aber auf ihre Stellung zur Koalition aus[47]. Ein weitergehender Schutz im Sinne einer „negati-

---

[41] Vgl. *Ossenbühl/Cornils*, Tarifautonomie und staatliche Gesetzgebung, S. 36 f.; *Schubert*, RdA 2001, 199 (202); im Ergebnis ebenso *Humbert*, Staatliche Regelungsbefugnisse, S. 24 f.
[42] *Gamillscheg*, Differenzierung nach der Gewerkschaftszugehörigkeit, S. 96; *ders.*, Anm. zu BAG AP BeschFG 1985 § 1 Nr. 4 Bl. 5; ähnlich Wiedemann/*Oetker*, TVG, § 3 Rn. 30.
[43] *Weyand*, Tarifvertragliche Mitbestimmung, S. 92.
[44] Vgl. *Däubler*, Das Grundrecht auf Mitbestimmung, S. 283 f.
[45] *Säcker*, Grundprobleme der kollektiven Koalitionsfreiheit, S. 36.
[46] MünchArbR/*Löwisch/Rieble*, § 244 Rn. 4.
[47] *Schubert*, RdA 2001, 199 (207).

ven Tarifgebundenheit"⁴⁸ sei auch nicht notwendig. Zwar beinhalte die Entscheidung, einer Koalition nicht beizutreten, auch die Entscheidung, die eigenen Interessen im Arbeitsleben nicht durch eine Vertretung sondern eigenverantwortlich wahrzunehmen. Dieses Recht auf Individualität werde jedoch durch Art. 12 GG ausreichend geschützt und bedürfe daher keines weitergehenden Schutzes aus Art. 9 Abs. 3 GG⁴⁹.

(2) Die negative Koalitionsfreiheit als „negative Tarifvertragsfreiheit"

Diese enge Auslegung von Art. 9 Abs. 3 GG, die den Außenseitern lediglich ein Fernbleibe- und Austrittsrecht zubilligt, greift jedoch zu kurz. Die negative Koalitionsfreiheit bietet daneben auch Schutz vor der Rechtssetzungsmacht der Koalitionen. Dieser Aspekt der negativen Koalitionsfreiheit wird auch als „negative Tarifvertragsfreiheit" bezeichnet⁵⁰.

Das Spiegelbildlichkeitsargument ist zur Auslegung des Grundrechts an sich durchaus geeignet, die oben dargelegte Argumentation ist indes nicht überzeugend: So wird behauptet, die Tatsache, dass der Beitritt zu einer Koalition wohl in den meisten Fällen die angestrebte Folge eines Koalitionsbeitritts sei, könne für die Auslegung keine Rolle spielen, da die Grundrechte zwar die Handlungsfreiheiten schütze, nicht jedoch die Motive, aus denen sich der Grundrechtsträger für die Ausübung entscheide⁵¹. Diese Argumentation verkennt jedoch den Unterschied zwischen der Motivation, die hinter der Ausübung eines Grundrechts steht, und den Auswirkungen der Grundrechtsausübung. Während die Motivation, nämlich der Grund, warum jemand sich für oder gegen die Vornahme einer bestimmten Handlung und damit für oder gegen die Herbeiführung einer Auswirkung dieser Handlung entscheidet, tatsächlich für die Auslegung des Schutzbereichs uninteressant ist, kann dies nicht für die Auswirkungen der Entscheidung gelten.

Die Folgen der wahrgenommenen Handlungsalternative können vor allem im Hinblick auf den freiheitsrechtlichen Charakter des Grundrechts bei der Bestimmung des Schutzbereichs nicht ausgeblendet werden. Eine wirkliche Freiheit, sich zwischen zwei Handlungsalternativen zu entscheiden, besteht nur dann, wenn mit den unterschiedlichen Handlungsalternativen auch unterschiedliche Folgen für den Handelnden verbunden sind. Diese Folgen werden von dem Handelnden zunächst gegeneinander abgewogen, erst dann fällt er eine Entscheidung. Die unterschiedlichen Auswirkungen seiner Handlungsalternativen stehen also

---

⁴⁸ MünchArbR/*Löwisch/Rieble*, § 244 Rn. 4.
⁴⁹ MünchArbR/*Löwisch/Rieble*, § 244 Rn. 4; *Schubert,* RdA 2001, 199 (206 f.).
⁵⁰ *Hanau,* FS Scholz (2007), S. 1035 ff.; *ders.,* NJW 2002, 1240 (1242); *Höfling/Rixen,* RdA 2007, 360 (362); *Preis/Ulber,* NJW 2007, 465 (466 f.).
⁵¹ *Schubert,* RdA 2001, 199 (202).

bei der Grundrechtsausübung gerade im Mittelpunkt. Die Entscheidung zwischen den Handlungsalternativen ist Mittel zum Zweck um die gewünschte Folge herbeizuführen. Der Grundrechtsträger entscheidet sich also nicht in erster Linie zwischen den Handlungs- sondern zwischen Auswirkungsalternativen. Bestehen für den Grundrechtsträger zwar unterschiedliche Handlungsalternativen, sind mit diesen aber keine unterschiedlichen Auswirkungen verbunden, ist seine Freiheit entwertet. Dies spricht dafür, die Auswirkungen der Grundrechtsausübung bei der Bestimmung des Schutzbereichs zu berücksichtigen.

Wendet man unter diesen Voraussetzungen das Spiegelbildlichkeitsargument an, so spricht dies nicht gegen, sondern vielmehr für eine weite Auslegung der negativen Koalitionsfreiheit. Wenn die wesentliche Auswirkung des Koalitionsbeitritts darin besteht, an der Normsetzung der Koalition teilzunehmen, so muss die Handlungsalternative des Nichtbeitritts spiegelbildlich die Auswirkung haben, von der Normsetzung nicht erfasst zu werden[52].

Auch die Ansicht, dass eine Normsetzungsbefugnis der Tarifvertragsparteien gegenüber Außenseitern sich schon aus einem Verfassungsauftrag ergibt, so dass ein Schutz der Außenseiter vor fremder Normsetzung schon aus diesem Grund nicht in Betracht kommt, vermag nicht zu überzeugen. Dagegen spricht vor allem, dass diese Ansicht im Gesetz keine Stütze findet. Im Gegenteil geht das Tarifvertragsgesetz in § 3 Abs. 1 TVG davon aus, dass eine Bindung an Tarifverträge grundsätzlich nur für die Tarifvertragsparteien besteht.

Auch die Bedenken, dass ohne eine grundsätzliche Legitimation der Verbände zur Rechtssetzung für Außenseiter der Auftrag aus dem Grundgesetz zur Ordnung und Befriedung des Arbeitslebens nicht erfüllt werden könne, haben sich in der Vergangenheit nicht bestätigt. Selbst wenn eine Regelung des Arbeitslebens durch die Verbände nicht mehr zu gewährleisten sein sollte, so entsteht auch in einem solchen Fall kein rechtloser Raum. Ist es den Tarifvertragsparteien nicht möglich, das Arbeits- und Wirtschaftsleben zu gestalten, so bleibt hier immer noch die – wenn auch subsidiäre – Zuständigkeit des Gesetzgebers zur Regelung dieser Belange bestehen. Eine Zuständigkeit zur Normsetzung gegenüber Außenseitern ist also auch unter diesem Gesichtspunkt nicht zwingend erforderlich.

Ferner sind Vergleiche mit der staatlichen Gesetzgebung gegenüber Nichtwählern oder mit der Normsetzung für Mitglieder von Zwangskörperschaften für die Beantwortung der Frage nach dem Schutzbereich der negativen Koalitionsfreiheit nicht dienlich. Zwischen der Gesetzgebung durch den Deutschen Bundestag und der Normsetzung durch Zwangsverbände gegenüber ihren Mitgliedern einerseits und der Erstreckung von Tarifnormen auf Außenseiter einer Koalition anderer-

---

[52] Ähnlich, allerdings ohne ausdrückliche Berufung auf die Spiegelbildlichkeit, *Schleusener,* Die Zulässigkeit qualitativer Besetzungsregelungen in Tarifverträgen, S. 74; *Schwarze,* Der Betriebsrat im Dienst der Tarifvertragsparteien, S. 195; *Zöllner,* RdA 1963, 453 (458).

seits bestehen grundlegende Unterschiede. Die Situationen sind nicht vergleichbar. Sowohl im Fall der staatlichen Gesetzgebung als auch im Vergleichsfall der Zwangskörperschaften erfolgt eine Normsetzung nur gegenüber „Mitgliedern". Auch der nicht wählende Bürger bleib „Mitglied" der Körperschaft Staat. Seine Situation ist daher nicht mit der eines Außenseiters, sondern vielmehr mit der eines Koalitionsmitglieds vergleichbar, das lediglich an der innerverbandlichen Willensbildung nicht teilnimmt[53]. Gleiches gilt für die Zwangsverbände. Der Beitritt zum Verband mag vielleicht unfreiwillig erfolgt sein, dies ändert jedoch nichts daran, dass die Normwirkung auch hier an die Mitgliedschaft geknüpft ist. Der Außenseiter einer Koalition ist aber gerade nicht Mitglied derselben geworden, so dass seine Situation mit der eines Zwangsmitglieds nicht vergleichbar ist[54]. Der Beitritt zu einer Koalition steht, auch bei enger Grundrechtsauslegung, gerade unter dem durch Art. 9 Abs. 3 GG garantierten Freiwilligkeitsvorbehalt. Da ein Beitritt zur Koalition eben gerade nicht erzwungen werden kann, spricht ein Vergleich mit den Zwangsverbänden sogar eher für die Annahme eines Schutzes vor der Normsetzung durch die Tarifvertragsparteien.

Die überzeugenderen Argumente sprechen insgesamt dafür, die negative Koalitionsfreiheit weit auszulegen und davon auszugehen, dass Art. 9 Abs. 3 GG über ein Fernbleibe- und Austrittsrecht hinaus auch das Recht beinhaltet, nicht ohne Beitritt zur Koalition deren Normsetzung unterworfen zu sein. Insbesondere sprechen Sinn und Zweck der Koalitionsfreiheit für eine solche Auslegung. Das Fernbleiberecht kann sich seinem Sinn nach nicht darauf beschränken, eine nur formale Vermeidung der Mitgliederstellung zu garantieren. Zwar wird ein Außenseiter dadurch immerhin nicht der Satzungsgewalt des Verbandes unterworfen. Allerdings hat dies in der Praxis hauptsächlich Auswirkungen auf die Verpflichtung zur Zahlung von Mitgliedsbeiträgen. In diesem Fall würde die negative Koalitionsfreiheit daher im Wesentlichen auf die Freiheit zur Entrichtung von Mitgliedsbeiträgen reduziert[55]. Dies kann jedoch nicht der alleinige Gehalt der negativen Koalitionsfreiheit sein. Es kann nicht Sinn der negativen Koalitionsfreiheit sein, den Außenseiter zwar einerseits vor der formalen Mitgliederstellung zu schützen, ihn aber andererseits den wichtigsten Auswirkungen der Mitgliedschaft, nämlich der Tarifgebundenheit zu unterwerfen[56]. Denn immerhin stellt eine Ausdehnung der Tarifnormen auf Außenseiter eine größere Beeinträch-

---

[53] Vgl. *Schleusener,* Die Zulässigkeit qualitativer Besetzungsregelungen in Tarifverträgen, S. 75; *ders.,* ZTR 1998, 100 (102).

[54] *Schleusener,* Die Zulässigkeit qualitativer Besetzungsregelungen in Tarifverträgen, S. 74 f.; *ders.,* ZTR 1998, 100 (102).

[55] *Schlüter,* FS Lukes (1989), S. 559 (570).

[56] Vgl. *Buchner,* Tarifvertragsgesetz und Koalitionsfreiheit, S. 60; *Hanau,* FS Scholz (2007), S. 1035 (1045); *Ingelfinger,* Arbeitsplatzgestaltung durch Betriebsnormen, S. 167; *Schlüter,* FS Lukes (1989), S. 559 (570 f.); *Schüren,* RdA 1988, 138 (139); *Schwarze,* Der Betriebsrat im Dienste der Tarifvertragsparteien, S. 195; *Wagenitz,* Die personellen Grenzen der Tarifmacht, S. 44 f.; *Zöllner,* RdA 1962, 453 (458).

tigung für ihre Entscheidungsfreiheit dar als eine finanzielle Belastung durch eine Erhebung von Solidaritätsbeiträgen. Vielmehr muss die negative Koalitionsfreiheit das Recht gewährleisten, sich der Machtsphäre des Verbandes fernzuhalten. Dies ist aber nur dann gegeben, wenn die Möglichkeit besteht, außerhalb seines Rechtssetzungsbereichs zu verbleiben[57]. Nur durch diese Auslegung gewinnt die negative Koalitionsfreiheit ihren vollen Gehalt[58], denn so wird sie zur Freiheit, sich dem direkten Wirkbereich der Koalition zu entziehen[59].

Für eine extensive Auslegung des Inhalts der negativen Koalitionsfreiheit spricht zudem auch die Gesamtkonzeption des Grundgesetzes. Art. 1 Abs. 1 GG erhebt die menschliche Würde zum obersten aller Verfassungsprinzipien. Diese Vorschrift schützt den Einzelnen jedoch nicht nur im Verhältnis zum Staat, sondern stellt auch im Verhältnis des Individuums zum Kollektiv eine Vermutung zugunsten der Interessen des Individuums auf. Daher verlangt Art. 1 Abs. 1 GG eine Auslegung der Grundrechte, die dem Einzelnen möglichst weitgehende Freiheiten lässt[60]. Der Schutzbereich der Grundrechte ist daher stets so auszulegen, dass dem Einzelnen ein Höchstmaß an Verantwortung verbleibt[61]. Diesen Anforderungen wird aber nur diejenige Auslegung de Art. 9 Abs. 3 GG gerecht, die den Außenseitern grundsätzlich die Freiheit von der Normsetzung der Koalitionen zubilligt.

2. Internationale Reichweite der Koalitionsfreiheit

a) Persönlicher Anwendungsbereich

Bei der Koalitionsfreiheit aus Art. 9 Abs. 3 GG handelt es sich um ein „Jedermann-Grundrecht". Das bedeutet zunächst, dass der Anwendungsbereich In- und Ausländer sowie Staatenlose umfasst[62]. Aus Art. 9 Abs. 3 GG folgt daher das Recht ausländischer Arbeitnehmer, in der Bundesrepublik Deutschland eine Gewerkschaft zu gründen oder einer deutschen Gewerkschaft beizutreten. Auch ausländische Arbeitgeber können sich, jedenfalls soweit es sich bei ihnen um natürliche Personen handelt, auf den Schutz aus Art. 9 Abs. 3 GG berufen.

Von dieser Frage der Reichweite der individuellen Koalitionsfreiheit zu trennen ist die Frage nach der kollektiven Koalitionsfreiheit für ausländische Koali-

---

[57] Vgl. *Zöllner*, RdA 1962, 453 (458).
[58] Vgl. auch *Hanau*, FS Scholz (2007), S. 1035 (1045), der die negative Koalitionsfreiheit bei einer Reduzierung auf ein Fernbleibe- und Austrittsrecht als ein „nudum ius" bezeichnet.
[59] Vgl. *Schüren*, RdA 1988, 138 (139).
[60] Vgl. *Buchner*, Tarifvertragsgesetz und Koalitionsfreiheit, S. 60 f.; *Wagenitz*, Die personellen Grenzen der Tarifmacht, S. 45.
[61] Vgl. *Zöllner*, RdA 1962, 453 (459).
[62] MünchArbR/*Löwisch/Rieble*, § 243 Rn. 40.

tionen. In der Literatur wird vertreten, ein Schutz ausländischer Koalitionen scheide schon deswegen aus, weil sie als ausländische juristische Personen gem. Art. 19 Abs. 3 GG von der Grundrechtsgeltung ausgeschlossen wären[63]. Tatsächlich wird der Grundrechtsschutz gem. Art. 19 Abs. 3 GG grundsätzlich nur auf inländische juristische Personen ausgedehnt, und auch das nur, soweit das jeweilige Grundrecht seinem Wesen nach auf diese anwendbar ist. Der Begriff der juristischen Person ist in diesem Zusammenhang verglichen mit der einfach gesetzlichen Begriffsdefinition weit auszulegen, da die Frage der Grundrechtsträgerschaft andernfalls durch den Gesetzgeber bestimmt werden könnte. Als juristische Personen im Sinne des Art. 19 Abs. 3 GG gelten daher nicht nur juristische Personen des Privatrechts, sondern darüber hinaus auch nichtrechtsfähige Vereinigungen, soweit sie wenigstens teilrechtsfähig oder Zuordnungsobjekt von Rechten und Pflichten sein können[64]. Die in Art. 19 Abs. 3 GG vorgenommene Einschränkung des Grundrechtsschutzes geht aber davon aus, dass das Grundrecht vorrangig ein Abwehrrecht des Individuums gegen den Staat gewährleistet. Art. 19 Abs. 3 GG regelt nun, dass der Grundrechtsschutz, der in der Regel nur natürlichen Personen zusteht, ausnahmsweise auf juristische Personen ausgedehnt werden kann. In diesen Fällen soll die Ausdehnung aber auf inländische juristische Personen beschränkt werden[65].

Etwas anderes muss jedoch für den Fall der kollektiven Koalitionsfreiheit gelten. Hier ist die Natur von Art. 9 Abs. 3 GG als Doppelgrundrecht zu berücksichtigen. Art. 9 Abs. 3 GG schützt gerade nicht nur die Betätigung des Einzelnen, sondern auch die der Koalition[66]. Der Schutz der Koalition ergibt sich also schon aus Art. 9 Abs. 3 GG selbst, ohne dass es des Rückgriffs auf Art. 19 Abs. 3 GG bedürfte. Daher kann die Tatsache, dass Art. 19 Abs. 3 GG nur inländischen juristischen Personen Grundrechtsschutz zubilligt, einer Anwendung von Art. 9 Abs. 3 GG nicht entgegenstehen[67].

b) Räumlicher Anwendungsbereich

Fraglich ist, wie es sich mit dem räumlichen Anwendungsbereich der Grundrechte im Allgemeinen und der durch Art. 9 Abs. 3 GG gewährleisteten Koali-

---

[63] Sachs/*Höfling*, Art. 9 GG Rn. 67; *Humbert*, Staatliche Regelungsbefugnisse, S. 325; *Ossenbühl/Cornils*, Tarifautonomie und staatliche Gesetzgebung, S. 96 ff.; *Preis/Temming*, Die Urlaubs- und Lohnausgleichskasse im Kontext des Gemeinschaftsrechts, S. 196 ff.
[64] *Jarass/Pieroth*, Art. 9 GG Rn. 16; *Preis/Temming*, Die Urlaubs- und Lohnausgleichskasse im Kontext des Gemeinschaftsrechts, S. 196.
[65] Vgl. *Fritzsche*, Die Vereinbarkeit des Arbeitnehmer-Entsendegesetzes sowie der erfassten Tarifverträge mit höherrangigem Recht, S. 262 f.
[66] BVerfG 14.4.1964 BVerfGE 17, 319 (333); 30.11.1965 BVerfGE 19, 303 (312).
[67] von Münch/Kunig/*Löwer*, Art. 9 Rn. 68.

tionsfreiheit im Besonderen verhält. Insoweit ist zunächst festzustellen, dass Verfassungen grundsätzlich darauf gerichtet sind, inländische Rechtsverhältnisse zu regeln. Bei reinen Inlandssachverhalten erweist sich die Eröffnung des räumlichen Schutzbereichs der Grundrechte daher stets als unproblematisch.

Anders stellt sich die Lage allerdings dar, wenn ein Sachverhalt zu beurteilen ist, der eine Auslandsberührung aufweist. Denkbar sind solche Auslandsberührungen in unterschiedlichen Konstellationen. Zum einen kann ein deutsches Rechtsverhältnis einen Bezug zum Ausland aufweisen; umgekehrt können sich Sachverhalte, die nach ausländischem Recht zu beurteilen sind, in der Bundesrepublik Deutschland realisieren.

Ob die an diesen Rechtsverhältnissen Beteiligten sich jeweils auf die Grundrechte berufen können, kann nicht aus dem Grundgesetz selbst beantwortet werden; eine Bestimmung der Reichweite der Verfassung hat der Gesetzgeber nicht vorgenommen. Inwieweit deutsches Verfassungsrecht bei grenzüberschreitenden Sachverhalten Anwendung findet, muss daher durch Auslegung ermittelt werden[68]. Diese unterliegt keinen speziellen, eigens für die Verfassung entwickelten Prinzipien. Auch hat die Rechtsprechung keine für alle Grundrechte geltende Richtschnur entwickelt, die festlegen könnte, wie der erforderliche Grad der Intensität eines Bezugs zur deutschen Verfassung zu ermitteln ist. Vielmehr ist bei der Auslegung das in Frage stehende Grundrecht selbst als Maßstab heranzuziehen. Die Reichweite der jeweiligen Verfassungsnorm ist nach ihrem Wortlaut, sowie ihrem Sinn und Zweck festzulegen[69].

Die nach diesen Kriterien vorgenommene Auslegung kann ergeben, dass bei einem Grundrecht schon eine schwache Inlandsberührung ausreicht, ein anderes Grundrecht für seine Anwendbarkeit auf grenzüberschreitende Sachverhalte dagegen eine intensive Inlandsbeziehung aufweisen muss[70].

Die Grundrechte, die, wie die Koalitionsfreiheit, nicht als Deutschen- sondern als Jedermann-Grundrechte ausgestaltet sind, können damit grundsätzlich für In- und Ausländer im In- und im Ausland gelten, soweit ihre Auslegung dies zulässt. Eine völkerrechtliche Grenze findet die Ausdehnung des räumlichen Geltungsbereichs der Grundrechte lediglich dort, wo ihre Anwendung einen Eingriff in die Hoheitsgewalt eines anderen Staates darstellt[71].

---

[68] BVerfG 4.5.1971 BVerfGE 31, 58 (71); *Birk,* FS Beitzke (1979), S. 831 (836); *Dornbusch,* Vergabefremde Zwecke, S. 178; *Franzen,* DZWir 1996, 89 (97); *Hergenröder,* Der Arbeitskampf mit Auslandsberührung, S. 181; *Plesterninks,* Entsenderegelungen nach nationalem und europäischem Recht, S. 120.
[69] BVerfG 4.5.1971 BVerfGE 31, 58 (77).
[70] *Birk,* FS Beitzke (1979), S. 831 (836).
[71] *Hergenröder,* AR-Blattei SD 1550.15, Rn. 148, *ders.,* Der Arbeitskampf mit Auslandsberührung, S. 180.

B. Vereinbarkeit mit der Koalitionsfreiheit

c) Sachlicher Anwendungsbereich

Art. 9 Abs. 3 GG räumt die Koalitionsfreiheit zur Wahrung und Förderung der „Arbeits- und Wirtschaftsbedingungen" ein. Da Verfassungen vorrangig inländische Rechtsverhältnisse schützen wollen[72] und jedem Staat auch völkerrechtlich nur die Gestaltung seiner eigenen Arbeits- und Wirtschaftsordnung zukommt, konnte der Grundgesetzgeber sich hier nur auf die inländischen, also die deutschen Arbeits- und Wirtschaftsbedingungen beziehen. Der Schutzbereich des Art. 9 Abs. 3 GG wird daher erst dann berührt, wenn der betreffende Sachverhalt einen Bezug zur Arbeits- und Wirtschaftsverfassung der Bundesrepublik Deutschland aufweist.

aa) Bedeutung internationaler Rechtsquellen für die erforderliche Inlandsbeziehung

Teilweise wird vertreten, eine für die Anwendung des Art. 9 Abs. 3 GG auf ausländische Koalitionen hinreichende Inlandsbeziehung sei schon dann gegeben, wenn die Erbringung der Arbeitsleistung im Inland den einzigen Bezugspunkt zur Bundesrepublik Deutschland darstellt. Zur Begründung heißt es, eine andere Beurteilung sei schon deswegen nicht möglich, weil sie die Verpflichtung der Bundesrepublik Deutschland zur Anerkennung ausländischer Koalitionen und deren Tarifautonomie aus zahlreichen internationalen Vorschriften verkenne[73]. Diese Argumentation vermag jedoch nicht zu überzeugen. Richtig ist, dass die Bundesrepublik Deutschland aufgrund von Teil II Art. 6 ESC, Art. 11 und 14 EMRK und den Übereinkommen Nr. 87 und 98 der IAO international verpflichtet ist, die Koalitionsfreiheit zu gewährleisten und ausländischen Koalitionen im Inland Handlungsfähigkeit einzuräumen[74]. Diese Garantie der internationalen Koalitionsfreiheit ist bei der Auslegung des Begriffs der Arbeits- und Wirtschaftsbedingungen in Art. 9 Abs. 3 GG auch durchaus heranzuziehen[75]; sie zwingt aber nicht zu der Schlussfolgerung, jegliches Handeln ausländischer Koalitionen sei von Art. 9 Abs. 3 GG geschützt. Eine Berücksichtigung der internationalen Rechtsquellen bei der Auslegung des Art. 9 Abs. 3 ergibt insoweit, dass die Gestaltung der Arbeits- und Wirtschaftsbedingungen nicht allein durch inländische Koalitionen erfolgen kann[76]. Dagegen entbindet die Garantie der internationalen Koalitionsfreiheit nicht von dem Erfordernis, dass die Betätigung

---

[72] Vgl. *Franzen*, DZWir 1996, 89 (97).
[73] *Dornbusch*, Berücksichtigung vergabefremder Zwecke, S. 180; *Nettekoven*, Erstreckung tariflicher Mindestlöhne, S. 163.
[74] Vgl. *Dornbusch*, Berücksichtigung vergabefremder Zwecke, S. 180; *Nettekoven*, Erstreckung tariflicher Mindestlöhne, S. 163.
[75] Vgl. *Hergenröder*, AR-Blattei SD 1550.15, Rn. 150.
[76] Vgl. *Hergenröder*, AR-Blattei SD 1550.15, Rn. 150.

der Koalitionen, die sich auf den Schutz des Art. 9 Abs. 3 GG berufen wollen, auf die Regelung deutscher Arbeits- und Wirtschaftsbedingungen gerichtet ist. Ausländische Koalitionen können daher die durch Art. 9 Abs. 3 GG als Teil der allgemeinen Koalitionsfreiheit garantierte Tarifautonomie durchaus für sich in Anspruch nehmen, jedoch nur, soweit sie Tarifverträge schließen, die inländische Arbeits- und Wirtschaftsbedingungen zum Gegenstand haben.

bb) Bestimmung der Inlandsbeziehung
nach dem Inhalt der tariflichen Regelung

Ob ein Tarifvertrag inländische Arbeitsbedingungen regelt, kann aber nicht grundsätzlich, sondern nur jeweils nach den Umständen des Einzelfalls mit Blick auf seinen Inhalt beurteilt werden. Auch hier lässt allein die Tatsache, dass die Arbeitsleistung im Gebiet der Bundesrepublik Deutschland erbracht wird, keine Rückschlüsse auf die Eröffnung des Anwendungsbereichs des Art. 9 Abs. 3 GG zu. Denn nicht jeder Tarifvertrag, der im Inland Anwendung findet, regelt auch inländische Arbeits- und Wirtschaftsbedingungen[77]. Vielmehr ist erforderlich, dass der Tarifvertrag seinen Schwerpunkt im Inland hat[78] und nicht lediglich ins Inland einstrahlt.

Für einen ausländischen Arbeitnehmer, der von seinem ausländischen Arbeitgeber vorübergehend nach Deutschland entsandt wird, gelten zunächst nach Internationalem Privatrecht grundsätzlich die Arbeitsbedingungen des Herkunftsstaates[79]. Das gilt auch für die Arbeitsbedingungen, die zwischen einer ausländischen Gewerkschaft und einem ausländischen Arbeitgeberverband für diese Arbeitsverhältnisse ausgehandelt wurden und Inhalt eines Tarifvertrages geworden sind. Im Regelfall ist jedoch davon auszugehen, dass die ausländischen Koalitionen bei dem Abschluss ihrer Tarifverträge die Arbeits- und Wirtschaftsbedingungen ihres Staates im Blick hatten und nur diese angemessen regeln wollten[80]. Der vor diesem Hintergrund abgeschlossene Tarifvertrag berücksichtigt daher in der Regel lediglich die ökonomische und soziale Situation im Ausland[81], so dass insoweit ein Bezug zur Arbeits- und Wirtschaftsverfassung der Bundesrepublik gerade nicht besteht. Ein Schutz der durch ausländische Tarifverträge festgelegten Arbeitsbedingungen läge damit gerade in den Niedriglohnländern auch sicher nicht im Interesse der Gewerkschaften, die für ihre Mitglieder mit Blick auf die Bedingungen des Einsatzortes unter Umständen günstigere Regelungen ausgehandelt hätten.

---

[77] So aber wohl *Rieble,* Arbeitsmarkt und Wettbewerb, Rn. 332.
[78] Vgl. *Birk,* FS für Beitzke (1979), S 831 (836).
[79] Vgl. oben Teil 2 B.
[80] Vgl. *Franzen,* DZWir 1996, 89 (97); *Plesterninks,* Entsenderegelungen nach nationalem und europäischem Recht, S. 124.
[81] Vgl. *Büdenbender,* RdA 2000, 193 (205).

B. Vereinbarkeit mit der Koalitionsfreiheit   91

Andererseits ist die Regelung deutscher Arbeits- und Wirtschaftsbedingungen durch ausländische Koalitionen aber auch in den Entsendefällen nicht von vornherein ausgeschlossen[82]. Auch ist für eine ausreichende Inlandsberührung nicht Voraussetzung, dass zumindest eine der den Tarifvertrag schließenden Parteien ihren Sitz im Inland hat[83]. Denkbar ist ein ausreichender Bezug zur Arbeits- und Wirtschaftsverfassung der Bundesrepublik Deutschland vielmehr schon dann, wenn zwei ausländische Tarifvertragsparteien einen Tarifvertrag schließen, der gerade die Arbeitsbedingungen von nach Deutschland entsandten Arbeitnehmern regelt[84]. Bei derartigen Regelungen ist davon auszugehen, dass die Tarifvertragsparteien gerade die Arbeits- und Wirtschaftsbedingungen des Einsatzortes im Blick haben und diese für ihre Mitglieder angemessen regeln wollen. Der Schwerpunkt dieser Tarifverträge liegt daher im Inland.

Eine von dem oben genannten Regelfall abweichende Beurteilung ist – zumindest theoretisch – auch für den Fall denkbar, dass ein Tarifvertrag zwischen einer deutschen und einer ausländischen Koalition oder zwischen einer deutschen Gewerkschaft und einem ausländischen Arbeitgeber geschlossen wird, der die Arbeitsbedingungen der in die Bundesrepublik entsandten Arbeitnehmer festlegen soll. Doch gilt es insoweit folgendes zu bedenken: In Betracht kommt in der Praxis von vornherein nur die Konstellation, in der ein ausländischer Einzelarbeitgeber oder ein Arbeitgeberverband einen Tarifvertrag mit einer deutschen Gewerkschaft schließt. Der umgekehrte Fall – ein Tarifvertrag zwischen einem deutschen Arbeitgeber bzw. einem deutschen Arbeitgeberverband und einer ausländischen Gewerkschaft – ist dagegen in den Entsendefällen kaum vorstellbar[85]. Denn die zur Auftragsausführung vorübergehend in Deutschland tätig werdenden ausländischen Arbeitnehmer bleiben bei ihrem bisherigen ausländischen Arbeitgeber angestellt, so dass ein Tarifvertrag ihrer ausländischen Gewerkschaft mit einem deutschen Arbeitgeber oder einem deutschen Arbeitgeberverband auf ihre Arbeitsverhältnisse keine Anwendung finden würde.

cc) Zwischenergebnis

Zusammenfassend lässt sich feststellen, dass der Einsatzort des Arbeitnehmers als einziger Bezugspunkt zur Arbeits- und Wirtschaftsverfassung der Bundesrepublik Deutschland nicht ausreichen kann, wenn es um die Beurteilung geht, ob die Tarifautonomie ausländischer Koalitionen durch das Grundgesetz geschützt ist. Vielmehr ist entscheidend, ob die unter Beteiligung einer ausländi-

---

[82] aA *Franzen*, DZWir 1996, 89 (97); *Plesterninks*, Entsenderegelungen nach nationalem und europäischem Recht, S. 124.
[83] *Birk*, FS Beitzke (1979), S. 831 (836).
[84] Insoweit zutreffend *Rieble*, Arbeitsmarkt und Wettbewerb, Rn. 332.
[85] Vgl. *Dornbusch*, Berücksichtigung vergabefremder Zwecke, S. 179.

schen Koalition geschlossenen tariflichen Vereinbarungen mit Blick auf die wirtschaftlichen und sozialen Bedingungen am Einsatzort abgeschlossen worden sind. Ist dies der Fall, können auch ausländische Tarifverträge dem Schutz des Art. 9 Abs. 3 GG unterfallen. Das Argument, eine hinreichende Binnenbeziehung bei jedem Arbeitseinsatz im Inland müsse schon deshalb bejaht werden, weil andernfalls unzulässigerweise das anwendbare Vertragsrecht und damit Kollisionsrecht über die Anwendbarkeit von Art. 9 Abs. 3 GG entscheide[86], kann also entkräftet werden.

3. Schranken

Nicht nur die Bestimmung des Schutzbereichs des Art. 9 GG bereitet Schwierigkeiten und enthält, wie gesehen, unterschiedliche Problemfelder. Fraglich ist darüber hinaus auch, unter welchen Voraussetzungen der Schutzbereich durch staatliche Maßnahmen eingeschränkt werden darf.

*a) Differenzierung zwischen Eingriff und Ausgestaltung
nach der konventionellen Grundrechtsdogmatik*

Grundsätzlich ist der Gesetzgeber unter bestimmten Voraussetzungen befugt, Regelungen zu schaffen, die Beschränkungen des Grundrechtsträgers hinsichtlich der Ausübung seiner Rechte bewirken. Jedoch unterliegen nach der allgemeinen Grundrechtsdogmatik nicht alle gesetzlichen Regelungen den gleichen Anforderungen. Vielmehr wird hier in der Regel zwischen Ausgestaltungs- und Eingriffsgesetzgebung unterschieden.

Der Schutzbereich einer Reihe von Grundrechten erschöpft sich nicht darin, lediglich ein Abwehrrecht der Grundrechtsträger gegen staatliche Eingriffe zu gewährleisten. Vielmehr bedürfen einige Grundrechte, damit das, was sie sicherstellen sollen, seine volle Tragweite erlangt, der Ausgestaltung durch den Gesetzgeber oder, soweit dieser untätig bleibt, gegebenenfalls durch die Rechtsprechung. Soweit gesetzliche Regelungen erforderlich sind, um den Grundrechtsträgern eine Ausübung des Grundrechts überhaupt erst in vollem Umfang zu ermöglichen, verpflichtet die Verfassung den Gesetzgeber, entsprechende Ausgestaltungsregelungen zu schaffen[87]. Sie geben dem Grundrecht seine Kontur und bestimmen seinen Inhalt. Die Ausgestaltungsgesetze konkretisieren daher den Schutzbereich des Grundrechts. Sie gehören dagegen systematisch nicht zu den Grundrechtsschranken, selbst wenn sie im Einzelfall einzelne Grundrechtsträger beschränken. Ausgestaltende Regelungen, denen auch eine belastende Wirkung zukommt, sind jedoch nicht grenzenlos zulässig. Der Gesetzgeber hat bei ihrem

---

[86] *Nettekoven,* Erstreckung tariflicher Mindestlöhne, S. 162.
[87] *Jarass/Pieroth,* Vorb. vor Art. 1 GG Rn. 13, 34.

Erlass jedenfalls den Grundsatz der Verhältnismäßigkeit zu beachten. Soweit ein Gesetz diesen Anforderungen nicht genügt, handelt es sich um eine verfassungswidrige Ausgestaltung.

Von den ausgestaltenden Gesetzen sind die Eingriffsgesetze zu unterscheiden. Im Gegensatz zu den Ausgestaltungsgesetzen bewirken sie keine Konkretisierung sondern eine Verkürzung des Schutzbereichs und unterliegen ungleich strengeren Anforderungen im Hinblick auf ihre Vereinbarkeit mit dem Grundgesetz. Grundsätzlich gilt, dass in den Schutzbereich von Grundrechten nur durch Verfassungsnormen oder auf der Grundlage von Verfassungsnormen eingegriffen werden darf. Eine Reihe von Grundrechten enthält einen geschriebenen Regelungsvorbehalt in Form eines einfachen oder qualifizierten Gesetzesvorbehalts. Grundrechte, die über einen solchen geschriebenen Gesetzesvorbehalt nicht verfügen und damit dem Wortlaut nach schrankenlos gewährt werden, können jedoch nach einhelliger Auffassung in Rechtsprechung und Literatur ebenfalls beschränkt werden. Die Vorschriften des Grundgesetzes sind systematisch so miteinander verbunden, dass vorbehaltslose Grundrechte ihre Schranke in kollidierenden Grundrechten Dritter oder in anderen mit Verfassungsrang ausgestatteten Rechtswerten finden. Grundrechte ohne geschriebenen Gesetzesvorbehalt unterliegen also verfassungsimmanenten Schranken[88]. Welche Hürden der Gesetzgeber bei Eingriffen in ein Grundrecht zu beachten hat, ergibt sich demnach aus dem jeweiligen Grundrecht und ist für jedes Grundrecht gesondert zu bestimmen.

b) Differenzierung zwischen Eingriff und Ausgestaltung im Rahmen von Art. 9 Abs. 3 GG

Die individuelle Koalitionsfreiheit bedarf keiner Ausgestaltung durch den Gesetzgeber. Eine Unterscheidung zwischen eingreifender und ausgestaltender Gesetzgebung muss folglich in diesem Bereich nicht vorgenommen werden. Was die Anforderungen an Eingriffe in die individuelle Koalitionsfreiheit angeht, so ist insoweit festzustellen, dass Art. 9 Abs. 3 GG keinen geschriebenen Gesetzesvorbehalt enthält. Demnach ist ein Eingriff in den Schutzbereich nach den allgemeinen Grundsätzen nur aufgrund kollidierenden Verfassungsrechts möglich. Dies entspricht auch der allgemeinen Auffassung[89].

Ein anderes Bild ergibt sich bei Betrachtung der kollektiven Koalitionsfreiheit. Dieser Bereich des Grundrechts bedarf durchaus der Ausgestaltung durch den Gesetzgeber[90]; dies gilt namentlich für die durch Art. 9 Abs. 3 GG garantierte

---

[88] *Pieroth/Schlink,* Grundrechte, Rn. 260.
[89] BVerG 10.1.1995 BVerfGE 94, 268 (284); Sachs/*Höfling,* Art. 9 GG Rn. 128; *Jarass/Pieroth,* Art. 9 GG Rn. 49.
[90] Vgl. nur BVerfG 18.12.1974 BVerfGE 38, 295 (306); 1.3.1979 BVerfGE 50, 290 (368); Dreier/*Bauer,* Art. 9 GG Rn. 91; *Jarass/Pieroth,* Art. 9 GG Rn. 46.

Betätigungsfreiheit der Koalitionen, insbesondere für die Tarifautonomie[91]. So ist der Gesetzgeber unter anderem verpflichtet, ein funktionsfähiges Tarifsystem zur Verfügung zu stellen[92]. Gerade im Bereich der Koalitionsbetätigung erfordert eine Ausgestaltung regelmäßig einen Ausgleich zwischen unterschiedlich gelagerten, häufig sogar gegensätzlichen Interessen, so dass es dabei häufig zu Einschränkungen von Rechtspositionen einer Partei kommen muss, um der anderen Partei eine Entfaltung ihrer Rechte zu ermöglichen. Schon bei Betrachtung dieser Konstellation wird deutlich, dass eine Abgrenzung zwischen Ausgestaltung und Eingriff im Einzelfall Schwierigkeiten aufwerfen kann.

aa) Differenzierung zwischen Eingriff und Ausgestaltung durch die Rechtsprechung

Dass die Einordnung der Maßnahmen des Gesetzgebers als Ausgestaltung bzw. Eingriff nicht immer auf der Hand liegt, sondern im Gegenteil häufig Schwierigkeiten bereitet, lässt sich sehr gut an der Rechtsprechung des Bundesverfassungsgerichts ablesen. Die Rechtsprechung differenziert zumindest begrifflich zwischen Eingriff und Ausgestaltung. Allerdings ist es dem Gericht bis heute nicht gelungen, eine klare Linie für die Abgrenzung dahingehend, wann eine Ausgestaltung der Koalitionsfreiheit und wann ein Eingriff vorliegen soll, zu entwickeln. Vielmehr werden beide Begriffe auch häufig nebeneinander verwendet, was zu Unklarheiten führt[93]. In der Tendenz ist allerdings zu erkennen, dass die Rechtsprechung mit einer Qualifizierung gesetzgeberischer Maßnahmen als Ausgestaltungsgesetz eher großzügig umgeht.

bb) Kein Verzicht auf eine Differenzierung

Angesichts dieser Schwierigkeiten, die sich im Einzelfall bei der Frage ergeben, ob es sich bei einer Maßnahme des Gesetzgebers, die den Schutzbereich des Art. 9 Abs. 3 GG berührt, lediglich um eine ausgestaltende Regelung handelt, oder ob ein Eingriff vorliegt, schlägt ein Teil der Literatur vor, auf eine Abgrenzung bei der Beurteilung der Verfassungsmäßigkeit der Regelung gänzlich zu verzichten und statt dessen einen einheitlichen Maßstab heranzuziehen[94]. Eine einheitliche Schrankendogmatik setzt aber voraus, dass Maßnahmen des Gesetzgebers unabhängig davon, ob sie ausgestaltenden oder eingreifenden Charakter haben, immer denselben Voraussetzungen unterliegen.

---

[91] *Kemper,* Die Bestimmung des Schutzbereichs der Koalitionsfreiheit, S. 82 ff.
[92] BVerfG 18.11.1954 BVerfGE 4, 96 (106).
[93] Vgl. dazu ausführlich und mit einzelnen Nachweisen aus der Rechtsprechung des Bundesverfassungsgerichts *Ossenbühl/Cornils,* Tarifautonomie und staatliche Gesetzgebung, S. 46 ff.
[94] *Bieback,* AuR 2000, 201 (202); *Henssler,* ZfA 1998, 1 (11).

Was die Ausgestaltungsgesetze angeht, so besteht Einigkeit darüber, dass sie lediglich am Maßstab der Verhältnismäßigkeit zu überprüfen sind. Hinsichtlich der Eingriffsmöglichkeiten in die im Rahmen der kollektiven Koalitionsfreiheit gewährleisteten Betätigungsgarantie ist dagegen umstritten, welche Anforderungen die Verfassung an ein Eingriffsgesetz stellt. Während einerseits davon ausgegangen wird, ein Eingriff in die Koalitionsbetätigungsfreiheit sei, wie im Bereich der Koalitionsbildungsfreiheit, nur aufgrund kollidierenden Verfassungsrechts möglich, wird von anderer Seite angenommen, eine Einschränkung des Schutzbereichs sei hier auch unterhalb dieser Schwelle zum Schutz von Rechtsgütern Dritter oder aus Gemeinwohlerwägungen zulässig. Folgt man der ersten Ansicht, scheidet eine einheitliche Schrankendogmatik für Ausgestaltungs- und Eingriffsgesetze von vornherein aus, da damit an ein Eingriffsgesetz ungleich strengere Anforderungen geknüpft werden als an eine ausgestaltende Norm. Lässt man dagegen einen Eingriff auch zum Schutz sonstiger Rechtsgüter zu, erscheint eine einheitliche Behandlung von Eingriff und Ausgestaltung durchaus möglich.

Mit Blick auf den Meinungsstand in Literatur kommt eine einheitliche Behandlung jedenfalls in Betracht. Denn in der Literatur wird vertreten, eine Einschränkung der kollektiven Koalitionsfreiheit sei auch unterhalb der Schwelle kollidierenden Verfassungsrechts zum Schutz sonstiger Rechtsgüter möglich. Der Wortlaut von Art. 9 Abs. 3 GG, der keinen geschriebenen Gesetzesvorbehalt enthält, könne insoweit nicht ausschlaggebend sein, denn das Fehlen eines geschriebenen Gesetzesvorbehalts beruhe jedenfalls nicht auf einer bewussten Entscheidung des Verfassungsgesetzgebers. Dieser habe bei der Schaffung der Norm an einen umfassenden Schutz der Betätigung der Koalitionen nicht gedacht. Wie aus dem Wortlaut der Norm ersichtlich sei, habe der Gesetzgeber lediglich die Koalitionsbildungsfreiheit im Blick gehabt; die Koalitionsbetätigungsfreiheit sei dagegen erst durch die rechtsfortbildende Rechtsprechung des Bundesverfassungsgerichts entwickelt worden und daher nicht vom Willen des Gesetzgebers hinsichtlich einer vorbehaltslosen Gewährleistung erfasst[95].

Darüber hinaus wird für eine erweiterte Einschränkungsmöglichkeit angeführt, dass für einen umfassenden Regelungsvorbehalt gerade für die Garantie der Koalitionsbetätigung und insbesondere der Tarifautonomie eine sachliche Notwendigkeit bestehe. Bei der Wahrnehmung der damit verbundenen Rechte bestehe ein verglichen mit der Koalitionsbildungsgarantie ungleich größeres Konfliktpotential zwischen den Interessen der Koalition einerseits und denen Dritter und der Allgemeinheit andererseits. Der Gesetzgeber bedürfe hier einer umfassenden Regelungsbefugnis, um den Ausgleich kollidierender Rechtspositionen Dritter

---

[95] *Butzer,* RdA 1994, 375 (381); *Henssler,* ZfA 1998, 1 (4 f.); *Lieb,* Arbeitsrecht, Rn. 450; *Ossenbühl/Cornils,* Tarifautonomie und staatliche Gesetzgebung, S. 52 f.; *Thüsing,* in: 50 Jahre Bundesarbeitsgericht (2004), S. 889 (892); *Wank,* Anm. zu BVerfG 10.1.1995, AP GG Art. 9 Nr. 76 Bl. 12 R.

oder die Durchsetzung von Gemeinwohlgütern gewährleisten zu können. Das Erfordernis einer derartigen Regelungsmacht sei weitgehend anerkannt und könne als aus einem ungeschriebenen Regelungsvorbehalt abgeleitet begriffen werden[96].

Das Bundesverfassungsgericht unterscheidet jedoch – wie oben festgestellt – bei der Beurteilung von Regelungen, die den Schutzbereich der kollektiven Koalitionsfreiheit berühren, in seiner Rechtsprechung begrifflich zwischen Eingriffen in das Grundrecht und seiner Ausgestaltung. Die Tatsache, dass das Bundesverfassungsgericht eine derartige Differenzierung vornimmt, legt die Vermutung nah, dass es davon ausgeht, dass Ausgestaltungs- und Eingriffsgesetze grundsätzlich unterschiedlichen Voraussetzungen unterliegen; andernfalls könnte auf eine Zuordnung zu der einen oder anderen Gruppe verzichtet werden.

Auch geht das Bundesverfassungsgericht in Übereinstimmung mit dem Wortlaut des Grundgesetzes von einer vorbehaltlosen Gewährung des Grundrechts aus[97]. Daraus zieht das Gericht aber nicht eindeutig den Schluss, dass Eingriffe lediglich aufgrund von Grundrechten Dritter oder auf der Grundlage anderer mit Verfassungsrang ausgestatteter Rechte möglich sind, sondern lässt die Frage in seiner Rechtsprechung ausdrücklich offen[98].

Diese Rechtsprechung des Bundesverfassungsgerichts trägt zur Lösung des Problems damit nicht bei. Einerseits von einer vorbehaltlosen Gewährung der Koalitionsfreiheit auszugehen, gleichzeitig aber die Möglichkeit eines Eingriffs zum Schutz von Rechtsgütern ohne Verfassungsrang nicht auszuschließen, ist mit der Grundrechtsdogmatik nicht vereinbar und kann schon deswegen nicht überzeugen. Vor dem Hintergrund eines fehlenden geschriebenen Gesetzesvorbehalts in Art. 9 Abs. 3 GG ist eine Befugnis zu einem Eingriff zum Schutz von Rechtsgütern ohne Verfassungsrang zumindest erheblichen Bedenken ausgesetzt[99]. Selbst wenn man unterstellt, der Verfassungsgesetzgeber hätte bei der Schaffung

---

[96] *Ossenbühl/Cornils,* Tarifautonomie und staatliche Gesetzgebung, S. 53; für einen ungeschriebenen Regelungsvorbehalt vgl. auch *Lieb,* Arbeitsrecht, Rn. 450; *Wank,* Anm. zu BVerfG 10.1.1995, AP GG Art. 9 Nr. 76 Bl. 13.

[97] BVerfG 26.6.1991 BVerfGE 84, 212 (228).

[98] Vgl. BVerfG 24.4.1996 BVerfGE 94, 268 (284): „Eine gesetzliche Regelung in dem Bereich, der auch Tarifverträgen offensteht, kommt jedenfalls dann in Betracht, wenn der Gesetzgeber sich dabei auf Grundrechte Dritter oder andere mit Verfassungsrang ausgestattete Rechte stützen kann ... und den Grundsatz der Verhältnismäßigkeit wahrt. Ob der Gesetzgeber weitergehende Regelungsbefugnisse zum Schutz sonstiger Rechtsgüter hat, braucht nicht entschieden zu werden."

[99] Für eine Beschränkung allein aufgrund kollidierenden Verfassungsrechts zum Beispiel *Höfling,* FS Friauf (1996), S. 377 (387); *Jacobs,* Tarifeinheit und Tarifkonkurrenz, S. 431; *Müller/Thüsing,* Anm. zu BVerfG 24.4.1996, EzA GG Art. 9 Nr. 61, S. 19 f.; *Pieroth,* FS Bundesverfassungsgericht, Bd. 2 (2001), S. 293 (307); *Pieroth/Schlink,* Grundrechte, Rn. 758; *Thüsing,* Anm. zu BVerfG 17.10.1995, GG Art. 9 Nr. 60, S. 14; *Thüsing/Zacharias,* Anm. zu BVerfG 3.4.2001, EzA GG Art. 9 Nr. 75, S. 15.

der Norm lediglich die Koalitionsbildungsfreiheit im Blick gehabt, lassen sich daraus noch keine Erkenntnisse ableiten, wie ein Gesetzesvorbehalt für die Betätigungsfreiheit nach dem Willen des Gesetzgebers ausgesehen hätte. Jedenfalls erscheint es sehr weitgehend, zu unterstellen, der Verfassungsgesetzgeber hätte die Betätigungsfreiheit unter einen ganz allgemeinen Gesetzesvorbehalt gestellt. Gegen eine Eingriffsmöglichkeit unterhalb der Schwelle kollidierenden Verfassungsrechts spricht auch die elementare Bedeutung der Betätigungsfreiheit im Rahmen der kollektiven Koalitionsfreiheit. Schließlich ist die Betätigungsfreiheit, obwohl sie sich nicht unmittelbar aus dem Wortlaut von Art. 9 Abs. 3 GG ergibt, deswegen allgemein anerkannt, weil die Koalitionsbildungsfreiheit andernfalls entwertet würde. Mit dieser Wertung wäre es schwerlich zu vereinbaren, Eingriffe in die Koalitionsbetätigungsfreiheit unter erleichterten Bedingungen zuzulassen[100]. Auch das Argument, die sachliche Notwendigkeit gebiete es, von einem ungeschriebenen Eingriffsvorbehalt auszugehen, vermag nicht zu überzeugen. Dass im Rahmen der Koalitionsbetätigungsfreiheit ein Tätigwerden des Gesetzgebers erforderlich ist, steht außer Frage; erst dadurch wird eine Ausübung des Grundrechts möglich. Darüber hinaus wurde bereits festgestellt, dass bei der Ausgestaltung des Grundrechts schützenswerte Rechtspositionen Dritter oder Gemeinwohlinteressen vom Gesetzgeber berücksichtigt werden können, auch wenn ihnen kein Verfassungsrang zukommt, solange die ausgestaltende Regelung der Verhältnismäßigkeitsprüfung standhält. Der Konstruktion eines ungeschriebenen Eingriffsvorbehalts bedarf es hierfür nicht. Über den Bereich der ausgestaltenden Gesetzgebung hinaus ist ein Tätigwerden des Gesetzgebers außerhalb der verfassungsimmanenten Schranken jedoch nicht erforderlich. Dies gilt umso mehr, als sich die erforderlichen Eingriffe in der Regel auf ein verfassungsrechtlich geschütztes Rechtsgut zurückführen lassen[101]. Vieles spricht daher dafür, gesetzliche Regelungen, die nicht eine Ausgestaltung des Schutzbereichs, sondern einen Eingriff in die Koalitionsbetätigungsfreiheit darstellen – im Einklang mit dem Wortlaut des Art 9 Abs. 3 GG und einer konventionellen Grundrechtsdogmatik und wegen der besonderen Bedeutung der Betätigungsfreiheit – nur aufgrund von Rechtsgütern mit Verfassungsrang zuzulassen.

In der Konsequenz ist damit auch das Modell einer einheitlichen Schrankendogmatik abzulehnen. Eingriffs- und Ausgestaltungsgesetze unterliegen nicht denselben Voraussetzungen und können somit nicht an einem einheitlichen Maßstab gemessen werden.

---

[100] Ebenso *Kreiling,* Die Erstreckung betrieblicher und betriebsverfassungsrechtlicher Normen auf Außenseiter, S. 84.
[101] So konnte das Bundesverfassungsgericht die Frage bisher deshalb offen lassen, weil sich das Regelungsziel in allen zu entscheidenden Fällen auf verfassungsrechtlich geschützte Güter zurückführen ließ. Vgl. dazu auch *Henssler,* ZfA 1998, 1 (28); MünchArbR/*Löwisch/Rieble,* § 244 Rn. 40; *Ossenbühl/Cornils,* Tarifautonomie und staatliche Gesetzgebung, S. 57 f.

c) Abgrenzung zwischen Eingriff und Ausgestaltung

Hält man aber wegen der unterschiedlichen Anforderungen an den Gesetzgeber an einer Unterscheidung zwischen Eingriff und Ausgestaltung fest, so bedarf es einer Auseinandersetzung mit der Abgrenzungsproblematik. Insbesondere müssen Kriterien herausgearbeitet werden, anhand derer eine Abgrenzung möglich ist. Dazu werden in der Literatur unterschiedliche Vorschläge gemacht. So soll nach einer Ansicht die Grenze, jenseits derer eine gesetzliche Regelung den Schutzbereich nicht mehr ausgestaltet, sondern in ihn eingreift mit Hilfe der Geschichte bestimmt werden. Demnach sollen Regelungen, die mit der Tradition brechen, grundsätzlich keine Ausgestaltung mehr sein, sondern einen Eingriff darstellen[102]. Andere nehmen die Abgrenzung danach vor, ob der Gesetzgeber eher Rahmenbedingungen oder Einzelfragen regelt. Bei der Regelung von Grund- und Rahmenbedingungen handele es sich um Ausgestaltungs-, bei der Gestaltung konkreter inhaltlicher Einzelfragen der Koalitionsbetätigung um Eingriffsregelungen[103]. Ein ganz anderer Ansatz geht davon aus, für die Abgrenzung sei die Intensität des „Eingriffs" maßgeblich. Insbesondere wird angeführt, zwischen Eingriff und Ausgestaltung bestehe kein „struktureller", sondern lediglich ein „gradueller" Unterschied[104]. Danach soll es sich bei Regelungen, die den Schutzbereich unberührt lassen, ihn modifizieren oder unerheblich beeinträchtigen, um Ausgestaltungen handeln. Eingriffe sollen dagegen erst bei nicht nur unerheblichen Beeinträchtigungen vorliegen. Die letztgenannte Ansicht kann keinesfalls überzeugen, denn sie betrachtet die Ausgestaltung allein unter dem Gesichtspunkt einer Belastung. Die eigentliche Funktion der Ausgestaltung tritt bei dieser Betrachtungsweise in den Hintergrund. Ausgestaltungsregelungen sollen Betätigungsmöglichkeiten für den Grundrechtsträger eröffnen. Sie zielen nicht auf die Verwehrung grundrechtlich geschützten Verhaltens ab, sondern ihnen geht es vorrangig darum, Verhaltensmöglichkeiten bereitzustellen[105]. Berücksichtigt man diese unterschiedliche Zielsetzung von Ausgestaltung und Eingriff, so erscheint es am überzeugendsten, die Angrenzung zwischen Eingriff und Ausgestaltung mit Blick auf die Intention des Gesetzgebers vorzunehmen[106]. Wollte der Gesetzgeber durch die zu beurteilende Regelung der Betätigungsfreiheit der Koalition zur Durchsetzung verhelfen, so ist von einer Ausgestaltung von

---

[102] *Pieroth/Schlink,* Grundrechte, Rn. 213.

[103] *Wank,* Anm. zu BVerfG 14.11.1995, AP GG Art. 9 Nr. 76; ähnlich *Butzer,* RdA 1994, 375 (380); *Wiedemann,* FS Stahlhacke (1995), S. 675 (680).

[104] *Schwarzer,* JuS 1994, 653 (658).

[105] Vgl. *Butzer,* RdA 1994, 375 (378); *Dieterich,* RdA 2002, 1 (11); *Friese,* Kollektive Koalitionsfreiheit und Betriebsverfassung, S. 227 f.; *Pieroth,* FS Bundesverfassungsgericht, Bd. 2 (2001), S. 293 (306); *Pieroth/Schlink,* Grundrechte, Rn. 209.

[106] Für eine Abgrenzung nach der Intention des Gesetzgebers vgl. auch *Dieterich,* RdA 2002, 1 (11 f.); *Jacobs,* Tarifeinheit und Tarifkonkurrenz, S. 433; *Thüsing,* Anm. zu BVerfG 17.10.1995, EzA GG Art. 9 Nr. 60, S. 15.

Art. 9 Abs. 3 GG auszugehen; bestand seine Zielsetzung bei Schaffung der Regelung jedoch in einer Beschränkung des Grundrechtsschutzes zugunsten von Rechtsgütern Dritter, so handelt es sich um einen zu rechtfertigenden Eingriff in den Schutzbereich von Art. 9 Abs. 3 GG. Eine Abgrenzung nach diesem Kriterium hat gegenüber anderen Möglichkeiten zudem den Vorteil, dass sie noch am ehesten praktikabel ist. Auch hier kann es jedoch zu Abgrenzungsschwierigkeiten kommen. Diese sind dann dahingehend zu lösen, dass im Zweifelsfall von einem Eingriff auszugehen ist. Denn bei einem zu großzügigen Umgang bei der Einordnung staatlicher Maßnahmen als Ausgestaltungsregelungen besteht die Gefahr, dass die Anforderungen der Grundrechtsschranken umgangen werden.

d) Zusammenfassung

Was die durch Art. 9 Abs. 3 GG garantierte individuelle Koalitionsfreiheit anbelangt, so unterliegt diese als Grundrecht ohne geschriebenen Gesetzesvorbehalt nach allgemeiner Auffassung lediglich verfassungsimmanenten Schranken und kann daher nur zum Schutz anderer Rechtsgüter mit Verfassungsrang beschränkt werden.

Im Rahmen der kollektiven Koalitionsfreiheit ist nach hier vertretener Ansicht zwischen Eingriff und Ausgestaltung zu unterscheiden. Während Eingriffe in die kollektive Koalitionsfreiheit ebenfalls nur aufgrund kollidierenden Verfassungsrechts möglich sind, müssen ausgestaltende Gesetze lediglich einer Verhältnismäßigkeitsprüfung standhalten. Dabei ist für die Abgrenzung maßgeblich darauf abzustellen, welches Ziel der Gesetzgeber mit der Regelung verfolgt. In Zweifelsfällen ist von einem Eingriff auszugehen.

4. Schranken-Schranken

Eine gesetzliche Regelung, die in den Schutzbereich eines Grundrechts eingreift, muss jedoch nicht nur den Anforderungen der Grundrechtsschranken genügen. Darüber hinaus sind vom Gesetzgeber die sogenannten Schranken-Schranken zu beachten, die sicherstellen sollen, dass ein gerechter und schonender Ausgleich der Interessen sämtlicher Grundrechte und Grundrechtsträger hergestellt wird. Im Rahmen der Koalitionsfreiheit ist zunächst die spezielle Grundrechtsschranke des Art. 9 Abs. 3 S. 2 GG zu beachten. Diese Vorschrift, die besagt, dass sich Notstandsmaßnahmen nicht gegen Arbeitskämpfe richten dürfen[107], ist für die hier untersuchte Fragestellung ohne Bedeutung. Darüber hinaus muss der Gesetzgeber, wenn er Eingriffe in Grundrechte vornimmt, die allgemeinen Grundrechtsschranken beachten. Insbesondere müssen die von ihm getroffenen Regelungen sich an dem aus dem Rechtsstaatsprinzip abgeleiteten Verhält-

---

[107] *Pieroth/Schlink*, Grundrechte, Rn. 760.

nismäßigkeitsgrundsatz (Übermaßverbot) messen lassen[108]. Der Grundsatz der Verhältnismäßigkeit verlangt, dass der Staat mit dem von ihm eingesetzten Mittel einen zulässigen Zweck verfolgt und dass der Einsatz des Mittels zur Erreichung des Zwecks geeignet und erforderlich ist[109]. Darüber hinaus muss die Beeinträchtigung, die der Eingriff für den Grundrechtsträger bedeutet, zu dem verfolgten Zweck in einem abgewogenen Verhältnis stehen[110]; der Eingriff muss angemessen sein (Verhältnismäßigkeit im engeren Sinn).

Im Rahmen der Koalitionsbetätigungsfreiheit nimmt das Bundesverfassungsgericht die Verhältnismäßigkeitsprüfung anhand eines flexiblen Stufenmodells vor. Das Modell geht davon aus, dass der Grundrechtsschutz nicht für alle koalitionsmäßigen Betätigungen gleich stark ausgeprägt ist. Die Wirkkraft des Grundrechts nehme vielmehr in dem Maß zu, in dem eine Materie aus Sachgründen am besten von den Tarifvertragsparteien geregelt werden könnte, weil sie nach der Vorstellung des Verfassungsgebers die gegenseitigen Interessen besser zum Ausgleich bringen könnten als der Staat[111]. Die Gewichtung bei der Abwägung hängt demnach vom Gegenstand der gesetzlichen Regelung ab. Je größer sich die Nähe der Materie zu einem Bereich darstellt, der nach der Vorstellung des Verfassungsgebers am besten von den Tarifvertragsparteien geregelt werden kann, desto schwerer müssen die Gründe für eine gesetzliche Regelung wiegen. Als ein solcher Bereich wird allgemein das Gebiet der Gestaltung von Löhnen und anderen materiellen Arbeitsbedingungen angesehen. Darüber hinaus soll der Umfang, in dem die Tarifvertragsparteien in der Praxis von ihrer Regelungsbefugnis Gebrauch machen, einen Anhaltspunkt für den Stellenwert der Materie im Rahmen der Koalitionsbetätigung geben[112]. Die Tarifautonomie genießt im Bereich bestehender tariflicher Regelungen einen größeren Schutz als in Bereichen, die die Koalitionen ungeregelt gelassen haben.

II. Koalitionsfreiheit und Tariftreuegesetze

1. Eingriff in den Schutzbereich der Koalitionsfreiheit

Ein Eingriff in den Schutzbereich der Koalitionsfreiheit kommt unter verschiedenen Gesichtspunkten in Betracht. Sowohl die positive individuelle als auch die kollektive Koalitionsfreiheit können durch die Tariftreuegesetze beeinträchtigt sein. Die Hauptdiskussion rankt sich jedoch um die Problematik eines Eingriffs in die negative Koalitionsfreiheit. Wenn im Folgenden untersucht wird, ob ein

---

[108] Jarass/Pieroth, Art. 20 GG Rn. 84–86; *Pieroth/Schlink,* Grundrechte, Rn. 279; *Sachs,* Art. 20 GG Rn. 146.
[109] *Pieroth/Schlink,* Grundrechte, Rn. 279.
[110] *Pieroth/Schlink,* Grundrechte, Rn. 289.
[111] BVerfG 24.4.1996 BVerfGE 94, 268 (284 f.).
[112] BVerfG 24.4.1996 BVerfGE 94, 268 (284 f.).

Eingriff in den Schutzbereich der Koalitionsfreiheit vorliegt, ist immer daran zu denken, dass der Schutz sich nicht auf deutsche Grundrechtsträger beschränkt. So ist bereits festgestellt worden, dass die individuelle Koalitionsfreiheit als „Jedermann-Grundrecht" unumstritten den Schutz in- und ausländische Arbeitgeber und Arbeitnehmer umfasst. Ausländische Koalitionen können sich indes nur auf die kollektive Koalitionsfreiheit berufen, wenn die von ihnen abgeschlossenen Tarifverträge einen hinreichenden Inlandsbezug aufweisen. Dies ist der Fall, wenn sie inländische Arbeitsbedingungen regeln[113].

a) Eingriff in die negative Koalitionsfreiheit

Im Mittelpunkt der Diskussion um die Vereinbarkeit der Tariftreuegesetze mit dem nationalen Verfassungsrecht stehen ohne Zweifel die Fragen, die sich im Kontext mit der negativen Koalitionsfreiheit stellen. Die sehr unterschiedlichen Bewertungen der Tariftreuegesetze in diesem Zusammenhang gehen vor allem auf die dargestellten Meinungsverschiedenheiten hinsichtlich des Umfangs des Schutzbereichs zurück.

aa) Eingriff in das Fernbleibe- und Austrittsrecht

Geht man mit der Rechtsprechung und einem großen Teil der Literatur davon aus, die negative Koalitionsfreiheit gewährleiste lediglich ein Austritts- und Fernbleiberecht, so ist an dieser Stelle lediglich zu prüfen, ob durch die Tariftreuegesetze ein nicht hinnehmbarer Beitrittsdruck geschaffen wird.

Im Rahmen der Prüfung des Verstoßes gegen das durch Art. 9 Abs. 3 GG gewährleistete Fernbleibe- und Austrittsrecht ist zunächst festzustellen, dass tarifungebundene Unternehmen nicht generell von der Auftragsvergabe ausgeschlossen, und Arbeitgeber auch nicht zum Beitritt in den Verband, der den Tariftreuetarifvertrag abgeschlossen hat, gezwungen werden. Denkbar wäre daher bei dieser Auslegung des Schutzbereichs allenfalls eine Verletzung der negativen Koalitionsfreiheit durch die Erzeugung eines mittelbaren Beitrittsdrucks. Dieser kann dadurch entstehen, dass Anreize geschaffen werden, der Koalition beizutreten. Auch das Bundesverfassungsgericht geht davon aus, dass eine Verletzung der negativen Koalitionsfreiheit auf diese Weise prinzipiell möglich ist; erforderlich sei jedoch insoweit, dass der Beitrittsdruck eine gewisse Erheblichkeitsstufe erreicht[114].

Bei dieser Auslegung der negativen Koalitionsfreiheit kommt es demnach maßgeblich darauf an, ob die Tariftreuegesetze auf Nichtorganisierte einen solchen erheblichen Beitrittsdruck erzeugen. Das Kammergericht Berlin, das sich

---

[113] Vgl. ausführlich oben Teil 3 B. I. 2.
[114] BVerfG 15.7.1980 BVerfGE 55, 7 (21 f.); 14.6.1983 BVerfGE 64, 208 (213).

mit der Frage der Rechtmäßigkeit von Tariftreueerklärungen in der Verwaltungspraxis des Landes Berlin vor Erlass des Landesvergabegesetzes beschäftigte, hielt im Fall der Verpflichtung zur Abgabe einer Tariftreueerklärung einen solchen erheblichen Beitrittsdruck für gegeben[115]. Selbst, wenn man berücksichtigt, dass ein wirtschaftlicher Druck zum Beitritt zu einer Koalition von vornherein nur für diejenigen Bauunternehmer in Betracht kommt, die in größerem Umfang auf öffentliche Bauaufträge wirtschaftlich angewiesen sind[116], erscheint ein Beitrittsdruck zunächst nicht von vornherein ausgeschlossen. Denn eine Abhängigkeit der Bauunternehmen von öffentlichen Aufträgen wird angesichts der Tatsache, dass bei zahlreichen Bauleistungen ein mehr oder weniger ausgeprägtes Nachfragemonopol des Staates besteht[117], regelmäßig bestehen.

Dennoch spricht einiges dafür, einen erheblichen Beitrittsdruck und damit einen Eingriff in die negative Koalitionsfreiheit bei dieser Auslegung von Art. 9 Abs. 3 GG zu verneinen. So kommt ein Druck zum Beitritt zu einer Koalition von vornherein nur dann in Betracht, wenn ein Beitritt überhaupt möglich ist. In vielen Fällen wird dieser Umstand schon zur Ablehnung eines Beitrittsdrucks führen, denn tarifschließende Organisationen machen einen Beitritt vielfach von einem Firmensitz im Tarifgebiet abhängig[118]. Viele Bieter, die sich um den öffentlichen Auftrag bewerben, werden dieses Kriterium jedoch nicht erfüllen. Auf sie kann daher schon aus diesem Grund kein Beitrittsdruck ausgeübt werden[119].

Zu berücksichtigen ist darüber hinaus, dass es für den Arbeitgeber unter bestimmten Gesichtspunkten günstiger sein kann, eine Tariftreueerklärung abzugeben, als der Koalition beizutreten. Durch diese Aspekte würde ein eventueller Beitrittsdruck zumindest abgemildert.

Zum einen können sich, was die Geltungsdauer des Tarifvertrages betrifft, bei Abgabe der Tariftreueerklärung unter Umständen Vorteile gegenüber der normativen Bindung ergeben. Der Arbeitgeber ist zur Zahlung der Tariflöhne nur für die Dauer der Auftragsausführung verpflichtet. Tritt der Arbeitgeber dagegen dem Tarifvertrag schließenden Verband bei, ist er für die Dauer seiner Mitgliedschaft und eventuell auch darüber hinaus durch die Nachwirkung gem. § 4 Abs. 5 TVG gebunden[120].

---

[115] KG Berlin 20.5.1998 NJWE WettbR 1998, 284 (287); ebenso *Hölzl,* VergabeR 2007, 53 (57); *Kling,* Zulässigkeit vergabefremder Regelungen, S. 392.

[116] *Seifert,* ZfA 2001, 1 (17).

[117] *Kämmerer/Thüsing,* in: Tarifautonomie im Wandel (2003), S. 213 (224).

[118] *Löwisch,* DB 2001, 1090 (1091); *Wolter,* AuR 2006, 137 (139).

[119] So wohl auch BVerfG 7.11.2006 BVerfGE 116, 202 (218) = AP GG Art. 9 Nr. 129 (C II 1 a bb der Gründe), wenn es darauf hinweist, dass ein Beitrittsdruck für Unternehmen mit Sitz in Berlin von vornherein nicht in Betracht komme; ebenso *Preis/Ulber,* NJW 2007, 465 (467); kritisch *Höfling/Rixen,* RdA 2007, 360 (361).

[120] *Breideneichen,* Gütermarktregelnde Tarifvereinbarungen und Tariftreueerklärungen, S. 145.

B. Vereinbarkeit mit der Koalitionsfreiheit   103

Ferner ist zu beachten, dass die Tariftreueerklärung keine komplette rechtliche Unterstellung des nicht tarifgebundenen Arbeitgebers unter den entsprechenden Tarifvertrag nach sich zieht. Der Tariftreuetarifvertrag entfaltet seine Wirkung, anders als ein normativ wirkender Tarifvertrag unter Umständen nur gegenüber einem Teil der Unternehmenstätigkeit. Der Beitrittsdruck wird dementsprechend dadurch abgemildert, dass im Fall eines Beitritts die Bindung an den Tarifvertrag nicht nur für die im Rahmen des öffentlichen Auftrags Beschäftigten, sondern für alle Arbeitnehmer gälte. Vorteile bei privaten Aufträgen würden aufgegeben[121].

Der Einwand, die Beschränkung der Bindungswirkung könne nicht ohne eine genaue Analyse der tatsächlichen Verhältnisse vor Ort gegen einen „erheblichen Druck" zum Beitritt ins Feld geführt werden, weil Unternehmer eine beitrittsbedingte umfassende Tarifbindung unter Umständen in Kauf nähmen, wenn absehbar wäre, dass die wirtschaftlich lukrativen Aufträge allein durch die öffentlich Hand erteilt würden[122], vermag nicht recht zu überzeugen. Zunächst wird schon aus der Argumentation selbst deutlich, dass der Unternehmer in diesem Fall eine Abwägungsentscheidung im Einzelfall trifft. Ihm stehen jedenfalls echte Handlungsalternativen gegenüber. Allein dies lässt auf einen abgemilderten Beitrittsdruck schließen. Wenn ein Unternehmer einer Koalition beitritt, weil er meint, dass dies im konkreten Fall für ihn günstiger ist, so ist dies nicht zwingend die Folge eines erheblichen Beitrittsdrucks. Selbst wenn die Tariftreueerklärung im Einzelfall einen Anreiz zum Koalitionsbeitritt geben sollte, stellt dies keine unzulässige Beeinträchtigung des Fernbleibe- und Austrittsrechts dar. Auch wird hier nicht recht deutlich, worin die erheblichen Vorteile bestehen sollen, die einen Unternehmer dazu bewegen könnten, eine umfassende Tarifbindung auch für private Aufträge hinzunehmen. Ob allein die Möglichkeit einer Einflussnahme auf die innerverbandliche Willensbildung der tarifvertragschließenden Koalition geeignet ist, einen solchen Vorteil zu begründen, erscheint zumindest zweifelhaft. In der Literatur wird vielmehr darauf hingewiesen, dass die Einflussnahme auf die Willensbildung auch bei einer Verbandsmitgliedschaft nur begrenzt möglich sei, so dass daraus nicht auf einen ausreichend intensiven Beitrittsdruck geschlossen werden könne[123].

All dies spricht gegen die Annahme eines hinreichend intensiven Beitrittsdrucks durch Tariftreueregelungen. Hinzu kommt außerdem, dass nach den landesrechtlichen Regelungen der bei der öffentlichen Auftragsvergabe maßgebliche Tarifvertrag wechseln kann. Dies führt dazu, dass ein Außenseiter nicht sicher

---

[121] BVerfG 7.11.2006 BVerfGE 116, 202 (218) = AP GG Art. 9 Nr. 129 (C II 1 a bb der Gründe); *Dobmann*, Die Tariftreueerklärung bei der Vergabe öffentlicher Aufträge, S. 169; *Humbert*, Staatliche Regelungsbefugnisse, S. 314; *Meyer*, Einbeziehung politischer Zielsetzungen bei der öffentlichen Beschaffung, S. 334; *Schwab*, NZA 2001, 701 (705); *Seifert*, ZfA 2001, 1 (18).
[122] *Höfling/Rixen*, RdA 2007, 360 (361).
[123] *Humbert*, Staatliche Regelungsbefugnisse, S. 313; *Seifert*, ZfA 2001, 1 (18).

sein kann, durch einen Verbandsbeitritt tatsächlich Einfluss auf den für alle zukünftigen öffentlichen Aufträge maßgeblichen Tarifabschluss nehmen zu können.

Im Ergebnis ist damit festzuhalten, dass ein hinreichend intensiver Beitrittsdruck, und sei es nur ein mittelbarer, durch das Verlangen einer Tariftreueerklärung nicht erzeugt wird[124]. Demnach wird eine Verletzung der negativen Koalitionsfreiheit von denjenigen, die sie als bloßes Fernbleiberecht begreifen, folgerichtig abgelehnt[125]. Auch das Bundesverfassungsgericht kommt unter dieser Prämisse in konsequenter Fortführung seiner Rechtsprechung zu dem Ergebnis, die negative Koalitionsfreiheit sei nicht verletzt[126]. Zwar bleibt das Gericht damit seiner bisherigen Linie treu; allerdings wäre eine Auseinandersetzung mit der auch in der neueren Literatur vertretenen extensiven Auslegung der negativen Koalitionsfreiheit wünschenswert gewesen, zumal der BGH in seinem Vorlagebeschluss erkennbar von einer weiteren Interpretation der negativen Koalitionsfreiheit ausging.

bb) Eingriff in die „negative Tarifvertragsfreiheit"

Eine andere Beurteilung kann sich ergeben, wenn man mit der hier vertretenen Ansicht der negativen Koalitionsfreiheit einen weiterreichenden Schutzbereich einräumt. Geht man davon aus, dass die negative Koalitionsfreiheit über ein bloßes Fernbleiberecht hinaus dem Außenseiter das Recht zubilligt, zumindest grundsätzlich von der Normsetzung der Tarifvertragsparteien verschont zu bleiben, könnte in dem Verlangen einer Tariftreueerklärung eine Verletzung von Art. 9 Abs. 3 GG liegen.

Zunächst ist aber zu bedenken, dass die Unterwerfung unter den Tariftreuetarifvertrag vertraglich erfolgt, indem der Anbieter sich gegenüber dem Auftraggeber verpflichtet, seinen Arbeitnehmern, die im Rahmen der Ausführung des Bauauftrages beschäftigt werden, mindestens den entsprechenden Tariflohn zu zahlen. Daher wird eingewandt, es handele sich hier nicht um eine Erstreckung des Tarifvertrages, sondern um eine freiwillige Anwendung durch den Anbieter, die in keinem Fall einen Eingriff in die negative Koalitionsfreiheit darstellen könne[127]. Diese Argumentation kann indes nicht überzeugen, denn sie berück-

---

[124] So auch *Dobmann*, Die Tariftreueerklärung bei der Vergabe öffentlicher Aufträge, S. 169; *ders.*, VergabeR 2007, 167 (170); *Kreiling*, NZA 2001, 1118 (1124); *Wolter*, AuR 2006, 137 (139).

[125] Vgl. *Däubler*, ZIP 2000, 681 (686); *Dobmann*, Die Tariftreueerklärung bei der Vergabe öffentlicher Aufträge, S. 169 f.; *Seifert*, ZfA 2001, 1 (15 ff.).

[126] BVerfG 7.11.2006 BVerfGE 116, 202 (218 ff.) = AP GG Art. 9 Nr. 129 (C II 1 a der Gründe); zustimmend *Schwab*, AuR 2007, 97 (99).

[127] *Kempen*, in: Peter/Kempen/Zachert, Sicherung tariflicher Mindeststandards (2004), S. 57.

B. Vereinbarkeit mit der Koalitionsfreiheit

sichtigt nicht, dass unabhängig von der rechtlichen Konstruktion eine echte Wahlmöglichkeit des Unternehmers bei der Abgabe einer Tariftreueerklärung nur rein formal gegeben ist. Tatsächlich besteht bei den meisten Baudienstleistungen ein mehr oder weniger ausgeprägtes Nachfragemonopol des Staates. Dann besteht für den Anbieter nur die Wahl, entweder den faktischen Ausschluss vom Markt hinzunehmen oder fremde Tarifvertragsbestimmungen zu akzeptieren.

Im Ergebnis werden daher Außenseiter durch die Tariftreuegesetze gezwungen, die Tarifnormen der Tariftreuetarifverträge in gleicher Weise anzuwenden, wie die Mitglieder der tarifabschließenden Koalition. Sie müssen sich wie Koalitionsmitglieder verhalten. Bei einer weiten Auslegung des Schutzbereichs bedeutet dies einen Eingriff in die negative Koalitionsfreiheit[128].

Der BGH hatte aus diesem Umstand in seinem Vorlagebeschluss im Fall des Berliner Vergabegesetzes noch auf einen Eingriff in die negative Koalitionsfreiheit geschlossen. Das Gericht begründete seine Auffassung damit, dass eine Erstreckung von Tarifnormen generell nur aufgrund einer Allgemeinverbindlicherklärung zulässig sei[129]. In der Literatur ist die Auffassung des BGH auf ein geteiltes Echo gestoßen[130]. So vertreten einige Autoren in Anlehnung an den BGH, dass eine Erstreckung tariflicher Normen auf Außenseiter nur dann mit der negativen Koalitionsfreiheit vereinbar sei, wenn diese in einem festgelegten Verfahren an der Ausdehnung der Tarifnormen beteiligt würden[131]. Nur auf diese Weise könne das ihnen gegenüber bestehende Legitimationsdefizit ausgeglichen werden. Im Ergebnis kann diese Auffassung nur teilweise überzeugen. Eine Beteiligung der Außenseiter bei der Ausweitung des Anwendungsbereichs tarifvertraglicher Normen erscheint nicht in jedem Fall erforderlich. Vielmehr kann das auf der fehlenden Mitgliedschaft resultierende Legitimationsdefizit auch dadurch ausgeglichen werden, dass der Gesetzgeber die Normen in seinen Willen aufnimmt und ihre Erstreckung anordnet. Ob dies in hinreichend konkreter Art und Weise erfolgt, ist eine Frage des Rechtsstaats- und Demokratieprinzips. Zu begrüßen ist dagegen das dieser Auffassung zugrunde liegende weite Verständnis der negativen Koalitionsfreiheit.

Bei der hier befürworteten weiten Auslegung im Sinne einer negativen Tarifvertragsfreiheit[132] ist in der Ausweitung tarifvertraglicher Normen auf nicht

---

[128] So *Karenfort/von Koppenfels/Siebert*, BB 1999, 1825 (1827 f.); *Knipper*, WuW 1999, 677 (679); *Weinacht*, WuW 2000, 382 (385).

[129] BGH 18.1.2000 AP GWB § 20 Nr. 1 B II 3 der Gründe.

[130] Ablehnend *Rieble*, NZA 2000, 225 (233), der die Auffassung vertritt, die Annahme eines Verstoßes gegen die negative Koalitionsfreiheit sei „sicher falsch"; zustimmend *Berrisch/Nehl*, Anm. zu BGH 18.10.2000, ZIP 2000, 434 (435).

[131] *Knipper*, WuW 1999, 677 (679); *Scholz*, RdA 2001, 193 (198); aA *Breideneichen*, Gütermarktregelnde Tarifvereinbarungen und Tariftreueerklärungen, S. 140.

[132] Vgl. oben Teil 3 B. I. 1. c).

Organisierte ein Eingriff in die negative Koalitionsfreiheit zu sehen[133]. Ob dieser Eingriff gerechtfertigt ist, hängt jedoch nicht zwingend von einer Beteiligung der Außenseiter an einem Erstreckungsverfahren ab; vielmehr kann sich eine Rechtfertigung auch aus anderen Umständen ergeben.

b) Eingriff in die positive individuelle Koalitionsfreiheit

Ferner kommt eine Beeinträchtigung der positiven individuellen Koalitionsfreiheit in Betracht. Der Schutzbereich der positiven Koalitionsfreiheit beinhaltet, wie oben dargestellt, das Recht, Koalitionen zu bilden, ihnen beizutreten und sich in ihnen zu betätigen. Art. 9 Abs. 3 GG bietet insoweit auch einen Schutz vor einem Austrittszwang und vor dem Zwang, in eine andere Koalition zu wechseln.

Die Tariftreuegesetze machen die Abgabe einer Tariftreueerklärung zur Voraussetzung für die Vergabe öffentlicher Aufträge. Der Arbeitgeber, der an dem Vergabeverfahren teilnehmen will, ist gezwungen, eine entsprechende Erklärung abzugeben. Dies gilt auch für Arbeitgeber, die in einer anderen Koalition als derjenigen, die den Tariftreuetarifvertrag geschlossen hat, organisiert sind. Gibt ein anderweitig organisierter Arbeitgeber eine solche Erklärung ab, so ist er zwar bei der Ausführung des einen bestimmten öffentlich Auftrags zur Anwendung eines fremden Tarifvertrages auf die bei ihm bestehenden Arbeitsverhältnisse verpflichtet; ein Zwang, sich der entsprechenden Koalition anzuschließen, wird aber nicht begründet. Daraus wird teilweise geschlossen, dass ein Eingriff in die positive Koalitionsfreiheit von vornherein nicht in Betracht kommt[134].

Zwar ist es richtig, dass der Arbeitgeber, der sich am Vergabeverfahren beteiligen will, nicht Mitglied der Koalition werden muss, die den Tariftreuetarifvertrag geschlossen hat, sondern von ihm lediglich eine schuldrechtliche Erklärung gegenüber dem Auftraggeber verlangt wird. Fraglich könnte aber sein, ob der Arbeitgeber sich einem mittelbaren Druck ausgesetzt sieht, aus seinem Verband aus- und zu der entsprechenden Koalition überzutreten, um so auf die innerverbandliche Willensbildung und damit letztlich auf die Tariflohngestaltung Einfluss nehmen zu können. Die Beurteilung eines mittelbaren Drucks zum Übertritt in die Koalition kann jedoch nicht anders ausfallen, als die Beurteilung eines mittelbaren Beitrittsdrucks für Außenseiter[135]. Hier konnte jedoch zumindest kein hin-

---

[133] So auch *Breideneichen,* Gütermarktregelnde Tarifvereinbarungen und Tariftreueerklärungen, S. 145, der allerdings selbst eine weite Auslegung der negativen Koalitionsfreiheit ablehnt.

[134] *Dobmann,* Die Tariftreueerklärung bei der Vergabe öffentlicher Aufträge, S. 166 f.; *Seifert,* ZfA 2001, 1 (18).

[135] Insoweit zutreffend *Breideneichen,* Gütermarktregelnde Tarifvereinbarungen und Tariftreueerklärungen, S. 147; *Humbert,* Staatliche Regelungsbefugnisse, S. 320; *Seifert,* ZfA 2001, 1 (19).

reichend intensiver Beitrittsdruck festgestellt werden. Aus denselben Gründen muss auch ein sozialinadäquater mittelbarer Druck zum Übertritt verneint werden[136].

c) Eingriff in die kollektive Koalitionsfreiheit

Bei der Prüfung einer Verletzung der kollektiven Koalitionsfreiheit ist zwischen den verschiedenen Grundrechtsträgern zu differenzieren. So können die Tariftreuegesetze der Bundesländer die kollektive Koalitionsfreiheit der Tarifvertragsparteien des in Bezug genommenen Tarifvertrages in ihrer kollektiven Koalitionsfreiheit beeinträchtigen. Andererseits kommt aber auch ein Eingriff in die Tarifautonomie solcher Koalitionen in Betracht, die Tarifverträge abgeschlossen haben, die infolge der Abgabe von Tariftreueerklärungen keine Anwendung finden.

aa) Tarifvertragsparteien des Tariftreuetarifvertrages

Die Tariftreuegesetze bewirken, dass die durch die Tariftreuetarifverträge festgesetzten Lohnbedingungen nicht lediglich auf die Arbeitsverhältnisse beiderseitig Tarifgebundener, sondern darüber hinaus auf die Arbeitsverhältnisse aller Arbeitnehmer, die bei der Ausführung eines öffentlichen Auftrags tätig werden, Anwendung finden. Zur Rechtfertigung der gesetzlichen Verpflichtungen zur Abgabe von Tariftreueerklärungen bei der öffentlichen Auftragsvergabe wurde regelmäßig von verschiedenen Seiten vorgebracht, sie dienten der Stützung des nationalen Tarifsystems.

Tatsächlich verhelfen die Tariftreuegesetze den in Bezug genommenen Tarifverträgen zu einem weiteren Anwendungsbereich. Sie bewirken, dass die tariflich ausgehandelten Lohnbedingungen im Bereich der öffentlichen Auftragsvergabe als allgemein verbindlich zu beachten sind. Die Position der am Abschluss des maßgeblichen Tarifvertrages beteiligten Koalitionen wird dadurch – ähnlich wie bei der Allgemeinverbindlicherklärung gemäß § 5 TVG – gestärkt[137]. Vor diesem Hintergrund wird deutlich, inwiefern die Tariftreuegesetze zur Sicherung des Tarifsystems beitragen können.

Jedoch kann die Ausweitung von Tarifverträgen, insbesondere auf Außenseiter, für die Tarifvertragsparteien auch nachteilig sein. Besteht auch auf der einen Seite die Gefahr, dass Tarifverträge durch einen Unterbietungswettbewerb ausgehöhlt werden, kann andererseits eine Erstreckung auf nicht Organisierte dazu führen, dass die Anreize für eine Koalitionsmitgliedschaft gemindert werden.

---

[136] Vgl. dazu ausführlich *Dornbusch*, Berücksichtigung vergabefremder Zwecke, S. 182 ff.
[137] *Dobmann*, Die Tariftreueerklärung bei der Vergabe öffentlicher Aufträge, S. 174; *Dornbusch*, Berücksichtigung vergabefremder Zwecke, S. 204.

Denn diese kommen durch die Erstreckung der Tarifnormen in den Genuss des tarifvertraglichen Schutzes, ohne Mitglied der Koalition zu sein und daher auch ohne dass sie über Mitgliedsbeiträge die Kosten für die Aushandlung von Tarifverträgen mittragen müssen[138]. Im Extremfall kann der Anreiz für eine Mitgliedschaft so stark gemindert sein, dass sich eine Gefährdung für den Bestand der Koalition ergibt[139]. Dass Außenseiter durch die Tariftreuegesetze zu einer Entlohnung nach Maßgabe des von ihnen für ihre Mitglieder abgeschlossenen Tarifvertrages angehalten werden, ist daher nicht in jedem Fall im Interesse der tarifschließenden Koalitionen.

Aufgrund der aufgezeigten Nachteile, die den Tarifvertragsparteien mit der Ausweitung des Anwendungsbereichs tarifvertraglicher Normen auf nicht Organisierte entstehen können, wird vielfach vertreten, Art. 9 Abs. 3 GG gewähre eine Schaffung von Schutzvorkehrungen, die dieser grundrechtsrelevanten Gefährdungslage für die tarifschließenden Koalitionen Rechnung trage. Die kollektive Koalitionsfreiheit beinhalte daher ein Recht der Tarifvertragsparteien, an der Erstreckung der von ihnen geschaffenen Rechtsnormen auf nicht Organisierte beteiligt zu werden[140]. Dies soll aus der Rechtsprechung des Bundesverfassungsgerichts zur Allgemeinverbindlicherklärung von Tarifverträgen folgen[141]. Das Gericht hatte in seiner Entscheidung die Verfassungsmäßigkeit des § 5 TVG unter anderem damit begründet, dass die Interessen der Koalitionen durch das Beteiligungsverfahren gewahrt würden. Daraus kann indes nicht die Schlussfolgerung gezogen werden, dass die kollektive Koalitionsfreiheit der Tarifvertragsparteien regelmäßig verletzt ist, wenn eine Erstreckung ohne ihre Beteiligung erfolgt. Vielmehr hat das Bundesverfassungsgericht über diese Frage nicht entschieden. Es hat ausdrücklich offen gelassen, ob eine Lösung mit stärkerem staatlichen Einfluss vor Art. 9 Abs. 3 GG noch Bestand haben könnte[142]. Mit seiner Entscheidung zum Berliner Vergabegesetz hat das Gericht nunmehr klargestellt, dass es ein Recht der Koalitionen, an einer Erstreckung der Tarifnormen mitzuwirken, nicht als Bestandteil der durch Art. 9 Abs. 3 GG gewährten kollektiven Koalitionsfreiheit ansieht[143]. Eine Berufung auf die Rechtsprechung des Bundesverfassungsgerichts zur Begründung eines Beteiligungsrechts scheidet damit in Zukunft aus.

---

[138] *Büdenbender*, RdA 2000, 193 (203 f.).

[139] *Büdenbender*, RdA 2000, 193 (203 f.); *Däubler*, BB 2002, 1643; *Seifert*, ZfA 2001, 1 (20).

[140] *Scholz*, RdA 2001, 193 (196); speziell für die Tariftreueregelungen: *Seifert*, ZfA 2001, 1 (19 ff.).

[141] *Scholz*, RdA 2001, 193 (196).

[142] BVerfG 24.5.1977 BVerfGE 44, 322 (346).

[143] BVerfG 7.11.2006 BVerfGE 116, 202 (219) = AP GG Art. 9 Nr. 129 (C II 1 b bb der Gründe).

Richtig ist sicherlich, dass ein verfassungsrechtlich geschütztes Interesse an einer Beteiligung bei der Erstreckung von Tarifnormen nicht aus der durch Art. 9 Abs. 3 GG gewährleisteten Betätigungsgarantie hergeleitet werden kann. Die Betätigungsgarantie der Tarifvertragsparteien ist bei einer Ausweitung der von ihnen gesetzten Normen schon deshalb nicht betroffen, weil sich ihre Rechtssetzungsbefugnis auf ihre Mitglieder beschränkt[144]. Sind die Koalitionen jedoch nicht befugt, für Außenseiter verbindliche Rechtsnormen zu schaffen, werden sie nicht in ihrem Betätigungsrecht betroffen, wenn der Staat Regelungen für Außenseiter trifft[145], selbst wenn er dabei auf von den Koalitionen gesetztes Recht Bezug nimmt. Denkbar ist allenfalls, dass sich in bestimmten Fällen ein Mitwirkungsrecht aus der durch Art. 9 GG ebenfalls gewährleisteten Bestandsgarantie ergibt[146]. Die Frage kann hier jedoch offen bleiben, denn eine Gefährdung des Bestands der Koalition wird durch die Tariftreuegesetze nicht bewirkt.

Auch das Bundesverfassungsgericht hat sich mit der Problematik auseinandergesetzt und die Notwendigkeit einer Beteiligung der Koalitionen als Ausfluss der Bestandsgarantie im Fall der Tariftreueerklärung im Ergebnis zutreffend abgelehnt. Das Gericht nimmt ebenfalls an, dass eine Gefährdung des Bestands der Koalitionen durch die Verpflichtung zur Abgabe von Tariftreueerklärungen nicht eintritt. Nicht vollständig überzeugend ist allein, wie dieses Ergebnis begründet wird. So ist das Gericht der Auffassung, schon die Annahme, dass der Anreiz für eine Koalitionsmitgliedschaft gemindert würde, sei reine Spekulation. Dies werde schon dadurch deutlich, dass im Rahmen der negativen Koalitionsfreiheit, genau gegensätzlich, ein Anreiz zum Beitritt behauptet werde[147]. Entgegen der Ansicht des Bundesverfassungsgerichts liegt hier jedoch kein Gegensatz vor, der einen spekulativen Charakter der Auswirkungen der Tariftreueregelungen deutlich machen könnte. Es handelt sich vielmehr um unterschiedliche Interessen der Grundrechtsträger. Während die Verpflichtung zur Abgabe einer Tariftreueerklärung Arbeitgeber zu einem Verbandsbeitritt bewegen könnte, um eventuell bestehende Einflussmöglichkeiten zu nutzen, führt die Tariftreueerklärung auf Arbeitnehmerseite eher dazu, von einem Gewerkschaftsbeitritt abzusehen, weil sie die tarifvertraglichen Vorteile infolge der Umsetzung der Tariftreueerklärung auch ohne Mitgliedschaft in Anspruch nehmen können.

---

[144] BVerfG 7.11.2006 BVerfGE 116, 202 (219) = AP GG Art. 9 Nr. 129 (C II 1 b bb der Gründe); *Breideneichen,* Gütermarktregelnde Tarifvereinbarungen und Tariftreueerklärungen, S. 149.

[145] *Büdenbender,* RdA 2000, 193 (202 f.); *Dornbusch,* Berücksichtigung vergabefremder Zwecke, S. 206; *Ossenbühl/Cornils,* Tarifautonomie und staatliche Gesetzgebung, S. 90.

[146] *Dobmann,* Die Tariftreueerklärung bei der öffentlichen Auftragsvergabe, S. 174.

[147] BVerfG 7.11.2006 BVerfGE 116, 202 (220) = AP GG Art. 9 Nr. 129 (C II 1 b bb der Gründe); zustimmend *Preis/Ulber,* NJW 2007, 466 (468).

Aber auch, wenn durch die Tariftreuegesetze der Anreiz zur Koalitionsmitgliedschaft gemindert wird, so wird jedenfalls nicht die erforderliche Erheblichkeitsstufe erreicht, die zu einer Gefährdung des Bestands der Koalitionen führen könnte. Auch in diesem Zusammenhang muss berücksichtigt werden, dass nicht Organisierte allein dann in den Genuss der tarifvertraglichen Vorteile gelangen, wenn sie im Rahmen der Ausführung eines öffentlichen Auftrags tätig werden. Zudem gelten für sie allein die Entgeltbedingungen des in Bezug genommenen Tarifvertrages[148]. Um einen umfassenden tariflichen Schutz zu erlangen, ist weiterhin eine Koalitionsmitgliedschaft erforderlich.

bb) Tarifvertragsparteien anderer Tarifverträge

Wenn auch ein Eingriff in die kollektive Koalitionsfreiheit der Tarifvertragsparteien, deren Tarifvertrag im Rahmen der öffentlichen Auftragsvergabe beachtete werden muss, nicht vorliegt, so kann die durch Art. 9 Abs. 3 GG gewährte Betätigungsgarantie der Koalitionen durch die Tariftreuegesetze dennoch beeinträchtigt werden. Denkbar ist ein Eingriff in die kollektive Koalitionsfreiheit derjenigen Koalitionen, die andere Tarifverträge abgeschlossen haben. Die Tariftreuebestimmungen unterscheiden nicht danach, ob die Bewerber um den öffentlichen Auftrag an durch ihre Koalition ausgehandelte Tarifverträge gebunden sind oder nicht. Diese autonom ausgehandelten Tarifverträge kommen, soweit die dort vereinbarten Tarife unter denen des jeweiligen Tariftreuetarifvertrages liegen, nicht zur Anwendung. Insoweit greifen die Tariftreueregelungen in das Betätigungsrecht der Koalitionen ein, die diese Tarifverträge geschlossen haben[149].

Das Bundesverfassungsgericht lehnt indes auch unter diesem Gesichtspunkt eine Beeinträchtigung der Betätigungsfreiheit ab. Dabei beschränkt sich das Gericht auf den Hinweis, eine Grundrechtsverletzung liege nicht vor, weil die Verpflichtung zur Abgabe einer Tariftreueerklärung weder ein rechtliches Hindernis zum Abschluss von Tarifverträgen errichte, noch den Abschluss konkurrierender Tarifverträge unmöglich mache[150]. Auch in diesem Punkt ist das Urteil des Bundesverfassungsgerichts zu kritisieren. Bei der Beurteilung der Frage, ob die Tariftreueverpflichtung einen Eingriff in die Betätigungsfreiheit derjenigen Koalitionen darstellt, die nicht Tarifvertragspartei des bei der Auftragsausführung Anwendung findenden Tarifvertrags sind, hätte sich das Gericht nicht auf diese rein formale Betrachtungsweise zurückziehen dürfen. Vielmehr muss hier berücksichtigt werden, dass es den Koalitionen unter Umständen nicht mehr mög-

---

[148] *Humbert,* Staatliche Regelungsbefugnisse, S. 328.

[149] *Humbert,* Staatliche Regelungsbefugnisse, S. 323; *Löwisch,* DB 2001, 1090 (1092); *Löwisch/Rieble* § 5 TVG Rn. 176 f.

[150] BVerfG 11.7.2006 BVerfGE 116, 202 (220) = AP GG Art. 9 Nr. 129 (C II 1 b cc der Gründe); ähnlich aber *Dornbusch,* Berücksichtigung vergabefremder Zwecke, S. 207 f.

lich ist, Tarifverträge abzuschließen, die die Bedingungen der zwischen ihren Mitgliedern geschlossenen Arbeitsverhältnisse umfassend regeln.

Dass eine Verdrängung der von ihnen geschlossenen Tarifverträge nur bei der Vergabe öffentlicher Aufträge erfolgt, sie im Übrigen aber weiterhin Anwendung finden, ändert an der Eingriffsqualität der Maßnahme nichts. Art. 9 Abs. 3 GG gewährt den Tarifvertragsparteien einen umfassenden Gestaltungsspielraum, so dass ein Eingriff in die kollektive Koalitionsfreiheit schon bei einer Beschränkung der Tarifautonomie vorliegt. Inwieweit eine Beschränkung des Betätigungsrechts möglich ist, muss auf der Rechtfertigungsebene untersucht werden.

d) Zwischenergebnis

Die Frage, ob die Tariftreuegesetze die negative Koalitionsfreiheit beeinträchtigen, hängt maßgeblich von der Auslegung des Schutzbereichs ab. Das Bundesverfassungsgericht sieht durch die negative Koalitionsfreiheit lediglich ein Fernbleibe- und Austrittsrecht gewährleistet. Bei diesem Verständnis des Grundrechts liegt ein Eingriff in den Schutzbereich nur vor, wenn auf nicht Organisierte ein erheblicher Beitrittsdruck ausgeübt wird. Die Tariftreuegesetze führen jedoch nicht zu einem solchen Organisationsdruck, sodass eine Beeinträchtigung der negativen Koalitionsfreiheit unter diesem Aspekt nicht in Betracht kommt. Legt man den Schutzbereich dagegen, wie hier vertreten, im Sinne einer negativen Tarifvertragsfreiheit aus, führt der faktische Zwang zur Anwendung von Tarifnormen, der durch die Verpflichtung zur Tariftreue erzeugt wird, durchaus zu einer Beeinträchtigung der Außenseiter in ihrer durch Art. 9 Abs. 3 GG geschützten Grundrechtsposition.

Darüber hinaus greifen die Tariftreuegesetze der Bundesländer auch in die kollektive Koalitionsfreiheit von Tarifvertragparteien ein, soweit sie dazu führen, dass diese bei der Ausführung öffentlicher Aufträge statt der eigenen fremde Tarifnormen anwenden müssen. Dies gilt nicht nur für inländische Koalitionen. Soweit ausländische Koalitionen Tarifverträge abgeschlossen haben, die einen ausreichenden Inlandsbezug aufweisen, können sie ebenfalls einen Eingriff in ihre Rechte aus Art. 9 Abs. 3 GG geltend machen[151].

2. Schranken

Die in Art. 9 Abs. 3 GG verankerte Koalitionsfreiheit wird, wie bereits ausgeführt[152], nicht schrankenlos gewährleistet. Die individuelle Koalitionsfreiheit kann nach allgemeiner Auffassung als Grundrecht ohne geschriebenen Gesetzes-

---

[151] Vgl. zur internationalen Reichweite der Koalitionsfreiheit oben Teil 3 B. I. 2.
[152] Vgl. oben Teil 3 B. I. 3.

vorbehalt allein zugunsten von Rechtsgütern mit Verfassungsrang beschränkt werden. Da die Tariftreuegesetze nach hier vertretener Auffassung in die negative Koalitionsfreiheit nicht Organisierter Arbeitgeber und Arbeitnehmer eingreift, muss demnach untersucht werden, ob sie dem Schutz von Rechtsgütern mit Verfassungsrang dienen. Soweit die Tariftreueregelungen die Tarifautonomie berühren, ist zunächst festzustellen, ob die Normen insoweit in die kollektive Koalitionsfreiheit eingreifen oder diese lediglich ausgestalten. Während ausgestaltende Regelungen lediglich einer Verhältnismäßigkeitskontrolle standhalten müssen, ist ein Eingriff in die kollektive Koalitionsfreiheit nach hier vertretener Auffassung[153] ebenfalls allein aufgrund kollidierenden Verfassungsrechts möglich. Die Abgrenzung zwischen Ausgestaltung und Eingriff erfolgt nach der Zielsetzung des Gesetzgebers.

Die Tariftreuegesetze der Bundesländer sollen nach der Intention der Gesetzgeber das nationale Tarifvertragssystem stützen, indem sie von regionalen Tarifvertragsparteien ausgehandelten Entgeltbedingungen über die Tariftreueverpflichtung zur Durchsetzung verhelfen. Dadurch, dass die Vergabe öffentlicher Aufträge an die Tariftreueerklärung gekoppelt wird, ist es in- und ausländischen Außenseitern nicht mehr möglich, ihre Leistung unter Ausnutzung von Lohnkostenvorteilen anzubieten. Wie bereits festgestellt, wird dadurch die Position der Tarifvertragsparteien, deren Tarifvertrag bei der Abgabe einer Tariftreueerklärung in Bezug genommen wird, gestärkt. Unter diesem Aspekt könnte es sich um eine die Tarifautonomie fördernde Maßnahme und damit um eine Ausgestaltung der Betätigungsfreiheit handeln. Eine solche Betrachtungsweise würde jedoch vernachlässigen, dass die Tariftreuegesetze dazu führen, dass solche Tarifvertragsparteien, die einer anderweitigen Tarifbindung unterliegen, in ihrer Betätigungsfreiheit beschränkt werden, wenn die von ihnen geschlossenen Tarifverträge im Bereich der öffentliche Auftragsvergabe nicht mehr zur Anwendung gelangen. Diese Beeinträchtigung der kollektiven Koalitionsfreiheit in einem Kernbereich koalitionsspezifischer Betätigung führt dazu, dass die Tariftreueregelungen insgesamt als Eingriff zu klassifizieren sind[154]. Demnach können die Tariftreuegesetze auch unter diesem Gesichtspunkt nur dann als mit Art. 9 Abs. 3 GG angesehen werden, wenn sie dem Schutz von Rechtsgütern mit Verfassungsrang dienen.

Die Tariftreuegesetze verfolgen nach ihren Gesetzesbegründungen gleich mehrere Ziele mit Verfassungsrang. Zunächst soll, wie schon erwähnt, die Erstreckung von Tariflöhnen einem Verdrängungswettbewerb durch Außenseiter entgegenwirken. Dadurch, dass Tariflöhne bei der öffentlichen Auftragsvergabe von allen an der Auftragsausführung beteiligten Unternehmen gewährt werden müs-

---

[153] Vgl. oben Teil 3 B. I. 3. b).
[154] aA *Dornbusch,* Vergabefremde Zwecke, S. 212 ff., die eine Qualifizierung als Ausgestaltungsregelung befürwortet.

sen, wird den Tarifverträgen zur Durchsetzung verholfen und auf diese Weise ihre Ordnungsfunktion unterstützt. Die Tarifvertragsparteien sollen so vor Außenseiterkonkurrenz geschützt und dadurch in die Lage versetzt werden, eine autonome Ordnung des Arbeitslebens zu schaffen. Eine Berechtigung zur Unterstützung der Ordnungsfunktion von Tarifverträgen wird dabei aus Art. 9 Abs. 3 GG hergeleitet.

Ferner sollen die Tariftreueregelungen der Bekämpfung der Arbeitslosigkeit dienen. Durch die Verpflichtung zur Entlohnung nach regionalen Tarifverträgen wird vor allem eine Verdrängung von ausländischen Niedriglohnanbietern bewirkt. Die abschottende Wirkung der Tariftreueregelungen soll zu einer vermehrten Beschäftigung inländischer Arbeitnehmer bei der Ausführung öffentlicher Aufträge führen. Das Ziel, die Arbeitslosigkeit zu bekämpfen, ist durch das Sozialstaatsprinzip gedeckt, sodass sich der Gesetzgeber insoweit auf Art. 20 GG stützen kann. Das Bundesverfassungsgericht sieht das Ziel einer Verringerung der Arbeitslosigkeit darüber hinaus auch als von Art. 12 Abs. 1 GG sowie von Art. 1 Abs. 1 und Art. 2 Abs. 1 GG getragen an. Den zuvor Arbeitslosen werde ermöglicht, wieder am Arbeitsleben teilzunehmen, sich dadurch in ihrer Persönlichkeit zu entfalten und darüber Achtung und Selbstachtung zu erfahren[155].

Als Folge der Verringerung der Arbeitslosigkeit wird als weiteres Ziel der Tariftreueregelungen die Entlastung der Sozialkassen angeführt. Tatsächlich trägt eine geringere Arbeitslosigkeit zur Stabilisierung der sozialen Sicherungssysteme bei. Mag dies auch ein „Gemeinwohlbelang von hoher Bedeutung"[156] sein, Verfassungsrang kommt diesem gesetzgeberischen Ziel nicht zu, so dass es bei der Beurteilung der Rechtmäßigkeit eines Einriffs in die Koalitionsfreiheit außer Betracht bleiben muss.

3. Schranken-Schranken

Mit den Zielen, die Arbeitslosigkeit zu bekämpfen und das nationale Tarifvertragssystem zu schützen, verfolgen die Bundesländer mit dem Erlass der Tariftreueerklärungen Ziele von Verfassungsrang, die einen Eingriff in die Koalitionsfreiheit grundsätzlich rechtfertigen können. Der Gesetzgeber muss jedoch, wenn er Eingriffe in die Grundrechte vornimmt, auch die allgemeinen Grundrechtsschranken beachten[157]. So müssen die von ihm getroffenen Regelungen geeignet sein, den zulässigen Regelungszweck zu fördern. Ferner müssen sie erforderlich sein, das Ziel darf mithin nicht durch Mittel erreichbar sein, die den Grundrechts-

---

[155] BVerfG 11.7.2006 BVerfGE 116, 202 (223) = AP GG Art. 9 Nr. 129 (C II 2 c aa der Gründe).
[156] BVerfG 11.7.2006 BVerfGE 116, 202 (223 f.) = AP GG Art. 9 Nr. 129 (C II 2 c aa der Gründe).
[157] Vgl. oben Teil 3 B. I. 4.

träger weniger belasten. Darüber hinaus muss die Beeinträchtigung für den Grundrechtsträger zu den vom Gesetzgeber verfolgten Zielen in einem angemessenen Verhältnis stehen. Bei einem Eingriff in die Koalitionsbetätigungsfreiheit ist das durch das Bundesverfassungsgericht entwickelte Stufenmodell zu beachten. Danach unterliegt eine gesetzliche Regelung umso höheren Anforderungen je näher sie dem Bereich kommt, der nach der Vorstellung des Verfassungsgebers am besten durch die Tarifvertragsparteien geregelt werden kann. Die Tariftreuegesetze nehmen mittelbar Einfluss auf die Entlohnung der Arbeitnehmer, die bei der Ausführung öffentlicher Aufträge tätig werden. Soweit sie dabei auf bestehende anderweitige Tarifbindungen der Bieter keine Rücksicht nehmen, wird der Anwendungsbereich der nicht in Bezug genommenen Tarifnormen verkürzt. Gerade die Festlegung von Löhnen ist jedoch von jeher einer der wichtigsten Regelungsgegenstände von Tarifverträgen. Will der Gesetzgeber auf diesem Gebiet tätig werden, so sind an dieses Vorhaben besonders hohe Anforderungen auf der Rechtfertigungsebene eines Eingriffs in die Tarifautonomie aus Art. 9 Abs. 3 GG zu stellen[158].

Große Meinungsverschiedenheiten haben sich an der Frage entzündet, ob Tariftreueregelungen überhaupt geeignet sind, die Arbeitslosigkeit zu bekämpfen. So wird in der Literatur vertreten, bei der Tariferstreckung bei der öffentlichen Auftragsvergabe handele es sich um eine staatlich verfügte Lohnerhöhung, die nach ökonomischen Grundsätzen von vornherein nicht geeignet sei, für mehr Arbeitsplatzsicherheit zu sorgen[159]. Von anderer Seite wird darauf hingewiesen, durch die Bindung an die Entgelttarife des Arbeitsorts verteuere sich die Dienstleistung für den Staat[160]. So führe dies beispielsweise in der Baubranche dazu, dass weniger gebaut werde und die Arbeitslosigkeit infolgedessen eher steige als sinke[161]. In dieselbe Richtung geht der Hinweis, dass die Landesgesetzgeber in Sachsen-Anhalt und Nordrhein-Westfalen bestehende Tariftreueregelungen gerade deshalb wieder aufgehoben hätten, weil die erhofften positiven Auswirkungen für den Arbeitsmarkt ausgeblieben seien[162].

Das Bundesverfassungsgericht geht in seiner Entscheidung zum Berliner Vergabegesetz davon aus, dass die Tariftreueregelung des Gesetzes geeignet ist, die Arbeitslosigkeit zu bekämpfen und die Ordnungsfunktion der Tarifverträge zu

---

[158] *Löwisch*, DB 2001, 1092 (1093); *Selmayr*, ZfA 1996, 615 (620).

[159] *Rieble*, NZA 2007, 1 (2); *Tiedje*, NZBau 2007, 23 (26).

[160] *Löwisch*, DB 2001, 1090 (1093); *Thüsing*, NJW 2002, 2071 ff.; aA *Dornbusch*, Berücksichtigung vergabefremder Zwecke, S. 219 f.

[161] *Humbert*, Staatliche Regelungsbefugnisse, S. 318; *Löwisch*, DB 2001, 1090 (1093); allgemein zu den ökonomischen Auswirkungen von Tariftreuegesetzen: *Thüsing*, NJW 2002, 2071 ff.

[162] *Höfling/Rixen*, RdA 2007, 360 (365), die hauptsächlich kritisieren, dass sich das Bundesverfassungsgericht in seiner Entscheidung zum Berliner Vergabegesetz mit diesem Aspekt überhaupt nicht beschäftigt hat.

stützen, und verweist dabei auf den Einschätzungs- und Prognosevorrang des Gesetzgebers[163]. Dafür ist das Gericht in der Literatur teilweise scharf kritisiert worden[164]. Jedoch ist das Urteil in diesem Punkt nicht zu beanstanden. Es kann nicht die Aufgabe des Bundesverfassungsgerichts sein, die Maßnahmen des Gesetzgebers auf ihre ökonomische Sinnhaftigkeit zu überprüfen. Es bleibt vielmehr Aufgabe der Politik, ökonomische Entscheidungen zu treffen und unter Umständen bei konkurrierenden Wirtschaftslehren zwischen verschiedenen als zielführend propagierten Maßnahmen auszuwählen[165].

Aber nicht nur die Geeignetheit der Tariftreuegesetze zur Förderung der von den Landesgesetzgebern verfolgten Ziele wird angezweifelt. Die Kritik erstreckt sich auch auf die Frage, ob die Tariftreueregelungen zur Erreichung der genannten Ziele erforderlich sind. Im Mittelpunkt der Diskussion steht vor allem, ob mit der Allgemeinverbindlicherklärung von Tarifverträgen sowie mit dem Verfahren nach dem AEntG nicht Instrumentarien zur Verfügung stehen, die mit Blick auf die Zielsetzung des Gesetzgebers ebenso effektiv sind, gleichzeitig aber weniger stark in die betroffenen Grundrechte eingreifen. Bei der Beurteilung, ob eine bestimmte Maßnahme erforderlich ist, um das gewünschte Ziel zu erreichen, muss berücksichtigt werden, dass dem Gesetzgeber nach der Rechtsprechung des Bundesverfassungsgerichts auch hier ein Beurteilungs- und Prognosespielraum zusteht[166]. Daher können Maßnahmen, die der Gesetzgeber zum Schutz wichtiger Rechtsgüter für erforderlich hält, nur dann verfassungsrechtlich beanstandet werden, wenn nach den ihm bekannten Tatsachen und im Hinblick auf bisherige Erfahrungen feststellbar ist, dass Regelungen, die als Alternative in Betracht kommen, die gleiche Wirksamkeit versprechen, die Betroffenen aber weniger belasten[167]. Legt man der Erforderlichkeitsprüfung diesen Maßstab zugrunde, werden Maßnahmen des Gesetzgebers nur in Ausnahmefällen an dieser Hürde scheitern. Dennoch oder vielmehr gerade deswegen ist der Rechtsprechung des Bundesverfassungsgerichts auch in diesem Punkt zuzustimmen. Es ist Aufgabe der demokratisch legitimierten Legislative, politische Ziele durch die Gesetzgebung umzusetzen. Dabei muss ihr bei der Wahl der Mittel zur Erreichung ihrer Ziele ein

---

[163] BVerfG 11.7.2006 BVerfGE 116, 202 (224) = AP GG Art. 9 Nr. 129 (C II 2 c bb der Gründe).
[164] Vgl. *Rieble,* NZA 2007, 1 (2), der dem Gericht vorwirft, ohne ökonomischen Sachverstand zu entscheiden; zurückhaltender *Höfling/Rixen,* RdA 2007, 360 (367), die zumindest eine Erläuterung verlangen, warum der Gesetzgeber von der Geeignetheit ausgehen durfte; ähnlich *Preis/Ulber,* NJW 2007, 465 (470): „Überbetonung der Einschätzungsprärogative".
[165] Zutreffend insoweit *Tiedje,* NZBau 2007, 23 (26).
[166] BVerfG 19.7.200 BVerfGE 102, 197 (218); 11.7.2006 BVerfGE 116, 202 (225) = AP GG Art. 9 Nr. 129 (C II 2 c cc der Gründe).
[167] BVerfG 19.7.200 BVerfGE 102, 197 (218); 11.7.2006 BVerfGE 116, 202 (225) = AP GG Art. 9 Nr. 129 (C II 2 c cc der Gründe) m.w.N.

großer Gestaltungsspielraum verbleiben. Nur in Einzelfällen darf die Judikative korrigierend eingreifen.

Was die Tariftreueregelungen angeht, so ist zunächst festzustellen, dass den Gesetzgebern gerade die Allgemeinverbindlicherklärung von Mindestlöhnen nach dem AEntG nicht ausreichend erschien. Dies lässt sich daraus ableiten, dass alle Tariftreuegesetze zumindest Regelungen für die Baubranche treffen, mithin den Wirtschaftszweig, der von Beginn an Regelungsgegenstand des Arbeitnehmerentsendegesetzes war. Die Hauptzielsetzung des AEntG besteht darin, ausländische Unternehmen daran zu hindern, auf dem deutschen Arbeitsmarkt unter Ausnutzung ihrer heimatlichen Entgeltbedingungen tätig zu werden. Der Lohnkostenwettbewerb innerhalb der EU soll auf diese Weise eingeschränkt werden, indem ein Mindestlohnniveau festgesetzt wird, das nicht unterschritten werden darf[168]. Die Zielsetzung der Tariftreueregelungen geht noch darüber hinaus. Wird die Vergabe öffentlicher Aufträge an die Verpflichtung zur Einhaltung der höheren örtlichen Tarifentgelte geknüpft, so werden damit einerseits die Barrieren für die Niedriglohnkonkurrenz aus dem Ausland noch einmal erhöht. Andererseits werden jedoch die Tarifvertragsparteien auch vor einem inländischen Unterbietungswettbewerb geschützt. Die Landesgesetzgeber hielten es offenbar für erforderlich, die Position der Tarifvertragsparteien auf diese Weise zu stärken und das Tarifvertragssystem auf diese Weise zu stützen. Sie sahen in der Möglichkeit der Allgemeinverbindlicherklärung und der Erstreckung von Mindestentgelttarifverträgen nach dem AEntG gerade keine gleich effektiven Mittel.

Darüber hinaus bestehen Zweifel, ob die im TVG und im AEntG verankerten Regelungen zur Erstreckung von Tarifverträgen sich gegenüber den Tariftreueregelungen tatsächlich als mildere Mittel darstellen. So sehen das sowohl das Verfahren der Allgemeinverbindlicherklärung als auch die Erstreckung von tarifvertraglichen Entgeltbedingungen nach dem AEntG wenigstens ein Minimum an Beteiligung der Koalitionen vor und greifen daher weniger stark in die Grundrechte ein. Durch das Beteiligungsverfahren wird der Grundrechtseingriff jedenfalls abgemildert. Dies gilt unabhängig davon, ob ein Recht zur Beteiligung aus dem Grundrecht selbst hergeleitet werden kann[169].

Die Stimmen in der Literatur, die in der Allgemeinverbindlicherklärung und der Normerstreckung durch das AEntG einen milderen Grundrechtseingriff sehen wollen, vernachlässigen jedoch den Aspekt der Wirkung der unterschiedlichen Regelungen. Bei der Beurteilung der Intensität der Beeinträchtigung der Grundrechtsträger muss jedoch berücksichtigt werden, dass durch die Abgabe

---

[168] Zu der bis heute weiterhin umstrittenen Frage, ob eine Unterschreitung der nach dem AEntG festgesetzten Mindestlöhne durch speziellere Tarifverträge möglich ist vgl. Teil 2 A. I. 4. c) und Teil 5.

[169] aA *Dornbusch,* Berücksichtigung vergabefremder Zwecke, S. 224 ff., insbes. S. 229.

B. Vereinbarkeit mit der Koalitionsfreiheit

einer Tariftreueerklärung keine normative Bindung an den Tarifvertrag bewirkt wird. Es entsteht vielmehr lediglich eine schuldrechtliche Bindung des Unternehmers gegenüber dem öffentlichen Auftraggeber bei einem einzelnen öffentlichen Auftrag die bei der Auftragsausführung eingesetzten Arbeitnehmer entsprechend dem maßgeblichen örtlichen Tarifvertrag zu entlohnen. Mögen die Unternehmen aufgrund der Marktmacht der öffentlichen Hand auch zur Abgabe von Tariftreueerklärungen gezwungen sein, so entsteht dennoch keine umfassende Bindung an den jeweiligen Tarifvertrag. Im Rahmen von privaten Aufträgen bleibt die Möglichkeit untertariflicher Entlohnung vollständig bestehen.

Mit Blick auf die Einschätzungsprärogative des Gesetzgebers bei der Einschätzung der Erforderlichkeit reichen die in der Literatur geäußerten Zweifel an der Erforderlichkeit der Tariftreueregelungen jedenfalls nicht aus, um ihre Verfassungswidrigkeit zu begründen. Dass die Allgemeinverbindlicherklärung und die Erstreckung von Tarifnormen nach dem AEntG Maßnahmen gleicher Effektivität darstellen, die sich gegenüber den Grundrechtsträgern als weniger einschneidende Beeinträchtigung darstellen, kann nicht ohne Weiteres angenommen werden.

Auch bei der Prüfung, ob die Beeinträchtigung, die der Eingriff für den Grundrechtsträger bedeutet, zu dem verfolgten Zweck in einem abgewogenen Verhältnis steht, der Eingriff also angemessen ist, muss die schon angesprochene Wirkung der Tariftreueregelungen berücksichtigt werden[170]. Es ist demnach zu beachten, dass die Tariftreuegesetze der Bundesländer nicht zu einer normativen Erstreckung von Tarifnormen auf Außenseiter führen. Die Bindung an den jeweiligen örtlichen Tarifvertrag erfolgt nur für den Einzelfall durch eine schuldrechtliche Erklärung des Unternehmers. Der Eingriff in die negative Koalitionsfreiheit wie auch in die kollektive Betätigungsfreiheit der Koalitionen, die an einen anderen als den in Bezug genommenen Tarifvertrag gebunden sind, wird dadurch abgeschwächt. Dem stehen mit der Bekämpfung der Arbeitslosigkeit sowie dem Schutz des nationalen Tarifvertragssystems wichtige Ziele von Verfassungsrang gegenüber. Gerade in Zeiten hoher Arbeitslosigkeit gewinnen diese Zielsetzungen noch an Bedeutung. Wenn die Gesetzgeber sich von den Tariftreuegesetzen eine Verbesserung der Arbeitsmarktsituation versprechen und es dabei für erforderlich halten, die durch Art. 9 Abs. 3 GG gewährleistete Koalitionsfreiheit zu beschränken, so ist seine Abwägung zugunsten der Bekämpfung der Arbeitslosigkeit und dem Schutz des Tarifvertragssystems insgesamt hinzunehmen.

---

[170] Ebenso für die Angemessenheitsprüfung eines Eingriffs in die Berufsfreiheit: BVerfG 19.7.200 BVerfGE 102, 197 (218); 11.7.2006 BVerfGE 116, 202 (226) = AP GG Art. 9 Nr. 129 (C II 2 c dd der Gründe).

III. Ergebnis

Die Tariftreuegesetze der Bundesländer greifen nach hier vertretener Ansicht unter zwei Gesichtspunkten in die durch Art. 9 Abs. 3 GG gewährleistete Koalitionsfreiheit ein. Zum einen ist die negative Koalitionsfreiheit in Form der negativen Tarifvertragsfreiheit berührt, andererseits werden Koalitionen, die nicht Tarifvertragspartei des bei der öffentlichen Auftragsvergabe anzuwendenden Tarifvertrages sind, in ihrer Tarifautonomie beeinträchtigt, da die von ihnen geschlossenen Tarifverträge, zumindest soweit sie niedrigere Entgelte vorsehen, nicht zur Anwendung kommen. Dieser Eingriff in die Koalitionsfreiheit ist jedoch gerechtfertigt, denn der Gesetzgeber verfolgt mit der Regelung den Schutz von Rechtsgütern mit Verfassungsrang. Zudem hält der Eingriff auch einer Verhältnismäßigkeitsprüfung stand.

C. Vereinbarkeit mit der Berufsfreiheit

Lehnt man, entgegen der hier vertretenen Ansicht, das weite Verständnis der negativen Koalitionsfreiheit ab, kann das Recht der Arbeitsvertragsparteien, von den Tarifnormen fremder Koalitionen verschont zu bleiben, aus Art. 12 GG abgeleitet und die Problematik an dieser Stelle erörtert werden. So sehen diejenigen, die die negative Koalitionsfreiheit lediglich als ein Fernbleibe- und Austrittsrecht begreifen, in den landesgesetzlichen Verpflichtungen zur Abgabe von Tariftreueerklärungen einen Eingriff in Art. 12 GG. Dieser gewährleiste den Arbeitgebern das Recht, die Arbeitsbedingungen mit ihren Arbeitnehmern im Rahmen der Gesetze frei auszuhandeln[171]. Zwar werde die Vertragsfreiheit grundsätzlich durch das Grundrecht der allgemeinen Handlungsfreiheit gem. Art. 2 Abs. 1 GG garantiert, betreffe eine gesetzliche Regelung aber die Vertragsfreiheit gerade im Bereich der beruflichen Betätigung, so sei insoweit Art. 12 GG einschlägig. Gesetzliche Vorschriften, die die Gestaltung der Arbeitsbeziehungen beträfen, seien als Berufsausübungsregelungen zu qualifizieren und daher an der durch Art. 12 GG gewährleisteten Berufsfreiheit zu messen[172].

Unterschiede zur Prüfung eines Eingriff in die negative Koalitionsfreiheit ergeben sich im Wesentlich in zwei Punkten. So ist zum einen zu beachten, dass es sich bei der negativen Koalitionsfreiheit um ein sogenanntes „Jedermann-Grundrecht" handelt, so dass sich auch Ausländer auf sie berufen können. Im Gegensatz dazu, schützt die Berufsfreiheit allein deutsche Staatsbürger, so dass sich ein Unterschied in der Reichweite des Schutzbereichs ergibt. Auf der Rechtfertigungsebene ist zu beachten, dass die Berufsfreiheit, anders als die Koalitionsfreiheit, nicht nur zum Schutz von Rechtsgütern von Verfassungsrang, beschränkt

---

[171] *Humbert,* Staatliche Regelungsbefugnisse, S. 312, 314 ff.
[172] BVerfG 11.7.2006 BVerfGE 116, 202 ff.

werden kann. Vielmehr besteht hier nur ein normaler Gesetzesvorbehalt, der lediglich fordert, dass die Bedeutung des Grundrechts beachtet wird[173].

Das Bundesverfassungsgericht ging in seiner Entscheidung zum Berliner Vergabegesetz von einem Eingriff in die Berufsfreiheit aus, hielt diesen jedoch für gerechtfertigt[174]. Dabei konnte es auf der Rechtfertigungsebene neben der Bekämpfung der Arbeitslosigkeit und der Stützung der Ordnungsfunktion der Tarifverträge auch den Schutz der sozialen Sicherungssysteme als rechtfertigendes Regelungsziel heranziehen, da der Gesetzgeber damit wichtige Gemeinwohlbelange verfolgt.

D. Zusammenfassung

Die Frage, ob die landesrechtlichen Regelungen überhaupt einen Eingriff in die Koalitionsfreiheit darstellen, hängt maßgeblich von der Auslegung des Schutzbereichs ab.

Im Bereich der negativen Koalitionsfreiheit wird hier entgegen der Rechtsprechung des Bundesverfassungsgerichts ein, in der Literatur vielfach befürwortetes, weites Verständnis im Sinne einer negativen Tarifvertragsfreiheit vertreten. Leider hat das Bundesverfassungsgericht sich in seiner Entscheidung zum Berliner Vergabegesetz nicht erneut mit der Reichweite der negativen Koalitionsfreiheit auseinandergesetzt. In den letzten Jahren hat die Geltungserstreckung von Tarifverträgen sich zu einem der wichtigsten Instrumente des Schutzes nationaler Mindestarbeitsbedingungen entwickelt, so dass die Frage nach einem Schutz für Außenseiter durchaus verstärkte Bedeutung gewonnen hat[175]. Dem hätte das Bundesverfassungsgericht durch eine vertiefte Auseinandersetzung mit dem Schutzbereich Rechnung tragen können. Zudem geht die Vorlageentscheidung des Bundesgerichtshofs erkennbar von einem weiteren Verständnis der negativen Koalitionsfreiheit aus. Auch dies hätte das Bundesverfassungsgericht zumindest zu einer Stellungnahme in dieser Frage veranlassen können.

Stattdessen hält das Gericht ohne vertiefte Begründung an seiner Auslegung als Fernbleibe- und Austrittsrecht fest. Folgerichtig lehnt es einen Eingriff in die negative Koalitionsfreiheit mangels eines hinreichenden Beitrittsdrucks ab. Versteht man dagegen, wie hier vertreten, die negative Koalitionsfreiheit als Freiheit, grundsätzlich von der Normsetzung der Koalitionen verschont zu bleiben, greifen die Tariftreuegesetze unter diesem Aspekt in Art. 9 Abs. 3 GG ein, denn sie verlangen von Außenseitern eine Verpflichtung zur Einhaltung tarifvertraglicher Be-

---

[173] ErfK/*Dieterich,* Art. 12 GG Rn. 23.
[174] BVerfG 11.7.2006 BVerfGE 116, 202 (223 ff.); ebenso BayVerfGH 20.6.2008 EuZW 2008, 675 (677); aA *Humbert,* Staatliche Regelungsbefugnisse, S. 314 ff.
[175] *Hanau,* FS Scholz (2007), S. 1035 (1036).

stimmungen. Auf einen Eingriff in die negative Koalitionsfreiheit können sich sowohl inländische als auch ausländische Arbeitgeber berufen.

Darüber hinaus greifen die Tariftreuegesetze der Bundesländer nach hier vertretener Auffassung auch in die kollektive Koalitionsfreiheit ein. Diejenigen Tarifvertragsparteien, deren Tarifvertrag bei der Vergabe öffentlicher Aufträge nicht in Bezug genommen wird, werden in ihrer Tarifautonomie beeinträchtigt, wenn sie die Arbeitsbedingungen ihrer Mitglieder nicht mehr selbständig umfassend regeln können. Dies gilt jedenfalls für deutsche Tarifvertragsparteien. Inwieweit sich auch ausländische Koalitionen auf eine Beeinträchtigung der durch Art. 9 Abs. 3 GG gewährleisteten Tarifautonomie berufen können, hängt wiederum von der Auslegung des Schutzbereichs ab. Nach hier vertretener Auffassung schützt Art. 9 Abs. 3 GG auch die Tarifautonomie ausländischer Koalitionen, soweit diese an tarifvertraglichen Regelungen inländischer Arbeitsbedingungen beteiligt sind. Dabei reicht allein die Entsendung von Arbeitnehmern nach Deutschland nicht als hinreichender Inlandsbezug aus. Vielmehr müssen gerade Regelungen für die Entsendung getroffen worden sein. Dies ist im Einzelfall zu prüfen.

Im Ergebnis stellen sich sowohl der Eingriff in die negative als auch der Eingriff in die kollektive Koalitionsfreiheit als gerechtfertigt dar. Dies ist im Wesentlichen auf den weiten Beurteilungs- und Prognosespielraum des Gesetzgebers im Rahmen wirtschaftlicher und arbeitsmarktpolitischer Entscheidungen zurückzuführen. Mag man die Entscheidung für den Erlass der Tariftreuegesetze auch für ökonomisch fragwürdig oder politisch falsch halten, so ändert dies nichts an der Rechtmäßigkeit des Eingriffs in die Koalitionsfreiheit. Dieser stellt sich vielmehr vor dem Hintergrund der Einschätzungsprärogative des Gesetzgebers als verhältnismäßig dar.

Ein Eingriff in die durch Art. 12 GG geschützte Berufsfreiheit ist nur dann zu prüfen, wenn man die hier befürwortete Auslegung der negativen Koalitionsfreiheit im Sinne einer Tarifvertragsfreiheit ablehnt. In diesem Fall kann die Geltungserstreckung von Tarifverträgen unter dem Gesichtspunkt der aus Art. 12 GG folgenden Arbeitsvertragsfreiheit überprüft werden. Zu beachten ist, dass sich ausländische Arbeitsvertragsparteien auf ein solches Recht nicht berufen können, da es sich bei Art. 12 GG um ein „Deutschengrundrecht" handelt. Unterschiede ergeben sich auch auf der Rechtfertigungsebene. Ein Eingriff in Art. 12 GG stellt gegenüber Art. 9 Abs. 3 GG vergleichsweise geringere Anforderungen an eine Rechtfertigung. Ein Eingriff in die Berufsfreiheit kann unter Umständen auch zugunsten wichtiger Allgemeinwohlbelange ohne Verfassungsrang erfolgen. Soweit die Tariftreuegesetze also am Maßstab von Art. 12 GG geprüft werden, müssen sie gleichfalls als gerechtfertigt gelten.

Teil 4

Vereinbarkeit der Tariftreuegesetze mit Europäischem Arbeitsrecht

A. Bestandsaufnahme

I. Stand der Diskussion

Der Bundesgerichtshof hat in seiner Vorlageentscheidung an das Bundesverfassungsgericht auch eine mögliche Unvereinbarkeit der Regelung mit dem europäischen Recht erwogen. So sei zum einen ein Verstoß gegen die Dienstleistungsfreiheit (Art. 49 EG) denkbar. Möglicherweise liege hier ein Fall der mittelbaren Diskriminierung vor, wenn Anbietern aus anderen Mitgliedstaaten durch die Verpflichtung, ihre ins Inland entsandten Arbeitnehmer nach einem bestimmten inländischen Tarif zu entlohnen, der mit einem niedrigen Lohnniveau in ihrem Heimatstaat verbundene Vorteil genommen werde[1]. Die Frage, ob die Tariftreueregelung des Berliner Vergabegesetzes mit Art. 49 EG vereinbar sei, könne indes vom BGH nicht abschließend geklärt werden. Vielmehr bedürfe es zur Klärung dieser Frage einer Vorlage an den EuGH im Rahmen eines Vorabentscheidungsersuchens gem. Art. 234 EG. Hierzu bestehe jedoch für den vorliegenden Fall keine Veranlassung, da die Tariftreueregelung des Berliner Vergabegesetzes ohnehin wegen der Verstöße gegen nationales Recht ungültig sei[2]. Der BGH hat somit dafür entschieden, sich mit der Frage seiner Vereinbarkeit mit dem nationalen Recht ausführlich auseinanderzusetzen, eine mögliche Unvereinbarkeit der zu beurteilenden Regelung mit dem Europarecht dagegen lediglich anzudeuten, ohne die Ausführungen hierzu jedoch zu vertiefen.

Die Entscheidung des BGH, auf eine Vorlage beim EuGH zu verzichten, ist in der Literatur kritisch aufgenommen werden. Dort hieß es, eine Vorlage an den EuGH sei zumindest wünschenswert[3], wenn nicht gar rechtlich geboten[4] gewesen. Die Entscheidung, die Vorschrift vom Bundesverfassungsgericht auf ihre Vereinbarkeit mit dem deutschen Grundgesetz überprüfen zu lassen, habe nicht dazu geführt, dass eine Vorlage an den EuGH nunmehr als entbehrlich betrachtet

---

[1] BGH 18.1.2000 AP GWB § 20 Nr. 1 B I 4 a der Gründe.
[2] BGH 18.1.2000 AP GWB § 20 Nr. 1 B I 4 a der Gründe.
[3] *Weinacht,* WuW 2000, 382 ff.
[4] *Berrisch/Nehl,* Anm. BGH 18.1.2000, ZIP 2000, 434 (435).

werden könne. Das Verfahren der konkreten Normenkontrolle gem. Art. 100 GG genieße keinen automatischen Vorrang vor einem Vorlageverfahren gem. Art. 234 EG. Daher hätte sich der BGH über eine Vorlage weiterreichende Gedanken machen müssen. Angesichts der Unterschiedlichkeit der verfassungsrechtlichen und gemeinschaftsrechtlichen Fragestellung wäre auch eine parallele Vorlage an den EuGH möglich gewesen.

Anders als der Bundesgerichtshof hat sich die Literatur in zahlreichen Beiträgen der Problematik der Vereinbarkeit von Tariftreueregelungen mit dem europäischen Arbeitsrecht angenommen. Im Zentrum der Diskussion steht dabei die Frage, ob die Verpflichtung zur Abgabe einer Tariftreueerklärung mit der Dienstleistungsfreiheit aus Art. 49 EG vereinbar ist. Vernachlässigt wird dagegen die Problematik der Vereinbarkeit der Tariftreuegesetze mit der Entsenderichtlinie sowie die Frage, wie sich ein möglicher Verstoß gegen die Richtlinie auswirkt. Daneben könnten die Tariftreuegesetze auch die im EG-Vertrag garantierte Arbeitnehmerfreizügigkeit aus Art. 39 EG in unzulässiger Weise beeinträchtigen.

Jüngst hatte auch der EuGH Gelegenheit, sich doch noch mit den deutschen Tariftreueregelungen zu beschäftigen[5]. Das OLG Celle hatte dem Gericht die Frage vorgelegt, ob die Tariftreueregelung des Vergabegesetzes des Landes Niedersachsen mit der Dienstleistungsfreiheit vereinbar sei[6].

II. Gang der Untersuchung

Die Diskussion um die Vereinbarkeit der Tariftreuegesetze mit Europäischem Arbeitsrecht konzentrierte sich vorwiegend auf Fragen nach der Vereinbarkeit mit dem Europäischen Primärrecht. Maßstab der Untersuchungen bildete regelmäßig die Dienstleistungsfreiheit. Das Europäische Sekundärrecht wurde dagegen selten als Prüfungsmaßstab herangezogen.

Ihren Ursprung hat die Entwicklung der Tariftreueregelungen in der Baubranche. Bis heute ist dies der Hauptanwendungsbereich der bestehenden Landesgesetze. Auch wenn inzwischen einige Landesgesetze ihren sachlichen Anwendungsbereich erweitert haben und auch in anderen Wirtschaftszweigen Tariftreueerklärungen verlangen, so handelt es sich auch insoweit um Branchen, in denen die Auftragsausführung ortsgebunden ist. Unternehmer aus anderen Mitgliedstaaten, die einen solchen Auftrag erhalten, erbringen die vertragsgemäße Leistung in diesen Fällen ganz überwiegend, indem sie die bei ihnen beschäftigten Arbeitnehmer an den Ort der Auftragsausführung entsenden. Für den grenzüberschreitenden Einsatz von Arbeitnehmern hat der Gemeinschaftsgesetzgeber

---

[5] EuGH 3.4.2008 Rs. C-346/06 *(Rüffert)* NZA 2008, 537 ff.
[6] OLG Celle 3.8.2006 NZBau 2006, 660 ff.

A. Bestandsaufnahme

durch den Erlass der Entsenderichtlinie auf sekundärrechtlicher Ebene Regelungen getroffen.

Bei der Überprüfung einer nationalen Regelung auf ihre Vereinbarkeit mit Europäischem Recht stellt sich die Frage, wie sich die Existenz von Europäischem Sekundärrecht auf den Prüfungsmaßstab auswirkt, wenn zugleich die Vereinbarkeit mit Europäischem Primärrecht in Gestalt der Grundfreiheiten zur Debatte steht. Bisher wurde dieses Problem allgemein kaum erörtert. Auch im Bereich der Entsenderichtlinie ist bisher insoweit keine abschließende Klärung herbeigeführt worden. Im Anwendungsbereich der Richtlinie standen zwar schon verschiedene Regelungen des AEntG, das die Richtlinie in Deutschland umsetzt, auf dem Prüfstand. Die ersten Streitigkeiten hinsichtlich der Europarechtskonformität des AEntG entstanden jedoch vor dem 16. Dezember 1999 und damit vor Ablauf der in Art. 7 Abs. 1 EG-RL 96/71 festgelegten Umsetzungsfrist. In diesem Zeitraum war das AEntG unstreitig allein am Maßstab der Dienstleistungsfreiheit zu überprüfen. Auch hinsichtlich der Regelungen des AEntG stellt sich aber die Frage, wie mit Sachverhalten zu verfahren ist, die nach dem 16. Dezember 1999 entstanden sind. Das Bundesarbeitsgericht hat auch in einem solchen Fall lediglich eine Überprüfung der nationalen Regelung am Maßstab der Dienstleistungsfreiheit vorgenommen, ohne auf die Problematik näher einzugehen[7]. Auch das Oberlandesgericht Celle hat in einem Vorlageverfahren, das das Niedersächsische Vergabegesetz zum Gegenstand hat, den EuGH lediglich zur Auslegung der Dienstleistungsfreiheit befragt[8].

In der Literatur wird teilweise eine Überprüfung nationaler Entsenderegelungen ebenfalls allein oder schwerpunktmäßig am Maßstab der Dienstleistungsfreiheit vorgenommen. Dies hat unterschiedliche Gründe: Teilweise wird auf die in der Literatur früher weit verbreitete Ansicht verwiesen, schon die europäische Entsenderichtlinie beschränke die Dienstleistungsfreiheit unverhältnismäßig oder sei zumindest auf eine falsche Rechtsgrundlage gestützt[9]. Nationale Bestimmungen, die die Entsendung von Arbeitnehmern regeln, seien daher nicht am Maßstab der rechtswidrigen Entsenderichtlinie, sondern weiterhin anhand des Primärrechts zu überprüfen[10]. Fraglich ist, ob diese Ansicht heute noch aufrecht erhalten würde. Die Richtlinie ist durch den EuGH nie beanstandet worden und auch in der neueren Literatur wird die Entsenderichtlinie als Konkretisierung der Dienstleistungsfreiheit für zulässig gehalten[11]. Andere interpretieren die Richtlinie dahingehend, dass sie vorrangig ein Mindestmaß an Arbeitnehmerschutz ga-

---

[7] BAG 12.1.2005 AP AEntG § 1 a Nr. 2 (VII der Gründe).
[8] OLG Celle 3.8.2006 NZBau 2006, 660 ff.
[9] *Eichenhofer*, ZIAS 1996, 55 (74 ff.); *Franzen*, DZWir 1996, 89 (92); *ders.*, ZEuP 1997, 1055 (1059 ff.).
[10] Vgl. *Rieble/Lessner*, ZfA 2002, 29 (49 ff.) zur Frage der Anwendbarkeit des Art. 49 EG bei einer Prüfung des § 1 a AEntG.
[11] *Wiedmann*, EUZW 2008, 308 (309).

rantieren soll und daher Maßnahmen, die nicht von der Richtlinie gedeckt sind, nicht per se einen Verstoß gegen Europäisches Recht darstellen. Vielmehr sollen Maßnahmen, die das Schutzniveau der Arbeitnehmer über die Vorgaben der Richtlinien hinaus verbessern, zulässig sein. Allerdings könne ein solcher verstärkter nationaler Schutz nur in den Grenzen des Art. 49 EG erfolgen[12]. Auch nach dieser Ansicht liegt der Schwerpunkt der Überprüfung nationaler Regelungen auf ihre Vereinbarkeit mit Europäischem Recht im Bereich des Primärrechts.

Vereinzelt wird demgegenüber vertreten, Sachverhalte, die nach dem 16. Dezember 1999 entstanden sind, seien allein am Maßstab der Entsenderichtlinie zu messen, denn diese lege abschließend fest, welche nationalen Maßnahmen im Bereich der Arbeitnehmerentsendung zulässig seien[13]. Unabhängig davon, ob diese Interpretation der Richtlinie zutreffend ist, kann sie nicht generell zu einer Einschränkung des Prüfungsmaßstabs führen. Vielmehr muss zumindest berücksichtigt werden, dass die Richtlinie zwar die Rechtsvorschriften der Mitgliedstaaten koordinieren soll, indem sie eine Liste zwingender Vorschriften aufstellt, die ein Mitgliedstaat auf die in einem anderen Mitgliedstaat ansässigen Unternehmen anwenden muss, dass sie jedoch nicht den materiell-rechtlichen Inhalt dieser nationalen Vorschriften harmonisiert[14]. Der Inhalt der nationalen Vorschriften kann daher von den Mitgliedstaaten frei bestimmt werden. Dabei sind die Vorschriften des EG-Vertrages und damit auch Art. 49 EG zu beachten[15].

Auch im Übrigen kann die Ansicht, eine Überprüfung nationaler Maßnahmen sei allein am Maßstab des Sekundärrechts vorzunehmen, nicht überzeugen. Der Erlass von Richtlinien im Anwendungsbereich der Grundfreiheiten dient in aller Regel dazu, die Ausübung der Grundfreiheiten zu verbessern. Diese Zielsetzung haben das Europäische Parlament und der Rat der Europäischen Union, wie sich aus dem 5. Erwägungsrund der Richtlinie ergibt, auch mit dem Erlass der Entsenderichtlinie verfolgt. Danach soll sie den grenzüberschreitenden Dienstleistungsverkehr fördern. Selbst für Richtlinien, die – anders als die lediglich mit einer Koordinierungswirkung ausgestattete Entsenderichtlinie – auf eine Harmonisierung abzielen, besteht weitgehend Einigkeit darüber, dass der Tatbestand der

---

[12] Schlussanträge des Generalanwalts *Mengozzi* v. 23.5.2007 Rs. C-341/05 *(Laval un Partneri Ltd)* Rn. 144–153; Schlussanträge des Generalanwalts *Bot* v. 20.9.2007 Rs. C-346/06 Rn. 79–84.

[13] So *Preis/Temming*, Anm. zu BAG 20.7.2004, EzA AEntG § 1 Nr. 3, S. 38 f.

[14] EuGH 18.7.2007 Rs. C-490/04 *(Kommission/Bundesrepublik Deutschland)* Slg. 2007, I-6095 Rn. 17, 19; Mitteilung der Kommission an den Rat, das Europäische Parlament, den Europäischen Wirtschafts- und Sozialausschuss und den Ausschuss der Regionen vom 25.7.2003 über die Durchführung der Richtlinie 96/71 EG in den Mitgliedstaaten, KOM (2003) 458 endg., Punkt 2.3.1.3.

[15] EuGH 18.7.2007 Rs. C-490/04 *(Kommission/Bundesrepublik Deutschland)* Slg. 2007, I-6095 Rn. 19; speziell zu Art. 5 EG-RL 96/71 auch schon EuGH 12.10.2004 Rs. C-60/03 *(Wolff & Müller)* Slg. 2004, I-9553 Rn. 30; *Döring*, Rechtsprobleme des Ausländereinsatzes in der Bauwirtschaft, S. 160 f.

Freiheiten unabhängig davon eröffnet ist, ob eine sekundärrechtliche Harmonisierung besteht[16].

Nationale Maßnahmen sind daher grundsätzlich sowohl am Maßstab des Sekundärrechts als auch am Maßstab der Grundfreiheiten zu prüfen. Lediglich, wenn Diskrepanzen beim Prüfungsergebnis auftreten, ist das Verhältnis zwischen Primär- und Sekundärrecht näher zu beleuchten[17]. Auch der EuGH hat in den Rechtssachen *Laval un Partneri*[18] und *Rüffert*[19] seiner Prüfung sowohl die Entsenderichtlinie als auch Art. 49 EG zugrunde gelegt.

Daher werden die Tariftreueregelungen im Folgenden sowohl auf ihre Vereinbarkeit mit den Grundfreiheiten als auch auf ihre Vereinbarkeit mit der Entsenderichtlinie überprüft. Zunächst ist zu ermitteln, welche Grundfreiheiten durch die Verpflichtung zur Abgabe einer Tariftreueerklärung berührt sein können. Aus Sicht des Unternehmers, der sich an einem Vergabeverfahren in Deutschland beteiligen möchte, steht eine mögliche Beeinträchtigung der durch Art. 49 EG gewährleisteten Dienstleistungsfreiheit im Vordergrund. In der Literatur wird darüber hinaus diskutiert, ob in den Fällen der Entsendung von Arbeitnehmern neben der Dienstleistungsfreiheit des Unternehmers auch die Arbeitnehmerfreizügigkeit seines Personals berührt sein kann. Diese Frage bedarf daher ebenfalls einer näheren Untersuchung. Im Rahmen der Prüfung, ob die Tariftreueregelungen mit der Entsenderichtlinie vereinbar sind, werden Auslegungsfragen im Mittelpunkt stehen. Ein Verstoß gegen die Richtlinie kommt von vornherein nur in Betracht, wenn sie hinsichtlich der Zulässigkeit nationaler Entsenderegelungen abschließende Vorgaben enthält.

B. Vereinbarkeit mit der Arbeitnehmerfreizügigkeit

Auch wenn die Dienstleistungsfreiheit in der Diskussion um die Vereinbarkeit der Tariftreuegesetze mit den Grundfreiheiten im Vordergrund steht, so lässt sich die Frage, ob die Regelungen mit dem europäischen Primärrecht vereinbar sind, mit einer Überprüfung am Maßstab der Dienstleistungsfreiheit nicht abschließend beantworten. Vielmehr ist auch denkbar, dass die Tariftreuegesetze die Arbeitnehmerfreizügigkeit (Art. 39 EG) der entsandten Arbeitnehmer verletzt, soweit es sich bei ihnen um Staatsangehörige der Mitgliedstaaten handelt.

Art. 39 EG gewährt den Arbeitnehmern der Mitgliedstaaten das Recht, innerhalb der EU an einem Ort ihrer Wahl zu arbeiten. Ihnen ist der freie Zugang zum Arbeitsmarkt jedes anderen Mitgliedstaates einzuräumen.

---

[16] *Randelzhofer/Forsthoff*, in: Grabitz/Hilf, vor Art. 39–55 EGV Rn. 146.
[17] *Randelzhofer/Forsthoff*, in: Grabitz/Hilf, vor Art. 39–55 EGV Rn. 147.
[18] EuGH 18.12.2007 Rs. C-341/05 *(Laval un Partneri Ltd)* Slg. 2007, I-11767.
[19] EuGH 3.4.2008 Rs. C-346/06 *(Rüffert)* NZA 2008, 537 ff.

Wenn bei der Vergabe von öffentlichen Aufträgen eine Tariftreueerklärung verlangt wird, führt das in vielen Fällen dazu, dass sich eine Bewerbung um den Auftrag für Unternehmer aus dem EU-Ausland nicht mehr lohnt. Dieser Umstand kann sich mittelbar auch auf die bei ihnen beschäftigten Arbeitnehmer auswirken, die nicht mehr zur Ausführung von Dienstleistungsaufträgen ihres Arbeitgebers in Deutschland tätig werden können. Unter diesem Gesichtspunkt könnte also ihr Recht auf Freizügigkeit in unzulässiger Weise beeinträchtigt sein.

Ob sich die Arbeitnehmer jedoch in den Fällen ihrer Entsendung durch den Arbeitgeber auf Art. 39 EG berufen können, oder ob in diesen Fällen allein der Anwendungsbereich der Dienstleistungsfreiheit eröffnet ist, ist in der Literatur äußerst umstritten[20]. In der Rechtsprechung des EuGH finden sich widersprüchliche Urteile. So gibt es Urteile des EuGH, in denen er feststellt, auch entsandte Arbeitnehmer könnten sich auf die Freizügigkeit aus Art. 39 EG berufen[21], in anderen Urteilen lehnt der EuGH eine Anwendbarkeit der Freizügigkeitsregeln auf entsandte Arbeitnehmer ab[22].

Die Ausübung eines Freiheitsrechts setzt zunächst voraus, dass der Rechtsinhaber eine eigenständige Entscheidung trifft. Ob der einzelne Arbeitnehmer in der Entsendesituation eine eigene Entscheidung hinsichtlich des Auslandseinsatzes trifft, wird vielfach bezweifelt. In den Fällen der Entsendung liege die Entscheidung über ein Tätigwerden des Arbeitnehmers im Ausland beim Arbeitgeber, der den Arbeitnehmer im Rahmen seines Arbeitsverhältnisses dorthin abordne[23]. Die Gegenauffassung stellt hingegen darauf ab, dass ein Arbeitgeber einen Auslandseinsatz des Arbeitnehmers nicht gegen dessen Willen anordnen könne. Dem ist insoweit zuzustimmen, als eine solche Anordnung individualrechtlich nur zulässig ist, wenn der Arbeitsvertrag die Möglichkeit der Entsen-

---

[20] Für eine Eröffnung des Schutzbereichs des Art. 39 EGV bei der Arbeitnehmerentsendung: z.B.: *Birk*, FS Wißmann (2005), S. 523 (527 ff.); *Fuchs*, Anm. zu EuGH 25.10.2001, SAE 2002, 83 (86); *Konzen*, NZA 2002, 781; *Preis/Temming*, Die Urlaubs- und Lohnausgleichskasse im Kontext des Gemeinschaftsrechts, S. 115 ff.; *Rebhahn*, DRdA 1999, 173 (182); dagegen: u.a. *Eichenhofer*, ZIAS 1996, 55 (60 f.); *Frenz*, Europäische Grundfreiheiten Rn. 2529; *Görres*, Grenzüberschreitende Arbeitnehmerentsendung in der EU, S. 64 ff.; *Käppler*, FS Schwerdtner (2003), S. 751 (755); *Kayser*, Nationale Regelungsspielräume, S. 17 f.; *Kort*, NZA 2002, 1248 (1250); *Kort*, NZA 2002, 1248 (1250); *Kramer*, Tariftreue im europäischen Vergaberecht, Bd. 2, S. 547 ff.; *Selmayr*, ZfA 1996, 615 (635); *Wichmann*, Dienstleistungsfreiheit und grenzüberschreitende Entsendung von Arbeitnehmern, S. 97 ff.

[21] EuGH 26.1.1999 Rs. C-18/95 *(Terhoeve)* Slg. 1999, I-345 Rn. 27; 29.4.2004 Rs. C-171/02 *(Kommission/Portugal)* Slg. 2004, I-5645 Rn. 66.

[22] EuGH 27.3.1990 Rs. C-113/89 *(Rush Portuguesa)* Slg. 1990, I-1417 Rn. 15; 9.8.1994 Rs. C-43/93 *(Vander Elst)* Slg. 1994, I-3803 Rn. 21; 25.10.2001 Rs. C-49/98 u.a. *(Finalarte)* Slg. 2001, I-7831 Rn. 22 f.

[23] *Däubler*, EuZW 1997, 613 (614); *Eichenhofer*, ZIAS 1996, 55 (61); *Görres*, Grenzüberschreitende Arbeitnehmerentsendung in der EU, S. 67; *Kayser*, Nationale Regelungsspielräume, S. 18; *Kramer*, Tariftreue im europäischen Vergaberecht, S. 548; *Koberski/Asshoff/Hold*, § 1 AEntG Rn. 156.

B. Vereinbarkeit mit der Arbeitnehmerfreizügigkeit

dung zu Auslandseinsätzen vorsieht. Ist dies nicht der Fall, überschreitet der Arbeitgeber mit der Anordnung eines Auslandseinsatzes das ihm im Rahmen des Arbeitsverhältnisses zustehende Weisungsrecht[24]. Ohne eine Entscheidung des Arbeitnehmers zugunsten einer Bereitschaft zu Auslandseinsätzen ist eine Entsendung daher nicht möglich. Dennoch bleibt zu bedenken, dass die Entsendung auf Initiative des Arbeitgebers erfolgt. Bei ihm liegt letztlich die Entscheidung über den konkreten Auslandseinsatz. Für den entsandten Arbeitnehmer steht dagegen nicht der eigene Wille, im Ausland zu arbeiten, sondern die Erfüllung seiner Verpflichtung aus dem Arbeitsvertrag im Vordergrund.

Aber auch dann, wenn man die Bereitschaft des Arbeitnehmers zu Arbeitseinsätzen im Ausland auf Veranlassung des Arbeitgebers für die Wahrnehmung eines eigenen Freiheitsrechts ausreichen lässt, bleiben Zweifel hinsichtlich der Anwendbarkeit des Art. 39 EG in der Entsendesituation. Art. 39 EG verbietet, Arbeitnehmern, die die Staatsangehörigkeit eines Mitgliedstaates besitzen, den Zugang zum Arbeitsmarkt eines anderen Mitgliedstaates zu erschweren. Art. 39 EG kann folglich nur Anwendung finden, wenn ein Arbeitnehmer tatsächlich Zugang zum Arbeitsmarkt eines Mitgliedstaates, der nicht sein Heimatstaat ist, begehrt. Im Zusammenhang mit den Entsendefällen, in denen Arbeitnehmer typischerweise nur für ein bestimmtes Projekt vorübergehend im Gastland tätig werden und im Anschluss an ihre von vornherein zeitlich begrenzte Tätigkeit in ihren Heimatstaat zurückkehren, erscheint dies fraglich.

Der EuGH hat in mehreren seiner Urteile entschieden, die Anwendungsbereich der Arbeitnehmerfreizügigkeit sei in den Entsendefällen deshalb nicht berührt, weil die entsandten Arbeitnehmer wegen ihres zeitlich begrenzten Einsatzes nicht in den Arbeitsmarkt des Gastlandes integriert würden[25]. Der EuGH stellt also bei der Frage des Arbeitsmarktzugangs entscheidend auf das Kriterium der Dauer des Arbeitseinsatzes ab[26]. Dagegen wird in der Literatur vorgebracht, eine zeitliche Betrachtung könne für eine Beurteilung des Sachverhalts nicht ausreichen, da es auch sehr kurz dauernde Arbeitsverhältnisse gebe, die, wenn sie auf unbegrenzte Zeit eingegangen worden seien, unstreitig unter Art. 39 EG fielen[27].

Tatsächlich besteht Einigkeit darüber, dass der Anwendungsbereich der Arbeitnehmerfreizügigkeit eröffnet ist, wenn ein Arbeitnehmer mit einem Arbeitgeber, der nicht in seinem Herkunftsstaat ansässig ist, ein Arbeitsverhältnis eingeht.

---

[24] *Birk*, FS Wißmann (2005), S. 523 (528).
[25] EuGH 27.3.1990 Rs. C-113/89 *(Rush Portuguesa)* Slg. 1990, I-1417 Rn. 15; 9.8.1994 Rs. C-43/93 *(Vander Elst)* Slg. 1994, I-3803 Rn. 21; 25.10.2001 Rs. C-49/98 u. a. *(Finalarte)* Slg. 2001, I-7831 Rn. 22 = EuZW 2001, 759 (761).
[26] Für eine Abgrenzung nach zeitlichen Gesichtspunkten auch *Doppler*, Die Vereinbarkeit des Arbeitnehmer-Entsendegesetzes mit dem Europäischen Recht, S. 51; *Heilbronner/Nachbauer*, EuZW 1992, 105 (106); *Krebber*, Jahrbuch Junger Zivilrechtswissenschaftler 1997, S. 129 (148).
[27] *Birk*, FS Wißmann (2005), S. 523 (528).

Eine Untergrenze einer erforderlichen Beschäftigungszeit besteht insoweit nicht. Auch kommt es nicht darauf an, wie lange das Arbeitsverhältnis nach seinem Abschluss besteht. Insbesondere ist unerheblich, ob ein auf längere Zeit angelegtes Arbeitsverhältnis schon nach relativ kurzer Zeit gekündigt wird. Dies gilt auch, wenn der Arbeitnehmer sich nach der Beendigung seines Arbeitsverhältnisses nicht um eine neue Beschäftigung in dem entsprechenden Mitgliedstaat bemüht, sondern in seinen Heimatstaat zurückkehrt.

Daher ist die Skepsis gegenüber dem Merkmal der Dauer der Erbringung der Arbeitsleistung in einem anderen Mitgliedstaat als Kriterium für die Eröffnung des Anwendungsbereichs des Art. 39 EG durchaus nachvollziehbar und berechtigt.

Fraglich ist jedoch, ob daraus folgt, dass jeder auch kurzfristige Einsatz eines Arbeitnehmers in einem anderen Mitgliedstaat unter den Anwendungsbereich der Arbeitnehmerfreizügigkeit fällt[28]. Teilweise wird dies mit dem Hinweis darauf bejaht, dass jede Arbeit im Beschäftigungsstaat, die durch fremde Arbeitnehmer ausgeführt werde, unabhängig davon, ob sie kurz oder länger andauere, den Arbeitsmarkt des Beschäftigungsstaates beeinträchtige. Schließlich könne jede durch einen ausländischen Arbeitnehmer vorgenommene Tätigkeit auch durch einen Arbeitnehmer des Beschäftigungsstaates vorgenommen werden[29].

Zwar ist dem zuzustimmen; für die Eröffnung des Anwendungsbereichs der Arbeitnehmerfreizügigkeit reicht es jedoch nicht aus, dass die Beschäftigung des ausländischen Arbeitnehmers den Arbeitsmarkt des Beschäftigungsstaates beeinträchtigt. Vielmehr kommt es darauf an, dass der ausländische Arbeitnehmer Zugang zum Arbeitsmarkt des Gastlandes begehrt. Beeinträchtigung des und Zugang zum Arbeitsmarkt sind aber nicht gleichzusetzen. Beeinträchtigungen des Arbeitsmarktes sind auch von außen möglich, während der Arbeitnehmer bei einem Zugang zum Arbeitsmarkt an diesem teilnimmt.

Der Arbeitsmarkt bezeichnet das Zusammentreffen von Angebot und Nachfrage nach Arbeitskräften innerhalb einer Volkswirtschaft. Einen Zugang zum Arbeitsmarkt des Beschäftigungsstaates begehrt ein ausländischer Arbeitnehmer nur dann, wenn er seine Arbeitskraft auf diesem Markt anbietet. Das ist nur der Fall, wenn er bei einem dort ansässigen Arbeitgeber beschäftigt wird oder sich um eine solche Beschäftigung bemüht.

Entsandte Arbeitnehmer sind jedoch vor, während und nach ihrer Entsendung in den Beschäftigungsstaat kontinuierlich bei ihrem ausländischen Arbeitgeber beschäftigt. Durch ihren Arbeitseinsatz in einem anderen Mitgliedstaat erfüllen

---

[28] Bejahend: *Birk,* FS Wißmann (2005), S. 523 (529); *Gerken/Löwisch/Rieble,* BB 1995, 2370, (2372 f.).

[29] *Birk,* FS Wißmann (2005), S. 523 (529); *Preis/Temming,* Die Urlaubs- und Lohnausgleichskasse im Kontext des Gemeinschaftsrechts, S. 118; diesen Gedanken aufgreifend *Wank,* NZA Beilage 2/2005, 88 (92), allerdings ohne sich im Ergebnis festzulegen.

sie lediglich ihre arbeitsvertragliche Verpflichtung gegenüber ihrem Arbeitgeber. Einen Zugang zum Arbeitsmarkt des Gastlandes verlangen sie dadurch nicht[30].

Im Ergebnis fällt daher die Entsendung von Arbeitnehmern nicht in den Anwendungsbereich der Arbeitnehmerfreizügigkeit sondern ausschließlich in denjenigen der Dienstleistungsfreiheit. Auch das Argument, die Arbeitnehmer bedürften des Schutzes des Art. 39 EG, kann zu keiner anderen Beurteilung führen.

Zum einen bietet die Dienstleistungsfreiheit den Arbeitnehmern in den meisten Fällen den benötigten Schutz. So kann sich auch der Arbeitnehmer auf die Dienstleistungsfreiheit berufen, wenn es um das Recht zur Einreise oder zum Aufenthalt geht, oder auch um das Recht, die betreffende Tätigkeit aufzunehmen[31].

Darüber hinaus ist zu bedenken, dass die Grundfreiheiten des EG-Vertrages nicht in erster Linie den Zweck verfolgen, die Freiheit des Einzelnen abzusichern, sondern im Wesentlichen der Verwirklichung des europäischen Binnenmarktes dienen[32]. Die Arbeitnehmerfreizügigkeit soll in diesem Rahmen die Mobilität der in der EU abhängig Beschäftigten fördern[33].

Auch unter diesem Gesichtspunkt wird deutlich, dass die Arbeitnehmerfreizügigkeit die Fälle der Entsendung nicht erfasst. Denn hier geht die Initiative zu einem grenzüberschreitenden Tätigwerden nicht von den entsandten Arbeitnehmern, sondern vom Arbeitgeber aus, der von der ihm zustehenden Dienstleistungsfreiheit Gebrauch macht. Die Anwendung der Arbeitnehmerfreizügigkeit würde zu keiner weitergehenden Förderung grenzüberschreitender Tätigkeit führen.

C. Vereinbarkeit mit der Dienstleistungsfreiheit

Um feststellen zu können, ob die Tariftreuegesetze der Bundesländer mit der europäischen Dienstleistungsfreiheit vereinbar sind, muss zunächst der Gewährleistungsumfang der Dienstleistungsfreiheit bestimmt werden. Im Anschluss daran muss untersucht werden, ob das Verlangen einer Tariftreueerklärung die Dienstleistungsfreiheit beeinträchtigt. Sollte dies der Fall sein, ist zu klären, unter

---

[30] *Ismar,* Arbeitnehmerentsendung nach Schweden, S. 33; aA *Fuchs,* Anm. zu EuGH 25.10.2001, SAE 2002, 83 (86); *Gerken/Löwisch/Rieble,* BB 1995, 2370 (2373); ähnlich wie hier: *Arnold,* Europarechtliche Dimension der Konstitutiven Tariftreueerklärungen, S. 128 f., der sich bei seiner Argumentation auf das Fehlen eines grenzüberschreitenden Elements stützt.

[31] *Birk,* FS Wissmann (2005), S. 523 (526 f.); *Görres,* Grenzüberschreitende Arbeitnehmerentsendung in der EU, S. 60.

[32] *Randelzhofer/Forsthoff,* in: Grabitz/Hilf, vor Art. 39–55 EGV Rn. 3.

[33] *Haratsch/Koenig/Pechstein,* Europarecht, Rn. 760; Schwarze/*Schneider/Wunderlich,* Art. 39 EGV Rn. 2.

welchen Voraussetzungen Beeinträchtigungen der Dienstleistungsfreiheit gerechtfertigt sein können und ob die Tariftreuegesetze diese Anforderungen erfüllen. Nur wenn eine Rechtfertigung nicht in Betracht kommt, liegt eine unzulässige Beeinträchtigung der Dienstleistungsfreiheit und damit ein Verstoß gegen elementare Grundsätze des Europäischen Rechts vor.

I. Art. 49 EG: Dienstleistungsfreiheit – Dogmatische Grundlagen

1. Schutzbereich

Die Dienstleistungsfreiheit gewährt dem Dienstleistungserbringer das Recht, unbehindert von einem Mitgliedstaat aus einzelne Dienstleistungstätigkeiten in einem anderen Mitgliedstaat zu erbringen, ohne dort eine ständige Niederlassung zu unterhalten[34].

Die Freiheit des Dienstleistungsverkehrs war ursprünglich lediglich als Ergänzung der übrigen Grundfreiheiten, insbesondere der Niederlassungsfreiheit[35], gedacht, um die Freiheit wirtschaftlicher Austauschvorgänge lückenlos zu gewährleisten. Mit der Zeit erlangte die grenzüberschreitende Erbringung von Dienstleistungen wirtschaftlich immer größere Bedeutung. Dies führte auch zu einer wachsenden Bedeutung der Freiheit des Dienstleistungsverkehrs.

a) Begriff der Dienstleistung

Gemäß Art. 50 Abs. 1 EG ist unter einer Dienstleistung eine Leistung zu verstehen, die in der Regel gegen Entgelt erbracht wird und die nicht unter den Schutz der Vorschriften über den freien Waren- oder Kapitalverkehr oder den Regelungen über die Freizügigkeit der Person unterliegen. Der Anwendungsbereich der Dienstleistungsfreiheit ist demnach nur dann eröffnet, wenn keine der anderen Grundfreiheiten eingreift. Hier wird noch der Charakter der Dienstleistungsfreiheit als Auffangtatbestand deutlich. Gem. Art. 50 Abs. 2 EG gelten als Dienstleistungen insbesondere gewerbliche, kaufmännische, handwerkliche und freiberufliche Tätigkeiten.

aa) Grenzüberschreitung

Der Anwendungsbereich der Dienstleistungsfreiheit ist nur dann eröffnet, wenn der zu beurteilende Sachverhalt ein grenzüberschreitendes Moment aufweist. Dies ergibt sich zum einen schon aus dem Wortlaut der Art. 49 Abs. 1 und

---

[34] Lenz/*Hakenberg*, Vorbem. Art. 49–55 EGV Rn. 2.
[35] *Basedow*, RabelsZ 59 (1995), 2, 10.

Art. 50 Abs. 3, zum anderen ist das Merkmal der Grenzüberschreitung aber auch eine unverzichtbare Bedingung für die Anwendung des Gemeinschaftsrecht überhaupt, das rein innerstaatliche Sachverhalte nicht erfasst[36]. Bei der Erbringung von Dienstleistungen kann das grenzüberschreitende Moment auf unterschiedliche Weise verwirklicht werden. Im „Standardfall" des Anwendungsbereichs der Dienstleistungsfreiheit begibt sich der Dienstleistungserbringer von seinem Mitgliedstaat in den Mitgliedstaat des Dienstleistungsempfängers, um dort seine Leistung zu erbringen (aktive Dienstleistungsfreiheit). In den Anwendungsbereich der Dienstleistungsfreiheit fällt allerdings ebenso der umgekehrte Fall, dass der Dienstleistungsempfänger sich zum Dienstleistungserbringer begibt, um sich dort die Dienstleistung erbringen zu lassen (passive Dienstleistungsfreiheit). Darüber hinaus können die Beteiligten die Dienstleistungsfreiheit auch in den Fällen der sog. Korrespondenzdienstleistung für sich in Anspruch nehmen. Ein solcher Fall liegt vor, wenn sowohl Dienstleistungserbringer als auch Dienstleistungsempfänger an ihrem Aufenthaltsort bleiben und lediglich die Dienstleistung als solche die Grenze überschreitet.

bb) Entgeltlichkeit

Eine Dienstleistung liegt außerdem nur vor, wenn es sich um eine Tätigkeit handelt, die in der Regel gegen ein Entgelt erbracht wird. Der zu erbringenden Leistung muss eine wirtschaftliche Gegenleistung gegenüberstehen. Diese muss einen wirtschaftlichen Wert haben, der nicht völlig außer Verhältnis zu dem der Dienstleistung stehen darf[37].

Da die Leistung nur „in der Regel" gegen ein Entgelt erbracht werden muss, kann die Beurteilung der Tätigkeit abstrakt erfolgen. Unerheblich ist dagegen, ob im Einzelfall ein Entgelt tatsächlich erhoben wurde. Auch kommt es nicht darauf an, ob der Dienstleistungsempfänger oder ein Dritter das Entgelt entrichtet[38].

cc) Subsidiarität

Die Dienstleistungsfreiheit greift nur dann ein, wenn es um eine Tätigkeit, also eine unkörperliche Leistung geht; überschreiten körperliche Gegenstände die Grenze zwischen zwei Mitgliedstaaten, sind die Maßstäbe der Warenverkehrsfreiheit anzuwenden[39]. Mitunter kann diese Abgrenzung Schwierigkeiten bereiten, wenn Vertragsparteien nicht nur eine grenzüberschreitende Tätigkeit, son-

---

[36] *Kluth*, in: Calliess/Ruffert, Art. 49 und Art. 50 EGV Rn. 8.
[37] *Hailbronner/Nachbaur*, EuZW 1992, 105 (108); *Kluth*, in: Calliess/Ruffert, Art. 49 und Art. 50 EGV Rn. 10.
[38] *Kluth*, in: Calliess/Ruffert, Art. 49 und Art. 50 EGV Rn. 11.
[39] *Haratsch/Koenig/Pechstein*, Europarecht, Rn. 851.

dern darüber hinaus die Lieferung von Waren vereinbaren. In diesen Fällen ist zu differenzieren: Verbleibt neben der Warenlieferung ein deutlich abgrenzbarer Tätigkeitsbereich, so wird die Warenlieferung nach den Grundsätzen der Warenverkehrfreiheit behandelt, während die übrige Tätigkeit in den Anwendungsbereich der Dienstleistungsfreiheit fällt. Haben Vertragsparteien jedoch eine Tätigkeit vereinbart, die untrennbar mit der Lieferung von Waren verbunden ist, kommt es bei der Frage, welche Grundfreiheit einschlägig ist, auf den Schwerpunkt der Tätigkeit an[40].

Eine Dienstleistung im Sinne des Art. 49 EG setzt des Weiteren voraus, dass es sich bei der grenzüberschreitenden Leistung um eine selbständige Tätigkeit des Dienstleistungserbringers handelt. Bietet dagegen ein Arbeitnehmer eines Mitgliedstaates seine Arbeitskraft einem Arbeitgeber in einem anderen Mitgliedstaat an und wird für diesen unselbständig tätig, sind Beschränkungen seines Zugangs zum Arbeitsmarkt an der durch Art. 39 EG gewährleisteten Arbeitnehmerfreizügigkeit zu messen. Die Dienstleistungsfreiheit schützt diejenigen Leistungserbringer, die ihre Leistung vorübergehend in einem anderen als ihrem Heimatstaat erbringen. Die Angehörigen eines Mitgliedstaats, die dauerhaft in einem anderen Mitgliedstaat tätig werden wollen, können sich dagegen auf die Niederlassungsfreiheit des Art. 43 EG berufen.

b) Diskriminierungsverbot

Art. 49 EG verbietet dem Wortlaut nach „Beschränkungen des freien Dienstleistungsverkehrs innerhalb der Gemeinschaft für Angehörige der Mitgliedstaaten, die in einem anderen Staat der Gemeinschaft als demjenigen des Leistungsempfängers ansässig sind". Fraglich ist, wie weit dieses in Art. 49 EG normierte Beschränkungsverbot reicht.

Gem. Art. 50 Abs. 3 EG soll der Dienstleistende seine Tätigkeit im Gastland unter denselben Voraussetzungen erbringen dürfen, die für Angehörige des Gastlandes gelten. Die Vorschrift enthält also den Grundsatz der Inländergleichbehandlung. Daraus ergibt sich zunächst, dass die Mitgliedstaaten keine Regelungen treffen dürfen, die eine unterschiedliche Behandlung von Dienstleistungserbringern vorsehen und dabei an das Kriterium der Staatsangehörigkeit anknüpfen. Dementsprechend ist allgemein anerkannt, dass eine solche offene Diskriminierung in jedem Fall gegen die Dienstleistungsfreiheit verstößt[41].

Rechtsprechung und Lehre gehen weiterhin übereinstimmend davon aus, dass die Dienstleistungsfreiheit nicht lediglich vor einer offenen Diskriminierung schützt, sondern ein umfassendes Diskriminierungsverbot beinhaltet. Demnach

---

[40] *Haratsch/Koenig/Pechstein,* Europarecht, Rn. 851 mit Nachweisen aus der Rechtsprechung.
[41] *Kluth,* in: Calliess/Ruffert, Art. 49 und Art. 50 EGV Rn. 51.

sind auch mittelbare oder versteckte Diskriminierungen verboten[42]. Eine Regelung ist mittelbar oder versteckt diskriminierend, wenn sie zwar formal nicht zwischen Inländern und sonstigen Normadressaten unterscheidet, den freien Dienstleistungsverkehr zwischen den Mitgliedstaaten aber dennoch behindert, weil sie an Bedingungen anknüpft, die für Dienstleistungserbringer aus anderen Mitgliedstaaten praktisch nicht oder nur mit größeren Schwierigkeiten erfüllt werden können. Ausreichend für die Annahme einer mittelbaren Diskriminierung ist in solchen Fällen, dass sich die Regelung „typischerweise" eher auf Aus-, denn auf Inländer auswirkt. Wann die für die Annahme einer mittelbaren Diskriminierung maßgebliche Schwelle überschritten ist, ist in der Rechtsprechung nicht abschließend geklärt. Jedenfalls müssen aber von der zu beurteilenden Regelung in der großen Mehrzahl ausländische Unternehmer betroffen sein[43].

Im Rahmen der öffentlichen Auftragsvergabe ist den Mitgliedstaaten daher unter anderem verboten, Auswahlkriterien aufzustellen, die an eine Haupttätigkeit im Inland anknüpfen[44] oder dem Unternehmer vorschreiben, die zur Ausführung des Auftrags erforderlichen Materialien im Inland zu beschaffen[45]. Außerdem können insbesondere Regelungen, die zu einer Bevorzugung regionaler Anbieter bei der Auftragsvergabe führen, eine unzulässige Diskriminierung bewirken, selbst wenn nicht in der Region ansässige inländische Unternehmen der gleichen Benachteiligung ausgesetzt sind, wie ausländische Unternehmen[46].

c) Verbot sonstiger Beschränkungen

Lange Zeit war nicht geklärt, ob eine „Beschränkung des freien Dienstleistungsverkehrs" im Sinne des Art. 49 EG eine Diskriminierung voraussetzte oder ob auch unterschiedslos geltende Regelungen eine Beschränkung im Sinne der Vorschrift darstellen könnte.

aa) Rechtsprechung des EuGH

Der Europäische Gerichtshof sprach sich schon in einer Entscheidung in den 70er Jahren dafür aus, die Vorschriften über die Dienstleistungsfreiheit als weit-

---

[42] EuGH 3.2.1982 Verb. Rs. 62/81 und 63/81 *(Seco)*, Slg. 1982, 223 Rn. 8; Streinz/*Müller-Graff*, Art. 49 EGV Rn. 77; *Roth*, in: Dauses, E I Rn. 159. *Schöne*, Dienstleistungsfreiheit in der EG und deutsche Wirtschaftsaufsicht, S. 88 ff.
[43] *Frenz*, Europäische Grundfreiheiten Rn. 2598; Schwarze/*Holoubek* Art. 49 EGV Rn. 63.
[44] EuGH 3.6.1992 Rs. C-360/89 *(Kommission/Italienische Republik)*, Slg. 1992, I-3401 Rn. 12.
[45] EuGH 22.6.1993 Rs. C-243/89 *(Storebaelt)*, Slg. 1993, I-3353.
[46] EuGH 20.3.1990 Rs. C-21/88 *(Du Pont de Nemours)* Slg. 1990, I-889 Rn. 11 ff.; *Kempen*, in: Peter/Kempen/Zachert, Sicherung tariflicher Mindeststandards (2004), S. 76.

reichendes Beschränkungsverbot zu interpretieren. In der Entscheidung *van Binsbergen* stellte der EuGH erstmals fest, dass die Vorschriften über die Dienstleistungsfreiheit die Beseitigung aller Anforderungen vorsehen, die „an den Leistenden namentlich aus Gründen seiner Staatsangehörigkeit oder wegen des Fehlens eines ständigen Aufenthalts in dem Staate, in dem die Leistung erbracht wird, gestellt werden und nicht für im Staatsgebiet ansässige Personen gelten *oder in anderer Weise geeignet sind, die Tätigkeit des Leistenden zu unterbinden oder zu behindern.*"[47] Diese Formulierung lässt, entgegen einiger Stimmen in der Literatur[48], lediglich den Schluss zu, dass das Beschränkungsverbot über ein Verbot der Diskriminierung aufgrund der Staatsangehörigkeit hinausgehen soll[49].

Spätestens die Entscheidung des EuGH in der Rechtssache *Säger* lässt keinen Zweifel mehr an der Entscheidung des Gerichtshofs zugunsten eines weitreichenden Beschränkungsverbots. Dort stellt der Gerichtshof ausdrücklich fest, „dass Art. 59 EG-Vertrag (jetzt Art.49) nicht nur die Beseitigung sämtlicher Diskriminierungen des Dienstleistungserbringers aufgrund seiner Staatsangehörigkeit, sondern auch die Aufhebung aller Beschränkungen – selbst wenn sie unterschiedslos für einheimische Dienstleistende wie für Dienstleistende anderer Mitgliedstaaten gelten – verlangt, wenn sie geeignet sind, die Tätigkeit des Dienstleistenden, der in einem anderen Mitgliedstaat ansässig ist und dort rechtmäßig ähnliche Dienstleistungen erbringt, zu unterbinden oder zu behindern"[50].

An diesem Verständnis des Beschränkungsverbots hält der EuGH seitdem in der Sache fest, allerdings zunächst mit leicht variierenden Formulierungen. Inzwischen hat sich in der neueren Rechtsprechung eine gegenüber der Entscheidung in der Rechtssache *Säger* etwas weitergehende Formulierung durchgesetzt. So heißt es nunmehr in der ständigen Rechtsprechung des EuGH, Art. 49 EG verlange „die Aufhebung aller Beschränkungen – selbst wenn sie unterschiedslos für inländische Dienstleistende wie für solche aus anderen Mitgliedstaaten gelten –, sofern sie geeignet sind, die Tätigkeit eines Dienstleistungserbringers, der in einem anderen Mitgliedstaat ansässig ist und dort rechtmäßig ähnliche Dienstleistungen erbringt, zu unterbinden, zu behindern oder weniger attraktiv zu machen"[51].

---

[47] EuGH 3.12.1974 Rs. 33/74 *(van Binsbergen)* Slg. 1974, 1299 Rn. 10/12.

[48] *Schöne*, Dienstleistungsfreiheit und deutsche Wirtschaftsaufsicht, S. 96 f. m.w.N.

[49] Vgl. ausführlich zu den unterschiedlichen Interpretationsversuchen hinsichtlich des Wortlauts der Entscheidung *Wichmann*, Dienstleistungsfreiheit und grenzüberschreitende Entsendung von Arbeitnehmern, S. 62 f.

[50] EuGH 25.7.1991 Rs. C-76/90 *(Säger)* Slg. 1991, I-4221 Rn. 12.

[51] St. Rspr. – vgl. aus der neueren Rechtsprechung z.B. EuGH 23.11.1999 verb. Rs. C-376/96 u. C-76/96 *(Arblade u. Leloup)* Slg. 1999, I-8453 Rn. 33; 15.3.2001 Rs. C-165/98 *(Mazzoleni u. ISA)* Slg. 2001, I-2189 Rn. 22; 25.10.2001 Rs. C-49/98 u.a. *(Finalarte)* Slg. 2001, I-7831 Rn. 28; 24.1.2002 Rs. C-164/99 *(Portugaia Construções)* Slg. 2002, I-787 Rn. 16; 12.10.2004 Rs. C-60/03 *(Wolff & Müller)* Slg. 2004, I-9553

bb) Dogmatische Grundlagen
eines allgemeinen Beschränkungsverbots

Dieser Rechtsprechung des EuGH ist die Literatur überwiegend gefolgt. Um das allgemeine Beschränkungsverbot auf eine dogmatische Grundlage zu stellen, wird einerseits auf den Wortlaut des Art. 49 EG verwiesen[52], der „Beschränkungen des freien Dienstleistungsverkehrs" verbietet. Zum anderen wird das allgemeine Beschränkungsverbot in der Literatur auch mit dem Zweck der Dienstleistungsfreiheit vor dem Hintergrund der allgemeinen Zielsetzung des EG-Vertrages begründet. Art. 3 Abs. 1 c EG sieht die Beseitigung sämtlicher Hindernisse unter anderem für den freien Dienstleistungsverkehr vor. Diese Zielsetzung gebiete es, sämtliche Beschränkungen des freien Dienstleistungsverkehrs zu beseitigen[53].

Teilweise wird vertreten, die angestrebten Binnenmarktverhältnisse seien erst erreicht, wenn der Leistungserbringer zu den an seinem Sitz geltenden Bedingungen im gesamten Binnenmarkt leisten kann[54]. Ob der EG-Vertrag solche Marktverhältnisse tatsächlich anstrebt, erscheint allerdings zweifelhaft. Unumstritten dürfte dagegen sein, dass ein Diskriminierungsverbot allein die Verwirklichung des Binnenmarkts nicht bewirken kann. Ein freier Binnenmarkt erfordert zumindest die Vermeidung auch solcher grenzübertrittsspezifischen Behinderungen, die vom Grundsatz der Inländergleichbehandlung nicht erfasst werden[55]. Dies kann nur durch die Anerkennung eines allgemeinen Beschränkungsverbots erreicht werden.

cc) Allgemeines Beschränkungsverbot
und Korrespondenzdienstleistungen

Nach einer in der Literatur vertretener Auffassung soll das allgemeine Beschränkungsverbot nur für die Korrespondenzdienstleistung gelten. Sobald sich jedoch der Dienstleistungserbringer oder der Dienstleistungsempfänger über die Grenze begeben, soll mit Blick auf den Wortlaut von Art. 60 Abs. 3 EG (Art. 50 Abs. 3 nF) lediglich ein Diskriminierungsverbot gelten[56].

Gerade im Zusammenhang mit den Fällen der grenzüberschreitenden Entsendung von Arbeitnehmern – also den für die Untersuchung der Tariftreuegesetze maßgeblichen Sachverhalten – wird vielfach unter Berufung auf diese Vorschrift

---

Rn. 31; 19.1.2006 Rs. C-244/04 *(Kommission/Bundesrepublik Deutschland)* Slg. 2006, I-885 Rn. 30.

[52] Streinz/*Müller-Graff*, Art. 49 EGV Rn. 70.
[53] Bleckmann, DVBl. 1986, 69 (72 f.).
[54] *Roth*, in: Dauses, E I Rn. 165; kritisch: *Frenz*, Europäische Grundfreiheiten, Rn. 2623.
[55] *Frenz*, Europäische Grundfreiheiten, Rn. 2623.
[56] *Weber*, EWS 1995, 292 (294), *Classen*, EWS 1995, 97 (101 f.).

davon ausgegangen, die Dienstleistungsfreiheit garantiere lediglich ein Tätigwerden zu sämtlichen im Empfangsstaat geltenden Arbeitsbedingungen[57].

Der EuGH unterscheidet in seiner Rechtsprechung zur Reichweite des allgemeinen Beschränkungsverbots nicht zwischen den verschiedenen Arten der Dienstleistungserbringung. Er legt unabhängig davon, ob es um einen Fall der aktiven oder passiven Dienstleistung einerseits, oder um einen Fall der Korrespondenzdienstleistung andererseits geht, für die Beurteilung eines Verstoßes gegen die Dienstleistungsfreiheit einen einheitlichen Maßstab zugrunde.

dd) Übertragung der „Keck"-Rechtsprechung auf die Dienstleistungsfreiheit

Noch nicht abschließend geklärt ist die Frage, ob die Reichweite des allgemeinen Beschränkungsverbots durch eine Übertragung der Grundsätze, die der EuGH in der Rechtssache „Keck"[58] für die Warenverkehrsfreiheit entwickelt hat, begrenzt werden soll. In der Entscheidung hatte der EuGH festgestellt, dass Regelungen, die allein die Verkaufsmodalitäten einer Ware betreffen, keine Beschränkung der Warenverkehrsfreiheit darstellen. Eine entsprechende Entscheidung zur Dienstleistungsfreiheit gibt es bisher nicht. In der Literatur wird eine Übertragung wegen der Strukturgleichheit von Waren- und Dienstleistungsverkehrsfreiheit im Grundsatz zu Recht überwiegend befürwortet[59].

Demnach ist auch bei der Dienstleistungsfreiheit zu unterscheiden: Betrifft eine Regelung lediglich das Verhalten auf dem Markt und damit die Modalitäten der Dienstleistungserbringung, stellt sie keine Beschränkung der Dienstleistungsfreiheit dar, auch wenn sie gegenüber dem Herkunftsstaat ungünstigere Bedingungen enthält. Eine Beschränkung liegt nach diesen Grundsätzen jedoch dann vor, wenn die Regelung dem Dienstleistungserbringer den Marktzutritt erschwert[60].

---

[57] *Däubler,* EuZW 1997, 613 (615); *ders.,* ZIP 2000, 681 (687); *Deinert,* RdA 1996, 339 (349); *Hanau,* NJW 1996, 1369 (1371 f.); *Singer/Büsing,* Anm. zu EuGH 24.1.2002, SAE 2003, 35 (36).

[58] EuGH 24.11.1993 verb. C-267/91 u. 268/91 *(Keck und Mithouard)* Slg. 1993, I-6097.

[59] *Frenz,* Europäische Grundfreiheiten, Rn. 2559 ff.; *Haratsch/Koenig/Pechstein,* Europarecht, Rn. 878 ff.; *Käppler,* FS Schwerdtner (2003), S. 751 (756); *Krebber,* Jahrbuch Junger Zivilrechtswissenschaftler 1997, S. 129 (143); *Rieble/Lessner,* ZfA 2002, 29 (58); aA *Tiedje/Torberg,* in: von der Groeben/Schwarze, Art. 49 EG Rn. 103 ff.

[60] *Arnold,* Europarechtliche Dimension der Konstitutiven Tariftreueerklärungen, S. 110 ff.; *Käppler,* FS Schwerdtner (2003), S. 751 (767).

d) Abgrenzung zwischen mittelbarer Diskriminierung und sonstiger Beschränkung

Probleme bereitet die Abgrenzung zwischen mittelbarer Diskriminierung und sonstiger Beschränkung. Sie kann nur im Einzelfall anhand der Intention und der Ausgestaltung der Regelung vorgenommen werden. Nicht ausreichend ist es, eine formale Betrachtung der Norm vorzunehmen und anhand von Tatbestand und Rechtsfolge eine Einordnung vorzunehmen[61]. Vielmehr ist ihre tatsächliche Auswirkung auf In- und Ausländer zu berücksichtigen[62]; die Regelung ist also materiell zu bewerten. Hat sie für In- und Ausländer unterschiedliche Auswirkungen, liegt eine mittelbare Diskriminierung vor. Wirkt sie sich dagegen unterschiedslos aus, behindert aber dennoch ausländische Dienstleistungserbringer bei ihrer grenzüberschreitenden Tätigkeit, liegt eine sonstige Beschränkung vor.

Sowohl mittelbare Diskriminierungen als auch sonstige Beschränkungen beeinträchtigen die Dienstleistungsfreiheit. Eine genaue Einordnung ist jedoch im Hinblick auf eine mögliche Rechtfertigung der jeweiligen Beeinträchtigung von Belang. Die Rechtfertigung nicht diskriminierender Beschränkungen der Dienstleistungsfreiheit kann nach allgemeiner Auffassung nicht nur auf die geschriebenen Rechtfertigungsgründe des EG-Vertrages, sondern daneben auf die ungeschriebene Rechtfertigungsmöglichkeit der „zwingenden Gründe des Allgemeininteresses" gestützt werden. Ob in den Fällen der mittelbaren Diskriminierung eine Rechtfertigungsmöglichkeit jenseits von Art. 55 iVm. Art. 45 und Art. 46 EG besteht, ist dagegen äußerst umstritten[63].

2. Schranken

Nicht in jeder Beeinträchtigung der Dienstleistungsfreiheit liegt auch eine Verletzung des Art. 49 EG. Vielmehr können Beschränkungen der Dienstleistungsfreiheit unter bestimmten Voraussetzungen gerechtfertigt sein. Es kommen insoweit geschriebene wie auch ungeschriebene Rechtfertigungsgründe in Betracht.

a) Geschriebene und ungeschriebene Rechtfertigungsgründe

Art. 55 iVm. Art. 46 Abs. 1 EG erlauben den Mitgliedstaaten ausdrücklich, Vorschriften zu erlassen, die die Dienstleistungsfreiheit beschränken, wenn sie

---

[61] So aber *Kling*, der eine mittelbare Diskriminierung durch Tariftreueerklärungen schon deswegen ablehnt, weil die Abgabe der Erklärung an sich für ausländische Bieter nicht mit größeren Schwierigkeiten verbunden sei als für deutsche Unternehmer; vgl. *Kling*, Zulässigkeit vergabefremder Regelungen, S. 336.

[62] *Arnold*, Europarechtliche Dimension der Konstitutiven Tariftreueerklärungen, S. 105; Schwarze/*Holoubek* Art. 49 EGV Rn. 75; *Kunert*, Vergaberecht und öffentliches Recht, S. 158.

[63] Vgl. zu den unterschiedlichen Ansichten *Frenz*, Europäische Grundfreiheiten, Rn. 487 ff. m.w.N.

der öffentlichen Ordnung, der Sicherheit, oder der Gesundheit dienen. Diese Rechtfertigungsgründe finden nach überwiegender Auffassung sowohl für diskriminierende als auch für die Dienstleistungsfreiheit in sonstiger Weise beschränkende Maßnahmen Anwendung[64]. Soweit teilweise angenommen wird, eine Rechtfertigung zum Schutz der öffentlichen Ordnung, der Sicherheit oder der Gesundheit komme lediglich in den Fällen offener Diskriminierung in Betracht[65], kann dies nicht überzeugen. Sind den Mitgliedstaaten zugunsten der in Art. 55 iVm. Art. 46 Abs. 1 EG genannten Schutzgüter Maßnahmen erlaubt, die eine unmittelbare Diskriminierung zur Folge haben, so muss zum Schutz dieser Rechtsgüter erst recht ein weniger intensiver Eingriff in die Dienstleistungsfreiheit in Form einer mittelbaren Diskriminierung oder einer sonstigen Beschränkung als gerechtfertigt gelten können[66].

Dient eine die Dienstleistung beschränkende Maßnahme nicht der öffentlichen Ordnung, der Sicherheit oder der Gesundheit, kommt eine Rechtfertigung unter Umständen dennoch in Betracht. Der EuGH hat in seiner Rechtsprechung die Möglichkeiten zur Rechtfertigung mitgliedstaatlicher Maßnahmen gegenüber den im EG-Vertrag vorgesehenen Rechtfertigungsmöglichkeiten erweitert. So können Maßnahmen der Mitgliedstaaten die Dienstleistungsfreiheit in zulässiger Weise beschränken, wenn sie Allgemeininteressen dienen. Allerdings wollte der EuGH damit keine neuen Möglichkeiten zum Erlass unmittelbar diskriminierender Maßnahmen schaffen. Für diese bleibt es bei den Rechtfertigungsmöglichkeiten zum Schutz der in Art. 46 Abs. 1 EG genannten Rechtsgüter[67]. Vielmehr ging es dem EuGH bei der Erweiterung der Rechtfertigungsmöglichkeiten darum, ein Korrelat zu seiner Rechtsprechung hinsichtlich der weiten Auslegung des Schutzbereichs zu schaffen. Mit der Entwicklung der Dienstleistungsfreiheit von einem Diskriminierungs- zu einem allgemeinen Beschränkungsverbot entstand das Bedürfnis für über Art. 46 Abs. 1 EG hinausgehende Rechtfertigungsmöglichkeiten, um einer uferlosen Ausdehnung der Dienstleistungsfreiheit entgegenzuwirken. Kann auch in Maßnahmen, die die Schwelle einer unmittelbaren Diskriminierung nicht erreichen, eine Beeinträchtigung der Dienstleistungsfreiheit gesehen werden, so müssen solche Maßnahmen zum Ausgleich unter erleichterten Bedingungen einer Rechtfertigung zugänglich sein. Auf diese Weise bleiben den Mitgliedstaaten adäquate Handlungsmöglichkeiten erhalten[68].

---

[64] *Frenz,* Europäische Grundfreiheiten, Rn. 2641; Lenz/*Hakenberg,* Art. 49/50 EGV Rn. 24; *Haratsch/Koenig/Pechstein,* Europarecht, Rn. 882.
[65] *Pache,* in: Ehlers, EuGR, § 11 Rn. 58.
[66] *Frenz,* Europäische Grundfreiheiten, Rn. 2641.
[67] Schwarze/*Holoubek,* Art. 49 EGV Rn. 99; aA wohl Lenz/*Hakenberg,* Art. 49/50 EGV Rn. 25.
[68] *Frenz,* Europäische Grundfreiheiten, Rn. 2642; *Preis/Temming,* Die Urlaubs- und Lohnausgleichskasse im Kontext des Gemeinschaftsrechts, S. 94.

C. Vereinbarkeit mit der Dienstleistungsfreiheit

Nicht ganz klar ist nach der Rechtsprechung des EuGH, ob eine Erweiterung der Rechtfertigungsmöglichkeiten lediglich in den Fällen nicht diskriminierenden, sonstigen Beschränkungen in Betracht kommen sein soll, oder ob auch mittelbar diskriminierende Regelungen unter erleichterten Bedingungen gerechtfertigt sein können.

So finden sich Urteile, in denen der EuGH zunächst eine mittelbare Diskriminierung feststellt und anschließend eine Rechtfertigung aus zwingenden Gründen des Allgemeininteresses in Betracht gezogen wird[69]. Vereinzelt hat der EuGH dagegen festgestellt, eine Rechtfertigung diskriminierender Regelungen sei nur bei Vorliegen der Voraussetzungen der Art. 55 iVm. Art. 46 EG möglich[70]. In anderen Urteilen führt der EuGH wiederum eine Rechtfertigungsprüfung anhand zwingender Gründe des Allgemeininteresses durch, ohne zuvor eine Abgrenzung zwischen mittelbarer Diskriminierung und sonstiger Beschränkung der Dienstleistungsfreiheit vorzunehmen[71]. Dies lässt darauf schließen, dass nach Ansicht des EuGH auch eine mittelbare Diskriminierung aus zwingenden Gründen des Allgemeininteresses gerechtfertigt sein kann.

In der Literatur ist diese Frage umstritten. So wird teilweise eine Erweiterung der Rechtfertigungsmöglichkeiten durch ungeschriebene Rechtfertigungsgründe strikt abgelehnt[72]. Für diese Ansicht spricht, dass Ungleichbehandlungen an Kriterien anknüpfen können, die in der Wirkung immer mit einer Ungleichbehandlung wegen der Staatsangehörigkeit vergleichbar sind; dies trifft insbesondere für eine Anknüpfung an den Wohnsitz zu. Eine unterschiedliche Handhabung von Differenzierungen nach der Staatsangehörigkeit und Differenzierungen nach vergleichbaren Kriterien eröffnet den Mitgliedstaaten Umgehungsmöglichkeiten. So erscheint es denkbar, dass sie Regelungen schaffen, die formal nicht an die Staatsangehörigkeit sondern an andere Kriterien, die ganz überwiegend von Staatsangehörigen erfüllt werden, anknüpfen, um die weitergehenden Rechtfertigungsmöglichkeiten in Anspruch nehmen zu können, ohne im Ergebnis auf eine Unterscheidung nach der Staatsangehörigkeit zu verzichten[73].

Die Gegenansicht wendet jedoch zu Recht ein, dass viele Maßnahmen an Unterscheidungskriterien anknüpfen, die Angehörige anderer Mitgliedstaaten eher zufällig benachteiligen[74]. Hinter solchen Regelungen stehen oftmals legitime Interessen der Mitgliedstaaten. Um den Mitgliedstaaten zur Durchsetzung ihrer

---

[69] EuGH 16.1.2003 Rs. C-388/01 *(Kommission/Italien)* Slg. 2003, I-721.
[70] EuGH 29.4.1999 Rs. C-224/97 *(Ciola)* Slg. 1999, I-2517.
[71] EuGH 3.12.1974 Rs. 33/74 *(van Binsbergen)* Slg. 1974, 1299; 1.12.1998 Rs. C-410/96 *(Ambry)* Slg. 1998, I-7875.
[72] *Kingreen,* Die Struktur der Grundfreiheiten des Europäischen Gemeinschaftsrechts, S. 51, 72.
[73] *Kingreen,* Die Struktur der Grundfreiheiten des Europäischen Gemeinschaftsrechts, S. 51, 72.
[74] *Frenz,* Europäische Grundfreiheiten, Rn. 490.

Ziele einen ausreichenden Handlungsspielraum einzuräumen, erscheint es daher sinnvoll, die ungeschriebenen Rechtfertigungsmöglichkeiten auch für solche Maßnahmen zuzulassen, die eine mittelbare Diskriminierung bewirken. Selbst wenn man die ungeschriebenen Rechtfertigungsmöglichkeiten in diesen Fällen zubilligt, kommt den Mitgliedstaaten keine grenzenlose Befugnis zur Beschränkung der Dienstleistungsfreiheit zu. Eine Rechtfertigung ist nicht schrankenlos möglich. Der Gefahr eines Missbrauchs der Gestaltungsmöglichkeiten der Mitgliedstaaten kann demnach im Rahmen der sogenannten Schranken-Schranken begegnet werden.

Letztendlich kann die Frage an dieser Stelle offen bleiben. Für die Untersuchung der Tariftreuegesetze der Bundesländer muss zunächst untersucht werden, ob eine Beeinträchtigung der Dienstleistungsfreiheit generell in Betracht kommt. Wird dies bejaht, stellt sich im Anschluss die Frage nach der Form der Beeinträchtigung. Festzuhalten ist insoweit, dass eine unmittelbare Diskriminierung lediglich zum Schutz der in Art. 46 Abs. 1 EG genannten Schutzgüter gerechtfertigt sein kann. Ungeschriebene Rechtfertigungsgründe kommen im Fall einer unmittelbaren Diskriminierung nicht in Betracht. Bewirken die Tariftreuegesetze keine Diskriminierung, sondern lediglich eine sonstige Beschränkung der Dienstleistungsfreiheit, ist ihre Rechtmäßigkeit nach allgemeiner Auffassung mit Rücksicht auf die von der Rechtsprechung entwickelten ungeschriebenen Rechtfertigungsgründe zu untersuchen. Lediglich dann, wenn die Tariftreuegesetze eine mittelbare Diskriminierung bewirken, muss der Streit bezüglich der bestehenden Rechtfertigungsmöglichkeiten entschieden werden.

b) Zwingendes Allgemeininteresse als Rechtfertigungsgrund

Die zwingenden Allgemeininteressen haben sich in der Rechtsprechung des EuGH zu einem wichtigen Rechtfertigungsgrund im Rahmen der Schrankendogmatik bei Beeinträchtigungen der Grundfreiheiten entwickelt. Dies gilt für alle Grundfreiheiten und somit insbesondere auch für die Dienstleistungsfreiheit. Die Mitgliedstaaten können also unter Berufung auf ein ihre Maßnahme rechtfertigendes Allgemeininteresse zulässige Beschränkungen der Dienstleistungsfreiheit vornehmen. Das Allgemeininteresse ist dabei aus nationaler und nicht aus europäischer Sicht zu bestimmen[75]. Den Mitgliedstaaten soll durch diese Rechtfertigungsmöglichkeit ermöglicht werden, in bestimmten Fällen bedeutenden nationalen Interessen zur Durchsetzung zu verhelfen, auch wenn die Maßnahmen zu ihrer Verwirklichung die Dienstleistungsfreiheit beeinträchtigen. Das bedeutet jedoch nicht, dass den nationalen Gesetzgebern auf diesem Weg allumfassende Kompetenzen zur Beschränkung der Dienstleistungsfreiheit an die Hand gegeben

---

[75] *Frenz*, Europäische Grundfreiheiten, Rn. 2661; *Wichmann*, Dienstleistungsfreiheit und grenzüberschreitende Entsendung von Arbeitnehmern, S. 116.

wären. Nicht jedes legitime nationale Interesse kann als schützenswertes Allgemeininteresse zur Rechtfertigung von Beschränkungen der Dienstleistungsfreiheit herangezogen werden. So steht fest, dass die Dienstleistungsfreiheit insbesondere nicht aus wirtschaftlichen Gründen beschränkt werden darf. Wirtschaftliche Gründe stellen kein zulässiges Regelungsziel dar[76]. Welche Ziele dagegen im Einzelnen als zwingende Gründe des Allgemeinwohls in Betracht kommen, steht nach der Rechtsprechung des EuGH nicht abschließend fest. Es existiert kein abschließender Katalog, vielmehr kann der Kanon der bisher anerkannten Allgemeinwohlinteressen jederzeit erweitert werden[77].

3. Schranken-Schranken

Auch unter Berufung auf Allgemeinwohlinteressen ist den Mitgliedstaaten eine Beschränkung des freien Dienstleistungsverkehrs nicht grenzenlos möglich. So sind nationale Maßnahmen, die die Dienstleistungsfreiheit beschränken, insbesondere am Grundsatz der Verhältnismäßigkeit zu messen.

Demnach muss eine mitgliedstaatliche Regelung, die sich zur Rechtfertigung einer Beeinträchtigung auf Allgemeinwohlinteressen stützt, zunächst geeignet sein, das mit der Regelung verfolgte Ziel zu erreichen. Sie muss dieses Ziel fördern[78]. Der EuGH gesteht den Mitgliedstaaten bei der Beurteilung, ob eine Maßnahme zur Förderung des legitimen Ziels geeignet ist, einen recht weiten Beurteilungsspielraum zu. Außerdem darf die mitgliedstaatliche Regelung nicht über das hinausgehen, was zur Erreichung des Ziels erforderlich ist[79]. Dem Mitgliedstaat dürfen keine weniger einschneidenden Maßnahmen gleicher Wirkung zur Verfügung stehen[80]. Darüber hinaus ist das sogenannte Doppelbelastungsverbot zu beachten: Nach der Rechtsprechung des EuGH ist eine Beschränkung der Dienstleistungsfreiheit nur zulässig, wenn das mit der Regelung verfolgte Ziel nicht bereits durch Vorschriften geschützt wird, denen der Dienstleistungserbringer in dem Mitgliedstaat unterliegt, in dem er ansässig ist[81]. Hält die Regelung diesen

---

[76] Lenz/*Hakenberg*, Art. 49/50 Rn. 25; *Haratsch/Koenig/Pechstein*, Europarecht, Rn. 887; Schwarze/*Holoubek*, Art. 49 Rn. 94; *Tiedje/Torberg*, in: von der Groeben/Schwarze, Art. 49 EG Rn. 73.

[77] *Frenz*, Europäische Grundfreiheiten, Rn. 2662; Schwarze/*Holoubek*, Art. 49 EGV Rn. 100; *Tiedje/Torberg*, in: von der Groeben/Schwarze, Art. 49 EG Rn. 73.

[78] *Frenz*, Europäische Grundfreiheiten, Rn. 2677; *Tiedje/Torberg*, in: von der Groeben/Schwarze, Art. 49 EG Rn. 73.

[79] Schwarze/*Holoubek*, Art. 49 Rn. 106.

[80] St. Rechtsprechung, vgl. nur EuGH 3.12.1974 Rs. 33/74 *(van Binsbergen)* Slg. 1974, 1299 Rn. 14/16.

[81] Vgl. u. a.: EuGH 18.1.1979 verb. Rs. C-110/78 u. C-111/78 *(van Wesemael u. a.)* Slg. 1979, 35 Rn. 29; 17.12.1981 Rs. 279/80 *(Webb)* Slg. 1981, 3305 Rn. 17; 9.8.1994 Rs. C-43/93 *(Vander Elst)* Slg. 1994, I-3803 Rn. 16; 28.3.1996 Rs. C-272/94 *(Guiot)* Slg. 1996, I-1905 Rn. 11; 23.11.1999 verb. Rs. C-369/96 u. C-376/96 *(Arblade u. Le-*

Anforderungen stand, ist sie zuletzt noch auf ihre Angemessenheit zu überprüfen. Unangemessen sind solche Maßnahmen, bei denen das Ausmaß der Belastung für den zwischenstaatlichen Dienstleistungsverkehr zu dem Gewicht des verfolgten Zwecks außer Verhältnis steht[82].

Der EuGH stellt bei der Prüfung mitgliedstaatlicher Maßnahmen die Fragen nach der Geeignetheit und der Erforderlichkeit in den Mittelpunkt seiner Betrachtung. Ob die Regelung den Anforderungen an die Angemessenheit genügt, überlässt der EuGH in Vorabentscheidungsverfahren häufig den nationalen Gerichten, die die Angemessenheit anhand der konkreten Umstände selbst beurteilen müssen[83]. Lediglich in Einzelfällen[84] hat der EuGH die Spielräume, die eine Verhältnismäßigkeitsprüfung bietet, zu einer „einzelfallbezogenen Ergebniskorrektur" genutzt, um in atypischen Fällen der Dienstleistungsfreiheit zum Durchbruch zu verhelfen[85]. In der Literatur wird die Zurückhaltung des EuGH bei der Verhältnismäßigkeitsprüfung kritisiert. In den Entsendefällen wird es insbesondere für unzureichend erachtet, dass der EuGH den Mitgliedstaaten zubilligt, den sozialen Schutz der Arbeitnehmer in ihrem Hoheitsgebiet selbst festzulegen[86].

II. Dienstleistungsfreiheit und Tariftreuegesetze

1. Beeinträchtigung der Dienstleistungsfreiheit

Die Tariftreuegesetze der Bundesländer verlangen von allen Bietern, die sich am Vergabeverfahren beteiligen, die Abgabe einer Tariftreueerklärung. Dabei differenzieren die Gesetze nicht nach der Staatsangehörigkeit der Unternehmer oder nach dem Sitz des Unternehmens. Es handelt sich also um Regelungen, die zumindest formal auf alle Bewerber unterschiedslos Anwendung finden. Eine unmittelbare Diskriminierung durch die Tariftreuegesetze scheidet damit aus[87]. Allerdings könnte unter verschiedenen Gesichtspunkten dennoch eine Beeinträchtigung der Dienstleistungsfreiheit durch eine mittelbare Diskriminierung oder eine sonstige Beschränkung vorliegen. Ob eine Beeinträchtigung der Dienstleistungs-

---

loup) Slg. 1999, I-8453 Rn. 34; 15.3.2001 Rs. C-165/98 *(Mazzoleni u. ISA)* Slg. 2001, I-2189 Rn. 34; 25.10.2001 Rs. C-49/98 u. a. *(Finalarte)* Slg. 2001, I-7831 Rn. 31; 24.1.2002 Rs. C-164/99 *(Portugaia Construções)* Slg. 2002, I-787 Rn.19.

[82] *Frenz*, Europäische Grundfreiheiten, Rn. 2694.

[83] EuGH 9.7.1997 verb. Rs. C-34/95, C-35/95; C-36/95 *(De Agostini)* Slg. 1997, I-3843 Rn. 54; *v. Danwitz*, EuZW 2002, 237 (241); *Frenz*, Europäische Grundfreiheiten, Rn. 2695; *Preis/Temming*, Die Urlaubs- und Lohnausgleichskasse im Kontext des Gemeinschaftsrechts, S. 114; Schwarze/*Holoubek*, Art. 49 Rn. 95.

[84] Vgl. EuGH 15.3.2001 Rs. C-165/98 *(Mazzoleni u. ISA)* Slg. 2001, I-2189.

[85] *Franzen*, IPRax 2002, 186 (190); *Rieble/Lessner*, ZfA 2002, 29 (78).

[86] *Humbert*, Staatliche Regelungsbefugnisse, S. 337 f.; *Koenigs*, DB 2002, 1270 (1271 f.); *Reichert*, Vergaberechtlicher Zwang zur Zahlung von Tariflöhnen, S. 211.

[87] Ebenso *Burgi/Waldhorst*, RdA 2006, 85 (86).

C. Vereinbarkeit mit der Dienstleistungsfreiheit

freiheit überhaupt in Betracht kommt, hängt jedoch zunächst davon ab, ob die Fälle, in denen die Tariftreuegesetze Anwendung finden, unter den Schutzbereich der Dienstleistungsfreiheit fallen.

a) Dienstleistungsfreiheit und Entsendung von Arbeitnehmern

Die Tariftreuegesetze der Bundesländer verlangen von den Unternehmern, die sich um einen öffentlichen Auftrag im Anwendungsbereich des jeweiligen Gesetzes bewerben, dass sie zusichern, die Arbeitnehmer, die sie zur Auftragsausführung mitbringen, entsprechend den örtlichen Tariflöhnen zu entlohnen. Ob sich Unternehmen aus dem EU-Ausland tatsächlich an der Bewerbung um Aufträge im Geltungsbereich der Tariftreuegesetze beteiligen, ist für die Prüfung, ob derartige Regelungen die Dienstleistungsfreiheit tangieren, nicht ausschlaggebend. Eine Verletzung von Art. 49 EG kommt nämlich schon dann in Betracht, wenn die Regelung abstrakt betrachtet geeignet ist, die Dienstleistungsfreiheit zu beschränken. Auf eine tatsächliche Betroffenheitslage kommt es dagegen nicht an[88].

aa) Entsendungsfreiheit als Teil der Dienstleistungsfreiheit

Tariftreueerklärungen werden in verschiedenen Branchen bei der Vergabe öffentlicher Dienstleistungsaufträge verlangt. Gegenstand der Aufträge sind in allen Fällen Tätigkeiten, die am Vergabeort ausgeführt werden müssen. Nur in diesen Fällen kann das System der Tariftreueerklärung funktionieren. Wenn sich Unternehmer aus dem EU-Ausland um diese öffentlichen Aufträge bemühen, bieten sie in der Regel eine Leistung an, die alle Merkmale einer Dienstleistung erfüllt. In den meisten Fällen beabsichtigt der Unternehmer nicht, sich dauerhaft im Gastland niederzulassen, sondern will sich lediglich für die Zeit der Auftragserfüllung dort aufhalten und anschließend in seinen Herkunftsstaat zurückkehren. Er beabsichtigt demnach, eine Leistung über die Grenz hinweg vorübergehend in einem fremden Mitgliedstaat gegen ein Entgelt zu erbringen.

Fraglich könnte jedoch sein, wie es sich auswirkt, dass der Unternehmer üblicherweise nicht selbst bei der Auftragsausführung vor Ort tätig wird, sondern seine Mitarbeiter zur Ausführung des Auftrages über die Grenze entsendet. Dem Wortlaut des Art. 49 EG lässt sich die Lösung für diese Fallkonstellationen nicht entnehmen.

---

[88] *Breideneichen,* Gütermarktregelnde Tarifvereinbarungen und Tariftreueerklärungen, S. 201; *Dornbusch,* Berücksichtigung vergabefremder Zwecke, S. 293; *Dreher,* Anm. zu BGH 18.1.2000, JZ 2000, 519 (520 f.); *Reichert,* Vergaberechtlicher Zwang zur Zahlung von Tariflöhnen, S. 203; *Seifert,* ZfA 2001, 1 (22); aA BGH AP GWB § 20 Nr. 1 (B I 4 a der Gründe).

Der EuGH hat jedoch inzwischen in mehreren Entscheidungen die Dienstleistungsfreiheit dahingehend ausgelegt, dass nicht nur die eigenhändige Leistungserbringung, sondern auch die Entsendung von Arbeitnehmern in ihren Schutzbereich fällt[89]. Für diese Auffassung spricht vor allem, dass die Dienstleistungsfreiheit gem. Art. 55 EG iVm. Art. 48 EG auch juristischen Personen zusteht, für die eine eigenständige grenzüberschreitend Erbringung von Dienstleistungen jedoch von vornherein nicht möglich ist. Darüber hinaus ist es inzwischen die Ausnahme, dass Dienstleistende die Leistung selbst erbringen. Vielmehr bedienen sie sich gerade typischerweise eines Mitarbeiterstabes. Die Dienstleistungsfreiheit würde demnach bei Ausschluss der Entsendefälle eine große Anzahl von erbrachten Leistungen nicht erfassen und griffe damit zu kurz[90]. Der moderne Dienstleistungsverkehr erfordert daher eine Anwendung der Dienstleistungsfreiheit in den Entsendefällen. Die Entsendung von Arbeitnehmern ist somit nicht nur nicht verboten, sondern bildet als „Entsendungsfreiheit" einen Teil der Dienstleistungsfreiheit[91].

bb) Reichweite der Entsendungsfreiheit

Ist demnach festzuhalten, dass die Dienstleistungsfreiheit die Entsendefälle grundsätzlich umfasst, muss als nächstes die Reichweite dieser „Entsendungsfreiheit" bestimmt werden. Teilweise wurde in der Literatur für eine umfassende Unterwerfung des Dienstleistenden unter das Recht des Aufnahmestaates plädiert. Die Dienstleistungsfreiheit erfordere lediglich, den Dienstleistungserbringern zu erlauben, ihre Arbeitnehmer grenzüberschreitend zu den jeweils am Ort der Arbeitsausführung geltenden Arbeitsbedingungen zu beschäftigen. Dies ergebe sich schon aus den die Dienstleistungsfreiheit gewährenden Vorschriften, wonach die Dienstleistung unter den Voraussetzungen erbracht werden könne, welche der betreffende Staat für seine eigenen Angehörigen vorschreibe. Der Dienstleistungsfreiheit sei das Arbeitsortsprinzip somit immanent[92]. Diese Ansicht sah sich in den ersten Urteilen des EuGH zur grenzüberschreitenden Entsendung von Arbeitnehmern bestätigt. Zwischen 1982 und 1994 hat der EuGH in drei Rechtssachen jeweils in obiter dicta entschieden, dass das Gemeinschaftsrecht es den Mitgliedstaaten nicht verwehre, ihre Rechtsvorschriften über die Mindestlöhne oder die hierüber von den Sozialpartnern geschlossenen Tarifver-

---

[89] Vgl. EuGH 27.3.1990 Rs. C-113/89 *(Rush Portuguesa)* Slg. 1990, I-1417; 9.8.1994 Rs. C-43/93 *(Vander Elst)* Slg. 1994, I-3803.
[90] Vgl. *Krebber,* Jahrbuch Junger Zivilrechtswissenschaftler 1997, S. 129 (147).
[91] *Gerken/Löwisch/Rieble,* BB 1995, 2370; *Selmayr,* ZfA 1996, 615 (631).
[92] *Däubler,* EuzW 1997, 613 (615); *ders.,* ZIP 2000, 681 (687); *Deinert,* RdA 1996, 339 (349); *Hanau,* FS Everling (1) (1995), S. 415 (417); *ders.,* NJW 1996, 1369 (1371 f.); in diesem Sinne auch *Singer/Büsing,* Anm. zu EuGH 24.1.2002, SAE 2003, 35 (36), die der Rechtsprechungsentwicklung von einem Diskriminierungs- zu einem allgemeinen Beschränkungsverbot mit diesem Argument kritisch gegenüber stehen.

C. Vereinbarkeit mit der Dienstleistungsfreiheit

träge auf alle Personen auszudehnen, die in ihrem Staatsgebiet, und sei es auch nur vorübergehend, eine unselbständige Tätigkeit ausüben, und zwar unabhängig davon, in welchem Land der Arbeitgeber ansässig ist"[93]. Eine derartige Deutung der Rechtsprechung des EuGH war jedoch nach diesen ersten Entscheidungen zur Arbeitnehmerentsendung nicht zwingend. Sie ließen lediglich den Schluss zu, dass die Erstreckung von inländischen Arbeitsbedingungen auf entsandte Arbeitnehmer nach der Auffassung des EuGH jedenfalls nicht per se gegen das Gemeinschaftsrecht verstößt[94]. Dagegen kann aus ihnen nicht geschlossen werden, dass eine Erstreckung von Mindestarbeitsbedingungen auf entsandte Arbeitnehmer in jedem Fall gemeinschaftsrechtsverträglich ist.

Inzwischen hatte der EuGH in mehreren Urteilen Gelegenheit, zur Reichweite der Dienstleistungsfreiheit in den Entsendungsfällen Stellung zu nehmen. Er hat insoweit klargestellt, dass er die Erstreckung nationaler Arbeitsbedingungen auf entsandte Arbeitnehmer in der Regel als eine Beschränkung der Dienstleistungsfreiheit ansieht, die der Rechtfertigung durch zwingende Allgemeininteressen bedarf[95]. Damit hat der EuGH die Entsendefälle konsequent in seine zu den Grundfreiheiten entwickelte Dogmatik eingeordnet, denn nur diese Auffassung wird dem weiten Verständnis der Dienstleistungsfreiheit und dem damit verbundenen allgemeinen Beschränkungsverbot gerecht. Die Interpretation der Gegenauffassung reduziert die Dienstleistungsfreiheit auf ein reines Diskriminierungsverbot. Ein derart umfassendes Bekenntnis zum Arbeitsortsprinzip ist Art. 50 Satz 3 EG (ex Art. 60 Satz 3) aber nicht zu entnehmen. Die Regelung knüpft an die Erbringung der Dienstleistung an. Entscheidender Anknüpfungspunkt für das Eingreifen der Bedingungen des Zielstaates ist damit die Ausübung der Tätigkeit[96]. Hinsichtlich solcher Arbeitsbedingungen, die nicht im unmittelbaren Zusammenhang mit der Ausführung der Tätigkeit stehen, muss der Dienstleistungserbringer die am Arbeitsort geltenden Vorschriften nicht schon nach Art. 50 Satz 3 EG beachten, sondern kann gegenüber seinen mitgebrachten Arbeitnehmern grundsätzlich die Vorschriften seines Heimatlandes anwenden.

Soweit es, wie bei den Tariftreuegesetzen der Bundesländer, darum geht, Unternehmer aus dem EU-Ausland zu verpflichten, ihren Arbeitnehmern Löhne zu zahlen, die dem deutschen Lohnniveau entsprechen, so handelt es sich dabei nicht um Arbeitsbedingungen, die mit der Ausführung der Tätigkeit zusammen-

---

[93] EuGH 3.2.1982 verb. Rs. 62/81 u.a. *(Seco und Desquenne)* Slg. 1982, I-223 Rn. 14; 27.3.1990 Rs. C-113/89 *(Rush Portuguesa)* Slg. 1990, I-1417 Rn. 18; 9.8.1994 Rs. C-43/93 *(Vander Elst)* Slg. 1994, I-3803 Rn. 23.
[94] *Selmayr,* ZfA 1996, 615 (648).
[95] EuGH 23.11.1999 verb. Rs. C-369/96 u. C-376/96 *(Arblade u. Leloup)* Slg. 1999, I-8453; 15.3.2001 Rs. C-165/98 *(Mazzolen u. ISA)* Slg. 2001, I-2189; 25.10.2001 Rs. C-49/98 u.a. *(Finalarte)* Slg. 2001, I-7831; 24.1.2002 Rs. C-164/99 *(Portugaia Construções)* Slg. 2002, I-787.
[96] *Käppler,* FS Schwerdtner (2003), S. 751 (757).

146 Teil 4: Vereinbarkeit der Tariftreuegesetze mit Europäischem Arbeitsrecht

hängen und damit von vornherein vom Dienstleistungserbringer zu beachten sind. Die Entlohnung der Arbeitnehmer betrifft nicht nur die Art und Weise der Leistungserbringung. Erschwerungen, die sich im Zusammenhang mit der Verpflichtung zur tariflichen Entlohnung infolge der Abgabe einer Tariftreueerklärung für den Unternehmer aus einem anderen Mitgliedsstaat ergeben, sind demnach am Maßstab der Dienstleistungsfreiheit zu überprüfen.

b) Beeinträchtigung durch Verwaltungsaufwand

Eine Beeinträchtigung der Dienstleistungsfreiheit durch die Verpflichtung zur Abgabe einer Tariftreueerklärung kommt unter verschiedenen Aspekten in Betracht. Zunächst könnte die Dienstleistungsfreiheit EU-ausländischer Unternehmer deswegen beeinträchtigt sein, weil sie durch das Tariftreueverlangen einem erhöhten Verwaltungsaufwand ausgesetzt sind. Tariftreueverpflichtungen verlangen die Entlohnung nach den am Auftragsort geltenden tariflichen Bestimmungen. Ein erhöhter Verwaltungsaufwand kommt unter diesen Umständen unter zwei Gesichtspunkten in Betracht.

Ein Teil der Literatur sieht zumindest dann, wenn Tariftreueerklärungen ohne weitere Spezifizierungen verlangt werden, in dieser Forderung eine mittelbare Diskriminierung. Für einen ausländischen Bewerber, der sich im deutschen Tarifvertragssystem nicht auskenne, sei es besonders schwierig, herauszufinden, welche tarifvertraglichen Bestimmungen im konkreten Fall anzuwenden seien[97]. Dadurch werde ihm die Teilnahme am Vergabeverfahren erschwert. Insbesondere wird geltend gemacht, der ausländische Bewerber werde durch diese Schwierigkeiten unter Umständen daran gehindert, eine Angebotskalkulation innerhalb der Angebotsfrist zu erstellen[98]. Eine mittelbare Diskriminierung durch einen erhöhten Verwaltungsaufwand könne nur vermieden werden, wenn eine Verpflichtung zur Benennung der maßgeblichen Lohnhöhe in den Vergabeunterlagen gesetzlich festgeschrieben würde[99].

Der EuGH hat in einer Entscheidung aus dem Jahr 2001 festgestellt, dass die Anwendung nationaler Mindestlohnvorschriften des Aufnahmemitgliedstaates auf Dienstleistende, die in einer an den Aufnahmestaat angrenzenden Region ansässig sind zu einem unverhältnismäßig hohen Verwaltungsaufwand führen kann, wenn für jeden Arbeitnehmer unter Berücksichtigung seines Einsatzortes stun-

---

[97] *Antweiler*, Instrumentalisierung staatlicher Auftragsvergabe, S. 139; *Frenz*, NZBau 2007, 17 (22); *Karenfort/von Koppenfels/Siebert*, BB 1999, 1825 (1831); *Kunert*, Vergaberecht und öffentliches Recht, S. 157; *Ziekow*, NZBau 2001, 72 (78); dem zustimmend auch *Kramer*, Tariftreue im europäischen Vergaberecht, S. 568, der nach diesem Kriterium eine Differenzierung zwischen den die Tariftreue verlangenden Gesetzen der einzelnen Bundesländer vornimmt.
[98] *Kunert*, Vergaberecht und öffentliches Recht, S. 157.
[99] *Kunert*, Vergaberecht und öffentliches Recht, S. 157 f.

denweise sein angemessenes Entgelt errechnet werden muss[100]. Diese Rechtsprechung wird vereinzelt auf die Fälle der Tariftreueerklärung übertragen. Dementsprechend wird angenommen, eine mittelbare Diskriminierung durch einen erhöhten Verwaltungsaufwand sei schon dadurch gegeben, dass alle nicht tarifgebundenen Unternehmen gezwungen werden, bei der Auftragsausführung ihr Lohnzahlungsverhalten zu überprüfen. Der erhöhte Verwaltungsaufwand ergebe sich aus der Verpflichtung des Auftragnehmers, den örtlichen Tariflohn festzustellen, mit den eigenen Löhnen zu vergleichen und gegebenenfalls entsprechend anzupassen. Dabei bedeute es insbesondere einen wesentlichen Aufwand, festzustellen, welcher Arbeitnehmer wie lange an welchem Einsatzort gearbeitet habe und aus diesen Informationen den richtigen Lohn für jeden einzelnen Arbeitnehmer zu ermitteln[101].

Im Ergebnis kann die Annahme einer Beeinträchtigung der Dienstleistungsfreiheit durch einen erhöhten Verwaltungsaufwand jedoch weder aus dem einen noch aus dem anderen Grund überzeugen.

Was die angeblichen Schwierigkeiten bei der Feststellung des maßgeblichen Tariflohns angeht, so erscheint äußerst fraglich, inwieweit solche in der Praxis überhaupt bestehen. Teilweise sehen die Tariftreuegesetze der Bundesländer ausdrücklich vor, dass die jeweils anzuwendenden Lohn- und Gehaltstarife in der Bekanntmachung und den Vergabeunterlagen zu benennen sind[102]. In der Literatur wird die Auffassung vertreten, auch in den Fällen, in denen eine solche ausdrückliche Bestimmung im Gesetz fehlt, sei der öffentliche Auftraggeber aufgrund des Publikationsgebots verpflichtet, den maßgeblichen Tarifvertrag mit den Vergabeunterlagen zu veröffentlichen[103]. Soweit man dem zustimmt, können Unsicherheiten bei der Ermittlung der einschlägigen tariflichen Regelungen von vornherein nicht entstehen.

Letztlich kommt es auf die Frage, ob eine Verpflichtung des öffentlichen Auftraggebers zum Hinweis auf den maßgeblichen Tarifvertrag tatsächlich auch ohne ausdrücklich gesetzliche Regelung besteht, nicht an. Eine mittelbare Diskriminierung kann der Aufwand, der Bietern aus dem EU-Ausland dadurch entsteht, dass sie sich mit der Frage auseinandersetzen müssen, welche tariflichen Regelungen bei der Ausführung des konkreten Auftrags Anwendung finden, nicht begründen.

Zum einen besteht die Notwendigkeit, sich bei der Erbringung grenzüberschreitender Dienstleistungen mit den Regelungen des Aufnahmestaates vertraut

---

[100] EuGH 15.3.2001 Rs. C-165/98 *(Mazzoleni u. ISA)* Slg. 2001, I-2189 Rn. 36.
[101] *Arnold*, Europarechtliche Dimension der Konstitutiven Tariftreueerklärungen, S. 106.
[102] Vgl. z. B. § 2 S. 3 VgG Bln.; § 2 Abs. 2 HVgG; § 3 Abs. 2 S. 1 Nds. LVergabeG aF; § 5 Abs. 1 TTG Schl.-H.
[103] *Dornbusch*, Berücksichtigung vergabefremder Zwecke, S. 293.

zu machen, stets[104]. Die Mitgliedstaaten der Europäischen Union verfügen jeweils über eigenständige Rechtsordnungen, mit deren Regelungen sich Unternehmen auseinandersetzen müssen, wenn sie grenzüberschreitend tätig werden wollen. Tariftreueregelungen stellen insoweit keine außergewöhnlichen Anforderungen. Darüber hinaus können die erforderlichen Informationen, selbst wenn die Vergabeunterlagen keine Angaben zur Höhe der geforderten Tariflöhne enthalten sollten, bei dem entsprechenden öffentlichen Auftraggeber erfragt werden, ohne dass dafür ein großer Verwaltungsaufwand erforderlich wäre. Zudem werden auch inländische Bieter in vielen Fällen auf diese Informationen des Auftraggebers angewiesen sein. Das gilt vor allem dann, wenn an einem Arbeitsort unterschiedliche Tarifverträge bestehen und der Tariftreuetarifvertrag erst durch den Auftraggeber bestimmt werden muss[105]. Ohne eine entsprechende Information des Auftraggebers ist eine Bestimmung der einschlägigen tariflichen Regelungen auch für einen inländischen Bieter nicht möglich. Selbst diejenigen Unternehmer, die letztendlich nur zur Abgabe einer deklaratorischen Tariftreueerklärung verpflichtet sind, weil der Tariftreuetarifvertrag mit dem Tarifvertrag, an den sie ohnehin gebunden sind, identisch ist, müssen diesen Umstand erst einmal in Erfahrung bringen.

Der Verwaltungsaufwand, der für den Arbeitgeber damit verbunden ist, dass er den Lohn für seine einzelnen Arbeitnehmer jeweils nach Ort und Dauer ihres Einsatzes an unterschiedlichen Einsatzorten individuell berechnen muss, trifft dagegen tatsächlich nur Unternehmer, die eine konstitutive Tariftreueerklärung abgegeben, für die die Vorgaben des Tariftreuetarifvertrages also nur kraft dieser Verpflichtungserklärung verbindlich werden. Dieser Aufwand ergibt sich damit zwar nicht allein für ausländische Unternehmer sondern auch für alle inländischen Unternehmer, die nicht oder anderweitig tarifgebunden sind. Dieser Umstand allein schließt eine Diskriminierung durch den Verwaltungsaufwand indes noch nicht aus, da, wie oben festgestellt[106], auch eine Bevorzugung lediglich weniger regionaler Unternehmen den Tatbestand einer Diskriminierung erfüllen kann.

Dennoch kommt eine Beeinträchtigung der Dienstleistungsfreiheit auch unter diesem Gesichtspunkt nicht in Betracht. Es fehlt insoweit an einer ausreichenden Belastungsintensität. So hat auch der EuGH in einer neueren Entscheidung anerkannt, dass Beeinträchtigungen bei der grenzüberschreitenden Erbringung von Dienstleistungen keine unzulässige Beschränkung darstellen, wenn sie wegen ih-

---

[104] *Burgi/Waldhorst,* RdA 2006, 85 (87); *Kämmerer/Thüsing,* in: Tarifautonomie im Wandel (2003), S. 213 (217); *Reichert,* Vergaberechtlicher Zwang zur Zahlung von Tariflöhnen, S. 205 f.; ähnlich *Ismar,* Arbeitnehmerentsendung nach Schweden, S. 65 f. im Rahmen der Prüfung, ob in der Entsenderichtlinie eine versteckte Diskriminierung liegt.
[105] Vgl. dazu oben Teil 2 C. II.
[106] Vgl. dazu oben Teil 3 A. I. 2. a).

C. Vereinbarkeit mit der Dienstleistungsfreiheit   149

rer geringen Bedeutung nicht geeignet sind, die Entscheidung des Dienstleistungserbringers für ein grenzüberschreitendes Tätigwerden zu beeinflussen[107]. Der erhöhte Verwaltungsaufwand durch individuelle Lohnabrechnungen führt nicht dazu, dass ausländische Unternehmer ihre Dienstleistungen auf dem deutschen Arbeitsmarkt überhaupt nicht mehr anbieten können. Auch der Anreiz zur Erbringung grenzüberschreitender Dienstleistungen wird nicht entscheidend gemindert. Ein Unternehmer, der grenzüberschreitend tätig wird, muss in aller Regel schon aufgrund der zu überbrückenden Entfernungen mit einem gewissen administrativen Mehraufwand rechnen. So müssen für die entsandten Arbeitnehmer Reise und Unterkunft organisiert werden. Unter diesem Blickwinkel mag der erhöhte Verwaltungsaufwand bei der individuellen Lohnabrechnung für den Arbeitgeber zwar lästig sein, eine unzulässige Beeinträchtigung der Dienstleistungsfreiheit ist darin jedoch nicht zu sehen.

Eine abweichende Beurteilung kann allenfalls in besonderen Konstellationen geboten sein. Eine solche besondere Fallgestaltung lag der Entscheidung *Mazzoleni*[108] zugrunde. Dort waren die durch die individuelle Lohnberechnung entstehenden Verwaltungskosten nicht Teil eines typischerweise anfallenden administrativen Gesamtaufwands. Führt eine Tätigkeit in einer bestimmten Region dazu, dass die Arbeitnehmer von ihrem regelmäßigen Arbeitsort aus grenzüberschreitend tätig werden, ohne dass es organisatorischer Maßnahmen bedarf, fällt der bei der Lohnabrechnung anfallende Mehraufwand stärker ins Gewicht. Unter diesen Umständen kann im Einzelfall eine unzulässige Beeinträchtigung der Dienstleistungsfreiheit gegeben sein.

c) Beeinträchtigung durch Lohnaufwand

Im Zentrum der Diskussion steht daher zu Recht eine mögliche Beeinträchtigung der Dienstleistungsfreiheit durch die Verpflichtung zu einer Entlohnung, die mindestens dem örtlichen Tariflohn entspricht. Mit der Tariftreueerklärung verpflichten sich die am Vergabeverfahren teilnehmenden Unternehmer, die Leistung ihrer Arbeitnehmer mindestens entsprechend den einschlägigen örtlichen Tariflöhnen zu vergüten.

Im Verhältnis der europäischen Mitgliedstaaten herrscht in Deutschland ein vergleichsweise hohes Lohnniveau. Daher führt die Verpflichtung zur Zahlung der am Ort der Baustelle geltenden Tariflöhne für Auftragnehmer aus dem EU-Ausland in der Regel zu – teilweise ganz erheblich – erhöhten Lohnkosten gegenüber einer Leistungserbringung in ihrem Herkunftsstaat.

---

[107] EuGH 17.2.2005 Rs. C-134/03 *(Viacom Outdoor Srl)* Slg. 2005, I-1167 Rn. 38.
[108] EuGH 15.3.2001 Rs. C-165/98 *(Mazzoleni u. ISA)* Slg. 2001, I-2189.

aa) Mittelbare Diskriminierung durch erhöhten Lohnaufwand

Vielfach wird in dieser erhöhten finanziellen Belastung eine mittelbare Diskriminierung ausländischer Unternehmer gesehen[109]. Eine mittelbare Diskriminierung durch die Tariftreuegesetze setzte jedoch voraus, dass die dort getroffenen Regelungen sich auf in- und ausländische Unternehmen unterschiedlich auswirkten.

Teilweise wird vertreten, unterschiedliche Auswirkungen der Regelungen ergäben sich deshalb, weil hauptsächlich ausländische Unternehmer mit zusätzlichen Lohnkosten belastet würden, während ohnehin an die Tariflöhne gebundene deutsche Unternehmen keiner zusätzlichen Kostenbelastung ausgesetzt seien[110]. Von anderer Seite wird eine mittelbare Diskriminierung unter Hinweis auf eine unterschiedliche Wirkungsintensität[111] oder eine erschwerte Erfüllbarkeit der Tariflohnzahlung durch ausländische Unternehmer angenommen.

Ob die Koppelung der Vergabe öffentlicher Aufträge an die Abgabe einer Tariftreueerklärung unter dem Gesichtspunkt der erhöhten Lohnzahlungsverpflichtung tatsächlich eine mittelbare Diskriminierung bewirkt, erscheint jedoch äußerst fraglich. Tariftreueerklärungen zielen gerade darauf ab, dass alle Unternehmen, die einen öffentlichen Bauauftrag in Deutschland erhalten, demselben Lohnaufwand ausgesetzt sind. In- und ausländische Unternehmen sollen insoweit gleichgestellt werden. Eine Verpflichtung zur Zahlung höherer Löhne ergibt sich für den ausländischen Bieter nicht im Vergleich zu deutschen Unternehmern, sondern lediglich im Vergleich zu den Bedingungen, unter denen er üblicherweise seine Leistungen in seinem Herkunftsstaat anbietet. Eine Diskriminierung erfordert jedoch eine Ungleichbehandlung der ausländischen Unternehmer gegenüber einheimischen Konkurrenten auf demselben Markt[112].

Die Bedingung, ihren Arbeitnehmern die am Ort der Leistungsausführung geltenden Tariflöhne zu zahlen, ist für ausländische Unternehmer auch nicht schwieriger zu erfüllen als für deutsche Anbieter. Die höheren Lohnkosten werden bei der Kalkulation des Angebots berücksichtigt. Die Dienstleistung wird daher für den Auftraggeber teurer. Er trägt im Ergebnis die Kosten, die durch die Verpflichtung des Bieters zur Zahlung des Tariflohns entstehen. Wenn ein ausländi-

---

[109] *Antweiler,* Instrumentalisierung staatlicher Auftragsvergabe, S. 139; *Böhm/Danker,* NVwZ 2000, 767 (768); *Dornbusch,* Berücksichtigung vergabefremder Zwecke, S. 293 ff.; *Humbert,* Staatliche Regelungsbefugnisse, S. 335; *Karenfort/von Koppenfels/Siebert,* BB 1999, 1825, (1831 f.); *Marx,* in: Die Vergabe öffentlicher Aufträge im Lichte des europäischen Wirtschaftsrechts (2000), S. 77 (86); *Seifert,* ZfA 2001, 1 (22); *Ziekow,* NZBau 2001, 72 (78).

[110] *Karenfort/von Koppenfels/Siebert,* BB 1999, 1825, (1831); aA *Burgi/Waldhorst,* RdA 2006, 85 (86 f.).

[111] *Dornbusch,* Berücksichtigung vergabefremder Zwecke, S. 293 f.

[112] *Arnold,* Europarechtliche Dimension der Konstitutiven Tariftreueerklärungen, S. 108.

sches Unternehmen den Bauauftrag auf der Grundlage einer solchen Kalkulation erhält, bereitet ihm die Erfüllung der Tariflohnverpflichtung keine größeren Schwierigkeiten als seinen Konkurrenten[113].

Die Verpflichtung zur Tariflohnzahlung führt demnach unter dem Gesichtspunkt der Lohnkostenbelastung nicht zu einer Ungleichbehandlung von in- und ausländischen Unternehmen und wirkt daher nicht mittelbar diskriminierend.

bb) Sonstige Beschränkung der Dienstleistungsfreiheit durch erhöhten Lohnaufwand

Tariftreueregelungen können jedoch unter dem Gesichtspunkt des erhöhten Lohnaufwands für Unternehmer aus dem EU-Ausland eine ebenfalls durch Art. 49 EG verbotene sonstige Beschränkung der Dienstleistungsfreiheit darstellen[114]. Dadurch, dass EU-ausländische Unternehmer daran gehindert werden, an der Vergabe öffentlicher Bauaufträge in Deutschland auf der Grundlage ihrer üblichen Lohnkostenkalkulation teilzunehmen, könnten sie bei einer grenzüberschreitenden Tätigkeit behindert werden. Zumindest könnte eine grenzüberschreitende Dienstleistungserbringung unter diesen Voraussetzungen für sie aber weniger attraktiv sein.

Ohne die Tariftreueregelungen könnten Unternehmen aus dem EU-Ausland ihre Leistungen bei der Erfüllung öffentlicher Aufträge wesentlich günstiger anbieten. Zwar können sie nach geltendem Recht auch dann nicht auf der Basis der Löhne des Heimatstaates kalkulieren, sondern müssten sich nach dem AEntG an die für allgemeinverbindlich erklärten Mindestentgeltsätze halten. Durch eine Bindung an örtliche Tariflöhne gehen jedoch auch die noch verbleibenden Lohnkostenvorteile EU-ausländischer Unternehmer verloren. In dem Verlust dieses Lohnkostenvorteils liegt die eigentliche Benachteiligung durch die Tariftreueregelungen[115].

Die geringeren Lohnkosten sind gerade der Grund dafür, dass ausländische Unternehmen überhaupt auf dem deutschen Markt tätig werden können. Ihr Wettbewerbsvorteil liegt gerade darin, dass sie ihre Leistungen wegen geringerer Lohnkosten günstiger anbieten können als ortsansässige Unternehmen. Müssen sie dagegen auf der Grundlage deutscher Löhne kalkulieren, so ist es für die Un-

---

[113] So auch *Breideneichen*, Gütermarktregelnde Tarifvereinbarungen und Tariftreueerklärungen, S. 201 f.

[114] So *Berrisch/Nehl*, Anm. zu BGH 18.1.2000, ZIP 2000, 434 (435); *Dobmann*, Die Tariftreueerklärung bei der Vergabe öffentlicher Aufträge, S. 225; *Frenz*, NZBau 2007, 17 (22); *Lehne/Haak*, ZfBR 2002, 656 (657); *Kocher*, DB 2008, 1042 (1043); *Mühlbach*, RdA 2003, 339 (344 f.).

[115] *Breideneichen*, Gütermarktregelnde Tarifvereinbarungen und Tariftreueerklärungen, S. 204; *Dobmann*, Die Tariftreueerklärung bei der Vergabe öffentlicher Aufträge, S. 225.

ternehmen in den meisten Fällen nicht mehr lukrativ, ihre Leistungen anzubieten. Ein grenzüberschreitendes Tätigwerden muss einen gewissen Gewinn abwerfen, damit sich der erhöhte Verwaltungsaufwand und die erhöhten Kosten, die sich zum Beispiel durch Reisekosten und Unterbringungskosten für die entsandten Arbeitnehmer ergeben, lohnen. Die Erbringung grenzüberschreitender Dienstleistungen wird also schon deswegen für ausländische Unternehmen weniger attraktiv.

Abgesehen davon sinken auch die Chancen ausländischer Unternehmen, soweit sie sich trotz der erschwerten Bedingungen um Bauaufträge in Deutschland bemühen, sich bei der öffentlichen Auftragsvergabe gegen ihre inländischen Konkurrenten durchzusetzen. Die geringeren Lohnkosten stellen in vielen Fällen ihren einzigen Wettbewerbsvorteil gegenüber Unternehmen aus dem Inland dar[116]. Können ausländische Unternehmen diesen Wettbewerbsvorteil nicht mehr für sich in Anspruch nehmen, so entfällt für den Auftraggeber der finanzielle Reiz einer Vergabe an ausländische Unternehmen. Der Zuschlag wird dann aber eher einem inländischen Unternehmen erteilt werden[117].

Auch unter Berücksichtigung der „Keck-Rechtsprechung" des EuGH sind die Tariftreuegesetze als den Dienstleistungsverkehr beschränkende Regelungen einzustufen[118], denn sie betreffen nicht allein die Modalitäten der Dienstleistungserbringung, sondern betreffen den Marktzugang. EU-ausländische Unternehmen werden durch die Koppelung der Vergabe öffentlicher Bauaufträge an die Abgabe einer Tariftreueerklärung vom Markt verdrängt[119]. Die grenzüberschreitende Tätigkeit ausländischer Unternehmer wird daher durch die Tariftreueregelungen zumindest behindert, wenn nicht gar unterbunden. Darin liegt eine Beschränkung des durch Art. 49 EG garantierten freien Dienstleistungsverkehrs.

d) Ergebnis

Die Tariftreuegesetze verlangen von allen Bietern, die sich um die Vergabe eines öffentlichen Auftrags im Anwendungsbereich des jeweiligen Gesetzes bewerben, die Abgabe einer Tariftreueerklärung, ohne dabei an die Staatsangehörigkeit des Bieters oder den Sitz des Unternehmens anzuknüpfen. Die Regelungen führen daher nicht zu einer unmittelbaren Diskriminierung ausländischer Unternehmer.

---

[116] *Marx,* in: Die Vergabe öffentlicher Aufträge im Lichte des europäischen Wirtschaftsrechts (2000), S. 77 (86).
[117] *Konzen,* NZA 2002, 781 (782); *Reichert,* Vergaberechtlicher Zwang zur Zahlung von Tariflöhnen, S. 206.
[118] *Becker,* Anm. zu EuGH 3.4.2008, JZ 2008, 891 (892).
[119] *Seifert,* ZfA 2001, 1 (22).

Eine mittelbare Diskriminierung wird durch die Tariftreuegesetze nach hier vertretener Auffassung ebenfalls nicht bewirkt. Sollte mit der Ermittlung des einschlägigen Tarifvertrages ein erhöhter Verwaltungsaufwand verbunden sein, so trifft dieser Verwaltungsaufwand inländische und ausländische Unternehmer gleichermaßen. Soweit sich ein erhöhter Verwaltungsaufwand daraus ergibt, dass der Arbeitgeber den Lohn für jeden einzelnen Arbeitnehmer jeweils nach der Dauer des Einsatzes bei der Ausführung des öffentlichen Auftrags individuell berechnen muss, ergibt sich eine unterschiedliche Behandlung gegenüber denjenigen inländischen Unternehmern, die ihre Arbeitnehmer ohnehin nach dem einschlägigen Tarifvertrag entlohnen und für die die Tariftreueerklärung daher nur einen deklaratorischen Charakter aufweist. Allerdings fehlt es nach hier vertretener Auffassung an einer ausreichenden Belastungsintensität, um eine unzulässige Beeinträchtigung der Dienstleistungsfreiheit zu begründen. Auch der erhöhte Lohnaufwand führt nicht zu einer mittelbaren Diskriminierung von Bietern aus dem EU-Ausland. Es fehlt insoweit an einer Ungleichbehandlung im Vergleich zu den einheimischen Konkurrenten.

Die Tariftreuegesetze stellen jedoch eine den freien Dienstleistungsverkehr in sonstiger Weise beschränkende Maßnahme dar. Müssen ausländische Bieter sich verpflichten, die für den öffentlichen Auftrag als maßgeblich bestimmten Tariflöhne an die von ihnen im Rahmen der Auftragsausführung beschäftigten Arbeitnehmer zu zahlen, verlieren sie ihren spezifischen Wettbewerbsvorteil. Die grenzüberschreitende Dienstleistungserbringung wird dadurch behindert. Die geringere Gewinnspanne führt außerdem dazu, dass ein grenzüberschreitendes Tätigwerden für ausländische Unternehmen weniger attraktiv, mitunter sogar unmöglich wird.

2. Schranken

Wie bereits erläutert[120], sind Beeinträchtigungen der Dienstleistungsfreiheit nicht schlechthin unzulässig, sondern unter bestimmten Voraussetzungen der Rechtfertigung zugänglich. Die Beschränkung des freien Dienstleistungsverkehrs durch die Tariftreuegesetze ist daher nicht zu beanstanden, wenn die Regelungen sich als geeignete, erforderliche und verhältnismäßige Maßnahmen der deutschen Gesetzgebung erweisen, die ein legitimes Ziel im Rahmen der Rechtfertigungsgründe verfolgen.

Zunächst sind die geschriebenen Rechtfertigungsgründe der Art. 55 iVm. Art. 46 Abs. 1 EG zu prüfen. Die Rechtfertigungsgründe des Art. 46 Abs. 1 EG sind als Ausnahmevorschriften eng auszulegen. Im Fall der Tariftreuegesetze scheidet eine Rechtfertigung der Beeinträchtigung der Dienstleistungsfreiheit aus Gründen des Gesundheitsschutzes von vornherein aus. Eine nähere Betrachtung

---

[120] Vgl. Teil 4 C. I. 2.

verdient allein der Rechtfertigungsgrund der öffentlichen Ordnung. Der EuGH stellt an diesen Begriff hohe Anforderungen. So kommt eine Rechtfertigung nach § 46 Abs. 1 EG unter diesem Aspekt nur in Betracht, „wenn eine tatsächliche und hinreichend schwere Gefährdung vorliegt, die ein Grundinteresse der Gesellschaft berührt"[121]. Eine nationale Gefährdungslage, die diese Voraussetzungen erfüllt, liegt bei der Vergabe öffentlicher Aufträge an ausländische Dienstleistungserbringer nicht vor. Die Beschränkung der Dienstleistungsfreiheit kann demnach nicht auf die geschriebenen Rechtfertigungsgründe des Art. 46 Abs. 1 EG gestützt werden[122].

Es bleibt nur die Möglichkeit einer Rechtfertigung anhand ungeschriebener Rechtfertigungsgründe. Die Tariftreuegesetze müssten zwingenden Gründen des Allgemeininteresses dienen. Zudem müssten sie die Schranken-Schranken beachten und dürften nicht über das Maß dessen hinausgehen, was erforderlich und verhältnismäßig ist, um das zulässige Ziel zu erreichen.

Es wurde bereits festgestellt, dass ein abschließender Katalog legitimer Regelungsziele nicht besteht[123]. Vielmehr sind grundsätzlich alle denkbaren Regelungszwecke auf ihre Geeignetheit als zwingendes Allgemeininteresses zu prüfen. In Betracht kommen insbesondere die von den Gesetzgebern und den Gesetzesinitiatoren immer wieder in Gesetzesbegründungen und Gesetzesentwürfen angeführten Ziele. Hierzu zählen vor allem die Vermeidung von Wettbewerbsverzerrungen[124], der Schutz besonderer Industrie- und Wirtschaftszweige, die Sicherung der Sozialversicherungssysteme[125] sowie der Schutz des deutschen Tarifsystems[126]. Im Zentrum der Prüfung muss jedoch die Möglichkeit einer Rechtfertigung aus Gründen des Arbeitnehmerschutzes stehen. Das Verhältnis von Dienstleistungsfreiheit und Arbeitnehmerschutz hat Literatur und Rechtsprechung in den letzten Jahren viel beschäftigt. Der EuGH hat in zahlreichen Urteilen zur Frage der Beschränkung der Dienstleistungsfreiheit aus Gründen des Arbeitnehmerschutzes Stellung bezogen und seine Rechtsprechung auf diesem Gebiet fortwährend weiterentwickelt. Bevor die EuGH-Rechtsprechung zum Ar-

---

[121] EuGH 27.10.1977 Rs. 30/77 *(Bouchereau)* Slg. 1977, 1999 Rn. 35; 19.1.1999 Rs. C-348/96 *(Calfa)* Slg. 1999, I-11 Rn. 21; 14.3.2000 Rs. C-54/99 *(Scientology)* Slg. 2000, I-1335 Rn. 17.

[122] iE ebenso *Dornbusch,* Berücksichtigung vergabefremder Zwecke, S. 306; *Kling,* Zulässigkeit vergabefremder Regelungen, S. 341 f.; *Reichert,* Vergaberechtlicher Zwang zur Zahlung von Tariflöhnen, S. 206 f.

[123] Vgl. oben Teil 4 C. I. 2.

[124] Vgl. z.B. § 1 Brem. VergabeG; § 1 TTG Schl.-H., Gesetzentwurf der Fraktion DIE LINKE in Brandenburg, Landtag Brandenburg, Drs. 4/5810; Gesetzentwurf der SPD-Landtagsfraktion des Saarlandes, Landtag des Saarlandes, Drs. 13/1769; Gesetzentwurf der Linksfraktion. PDS in Sachsen, Sächsischer Landtag, Drs. 4/6697.

[125] Vgl. § 1 Brem. VergabeG; Präambel des LVergabeG Nds. aF; § 1 TTG Schl.-H.

[126] Vgl. Gesetzentwurf der Linksfraktion. PDS in Sachsen, Sächsischer Landtag, Drs. 4/6697.

beitnehmerschutz näher untersucht wird, soll zunächst der Blick auf die durch die Landesgesetzgeber genannten Regelungsziele und ihre Tauglichkeit als zwingende Allgemeininteressen gerichtet werden.

a) Schutz besonderer Industrie- und Wirtschaftszweige

Die Tariftreuegesetze der Bundesländer sehen die Tariftreueerklärung nicht in allen Bereichen der öffentlichen Auftragsvergabe vor. Vielmehr wird die Vergabe öffentlicher Aufträge nur in einzelnen – von Bundesland zu Bundesland unterschiedlichen – Branchen an die Abgabe einer solchen Erklärung geknüpft. Wurden Tariftreueerklärungen zunächst nur in der Bauwirtschaft verlangt, haben die Landesgesetzgeber den Anwendungsbereich ihrer Gesetze später auf weitere Wirtschaftszweige ausgedehnt, die überwiegend dem Niedriglohnsektor zuzuordnen sind. Soweit mit den Regelungen das Ziel verfolgt wird, die betreffende Branche vor der Niedriglohnkonkurrenz aus dem EU-Ausland zu schützen, handelt es sich um ein rein wirtschaftliches Motiv. Wirtschaftliche Gründe kommen jedoch, wie schon erläutert[127], von vornherein nicht als zwingende Allgemeininteressen, die eine Beeinträchtigung des freien Dienstleistungsverkehrs rechtfertigen können, in Betracht.

b) Schutz der deutschen Tarifvertragsordnung

In Deutschland werden Arbeitsbedingungen weitgehend durch von Gewerkschaften und Verbänden ausgehandelte Tarifverträge bestimmt. Dies gilt insbesondere für die Festsetzung von Löhnen und Gehältern. Der Gesetzgeber hält sich auf diesem Gebiet bewusst im Hintergrund. Um ein funktionsfähiges Tarifvertragssystem zu gewährleisten, kann es jedoch erforderlich sein, Tarifbedingungen auf Außenseiter zu erstrecken. Andernfalls könnten diese durch Unterbietung der tariflich geregelten Arbeitsbedingungen zu den Tarifgebundenen in einen unbegrenzten Lohnkostenwettbewerb treten. Ein erhöhter Wettbewerbsdruck kann dazu führen, dass es zu zahlreichen Austritten aus den Verbänden kommt, weil deren Mitglieder sich gezwungen sehen, in Zukunft eine Tarifbindung zu vermeiden, um konkurrenzfähig zu bleiben. Das Tarifvertragssystem kann dadurch gefährdet werden. Dies gilt umso mehr bei einer Konkurrenz durch sogenannte „Billiganbieter" aus dem EU-Ausland, die den deutschen Arbeitsmarkt erheblich unter Druck setzen.

Auf nationaler Ebene wird dieser Problematik vorwiegend durch die Möglichkeit der Allgemeinverbindlicherklärung begegnet. Wie bereits ausführlich erörtert[128], kann die Tarifbindung unter bestimmten Voraussetzungen durch eine

---
[127] Vgl. oben Teil 4 C. I. 2. b).
[128] Vgl. oben Teil 2 A. I. 2. b).

Allgemeinverbindlicherklärung gem. § 5 TVG auf Außenseiter erstreckt werden. Jedoch wirkt eine solche Erstreckung, zumindest nach hier vertretener Auffassung[129], nur für inländische Außenseiter. Ausländische Unternehmer sind dagegen bei der Entsendung von Arbeitnehmern auch an für allgemeinverbindlich erklärte Tarifverträge grundsätzlich nicht gebunden, da diese sich nicht ohne Weiteres als zwingendes Recht gegenüber dem ausländischen Arbeitsvertragsstatut durchsetzen[130].

Mit Blick auf das europäische Arbeitsrecht stellt sich in diesem Zusammenhang die Frage, ob eine Unterbietungskonkurrenz durch Unternehmen aus dem EU-Ausland dem deutschen Gesetzgeber erlaubt, unter Berufung auf den Schutz der deutschen Tarifvertragsordnung Regelungen zu schaffen, die die Dienstleistungsfreiheit beschränken. Dies ist denkbar, wenn der Schutz des Tarifsystems als nationale Arbeitsmarktordnung als zwingendes Allgemeinwohlinteresse angesehen werden kann.

In der Literatur ist diese Frage umstritten. So wird teilweise eine Anerkennung als zwingendes Allgemeinwohlinteresse befürwortet[131]. Zur Begründung wird auf die grundlegende Bedeutung des Bestands eines funktionsfähigen Tarifvertragssystems für die nationale Arbeits- und Wirtschaftsverfassung verwiesen[132]. Nach anderer Auffassung scheidet der Schutz der deutschen Tarifvertragsordnung als Regelungsziel, das eine Beschränkung des freien Dienstleistungsverkehrs rechtfertigen kann, aus[133].

Tatsächlich sind Zweifel, ob die Dienstleistungsfreiheit zum Schutz nationaler Arbeitsmarktordnungen im Allgemeinen und des deutschen Tarifsystems im Besonderen eingeschränkt werden darf, berechtigt. Regelungen, die die Arbeitsmarktordnung schützen, sind eng mit dem Schutz des Arbeitsmarkts als solchem verknüpft und haben daher im Regelfall eine protektionistische Zielrichtung, die mit der Konzeption des freien Binnenmarkts nicht vereinbar ist.

Die Gefährdung des Tarifsystems wird darauf zurückgeführt, dass aufgrund grenzüberschreitender Arbeitnehmerentsendung Arbeitnehmer aus Niedriglohnländern in Deutschland tätig werden, deren Arbeitsverhältnisse nach den Grundsätzen des Internationalen Privatrechts zunächst nicht in den Anwendungsbereich

---

[129] Vgl. oben Teil 2 B. II. 3.
[130] Vgl. oben Teil 2 B. II. 3.
[131] *Deinert*, RdA 1996, 339 (349), *Dobmann*, Die Tariftreueerklärung bei der Vergabe öffentlicher Aufträge, S. 233; *ders.*, VergabeR 2007, 167 (174); *Kempen*, in: Peter/Kempen/Zachert, Sicherung tariflicher Mindeststandards (2004), S. 76; *Rebhahn*, DRdA 1999, 173 (184 f.).
[132] *Dobmann*, Die Tariftreueerklärung bei der Vergabe öffentlicher Aufträge, S. 233.
[133] *Dornbusch*, Berücksichtigung vergabefremder Zwecke, S. 296, 302 f.; *Frenz*, NZBau 2007, 17 (22); *Kämmerer/Thüsing*, in: Tarifautonomie im Wandel (2003), S. 213 (218); *Krebber*, Jahrbuch Junger Zivilrechtswissenschaftler 1997, S. 129 (146); *Rieble/Lessner*, ZfA 2002, 29 (71 f.); *Ziekov*, NZBau 2001, 72 (78).

deutscher Tarifverträge fallen. Zudem kann der erhöhte Wettbewerbsdruck durch ausländische Konkurrenz dazu führen, dass auch deutsche Arbeitgeber durch Verbandsaustritte oder sogenannte OT-Mitgliedschaften die Bindungen an Tarifverträge vermeiden, um Lohnkosten einzusparen. Der Anwendungsbereich der durch Tarifverträge ausgehandelten Arbeitsbedingungen auf die in einem bestimmten Bereich tätigen Arbeitnehmer wird damit immer geringer, so dass auch die Bedeutung von Tarifverträgen abnimmt und die Ordnung der Arbeits- und Wirtschaftsbedingungen durch ein funktionierendes Tarifsystem nicht mehr sichergestellt ist.

Dass Unternehmen aus dem EU-Ausland ihre Leistungen in Deutschland anbieten, soll durch die Dienstleistungsfreiheit gerade gefördert werden. Die das Tarifsystem gefährdende Situation infolge erhöhter Konkurrenz ist damit eine typische wirtschaftliche Folge der Ausübung der Dienstleistungsfreiheit. Der Schutz des Tarifsystems ist damit von einem Schutz des nationalen Arbeitsmarktes vor Konkurrenz aus dem EU-Ausland kaum zu trennen[134]. Daher ist im Schutz der Tarifautonomie gegenüber dem Schutz der inländischen Wirtschaft kein eigenständiges Ziel zu sehen, sondern diesem Rechfertigungsansatz als unformuliertem wirtschaftlichem Grund die Anerkennung zu versagen[135].

c) Schutz nationaler Sozialversicherungssysteme

Ein weiteres Motiv der Landesgesetzgeber, das in die Gesetzestexte Eingang gefunden hat, bildet der Schutz der Sozialversicherungssysteme[136]. Auch hier stellt sich zunächst die Frage, ob der Schutz der nationalen sozialen Sicherungssysteme als im Allgemeininteresse liegendes Regelungsziel grundsätzlich eine Beeinträchtigung der Dienstleistungsfreiheit rechtfertigen kann. Wiederum besteht das Hauptproblem darin, festzustellen, ob es sich nicht um einen lediglich umformulierten, wirtschaftlichen Grund handelt. Auf den ersten Blick scheint der Motivation, nationale Sicherungssysteme zu schützen, keine wirtschaftliche Zielsetzung zugrunde zu liegen, sodass die Rechtfertigung einer Beeinträchtigung der Dienstleistungsfreiheit durch die Tariftreuegesetze unter diesem Gesichtspunkt zunächst in Betracht zu ziehen ist.

Auch der EuGH hat die Stabilität der sozialen Versicherungssysteme grundsätzlich als zwingenden Grund des Allgemeininteresses anerkannt. Jedoch ist zu unterscheiden: nicht jede Belastung des deutschen Sozialversicherungssystems

---

[134] Vgl. *Franzen*, IPRax 2002, 186 (190), der darauf hinweist, der Rechtfertigungsgrund des Schutzes der einzelnen Tarifvertragssysteme führe zu einer „nicht unerheblichen" Abschottung der innerstaatlichen Arbeitsmarktordnungen.

[135] Vgl. *Krebber*, Jahrbuch Junger Zivilrechtswissenschaftler 1997, S. 129 (146); *Reichert*, Vergaberechtlicher Zwang zur Zahlung von Tariflöhnen, S. 209.

[136] Vgl. z. B. § 1 TTG Schl.-H.; Präambel des LVergabeG Nds. aF.

kann eine Beschränkung des freien Dienstleistungsverkehrs rechtfertigen. In der Rechtsprechung des EuGH heißt es insoweit, die zu rechtfertigende Maßnahme müsse geeignet und erforderlich sein, um eine „erhebliche Gefährdung des finanziellen Gleichgewichts des Systems der sozialen Sicherheit"[137] zu verhindern.

Wenn es in den Begründungen zu den Gesetzesvorhaben heißt, die sozialen Versicherungssysteme sollten entlastet werden, so deutet dies auf die Problematik hin. Das Sozialversicherungssystem ist durch die Arbeitnehmerentsendung nicht grundsätzlich gefährdet[138]. Vielmehr verbirgt sich auch hinter diesem Regelungsziel primär eine protektionistische Absicht: es geht vor allem darum, deutsche Arbeitskräfte anstelle der entsandten Arbeitnehmer in Deutschland zu beschäftigen. Zwar kann eine Verdrängung ausländischer Arbeitnehmer mittelbar zu weniger arbeitslosen deutschen Arbeitnehmern führen und so eine Entlastung der Sozialkassen bewirken; erreicht wird dies jedoch durch eine Abschottung des Arbeitsmarktes und den Schutz der heimischen Wirtschaft. Diese Ziele stehen in einem krassen Gegensatz zur Idee des europäischen Binnenmarkts und können daher nicht zur Rechtfertigung seiner Beeinträchtigung herangezogen werden. Eine Berufung auf den Schutz nationaler Sozialversicherungssysteme kommt demnach nur in Betracht, wenn das System als solches gefährdet ist oder zumindest eine erhebliche Gefährdung vorliegt. Beeinträchtigungen, die als Folge des europäischen Wettbewerbs auftreten können, sind dagegen hinzunehmen.

Im Ergebnis ist daher festzuhalten, dass die Forderungen von Tariftreueerklärungen, wie in den Gesetzesbegründungen auch dargestellt, allenfalls eine Entlastung der sozialen Versicherungssysteme bewirken können, die aber in der Entsendesituation lediglich einen umformulierten wirtschaftlichen Grund darstellt und somit eine Beeinträchtigung des freien Dienstleistungsverkehrs nicht rechtfertigen kann[139].

d) Vermeidung von Wettbewerbsverzerrung/Sozialdumping

Als Regelungsziel der Tariftreuegesetze werden in Gesetzesbegründungen wie auch in Zielformulierungen im Gesetzestext immer wieder als Motive für die Regelungen angeführt, die Gesetze beabsichtigten, Wettbewerbsverzerrungen entge-

---

[137] EuGH 28.4.1998 Rs. C-158/96 *(Kohll)* Slg. 1998, I-1952 Rn. 41; 12.7.2001 Rs. C-157/99 *(Smits und Peerbooms)* Slg. 2001, I-5473 Rn. 72; 16.5.2006 Rs. C-372/04 *(Watts)* Slg. I-4325 Rn. 103.

[138] Dies konnte folglich dem EuGH im Verfahren *Rüffert* auch nicht überzeugend dargelegt werden, so dass das Gericht feststellt, aus den Akten gehe nicht hervor, dass das Verlangen einer Tariftreueerklärung erforderlich sei, um eine erhebliche Gefährdung des finanziellen Gleichgewichts des Systems der sozialen Sicherheit zu verhindern: EuGH 3.4.2008 Rs. C-346/06 *(Rüffert)* NZA 2008, 537, Rn. 42.

[139] aA *Wolter,* AuR 2006, 137 (144); für die Möglichkeit einer Rechtfertigung bei konkreten Nachweisen einer gravierenden Krise im Bausektor mit entsprechend gravierenden Folgen für die Arbeitslosenversicherung: *Hänlein,* ZESAR 2008, 275 (280).

genzuwirken und Sozialdumping zu vermeiden. Ob in der rechtlichen Ausgangslage jedoch tatsächlich Wettbewerbsverzerrungen und Sozialdumping vorliegen, die es zu bekämpfen gilt, erscheint zweifelhaft.

Der Begriff „Sozialdumping" wird in der Politik häufig verwandt, wenn es darum geht, dass Unternehmen aus dem EU-Ausland ihre Waren oder Leistungen aufgrund der bei ihnen herrschenden Arbeitsbedingungen auf dem europäischen Markt günstiger anbieten können als heimische Unternehmen. Durch die Verwendung dieses Begriffs wird eine kritische Haltung zu diesem Sachverhalt zum Ausdruck gebracht. Nach seiner eigentlichen Bedeutung liegt Dumping indes nur vor, wenn ein Unternehmen im Ausland seine Leistung unter dem „normalen Wert" des Heimatlandes anbietet[140]. Dieser Vorwurf wurde jedoch in den Entsendefällen weder vor noch nach Erlass der Entsenderegelungen erhoben. Der Begriff wird lediglich dazu verwendet, eine aus nationaler Sicht unerwünschte Situation zu bezeichnen. Sozialdumping im technischen Sinne liegt dagegen auch nach Ansicht der Gesetzgeber nicht vor.

Auch die Berufung der Gesetzgeber auf die Bekämpfung von Wettbewerbsverzerrungen geht ins Leere. Zunächst kann wohl in den Wirtschaftsbereichen, in denen von den Möglichkeiten, die das Arbeitnehmer-Entsendegesetz zur Festsetzung von Mindestlöhnen bietet, Gebrauch gemacht worden ist, nicht mehr von einer Wettbewerbsverzerrung durch den Einsatz von Niedriglohnkräften gesprochen werden. Die Festsetzung von Mindestlöhnen in Tarifverträgen, die von allen in- und ausländischen Unternehmern als verbindliche Mindestbedingungen zu beachten sind, hat zu einer Angleichung der Lohnbedingungen geführt. Zwar können die Mindestlöhne immer noch deutlich von den örtlichen (tarifvertraglich geregelten) Lohnbedingungen abweichen. Zumindest in diesem Rahmen müssen die Lohnkosten als ein zulässiger Wettbewerbsfaktor angesehen werden, der nicht zu Wettbewerbsverzerrungen führt. In Wirtschaftsbereichen, in denen bundesweit geltende Mindestlöhne existieren, landesrechtliche Vorschriften mit der Notwendigkeit einer Bekämpfung von Wettbewerbsverzerrungen und Sozialdumping zu begründen, ist nicht überzeugend.

Aber auch schon vor Erlass der Entsenderichtlinie und des Arbeitnehmer-Entsendegesetzes, als die entsandten Arbeitnehmer aufgrund der Regelungen des Internationalen Privatrechts im Wesentlichen zu den Bedingungen ihres Herkunftsstaates in der Bundesrepublik Deutschland tätig werden konnten, lag darin keine Wettbewerbsverzerrung. Eines der Hauptziele der Europäischen Union ist gem. Art. 2 EG die Errichtung des Europäischen Binnenmarktes. Die Grundfreiheiten sollen dazu beitragen, grenzüberschreitendes Tätigwerden in allen Bereichen des Wirtschaftslebens zu fördern, um so das Ziel eines gemeinsamen Marktes zu verwirklichen. Dass Unternehmern aus anderen Mitgliedstaaten sich unter Wahrneh-

---

[140] *Gerken/Löwisch/Rieble,* BB 1995, 2370; *Selmayr,* ZfA 1996, 615 (643).

160 Teil 4: Vereinbarkeit der Tariftreuegesetze mit Europäischem Arbeitsrecht

mung der Dienstleistungsfreiheit am Wettbewerb um die Vergabe von Aufträgen in Deutschland beteiligen, ist aus europäischer Sicht gerade erwünscht. Dabei beruht das Konzept des Europäischen Binnenmarktes gerade darauf, dass jedes Unternehmen seine spezifischen Wettbewerbsvorteile nutzen kann. Während die Vorteile von Hochlohnländern in einem besseren technischen Wissen, höherer Qualifikation der Arbeitskräfte oder der gehobenen Infrastrukturausstattung liegen können, besteht der Wettbewerbsvorteil der Unternehmen der Niedriglohnländer gerade in den geringeren Lohnkosten. Soweit Unternehmen aus diesen Mitgliedstaaten bei ihrem grenzüberschreitenden Tätigwerden also Vorteile nutzen, die sich daraus ergeben, dass im Herkunftsmitgliedstaat niedrigere Lohnstandards gelten, stellt dies keine Wettbewerbsverzerrung, sondern eine Ausnutzung eines spezifischen Wettbewerbsvorteils im gemeinsamen Markt dar[141]. Da Wettbewerbsverzerrungen im Hinblick auf den Europäischen Binnenmarkt in den Entsendefällen nicht vorliegen, können Beeinträchtigungen der Dienstleistungsfreiheit mit diesem Argument nicht gerechtfertigt werden.

e) Sozialer Arbeitnehmerschutz

Die Tariftreueregelungen könnten eine Beeinträchtigung der Dienstleistung jedoch unter dem Gesichtspunkt des Arbeitnehmerschutzes rechtfertigen. Der Arbeitnehmerschutz stellt als nicht wirtschaftliches Ziel anerkanntermaßen ein zwingendes Allgemeinwohlinteresse dar, so dass eine Beschränkung des freien Dienstleistungsverkehrs aus Gründen des Arbeitnehmerschutzes grundsätzlich zulässig sein kann. Uneinigkeit besteht hingegen in der Frage, ob die beschränkende Maßnahme den Schutz der entsandten Arbeitnehmer bewirken muss, oder ob auch der Schutz der heimischen Arbeitnehmer als Rechtfertigungsgrund in Betracht kommt.

aa) Schutz inländischer Arbeitnehmer

Teilweise wird angenommen, die Mitgliedstaaten dürften auch solche Regelungen erlassen, die die Dienstleistung zum Schutz der Arbeitnehmer des eigenen Staates beschränken[142]. Zur Begründung heißt es, in- und ausländische Arbeitnehmer müssten in gleicher Weise geschützt werden, da es andernfalls entweder zu einer unzulässigen Diskriminierung ausländischer Arbeitnehmer oder aber zu

---

[141] *Gerken/Löwisch/Rieble,* BB 1995, 2370 (2370 f.); *Kämmerer/Thüsing,* in: Tarifautonomie im Wandel (2003), S. 213 (219); *Koenigs,* DB 2002, 1270 (1271); *Reichert,* Vergaberechtlicher Zwang zur Zahlung von Tariflöhnen, S. 208 f.

[142] *Dobmann,* Die Tariftreueerklärung bei der öffentlichen Auftragsvergabe, S. 229; *Kling,* EuZW 2002, 229 (235 f.); *Konzen,* NZA 2002, 781 (782); *Kort,* NZA 2002, 1248 (1251); ausdrücklich für eine Rechtfertigung des LVergabeG Nds. aF wegen des Schutzes niedersächsischer Arbeitnehmer: *Losch,* NdsVBl. 2003, 73 (77).

einer umgekehrten Diskriminierung inländischer kommen könne[143]. In- und ausländische Arbeitnehmer seien grundsätzlich gleichermaßen schutzwürdig; daher sei der Arbeitnehmerschutz im einen wie im anderen Fall als zwingender Grund des Allgemeinwohls zu qualifizieren[144]. Die Rechtsprechung des EuGH wird insoweit als interpretationsoffen angesehen, da in den maßgeblichen Urteilen zum Arbeitnehmerschutz jedenfalls nicht ausdrücklich festgestellt werde, dass lediglich die entsandten Arbeitnehmer schutzwürdig seien[145].

Im Ergebnis kann diese Auffassung jedoch nicht überzeugen. Soweit die Mitgliedstaaten unter Berufung auf den Schutz heimischer Arbeitnehmer Maßnahmen treffen, die die Dienstleistungsfreiheit beschränken, handelt es sich um solche Maßnahmen, die darauf abzielen, den heimischen Arbeitnehmer vor der Arbeitslosigkeit zu schützen. Spiegelbildlich ist damit jedoch immer die Abschottung des deutschen Arbeitsmarktes gegenüber ausländischen Arbeitnehmern verbunden. Auch hier stehen, wie beim Schutz der sozialen Sicherungssysteme, wiederum protektionistische Ziele im Vordergrund, die mit der Konzeption des Binnenmarkts nicht vereinbar sind[146]. Das nationale sozialpolitische Anliegen der Hochlohnländer, ihre Arbeitnehmer vor drohender Arbeitslosigkeit zu schützen, kann aus diesem Grund nicht dazu herangezogen werden, die Entsendung der Arbeitnehmer aus Niedriglohnländern einzuschränken[147]. Deutlich wird dies auch bei einem Blick auf die durch Art. 39 EG garantierte Arbeitnehmerfreizügigkeit. Aus ihr folgt unmittelbar, dass die Arbeitnehmer der Mitgliedstaaten auf dem europäischen Arbeitsmarkt gleichgestellt sind und daher nicht gegeneinander ausgespielt werden dürfen, sondern sich grundsätzlich auch das Risiko der Arbeitslosigkeit teilen müssen[148].

bb) Schutz entsandter Arbeitnehmer

Was den Schutz der entsandten Arbeitnehmer betrifft, so ist zunächst festzustellen, dass diese Zielsetzung weder in den Gesetzestexten noch in den Motiven der Bundesländer zu den jeweiligen Tariftreuegesetzen eine Rolle spielt. Dies

---

[143] *Kort,* NZA 2002, 1248 (1251).
[144] *Dobmann,* Die Tariftreueerklärung bei der öffentlichen Auftragsvergabe, S. 229; *Kling,* EuZW 2002, 229 (235 f.).
[145] *Dobmann,* Die Tariftreueerklärung bei der öffentlichen Auftragsvergabe, S. 229; *Kling,* EuzW 2002, 229 (234).
[146] Vgl. auch *Breideneichen,* Gütermarktregelnde Tarifvereinbarungen und Tariftreueerklärungen, S. 212, der den Schutz inländischer Arbeitnehmer als einen „Annexgegenstand" zum – unzulässigen – Schutz heimischer Unternehmern bezeichnet.
[147] So im Ergebnis auch *Selmayr,* ZfA 1996, 615 (649); aA *Dobmann,* VergabeR 2007, 167 (174).
[148] *Gerken/Löwisch/Rieble,* BB 1995, 2370 (2373); aA *Kempen,* in: Peter/Kempen/Zachert, Sicherung tariflicher Mindeststandards (2004), S. 76, der die Arbeitsplatzsicherheit deutscher Arbeitnehmer als zwingendes Allgemeininteresse ansieht.

wirft die Frage auf, ob die Regelungen überhaupt unter Berufung auf den Arbeitnehmerschutz gerechtfertigt werden können, wenn die Normgeber diesen Zweck bei Erlass der Gesetze gar nicht im Blick hatten, und der Schutz entsandter Arbeitnehmer lediglich als „Begleiterscheinung"[149] oder „Nebeneffekt"[150] eintritt. Es gilt also zunächst, die Frage zu beantworten, ob die Tariftreuegesetze überhaupt dem Schutz der entsandten Arbeitnehmer dienen[151]. Entscheidend ist dabei, welche Bedeutung der subjektiven Vorstellung des Gesetzgebers bei der Auslegung der Norm zukommt.

Der EuGH beschränkt sich bei der Auslegung nationaler Gesetze nicht darauf, die Intention des Gesetzgebers zu untersuchen sondern nimmt zur Bestimmung des Gesetzeszwecks eine objektive Auslegung vor, wobei die Absicht des Gesetzgebers nur als ein Anhaltspunkt berücksichtigt wird[152]. Auch die Literatur befürwortet überwiegend einen objektiven Ansatz bei der Gesetzesauslegung[153]. Lediglich vereinzelt wird allein auf den Willen des Gesetzgebers abgestellt. Dies wird dann damit begründet, dass bei der Auslegung und Inhaltsermittlung von Gesetzen die zu Tage tretenden Grundabsichten des Gesetzgebers von ausschlaggebender Bedeutung seien. Ihnen komme ein Vorrang gegenüber anderen Auslegungskriterien zu. Daher könnten Beschränkungen der Dienstleistungsfreiheit durch nationale Regelungen, die in erster Linie protektionistische Ziele verfolgten, nicht dadurch gerechtfertigt werden, dass ein legitimer Nebeneffekt eintrete[154]. Warum jedoch die Absicht des Gesetzgebers gegenüber anderen Auslegungsmethoden vorrangig sein soll, leuchtet nicht ein. Vielmehr müssen die unterschiedlichen Methoden der Auslegung mindestens gleichermaßen berücksichtigt werden. Für die Beurteilung eines Gesetzes kann nicht allein ausschlaggebend sein, welche Vorstellung der Gesetzgeber bei seinem Erlass hatte. Daher ist es richtig, wenn der EuGH dem Willen des Gesetzgebers die Bedeutung eines Anhaltspunktes zumisst und im Übrigen auch die realen Auswirkungen des Gesetzes berücksichtigt.

Die Tariftreuegesetze, die die Vergabe öffentlicher Aufträge an die Abgabe einer Tariftreueerklärung knüpfen, führen dazu, dass auch ausländische Unternehmen ihre Arbeitnehmer bei der Ausführung des Auftrages mindestens nach

---

[149] *Kort,* NZA 2002, 1248 (1252).

[150] *Singer/Büsing,* Anm. zu EuGH 24.1.2002, SAE 2003, 35 (37).

[151] Dies wird teilweise mit Verweis auf die Motive des Gesetzgebers ohne weitere Begründung verneint: *Lehne/Haak,* ZfBR 2002, 656 (657 f.).

[152] EuGH 25.10.2001 Rs. C-49/98 u. a. *(Finalarte)* Slg. 2001, I-7831 Rn. 40 f.; 24.1.2002 Rs. C-164/99 *(Portugaia Construções)* Slg. 2002, I-787 Rn. 27 f.; 12.10.2004 Rs. C-60/03 *(Wolff & Müller)* Slg. 2004, I-9553 Rn. 38.

[153] *Arnold,* Europarechtliche Dimension der Konstitutiven Tariftreueerklärungen, S. 117; *Kling,* EuZW 2002, 229 (233); *Mühlbach,* RdA 2003, 339 (345); *Rieble/Lessner,* ZfA 2002, 29 (77).

[154] *Singer/Büsing,* Anm. zu EuGH 24.1.2002, SAE 2003, 35 (37).

den Entgeltsätzen der örtlichen Tarifverträge entlohnen müssen. Werden ausländische Arbeitnehmer zu diesen Bedingungen in Deutschland tätig, kann dies zur Folge haben, dass sie eine höhere Vergütung erhalten und sich auf diese Weise ihr sozialer Schutz verbessert. Unter diesem Gesichtspunkt ist eine Rechtfertigung der Beschränkung der Dienstleistungsfreiheit aus Gründen des Arbeitnehmerschutzes jedenfalls nicht von vornherein ausgeschlossen. Ob die Tariftreuegesetze tatsächlich geeignet sind, einen Schutz entsandter Arbeitnehmer zu bewirken, bedarf einer näheren Prüfung[155]. An dieser Stelle bleibt festzuhalten, dass zumindest die europarechtswidrige Zielsetzung der Landesgesetzgeber einer Rechtfertigung aus Gründen des Arbeitnehmerschutzes nicht entgegensteht.

f) Zwischenergebnis

Die von den Landesgesetzgebern verfolgten Ziele können die mit den Tariftreueregelungen bewirkte Beeinträchtigung der Dienstleistungsfreiheit nicht rechtfertigen. Es ist den Mitgliedstaaten nicht gestattet, den freien Dienstleistungsverkehr zum Schutz der heimischen Wirtschaft zu beschränken. Daher ist der Zweck, bestimmte Branchen der heimischen Wirtschaft zu schützen, kein zulässiges Regelungsziel; aber auch solche Regelungsziele, die indirekt den Schutz der nationalen Wirtschaft im Auge haben und damit lediglich umformulierte wirtschaftliche Gründe darstellen, sind nicht geeignet, einen Eingriff in Art. 49 EG zu rechtfertigen. Der Schutz der deutschen Tarifvertragsordnung und der Schutz nationaler Sicherungssysteme scheiden aus diesem Grund jedenfalls als legitime Zielsetzung der Tariftreueregelungen aus. Dasselbe gilt für den Schutz vor Wettbewerbsverzerrungen und Sozialdumping. Grundsätzlich ist der Lohnkostenvorteil von Niedriglohnländern ein legitimer Wettbewerbsvorteil, der vielen Mitgliedstaaten eine Teilnahme am gemeinsamen Markt überhaupt erst ermöglicht. Nationale Regelungen, die darauf abzielen, diese Vorteile auszuschalten, sind wiederum allein auf den unzulässigen Schutz der im Mitgliedstaat ansässigen Unternehmen vor Wettbewerb durch ausländische Konkurrenz gerichtet.

Im Ergebnis können die Tariftreueregelungen einer Prüfung am Maßstab des Art. 49 EG nur dann standhalten, wenn sie dem Arbeitnehmerschutz dienen. Dies ist der einzige Aspekt, der im Zusammenhang mit der Erstreckung nationaler Entgeltbedingungen auf die Arbeitsverhältnisse entsandter Arbeitnehmer ein zwingendes Allgemeinwohlinteresse begründen kann.

3. Schranken-Schranken

Die Tariftreueregelungen der Bundesländer können die Dienstleistungsfreiheit jedoch nur dann in zulässiger Weise beschränken, wenn sie zur Förderung des

---

[155] Vgl. dazu Teil 4 C. II. 3.

Arbeitnehmerschutzes geeignet und erforderlich sind. Kann dies bejaht werden, ist abschließend eine Verhältnismäßigkeitsprüfung vorzunehmen.

a) Geeignetheit

Dass die Tariftreuegesetze nicht erlassen worden sind, um den Schutz ausländischer Arbeitnehmer zu verbessern, ist bereits festgestellt worden. Für die Bewertung im Hinblick auf ihre Europarechtskonformität kommt es jedoch lediglich darauf an, ob sie aufgrund ihrer realen Auswirkungen objektiv geeignet sind, die Arbeitnehmer ausländischer Bieter zu schützen. Auch hier bestehen auf den ersten Blick gleich in mehrfacher Hinsicht Zweifel.

Zunächst erscheint fraglich, ob die Erstreckung nationaler Mindestarbeitsbedingungen auf entsandte Arbeitnehmer generell zum Schutz der Arbeitnehmer ausländischer Dienstleistungserbringer beitragen kann. Wenn ein ausländischer Arbeitgeber bei seinem grenzüberschreitenden Tätigwerden dazu verpflichtet wird, die jeweils am Ort der Leistungsausführung geltenden Sozialstandards einzuhalten, beschränkt dies die Dienstleistungsfreiheit, weil der ausländische Dienstleistungserbringer seinen Wettbewerbsvorteil nicht ausspielen kann[156]. Unter Umständen führt dies dazu, dass ausländische Unternehmer aus Niedriglohnländern sich nicht mehr so häufig um Aufträge in Hochlohnländern bemühen, da diese keine oder zumindest keine ausreichende Gewinnspanne bieten und daher wirtschaftlich nicht attraktiv sind. Dort, wo sich ausländische Bieter aus Niedriglohnländern dennoch um Aufträge in Hochlohnländern bewerben, werden sie häufig nicht mehr den Zuschlag erhalten, da der Kostenvorteil aufgrund der niedrigeren Lohnkosten ihren einzigen Vorteil gegenüber der Konkurrenz darstellte. Regelungen, die gegenüber dem Heimatland entsandter Arbeitnehmer erheblich höhere Sozialstandards für verbindlich erklären und damit die Dienstleistungserbringung für den Arbeitgeber wesentlich verteuern, führen also im Ergebnis dazu, dass ausländische Arbeitnehmer weniger häufig zur Erfüllung von Aufträgen entsandt werden. In der Literatur wird daher vertreten, solche Regelungen seien nicht geeignet, dem Schutz ausländischer Arbeitnehmer zu dienen. Sie sorgten vielmehr dafür, dass diese vom Markt verdrängt würden[157]. Dies führe zu erhöhter Arbeitslosigkeit ausländischer Arbeitnehmer. Sich unter diesen Umstän-

---

[156] s. o. Teil 4 B. II. 2.

[157] *Breideneichen,* Gütermarktregelnde Tarifvereinbarungen und Tariftreueerklärungen, S. 213; *Kämmerer/Thüsing,* in: Tarifautonomie im Wandel (2003), S. 213 (219); *Kling,* EuZW 2002, 229 (234); *Krebber,* Jahrbuch Junger Zivilrechtswissenschaftler 1997, S. 129 (150 ff.); *ders.,* ZEuP 2001, 366 (371 f.); *Rebhahn,* DRdA 1999, 173 (183); *Rieble/Bonmann,* SAE 2005, 194 (196); kritisch auch *Humbert,* Staatliche Regelungsbefugnisse, S. 337; zurückhaltender *Kort,* NZA 2002, 1248 (1252), der sich dafür ausspricht, der EuGH solle diesen Aspekt in seiner Rechtsprechung berücksichtigen.

den zur Rechtfertigung der Beschränkung der Dienstleistungsfreiheit auf den Schutz ausländischer Arbeitnehmer zu berufen sei zynisch[158].

Dieses Problem ist auch auf nationaler Ebene bekannt. Dort wird ebenfalls oftmals kritisiert, dass Vorschriften, die bestimmte Sozialstandards für verbindlich erklären, Arbeitsplätze kosten. Die Thematik ist aus rechtspolitischen Diskussionen seit langem bekannt. Allerdings ist fraglich, ob den entsprechenden Vorschriften mit dieser Argumentation die Eignung zum Arbeitnehmerschutz abgesprochen werden kann. Bei einer solchen Betrachtung wären Bestimmungen, die Mindeststandards festlegen, unabhängig von deren Höhe stets ungeeignet, zum sozialen Schutz von Arbeitnehmern beizutragen. Denn solche Mindestarbeitsbedingungen verschlechtern immer die Marktposition derjenigen, die bereit sind, auf diesen Schutz zu verzichten[159]. Sie haben regelmäßig den Schutz der Arbeitnehmer im Blick, die in den Anwendungsbereich der Vorschriften fallen und von ihnen profitieren und sind auch geeignet ihren Schutz zu bewirken. Dass dadurch andere Gruppen von Arbeitnehmern, die nicht in den Anwendungsbereich der Vorschrift fallen, nicht nur nicht begünstigt, sondern gegebenenfalls benachteiligt werden, kann für die Einordnung als arbeitnehmerschützende Norm nicht ausschlaggebend sein[160]. Im Rahmen der Arbeitnehmerentsendung kann den Interessen der ausländischen Arbeitnehmer in ihrer Gesamtheit nur dadurch Rechnung getragen werden, dass auch Regelungen, die den Schutz entsandter Arbeitnehmer bewirken, nicht grenzenlos zulässig sind, sondern den Schranken der Erforderlichkeit und der Verhältnismäßigkeit unterliegen. Ob die Regelung dagegen geeignet ist, entsandte Arbeitnehmer zu schützen, ist nur mit Blick auf tatsächlich entsandte Arbeitnehmer zu beurteilen.

Nach diesen Grundsätzen entscheidet auch der EuGH. Nach seiner ständigen Rechtsprechung dient die Maßnahme eines Mitgliedstaates dem Schutz entsandter Arbeitnehmer, wenn die Regelung ihnen einen tatsächlichen Vorteil verschafft, der deutlich zu ihrem sozialen Schutz beiträgt[161]. Das BAG hat sich dieser Rechtsprechung angeschlossen und legt seiner Prüfung dieselben Maßstäbe zugrunde[162]. Ob eine Regelung den entsandten Arbeitnehmern einen tatsächlichen Vorteil verschafft, ist anhand eines umfangreichen materiellen Günstigkeitsvergleichs zu ermitteln[163].

---

[158] *Rieble/Lessner*, ZfA 2002, 29 (74).
[159] *Mühlbach*, RdA 2003, 339 (346).
[160] *Arnold*, Europarechtliche Dimension der Konstitutiven Tariftreueerklärungen, S. 123.
[161] EuGH 25.10.2001 Rs. C-49/98 u. a. *(Finalarte)* Slg. 2001, I-7831 Rn. 42; 24.1.2002 Rs. C-164/99 *(Portugaia Construções)* Slg. 2002, I-787 Rn. 29; 12.10.2004 Rs. C-60/03 *(Wolff & Müller)* Slg. 2004, I-9553 Rn. 38.
[162] BAG 20.7.2004 SAE 2005, 189 ff. (m. Anm. *Rieble/Bonmann*).
[163] *Preis/Temming*, Die Urlaubs- und Lohnausgleichskasse im Kontext des Gemeinschaftsrechts, S. 107.

Teil 4: Vereinbarkeit der Tariftreuegesetze mit Europäischem Arbeitsrecht

Ob Regelungen, die bei der öffentlichen Auftragsvergabe eine Tariftreueerklärung verlangen, den entsandten Arbeitnehmern einen solchen tatsächlichen Vorteil verschaffen, könnte zweifelhaft sein. Schließlich ist die Regelung nicht als Vertrag zugunsten Dritter ausgestaltet, so dass sich die Unternehmen lediglich gegenüber ihren Auftraggebern, nicht jedoch gegenüber ihren Arbeitnehmern zur Zahlung örtlicher Tariflöhne verpflichteten. Diese erhalten daher keinen eigenen durchsetzbaren Anspruch gegen ihren Arbeitgeber.

Entscheidend für die Beurteilung, ob die Tariftreueregelungen den Arbeitnehmern einen Vorteil verschaffen, ist jedoch die tatsächliche Auswirkung der Gesetze. Diese verpflichten die Unternehmen, wenn auch nur gegenüber dem Auftraggeber, den bei der Erbringung der Dienstleistung tätig werdenden Arbeitnehmern mindestens den am Arbeitsort einschlägigen Tariflohn zu zahlen. Nach der Norm sollen die entsandten Arbeitnehmer also den örtlichen Tariflohn erhalten und damit einen Vorteil erlangen. Dass sie einen eigenen Anspruch erlangen ist nicht erforderlich, um eine Besserstellung zu erreichen. Ausreichend ist vielmehr, dass überhaupt Durchsetzungsmöglichkeiten bestehen. Als Instrumente zur Durchsetzung der Tariftreueverpflichtung haben die Länder Vertragsstraferegelungen vorgesehen. Außerdem droht einem Unternehmen, dass das abgegebene Tariftreueversprechen nicht einhält, der Ausschluss von der Vergabe künftiger Aufträge[164]. Die Tariftreuegesetze sehen damit ausreichende Sanktionsmöglichkeiten vor, um die Unternehmen zu einer Einhaltung der Tariftreueverpflichtung anzuhalten und so dafür zu sorgen, dass die entsandten Arbeitnehmer einen Vorteil erhalten, der zu ihrem sozialen Schutz beiträgt[165].

b) Erforderlichkeit

Wie gesehen, können also die Tariftreueregelungen zum sozialen Schutz entsandter Arbeitnehmer beitragen und sind daher geeignet, zwingende Allgemeininteressen zu fördern. Damit ist die Beschränkung der Dienstleistungsfreiheit jedoch noch nicht in jedem Fall zulässig. Die Tariftreuegesetze sind europarechtlich nur dann unbedenklich, wenn sie nicht über das hinausgehen, was zur Erreichung des Ziels erforderlich ist. Hier liegt sicherlich das Hauptproblem der Tariftreueregelungen, denn ob sie zur Förderung des Arbeitnehmerschutzes erforderlich sind, ist gleich unter mehreren Gesichtspunkten fraglich.

aa) Doppelbelastungsverbot

Wenn entsendende Unternehmer eine Tariftreueerklärung abgeben, verpflichten sie sich, ihren Arbeitnehmern, die bei Erbringung einer Dienstleistung in

---

[164] Vgl. oben Teil 1 B. III.
[165] Für einen zusätzlichen Schutz entsandter Arbeitnehmer durch die Tariftreueerklärung auch *Kocher*, DB 2008, 1042 (1044).

C. Vereinbarkeit mit der Dienstleistungsfreiheit

Deutschland beschäftigt werden, mindestens den am Ort der Arbeitsausführung gültigen Tariflohn zu zahlen. Oftmals wird dieser Lohn höher sein, als derjenige, den der Arbeitgeber den Arbeitnehmern aufgrund der Regelungen des Herkunftsstaates schuldet. Ungeachtet dessen, dass dieser Lohn auf den bei Ausführung des öffentlichen Auftrags zu zahlenden Tariflohn angerechnet werden kann[166], entsteht für den ausländischen Arbeitgeber jedenfalls eine zusätzliche finanzielle Belastung. Teilweise wird vertreten, eine solche höhere Lohnbelastung durch Regelungen des Aufnahmestaates verstoße gegen das von der EuGH-Rechtsprechung entwickelte Doppelbelastungsverbot[167]. Dagegen wird von anderer Seite eingewandt, in einer Verpflichtung zur Zahlung eines höheren Entgelts liege keine Doppel- sondern lediglich eine Mehrbelastung[168], die nicht per se dazu führe, dass die Beschränkung der Dienstleistungsfreiheit unzulässig sei.

Die Beantwortung der Frage hängt letztlich von der Interpretation des Doppelbelastungsverbots ab. Bei einem formalen Verständnis des Doppelbelastungsverbots[169] stellt sich, wenn nach dem Recht des Herkunftsstaates hinsichtlich einer bestimmten Materie bereits ein Regelungssystem besteht, jede weitergehende Verpflichtung nach dem Recht des Aufnahmestaates als eine Verdopplung dar. Erlegt der Aufnahmestaat dem entsendenden Unternehmer eine weitergehende Lohnverpflichtung auf, obwohl bereits im Herkunftsstaat eine Verpflichtung zur Lohnzahlung besteht, verstößt diese Maßnahme bei diesem Verständnis des Doppelbelastungsverbots regelmäßig gegen Art. 49 EG[170].

Diese Interpretation des Doppelbelastungsverbots ist indes mit der Rechtsprechung des EuGH zur Möglichkeit der Erstreckung von Mindestlohnvorschriften auf entsandte Arbeitnehmer nicht vereinbar. Wäre das Doppelbelastungsverbot formal zu verstehen, so wäre eine Ausdehnung solcher Vorschriften im Ergebnis stets unzulässig, weil alle Mitgliedstaaten vorschreiben, Arbeitnehmer zu entlohnen. Das Doppelbelastungsverbot kann demnach nur so verstanden werden, dass es die Unternehmen nicht davor schützt, dass sie mehr als ihre heimischen Arbeitsbedingungen gewähren müssen, sondern nur davor, dass sie dieselben Ansprüche doppelt erfüllen müssen[171]. Bei einem in dieser Weise materiell verstandenen Doppelbelastungsverbot führt die Verpflichtung zur Zahlung höherer Löhne nicht generell zu einem Verstoß gegen die Dienstleistungsfreiheit, weil in

---

[166] *Krebber*, ZEuP 2001, 365 (370), der allerdings davon ausgeht, die Anrechnung sei eine Angelegenheit des Heimatstaates, so dass der Aufnahmestaat sich nicht darauf berufen könne; *Rebhahn*, DRdA 1999, 173 (183); *Rieble/Lessner*, ZfA 2002, 29 (80).
[167] *Krebber*, ZEuP 2001, 365 (373 f.).
[168] *Franzen*, IPRax 2002, 186 (188); *Rebhahn*, DRdA 1999, 173 (183).
[169] Dafür *Kort*, NZA 2002, 1248 (1252); *Krebber*, ZEuP 2001, 365 (373 f.).
[170] *Krebber*, ZEuP 2001, 365 (374).
[171] *Schlachter*, NZA 2002, 1242 (1246).

ihr lediglich eine zulässige Mehr- nicht jedoch eine unzulässige Doppelbelastung zu sehen ist[172].

bb) Mindestbedingungen

Dennoch ist die Beschränkung der Dienstleistungsfreiheit durch die Tariftreuegesetze problematisch. Wie bereits ausgeführt, dürfen die Mitgliedstaaten die Dienstleistungsfreiheit nur durch solche Maßnahmen beschränken, die zur Verfolgung im Allgemeininteresse liegender Zielsetzungen nicht über das hinausgehen, was zur Erreichung des Ziels erforderlich ist. Dies ist nur dann der Fall, wenn der Gesetzgeber Mindestbedingungen festlegt. Ob die Verpflichtung zur Zahlung der am jeweiligen Ort der Auftragsausführung geltenden Tariflöhne, wie sie in den landesgesetzlichen Regelungen vorgesehen ist, in dieser Hinsicht einer Überprüfung standhält, erscheint äußerst fraglich.

Zwar war der EuGH diesbezüglich in der Vergangenheit recht großzügig. In der Entscheidung *Finalarte* aus dem Jahr 2001 stellte er fest, dass es im Ermessen des jeweiligen Mitgliedstaates liege, hinsichtlich des notwendigen sozialen Schutzes der Arbeitnehmer das für erforderlich gehaltene Niveau festzulegen. Dies soll sogar dann gelten, wenn eine Richtlinie europäische Mindeststandards festlegt und der Mitgliedstaat seine darüber hinausgehenden Mindestbedingungen auf entsandte Arbeitnehmer erstreckt[173]. Diese Aussagen des EuGH sind in der Literatur auf Kritik gestoßen. Von einer Verhältnismäßigkeitsprüfung, die ihren Namen verdiene, könne nicht gesprochen werden, wenn gleichzeitig den Mitgliedstaaten die Befugnis eingeräumt werde, das Niveau des sozialen Schutzes der Arbeitnehmer selbst festzulegen. Auf diese Weise werde dem Schutzziel schon eine überragende Wertigkeit zugewiesen, die die nachfolgende Verhältnismäßigkeitsprüfung mehr oder weniger präjudiziere[174]. Zudem hat das Urteil des EuGH zur Verunsicherung darüber geführt, wie sich die Rechtsprechung entwickeln werde. Insbesondere wurden Vermutungen geäußert, der EuGH werde nunmehr unter Umständen auch Tariftreuegesetze billigen[175]. Zwingend war dieser Schluss jedoch nicht. Denn selbst wenn den Mitgliedstaaten eingeräumt wird, das jeweils erforderliche Maß an Schutz selbst festzulegen, bleibt zweifelhaft, ob der örtliche Tariflohn sich zur Bestimmung eines Mindestschutzniveaus eignet.

Jedenfalls im Geltungsbereich des Arbeitnehmerentsendegesetzes erweist sich der örtliche Tariflohn zur Bestimmung eines Mindestschutzniveaus von vornherein als ungeeignet. In den Branchen, die von dem Gesetz erfasst werden, exis-

---

[172] *Franzen,* IPRax 2002, 186 (188).
[173] EuGH 25.10.2001 Rs. C-49/98 u.a. *(Finalarte)* Slg. 2001, I-7831 Rn. 56 ff.
[174] *Humbert,* Staatliche Regelungsbefugnisse, S. 338.
[175] *Bayreuther,* EuZW 2001, 764 (766); aA (auch nach *Finalarte) Kling,* EuZW 2002, 229 (235); *Rieble/Lessner,* ZfA 2002, 29 (89).

tieren Mindestlohntarifverträge. Die in diesen Mindestlohntarifverträgen geregelten Lohnbedingungen setzen durch ihre Erstreckung nach dem im Arbeitnehmerentsendegesetz vorgesehenen Verfahren bundeseinheitliche Mindeststandards fest, an die in- und ausländische Arbeitgeber gleichermaßen gebunden sind[176]. Sie stellen aufgrund ihrer umfassenden Wirkung echte nationale Mindeststandards für die jeweilige Branche dar und garantieren damit in diesem Bereich einen gewissen Mindestschutz. Die Tariflöhne, zu deren Zahlung sich der Bieter durch die Abgabe einer Tariftreueerklärung nach Maßgabe der Landesgesetze verpflichtet, liegen regelmäßig erheblich über den tariflichen Mindestlöhnen, die aufgrund des Arbeitnehmerentsendegesetzes gelten. Die Tariftreuegesetze gewähren den entsandten Arbeitnehmern insoweit zwar weitere Vorteile; dass diese zu ihrem sozialen Schutz erforderlich sind, wird jedoch zu Recht bestritten. Es ist nicht erforderlich jenseits des Arbeitnehmerentsendegesetzes weitere Entgeltbedingungen auf entsandte Arbeitnehmer zu erstrecken[177]. Jedoch sind bislang nicht alle Branchen, in denen Landesgesetze Tariftreueerklärungen verlangen, in das Arbeitnehmerentsendegesetz aufgenommen worden. Für diese Wirtschaftszweige kann die Frage, ob durch die Tariftreuegesetze Mindeststandards festgelegt werden können, daher nicht unter Verweis auf das Arbeitnehmerentsendegesetz beantwortet werden.

In der Literatur wird darüber hinaus darauf hingewiesen, bei der Prüfung, ob die Tariftreuegesetze die Dienstleistungsfreiheit in verhältnismäßiger Weise beschränken, sei zu berücksichtigen, dass Unternehmer lediglich bei der Vergabe öffentlicher Aufträge zur Abgabe einer Tariftreueerklärung verpflichtet werden. Teilweise wurde dieser Umstand zur Begründung dafür angeführt, dass Tariftreueregelungen wegen ihrer auf den Einzelfall begrenzten Geltung die Dienstleistungsfreiheit in zulässigerweise beschränken könne[178]. Auch der Generalanwalt vertrat im Verfahren über die Zulässigkeit des niedersächsischen Vergabegesetzes diesen Standpunkt[179]. Von anderer Seite wird jedoch geltend gemacht, es sei nicht einleuchtend, warum die Arbeitnehmer, die bei Arbeiten zur Ausführung eines öffentlichen Auftrages eingesetzt werden gegenüber denjenigen, die Arbeiten im privaten Sektor ausführen eines erhöhten Schutzes bedürften. Die günstigeren Arbeitsbedingungen im öffentlichen Sektor seien zum Schutz ent-

---

[176] Vgl. oben Teil 2 A. I. 2. c).
[177] *Arnold*, Europarechtliche Dimension der Konstitutiven Tariftreueerklärungen, S. 126; *Breideneichen*, Gütermarktregelnde Tarifvereinbarungen und Tariftreueerklärungen, S. 214; *Dobmann*, Die Tariftreueerklärung bei der Vergabe öffentlicher Aufträge, S. 236; *Karenfort/von Koppenfels/Siebert*, BB 1999, 1825 (1832); *Kling*, EuZW 2002, 229 (233); *Konzen*, NZA 2002, 781 (783); *Lehne/Haak*, ZfBR 2002, 656 (658); *Seifert*, ZfA 2001, 1 (23).
[178] *Adam*, Jahrbuch Junger Zivilrechtswissenschaftler 2003, S. 295 (305); *Däubler/Lakies*, Anhang 1 zu § 5 TVG, Rn. 10 e; *Wolter*, AuR 2006, 137 (144).
[179] Schlussanträge des Generalanwalts *Bot* v. 20.9.2007 Rs. C-346/06.

sandter Arbeitnehmer auch unter diesem Aspekt nicht erforderlich[180]. Diese Argumentation ist zunächst überzeugend, soweit sie sich wiederum auf solche Wirtschaftszweige bezieht, die in den Geltungsbereich des Arbeitnehmerentsendegesetzes fallen. Denn es kann schwerlich argumentiert werden, der Schutz von Arbeitnehmern sei im Bereich der öffentlichen Auftragsvergabe deshalb nicht erforderlich, weil Arbeitnehmer, die bei der Ausführung privater Bauaufträge tätig würden, auch nicht geschützt seien.

Der hier vertretenen Auffassung, dass Tariftreuegesetze, zunächst soweit sie Branchen betreffen, die in den Geltungsbereich des Arbeitnehmerentsendegesetzes fallen, keinesfalls den Anforderungen an eine zulässige Beschränkung des freien Dienstleistungsverkehrs darstellen können, ist auch der EuGH gefolgt. Entgegen der teilweise anders lautenden Prognosen[181], hat der EuGH in seiner Entscheidung vom 3.4.2008[182] das Tariftreuegesetz des Landes Niedersachsen für mit der Dienstleistungsfreiheit unvereinbar erklärt, ohne sich dabei zu seiner früheren Rechtsprechung in Widerspruch zu setzen. Das Urteil lässt sich vielmehr nahtlos in die bisherige Rechtsprechung des EuGH einfügen[183]. Auch wenn es nach der Entscheidung in der Rechtssache *Finalarte*[184] dabei bleibt, dass die Mitgliedstaaten das Mindestschutzniveau für in ihrem Hoheitsgebiet tätige Arbeitnehmer selbst bestimmen können, so ist auch der EuGH davon überzeugt, dass mit der Verpflichtung zur Abgabe einer Tariftreueerklärung keine Mindeststandards gesetzt werden. Auch der EuGH verweist zur Begründung zum einen darauf, dass das Tarifvertragsgesetz des Landes Niedersachsen im Rahmen öffentlicher Bauaufträge mit der Tariftreueerklärung Lohnsätze verlangt werden, die über denjenigen liegen, die das Arbeitnehmerentsendegesetz festlegt; zum anderen weist er ebenfalls darauf hin, dass ein erhöhter Schutz der Arbeitnehmer im öffentlichen Bausektor gegenüber den Arbeitnehmern im privaten Baubereich nicht erforderlich sei[185].

Jedoch sind die Tariftreuegesetze auch in anderen Fällen nicht geeignet, echte Mindeststandards festzulegen[186]. Tarifverträge sehen – abgesehen von den Mindestlohntarifverträgen der vom Arbeitnehmerentsendegesetz erfassten Branchen –

---

[180] *Gundel,* EuZW 2008, 678; *Seifert,* EuZA 2008, 526 (535); *ders.,* ZfA 2001, 1 (23); iE ebenso *Klumpp,* NJW 2008, 3473 (3476).

[181] *Bayreuther,* EuZW 2001, 764 (766).

[182] EuGH 3.4.2008 Rs. C-346/06 *(Rüffert)* EuZW 2008, 306 ff. = NZA 2008, 537 ff.

[183] aA wohl *Bayreuther,* NZA 2008, 626, der meint, das Urteil sei zwar „keine vollständige Kehrtwende", aber „überraschend"; auch *Steiff/André,* NZBau 2008, 364 (365) sprechen von einem „unerwarteten Richterspruch".

[184] EuGH 25.10.2001 Rs. C-49/98 u. a. *(Finalarte)* Slg. 2001, I-783.

[185] EuGH 3.4.2008 Rs. C-346/06 *(Rüffert)* EuZW 2008, 306 ff. = NZA 2008, 537 ff. Rn. 40.

[186] aA *Kuner*t, Vergaberecht und öffentliches Recht, S. 159 f., der Tariftreueregelungen dort, wo keine anderweitigen Mindestlohnregelungen existieren, für zulässig hält.

C. Vereinbarkeit mit der Dienstleistungsfreiheit

in aller Regel keine Mindestarbeitsbedingungen vor. Vielmehr legen sie regelmäßig eher überdurchschnittliche Arbeitsbedingungen fest, da Gewerkschaften gegenüber Arbeitgeberverbänden eine bessere Verhandlungsposition haben als einzelne Arbeitnehmer bei Abschluss des Arbeitsvertrages mit dem Arbeitgeber. Insbesondere stellt das kollektive Arbeitsrecht den Koalitionen mit dem Arbeitskampfrecht zur Durchsetzung besserer Arbeitsbedingungen entsprechende Instrumentarien zur Verfügung[187]. Einfache Tarifverträge verfolgen gerade nicht den Zweck, eine Mindestsicherung für Arbeitnehmer zu schaffen, sondern eine Optimierung der Lohn- und Arbeitsbedingungen zu erreichen. Schon aus diesem Grund ist fraglich, ob die Tariftreueerklärung, die auf eine Entlohnung nach örtlich geltenden Tarifverträgen abzielt, überhaupt zur Entlohnung nach Mindestlohnsätzen anhält. Dies ließe sich allenfalls bejahen, wenn man bei der Betrachtung allein auf den konkreten zu vergebenden Auftrag abstellt. Würde der Blickwinkel jedoch auf diese Weise derart verkürzt, dass das Mindestniveau für den Einzelfall festgelegt werden kann, würde dies die Verhältnismäßigkeitsprüfung ad absurdum führen.

Auch in der EuGH-Entscheidung im Fall des Niedersächsischen Vergabegesetzes wird dieser Aspekt thematisiert. Der EuGH begründet einen Verstoß gegen die Dienstleistungsfreiheit unter anderem damit, dass die gesetzliche Regelung die Anwendung von Tarifverträgen fordere, die nicht allgemeinverbindlich seien[188]. Dies kann nur so zu verstehen sein, dass der EuGH nur solche Bestimmungen als mit der Dienstleistungsfreiheit vereinbar ansieht, die flächendeckende Mindestbedingungen festsetzen. Nur, wenn das Maß des Erforderlichen allgemeingültig festgelegt wird, ist der EuGH von seiner Notwendigkeit überzeugt[189]. Dem ist zuzustimmen, denn nur solche Regelungen verdienen das Etikett „Mindestbedingungen"[190].

III. Ergebnis

Als Ergebnis ist festzuhalten, dass die Tariftreuegesetze nicht mit der Dienstleistungsfreiheit in Einklang stehen. Wenn Bieter aus dem EU-Ausland zur Ab-

---

[187] *Hölzl*, VergabeR 2007, 53 (59); *Kämmerer/Thüsing*, in: Tarifautonomie im Wandel (2003), S. 213 (219); *Marx*, in: Die Vergabe öffentlicher Aufträge im Lichte des europäischen Wirtschaftsrechts (2000), S. 77 (86); *Reichert*, Vergaberechtlicher Zwang zur Zahlung von Tariflöhnen, S. 214.

[188] EuGH 3.4.2008 Rs. C-346/06 *(Rüffert)* EuZW 2008, 306 ff. = NZA 2008, 537 ff. Rn. 39.

[189] *Becker*, JZ 2008, 891 (893); *Hänlein*, ZESAR 2008, 275 (279); *Klumpp*, NJW 2008, 3473 (3476); *Kocher*, DB 2008, 1042 (1044).

[190] aA *Bayreuther*, NZA 2008, 626 (627), der die Auffassung vertritt, dem Europarecht sei nicht an einer flächendeckenden Erstreckung des Tarifvertrags gelegen, sondern lediglich an einer umfassenden Gleichbehandlung von in- und ausländischen Arbeitnehmern.

gabe einer Tariftreueerklärung verpflichtet werden, die zu einer Bindung an die örtlichen Tariflöhne führt, wird der freie Dienstleistungsverkehr zwar nicht wegen des unter Umständen erhöhten Verwaltungsaufwands, aber wegen des erhöhten Lohnaufwands beschränkt. Zwar können solche Beschränkungen grundsätzlich gerechtfertigt werden, wenn sie zwingenden Allgemeininteressen dienen. Den Anforderungen, die an eine die Grundfreiheiten beschränkende nationale Maßnahme gestellt werden, sind indes im Fall der Tariftreuegesetze nicht erfüllt. Zwar bewirken die Regelungen eine Besserstellung entsandter Arbeitnehmer, so dass grundsätzlich eine Rechtfertigung aus Gründen des Arbeitnehmerschutzes in Betracht kommt[191]; jedoch halten die Gesetze bei näherer Betrachtung einer Verhältnismäßigkeitsprüfung nicht stand. Maßnahmen, die die Dienstleistungsfreiheit beschränken, dürfen nicht über das hinausgehen, was zur Erreichung des legitimen Ziels erforderlich ist. Daran müssen sich auch die Tariftreuegesetze messen lassen. Erforderlich kann jedoch nur die Festsetzung echter (nationaler) Mindestbedingungen sein. Einfache Tarifverträge legen im Allgemeinen keine Mindeststandards fest. Eine Erstreckung der in regionalen einfachen Tarifverträgen geregelten Arbeitsbedingungen, wie sie faktisch durch die Tariftreuegesetze vorgenommen wird, ist mit den Prinzipien des freien Binnenmarkts daher unvereinbar.

Verstoßen Bestimmungen des nationalen Rechts gegen europäisches Primärrecht, so führt dies zur Unanwendbarkeit des innerstaatlichen Rechts[192]. Dieser Grundsatz des Vorrangs des Gemeinschaftsrechts gilt insbesondere auch im Rahmen der Dienstleistungsfreiheit[193]. Folglich dürfen die Tariftreuegesetze der Länder nicht mehr angewendet werden. Allerdings gilt dies nur in den Fällen, in denen sich der Unternehmer, der sich am Vergabeverfahren beteiligt, auch auf die Dienstleistungsfreiheit des Vertrages berufen kann. Dies trifft lediglich auf einen Teil der Bieter aus dem „EU-Ausland" zu. Für Unternehmer aus „Nicht-EU-Ländern" und voraussichtlich bis zum 31.12.2011 auch für solche aus MOE-Staaten besteht diese Möglichkeit nicht; auch Inländern ist es verwehrt, sich auf die Dienstleistungsfreiheit zu berufen. Bewerben sich diese Unternehmer um einen öffentlichen Auftrag, kann die Vergabe weiterhin an die Abgabe einer Tariftreueerklärung geknüpft werden, ohne dass ein solches Verfahren aus europarechtlicher Sicht zu beanstanden wäre[194].

---

[191] Zur abweichenden Ansicht wegen vollständiger Verdrängung vom Markt vgl. oben Teil 4 C. II. 3. a).

[192] EuGH 4.4.1974 Rs. 167/73 *(Kommission/Frankreich)* Slg. 1974, 359 Rn. 35; 29.4.1999 Rs. C 224/97 *(Ciola)* Slg. 1999, I-2517 Rn. 26.

[193] Vgl. z. B. EuGH 29.4.1999 Rs. C-224/97 *(Ciola)* Slg. 1999, I-2517.

[194] *Bayreuther,* EuZW 2009, 102 (104); *Gundel,* EuZW 2008, 678 (679); *Hanau,* NZA 2008, 751 f.; *Hänlein,* ZESAR 2008, 275; *Thüsing,/Granetzny,* NZA 2009, 183 (184); im Ergebnis ebenso für eine Unanwendbarkeit der Tariftreuegesetze, aber ohne ausdrückliche Differenzierung zwischen den Bietern *Coen,* EuroAS 2008, 73 (76); *Keßler/Dahlke,* EWS 2008, 247 f.

D. Vereinbarkeit mit der Entsenderichtlinie

Wie bereits angesprochen, ist die Entsendung von Arbeitnehmern auf sekundärrechtlicher Ebene Gegenstand der sogenannten Entsenderichtlinie[195]. Sie wurde im Dezember 1996 vom Europäischen Parlament und vom Rat der Europäischen Union erlassen. Der Gemeinschaftsgesetzgeber reagierte damit auf die Probleme beim grenzüberschreitenden Einsatz von Arbeitnehmern. Die Richtlinie sollte für den Bereich der Europäischen Union die Unsicherheiten hinsichtlich des bei grenzüberschreitenden Arbeitnehmereinsätzen anwendbaren Rechts beseitigen[196]. Zudem sah der Gemeinschaftsgesetzgeber eine Notwendigkeit, „die Gesetze der Mitgliedstaaten zu koordinieren, um einen Kern zwingender Bestimmungen über ein Mindestmaß an Schutz festzulegen"[197].

Von dem Entschluss, die Bedingungen der Arbeitnehmerentsendung auf europäischer Eben zu regeln, bis zum Erlass der Entsenderichtlinie war es ein langer Prozess, da die Interessenlage der Mitgliedstaaten sehr unterschiedlich und eine Einigung daher schwierig war. In Deutschland wurden deshalb schon vor Erlass der Entsenderichtlinie mit dem Arbeitnehmer-Entsendegesetz nationale Regelungen geschaffen[198], die später lediglich in einzelnen Punkten an die Vorgaben der Richtlinie angepasst wurden. Die Regelungen, die in Deutschland die Entsenderichtlinie umsetzen sollen, finden sich im Arbeitnehmer-Entsendegesetz (AEntG).

Während § 1 Abs. 1 AEntG in unmittelbarer Umsetzung der Richtlinie die Rechtsnormen eines allgemeinverbindlichen Tarifvertrags, die Mindestentgelte einschließlich der Überstundensätze, die Dauer des Erholungsurlaubs, das Urlaubsentgelt oder ein zusätzliches Urlaubsgeld enthalten, auf entsandte Arbeitnehmer im Baubereich, im Gebäudereinigerhandwerk und im Bereich der Briefzustellung erstreckt, sehen die Tariftreuegesetze der Bundesländer für Unternehmern, die sich an einem öffentlichen Vergabeverfahren beteiligen wollen, wie bereits festgestellt, weitergehende Verpflichtungen vor. Mit der Abgabe einer Tariftreueerklärung verpflichten sich die Unternehmer zur Zahlung eines Tariflohns, der in aller Regel über dem für allgemeinverbindlich erklärten Mindestlohn liegt.

Die Anforderungen, die die Tariftreuegesetze der Bundesländer an ausländische Arbeitgeber stellen, sind demnach höher als diejenigen, die das die Richtlinie

---

[195] Richtlinie 96/71/EG des Europäischen Parlaments und des Rates vom 16.12.1996 über die Entsendung von Arbeitnehmern im Rahmen der Erbringung von Dienstleistungen, Abl. EG 1997, Nr. L 18/1.
[196] Vgl. Erwägungsgrund 6 der Richtlinie 96/71/EG.
[197] Vgl. Erwägungsgrund 13 der Richtlinie 96/71/EG.
[198] Gesetz über zwingende Arbeitsbedingungen bei grenzüberschreitenden Dienstleistungen vom 26.2.1996, BGBl. I S. 227.

umsetzende deutsche Gesetz vorsieht. Es muss daher untersucht werden, ob die durch die Tariftreuegesetze geforderte Abgabe einer Tariftreueerklärung sich im Rahmen der Richtlinie bewegt. Soweit die Tariftreuegesetze höhere Anforderungen stellen als die Richtlinie vorgibt, ist zu überlegen, ob der Richtlinie ein abschließender Charakter zukommt oder ob es den Mitgliedstaaten gestattet ist, weiterreichende Regelungen zu schaffen. Allein, wenn die Richtlinie abschließend regelt, welche Maßnahmen die Mitgliedstaaten im Bereich der Arbeitnehmerentsendung ergreifen dürfen, verstoßen Regelungen, die sich nicht in dem vom Richtliniengeber abgesteckten Rahmen halten, gegen europäisches Recht. Der Schwerpunkt der Untersuchung liegt daher auf Fragen, die die Auslegung der Richtlinie betreffen. Um eine Auslegung vornehmen zu können, ist es zunächst erforderlich, den Anwendungsbereich sowie den Regelungsgegenstand der Richtlinie kurz zu erläutern.

I. Anwendungsbereich der Richtlinie

Den Anwendungsbereich der Entsenderichtlinie legt Art. 1 fest. Gem. Art. 1 Abs. 1 EG-RL 96/71 gilt die Richtlinie für Unternehmen mit Sitz in einem Mitgliedstaat, die im Rahmen der länderübergreifenden Erbringung von Dienstleistungen Arbeitnehmer in das Hoheitsgebiet eines Mitgliedstaats entsenden. In Art. 1 Abs. 3 EG-RL 96/71 werden drei unterschiedliche Fallgruppen, die in den Anwendungsbereich der Richtlinie fallen, näher bestimmt.

So findet die Richtlinie Anwendung, wenn Unternehmen eines Mitgliedstaats im Rahmen einer länderübergreifenden Erbringung von Dienstleistungen einen Arbeitnehmer in ihrem Namen und unter ihrer Leitung in das Hoheitsgebiet eines Mitgliedstaats im Rahmen eines Vertrages entsenden, der zwischen dem entsendenden Unternehmen und dem in diesem Mitgliedstaat tätigen Dienstleistungsempfänger geschlossen wurde (Art. 1 Abs. 3 lit. a EG-RL 96/71). Daneben ist der Anwendungsbereich der Entsenderichtlinie eröffnet, wenn Unternehmen einen Arbeitnehmer in eine Niederlassung oder ein der Unternehmensgruppe angehörendes Unternehmen im Hoheitsgebiet eines Mitgliedstaats entsenden (Art. 1 Abs. 3 lit. b EG-RL 96/71) oder wenn ein Unternehmen einen Arbeitnehmer in ein anderes Unternehmen, das seinen Sitz im Hoheitsgebiet eines Mitgliedstaats hat oder dort seine Tätigkeit ausübt, im Wege der Arbeitnehmerüberlassung entsendet (§ 1 Abs. 3 lit. c EG-RL 96/71). In allen drei Konstellationen muss ein Arbeitsverhältnis zwischen dem entsendenden Unternehmen und dem entsandten Arbeitnehmer bestehen.

Welche Arbeitnehmer als entsandte Arbeitnehmer im Sinne der Richtlinie gelten, bestimmt Art. 2 EG-RL 96/71. Nach dieser Bestimmung gilt als entsandter Arbeitnehmer, jeder Arbeitnehmer, der während eines begrenzten Zeitraums seine Arbeitsleistung im Hoheitsgebiet eines anderen Mitgliedstaats als demjenigen, in dessen Hoheitsgebiet er normalerweise arbeitet, erbringt. Dass der Arbeitnehmer vor oder nach dem Auslandseinsatz im Heimatstaat des Entsendenden tätig ist, verlangt die Richtlinie nicht.

Während der Gemeinschaftsgesetzgeber also in Art. 2 Abs. 1 EG-RL 96/71 den Begriff der Entsendung festgelegt hat, ist den Mitgliedstaaten bei der Frage, auf welche Personen die Bestimmungen der Entsenderichtlinie letztlich Anwendung finden, nur insofern ein Spielraum eingeräumt, als der Arbeitnehmerbegriff nicht einheitlich definiert wird, sondern der Gemeinschaftsgesetzgeber insoweit auf das Recht des jeweiligen Aufnahmemitgliedstaats verweist (Art. 2 Abs. 2 EG-RL 96/71).

II. Regelungsgegenstand der Richtlinie

Die zentralen Bestimmungen der Entsenderichtlinie enthält deren Art. 3. Dieser verpflichtet die Mitgliedstaaten, dafür zu sorgen, dass entsendende Unternehmen den in ihr Hoheitsgebiet entsandten Arbeitnehmern, unabhängig davon, welches Recht im Übrigen auf ihr Arbeitsverhältnis Anwendung findet, bezüglich bestimmter, im Einzelnen aufgezählter Aspekte, die Arbeits- und Beschäftigungsbedingungen garantieren, die im Hoheitsgebiet des Mitgliedstaats, in dem die Arbeitsleistung erbracht wird, durch Rechts- oder Verwaltungsvorschriften (Art. 3 Abs. 1 Unterabs. 1 Spiegelstrich 1 EG-RL 96/71) und/oder durch für allgemeinverbindliche Tarifverträge oder Schiedssprüche, sofern sie bestimmte im Anhang der Richtlinie genannte Tätigkeiten betreffen (Art. 3 Abs. 1 Unterabs. 1 Spiegelstrich 2 EG-RL 96/71), festgelegt sind. Die Richtlinie legt damit einerseits durch Auflistung bestimmter Arbeits- und Beschäftigungsbedingungen, die auf entsandte Arbeitnehmer erstreckt werden sollen, einen Kernbereich zwingender Schutzbestimmungen fest. Andererseits regelt sie auch, durch welche Regelungsinstrumente diese Bestimmungen festgesetzt werden können.

1. Katalog zwingender Schutzbestimmungen

Die Aspekte der Arbeits- und Beschäftigungsbedingungen, die auf entsandte Arbeitnehmer erstreckt werden sollen, sind in Art. 3 Abs. 1 Unterabs. 1 lit. a–g EG-RL 96/71 aufgeführt und betreffen unter anderem Höchstarbeits- und Mindestruhezeiten, bezahlten Mindestjahresurlaub, Bedingungen zur Arbeitnehmerüberlassung sowie Regelungen zu Sicherheit, Gesundheitsschutz und Hygiene am Arbeitsplatz und Bestimmungen, die Diskriminierung verhindern sollen. Insbesondere gehören zu den Arbeits- und Beschäftigungsbedingungen, die entsandten Arbeitnehmern nach der Richtlinie garantiert werden müssen, gem. Art. 3 Abs. 1 Unterabs. 1 lit. c EG-RL 96/71 auch die Mindestlohnsätze einschließlich der Überstundensätze. Der Begriff der Mindestlohnsätze ist dabei nicht gemeinschaftsrechtlich festgelegt, sondern wird durch die Rechtsvorschriften und/oder

Praktiken des Aufnahmestaates bestimmt (Art. 3 Abs. 1 Unterabs. 2 EG-RL 96/71).

Die Verpflichtung der Mitgliedstaaten, den in ihr Hoheitsgebiet entsandten Arbeitnehmern bestimmte Beschäftigungsstandards zu garantieren, reicht nur soweit, als solche Bestimmungen in den Mitgliedstaaten existieren. Die Richtlinie verlangt nicht, dass die Mitgliedstaaten in dem durch Art. 3 Abs. 1 Unterabs. 1 lit. a–g definierten Kernbereich arbeitsrechtlicher Bestimmungen neue Regelungen schaffen[199]. Dies ergibt sich aus dem Wortlaut von Art. 3 Abs. 1 Unterabs. 1 EG-RL 96/71, der davon spricht, dass den entsandten Arbeitnehmern die Aspekte der Arbeits- und Beschäftigungsbedingungen garantiert werden müssen, die durch Rechts- oder Verwaltungsvorschriften und/oder durch Tarifverträge oder Schiedssprüche „festgelegt sind".

Die Richtlinie überlässt damit den Mitgliedstaaten die Entscheidung, ob sie entsprechende Regelungen erlassen, die dazu führen, dass entsandten Arbeitnehmern von ihren Arbeitgebern die Arbeitsbedingungen des Einsatzortes gewährt werden müssen[200].

2. Regelungsinstrumente zur Festlegung zwingender Schutzbestimmungen

Gem. Art. 3 Abs. 1 EG-RL 96/71 sind die Arbeitsbedingungen des durch Art. 3 Abs. 1 Unterabs. 1 lit. a–g umrissenen Kernbereichs auf entsandte Arbeitnehmer zu erstrecken, wenn sie durch Rechts- oder Verwaltungsvorschriften und/oder durch für allgemeinverbindliche Tarifverträge oder Schiedssprüche, sofern sie bestimmte im Anhang der Richtlinie genannte Tätigkeiten betreffen, festgelegt sind. Aus Satzbau und Interpunktion der Bestimmung ergibt sich, dass die Einschränkung hinsichtlich des Tätigkeitsbereichs lediglich für die in allgemeinverbindlichen Tarifverträgen oder Schiedssprüchen enthaltenen Arbeits- und Beschäftigungsbedingungen gelten soll[201]. Für alle Wirtschaftsbereiche sollen demnach bestimmte Arbeitsbedingungen, die in Rechts- und Verwaltungsvorschriften

---

[199] *Dobmann,* Die Tariftreueerklärung bei der Vergabe öffentlicher Aufträge, S. 215; *Franzen,* ZEuP 1997, 1055 (1072 f.); *Ismar,* Arbeitnehmerentsendung nach Schweden, S. 166 f.; *Krebber,* Jahrbuch Junger Zivilrechtswissenschaftler 1997, S. 129 (134 f.); *ders.* IPrax 2001, 22 (25); *Rebhahn,* DRdA 1999, 173 (177); *Sellin,* Arbeitnehmermobilität und Entsenderecht, S. 257 f.; auch der EuGH geht davon aus, dass der Erlass von Rechtsvorschriften fakultativ ist: vgl. EuGH 14.4.2005 Rs. C 341/02 *(Komisssion/Bundesrepublik Deutschland)* Slg. 2005, I-2733 Rn. 26.

[200] Insoweit aA *Ismar,* der davon ausgeht, dass die Richtlinie die Mitgliedstaaten verpflichtet, den heimischen und den entsandten Arbeitnehmern einheitliche Mindestarbeitsbedingungen am Einsatzort zu garantieren. Andernfalls werde das Ziel der Richtlinie nicht erreicht, und der Mitgliedstaat verletze seine Umsetzungspflicht; vgl. *Ismar,* Arbeitnehmerentsendung nach Schweden, S. 165 ff.

[201] *Rebhahn,* DRdA 1999, 173 (176).

enthalten sind, auf entsandte Arbeitnehmer erstreckt werden. Bei Arbeiten an Bauwerken sind Arbeitnehmern darüber hinaus auch die Arbeits- und Beschäftigungsbedingungen des Arbeitsorts zu garantieren, die in allgemeinverbindlichen Tarifverträgen oder in Schiedssprüchen festgeschrieben sind – vorausgesetzt sie enthalten Bestimmungen zu den von der Richtlinie vorgegebenen Regelungsbereichen.

Unter „für allgemeinverbindlich erklärten Tarifverträgen oder Schiedssprüchen" sind nach der Legaldefinition des Art. 3 Abs. 8 Unterabs. 1 EG-RL 96/71 solche Tarifverträge oder Schiedssprüche zu verstehen, die von allen in den jeweiligen geographischen Bereich fallenden und die betreffenden Tätigkeiten oder das betreffende Gewerbe ausübenden Unternehmen einzuhalten sind. Wie die Allgemeinverbindlichkeit des Tarifvertrages oder des Schiedsspruchs zustande kommt, regelt die Richtlinie nicht. Sie geht, wie sich aus Art. 3 Abs. 8 Unterabs. 2 ergibt, davon aus, dass in einigen Mitgliedstaaten das nationale Recht Verfahren zur Allgemeinverbindlicherklärung bereit hält. Es kommt nach Art. 3 Abs. 8 Unterabs. 1 EG-RL 96/71 lediglich entscheidend darauf an, dass die Normen des Tarifvertrages oder des Schiedsspruchs unabhängig von einer Verbandmitgliedschaft der Arbeitsvertragparteien sämtliche in seinen Geltungsbereich fallende Arbeitsverhältnisse erfasst[202].

Für Mitgliedstaaten, die über kein System zur Allgemeinverbindlicherklärung von Tarifverträgen verfügen, stellt Art. 3 Abs. 8 Unterabs. 2 1. Spiegelstrich EG-RL 96/71 Tarifverträge oder Schiedssprüche, die für alle in den jeweiligen geographischen Bereich fallenden und die betreffenden Tätigkeit oder das betreffende Gewerbe ausübenden gleichartigen Unternehmen allgemein wirksam sind, den für allgemeinverbindlich erklärten Regelungen gleich. Dasselbe gilt gem. Art. 3 Abs. 8 Unterabs. 2 2. Spiegelstrich für Tarifverträge, die von den auf nationaler Ebene repräsentativsten Organisationen der Tarifvertragsparteien geschlossen werden und innerhalb des gesamten nationalen Hoheitsgebiets zur Annwendung kommen. In beiden Fällen, in denen Tarifverträge und Schiedssprüche „per se allgemein verbindlich"[203] sind, setzt ihre Erstreckung jedoch nach Art. 3 Abs. 8 Unterabs. 2 EG-RL 96/71 ausdrücklich voraus, dass eine Gleichbehandlung inländischer und ausländischer Unternehmen erfolgt. Gleichbehandlung in diesem Sinne liegt gem. Art. 3 Abs. 8 Unterabs. 3 EG-RL 96/71 vor, wenn für inländische Arbeitgeber hinsichtlich der im Katalog des Abs. 1 festgelegten Schutzbestimmungen am betreffenden Ort oder in der betreffenden Sparte dieselben Anforderungen gelten wie für die Entsendeunternehmen und diese Anforderungen ihnen gegenüber mit derselben Wirkung durchgesetzt werden können.

---

[202] *Sellin*, Arbeitnehmermobilität und Entsenderecht, S. 250 f.
[203] *Sellin*, Arbeitnehmermobilität und Entsenderecht, S. 251.

III. Abschließender Charakter der Entsenderichtlinie

Fraglich ist, ob es den Mitgliedstaaten erlaubt ist, Regelungen zugunsten entsandter Arbeitnehmer zu schaffen, die sich nicht auf die Bestimmungen der Richtlinie stützen lassen. Denkbar ist einerseits, dass die Mitgliedstaaten Regelungen über Arbeits- und Beschäftigungsbedingungen erlassen, die nicht im Katalog des Art. 3 Abs. 1 Unterabs. 1 lit. a–g EG-RL 96/71 aufgeführt sind oder die inhaltlich über den dort festgelegten Kernbereich zwingender Schutzbestimmungen hinausgehen. Andererseits besteht die Möglichkeit, dass die Mitgliedstaaten sich bei der Regelung der zu erstreckenden Arbeitsbedingungen nicht an die von der Richtlinie vorgegebenen Regelungsinstrumente halten.

Für die Tariftreuegesetze hat die Frage, ob die Richtlinie die Möglichkeit der Mitgliedstaaten, nationale Regelungen auf entsandte Arbeitnehmer zu erstrecken, abschließend festlegt, in zweifacher Hinsicht Bedeutung. So sieht Art. 3 Abs. 1 Unterabs. 1 lit. c EG-RL 96/71 zwar vor, dass entsandten Arbeitnehmern Mindestlohnsätze garantiert werden. Wie bereits festgestellt, bewirken die Tariftreuegesetze aber nicht nur, dass entsandte Arbeitnehmer von in Deutschland bestehenden Mindestentgeltbedingungen profitieren. Sie führen vielmehr dazu, dass Unternehmen aus anderen Mitgliedstaaten bei der Ausführung öffentlicher Aufträge ihren Arbeitnehmern ein gegenüber den Mindeststandards erhöhtes Entgelt zahlen müssen. Die Tariftreuegesetze gehen damit materiell über den durch die Richtlinie festgelegten Kernbereich zwingender Schutzbestimmungen hinaus. Zudem verpflichten sich die Unternehmen bei der Abgabe einer Tariftreueerklärung zur Einhaltung einfacher Tarifverträge. Die Entsenderichtlinie erwähnt demgegenüber lediglich die Möglichkeit, in allgemeinverbindlichen Tarifverträgen festgesetzte Arbeitsbedingungen auf entsandte Arbeitnehmer auszudehnen. Soweit also die Bestimmungen der Richtlinie die Möglichkeiten der Mitgliedstaaten zur Erstreckung ihrer Rechtsvorschriften abschließend regeln, sind die Tariftreueregelungen auch wegen eines Verstoßes gegen das Sekundärrecht europarechtswidrig.

Die Entsenderichtlinie enthält keine ausdrückliche Bestimmung darüber, ob ihr ein abschließender Charakter zukommt. Ob dies der Fall ist und die Entsenderichtlinie daher eine Sperrwirkung für weiterreichende Regelungen enthält, muss demnach durch Auslegung bestimmt werden[204].

---

[204] aA *Ismar,* der meint, der Wortlaut der Richtlinie stehe einer Auslegung dahingehend, dass sie den Mitgliedstaaten verbiete, mehr als ein Mindestniveau zu fordern, von vornherein entgegen; vgl. *Ismar,* Arbeitnehmerentsendung nach Schweden, S. 174.

1. Abschließende Festlegung zwingender Arbeits- und Beschäftigungsbedingungen

Dem Wortlaut des Art. 3 EG-RL 96/71 ist nicht zu entnehmen, ob der Katalog des Art. 3 Abs. 1 Unterabs. 1 lit. a–g EG-RL 96/71 eine abschließende Festlegung der Arbeits- und Beschäftigungsbedingungen enthält, die auf entsandte Arbeitnehmer erstreckt werden können. Aufschluss können daher nur eine Auslegung nach der Systematik des Art. 3 sowie eine Betrachtung vor dem Hintergrund des Regelungsziels der Entsenderichtlinie geben.

a) Auslegung nach der Systematik des Art. 3 EG-RL 96/71

Die Systematik des Art. 3 EG-RL 96/71 spricht dafür, dass die Arbeits- und Beschäftigungsbedingungen, deren Anwendungsbereich auf entsandte Arbeitnehmer erstreckt werden soll, im Katalog des Art. 3 Abs. 1 Unterabs. 1 lit. a–g abschließend aufgelistet sind. Zwar kann aus der konkreten Auflistung allein noch nicht auf einen entsprechenden Willen des Richtliniengesetzgebers hinsichtlich eines abschließenden Charakters der Aufzählung geschlossen werden[205]. Schließlich erscheint es möglich, dass es sich um einen – wenn auch recht umfangreichen – „Mindestkatalog" handelt, der zum Schutz der Arbeitnehmer beliebig erweitert werden kann. Auf eine Abgeschlossenheit des Katalogs lassen jedoch Art. 3 Abs. 9 und Art. 3 Abs. 10 1. Spiegelstrich EG-RL 96/71 schließen.

Art. 3 Abs. 9 EG-RL 96/71 enthält zunächst die Ermächtigung, den im Wege der Arbeitnehmerüberlassung in einen anderen Mitgliedstaat entsandten Arbeitnehmern vollumfänglich diejenigen Arbeitsbedingungen zu garantieren, die für Leiharbeitnehmer des Zielstaates gelten. Daraus ergibt sich im Umkehrschluss, dass eine unbeschränkte Erstreckung der Arbeits- und Wirtschaftsbedingungen des Einsatzortes in den übrigen Entsendefällen nicht möglich ist. Art. 3 Abs. 10 1. Spiegelstrich EG-RL 96/71 erlaubt den Mitgliedstaaten ausdrücklich, unter Einhaltung des Vertrages für inländische und ausländische Unternehmen in gleicher Weise Arbeits- und Beschäftigungsbedingungen für andere als die in Absatz 1 aufgeführten Aspekte vorzuschreiben, soweit es sich um Vorschriften im Bereich der öffentlichen Ordnung handelt. Eines solchen Erlaubnistatbestands hinsichtlich weiterreichender Regelungen auf dem Gebiet der öffentlichen Ordnung hätte es nicht bedurft, wenn die Mitgliedstaaten befugt wären, über die Auswahl zwingender Arbeits- und Beschäftigungsstandards frei zu bestimmen[206].

---
[205] aA *Döring*, Rechtsprobleme des Ausländereinsatzes in der Bauwirtschaft, S. 157, mit dem Hinweis, dass es einer solchen detaillierten Aufzählung nicht bedurft hätte, wenn der Richtliniengeber den Mitgliedstaaten bei der Auswahl von zwingenden Beschäftigungsstandards weitestgehend hätte freie Hand lassen wollen.
[206] *Bitterich*, ZIP 2008, 1455 (1461 f.); *Dobmann*, Die Tariftreueerklärung bei der Vergabe öffentlicher Aufträge, S. 216; *ders.*, EuZW 2007, 685 (686); *ders.*, VergabeR 2008, 484 (485); *Döring*, Rechtsprobleme des Ausländereinsatzes in der Bauwirtschaft,

Art. 3 Abs. 10 EG-RL 96/71 wird von der Gegenauffassung, die den Mitgliedstaaten die Befugnis zur Erstreckung von Arbeits- und Beschäftigungsbedingungen auch jenseits des in der Richtlinie festgelegten Kernbereichs einräumen wollen, nicht beachtet. Ihre Vertreter stützen sich auf Art. 3 Abs. 7 EG-RL 96/71, dem zufolge die Absätze 1 bis 6 der Anwendung von für die Arbeitnehmer günstigeren Bedingungen nicht entgegen stehen. Aus der Bestimmung, die auf dem 17. Erwägungsgrund der Richtlinie basiert, soll sich ergeben, dass es den Mitgliedstaaten erlaubt ist, die in ihrem Hoheitsgebiet geltenden Arbeits- und Beschäftigungsbedingungen auf entsandte Arbeitnehmer auszudehnen, soweit diese nur für den Arbeitnehmer günstiger sind[207]. Art. 3 Abs. 7 EG-RL 96/71 beinhalte, so die Begründung, zwei Aspekte: Zum einen bedeute die Bestimmung, dass der zwingende Charakter der im Staat der Leistungserbringung geltenden Schutzbestimmungen hinter der Anwendung der Arbeitsbedingungen des Entsendestaates zurücktreten könne, soweit diese Vorschriften für die entsandten Arbeitnehmer günstigere Arbeits- und Beschäftigungsbedingungen vorsähen. Zugleich ermächtige Art. 3 Abs. 7 EG-RL 96/71 die Mitgliedstaaten der Leistungserbringung, das Sozialschutzniveau zu verbessern, das sie den auf ihrem Hoheitsgebiet tätigen Arbeitnehmern garantieren wollen[208].

Die deutschsprachige Literatur legt die Bestimmung überwiegend nicht im Sinne des zweiten Aspekts aus. Sie entnimmt der Richtlinienvorschrift keine Ermächtigung der Mitgliedstaaten zur unbegrenzten Festsetzung zwingender Arbeitnehmerschutzvorschriften[209]. Vielmehr geht sie überwiegend davon aus, dass die Vorschrift lediglich klarstellt, dass der zwingende Charakter der Bestimmungen des Einsatzstaates nicht dazu führen darf, dass günstigere Bedingungen des Herkunftsstaates außer Kraft gesetzt werden[210]. Auch der EuGH lehnt eine wei-

---

S. 158; *Rebhahn*, DRdA 1999, 173 (177). Auch der EuGH scheint in seiner Entscheidung in der Rechtssache *Laval un Partneri Ltd* davon auszugehen, dass die Richtlinie lediglich weitergehende Regelungen im Bereich der öffentlichen Sicherheit und Ordnung erlaubt: EuGH 18.12.2007 Rs. C-341/05 *(Laval un Partneri Ltd)* Slg. 2007, I-11767 Rn. 82 ff.

[207] Schlussanträge des Generalanwalts *Mengozzi* v. 23.5.2007 Rs. C-341/05 *(Laval un Partneri Ltd)* Rn. 197; Schlussanträge des Generalanwalts *Bot* v. 20.9.2007 Rs. C-346/06 Rn. 81 ff.; *Franzen*, IPRax 2002, 186 (189); *Strybny*, FS Leinemann (2006), S. 795 (800).

[208] Schlussanträge des Generalanwalts *Bot* v. 20.9.2007 Rs. C-346/06 Rn. 82 f.

[209] *Dobmann*, Die Tariftreueerklärung bei der Vergabe öffentlicher Aufträge, S. 216; *Döring*, Rechtsprobleme des Ausländereinsatzes in der Bauwirtschaft, S. 157; *Görres*, Grenzüberschreitende Arbeitnehmerentsendung in der EU, S. 157; *Lunk/Nehl*, DB 2001, 1934 (1935 f.); *Rebhahn*, DRdA 1999, 173 (177).

[210] *Bitterich*, ZIP 2008, 1455 (1462); *Dobmann*, Die Tariftreueerklärung bei der Vergabe öffentlicher Aufträge, S. 216; *Döring*, Rechtsprobleme des Ausländereinsatzes in der Bauwirtschaft, S. 157; *Franzen*, ZEuP1997, 1005 (1069); *Grundmann*, Europäisches Schuldvertragsrecht, S. 547 f.; *Rebhahn*, DRdA 1999, 173 (177); *Schrammel*, EuZA 2009, 36 (45); *Seifert*, EuZA 2008, 526 (532 f.); *Sellin*, Arbeitnehmermobilität und Entsenderecht, S. 253 f.

D. Vereinbarkeit mit der Entsenderichtlinie   181

terreichende Bedeutung der Vorschrift ab. In seinem Urteil in der Rechtssache
Laval un Partneri[211] betonte er erstmals, „dass Art. 3 Abs. 7 EG-RL 96/71 sich
nicht dahingehend auslegen lässt, dass er es einem Aufnahmemitgliedstaat erlaubt, die Erbringung von Dienstleistungen in seinem Hoheitsgebiet davon abhängig zu machen, dass Arbeits- und Beschäftigungsbedingungen eingehalten
werden, die über die zwingenden Bestimmungen über ein Mindestmaß an Schutz
hinausgehen"[212]. Diese Rechtsprechung hat er nunmehr in der Rechtssache *Rüffert* bestätigt[213].

b) Auslegung nach dem Regelungsziel der EG-RL 96/71

Auch das Regelungsziel der Richtlinie spricht für die Abgeschlossenheit des
Kernbereichskatalogs und damit für die vom EuGH vorgenommene Auslegung
des Art. 3 Abs. 7 EG-RL 96/71. Die Ermächtigungsgrundlage, auf die sich der
Gemeinschaftsgesetzgeber bei Erlass der Richtlinie stützt, und die der Richtlinie
vorangestellten Erwägungsgründe lassen auf verschiedene, teilweise widerstrei-
tende, Aspekte des Regelungsziels schließen.

Das Europäische Parlament und der Rat der Europäischen Union geben als Ermächtigungsgrundlage Art. 57 Abs. 2 und Art. 66 EG aF an, die Art. 47 Abs. 2
und Art. 55 EG nF entspricht. Art. 47 Abs. 2 iVm. Art. 55 EG verfolgen den
Zweck, durch Koordinierung von Rechts- und Verwaltungsvorschriften Hindernisse für den grenzüberschreitenden Dienstleistungsverkehr abzubauen. Der Gemeinschaftsgesetzgeber stellt also mit der Berufung auf diese Ermächtigungsgrundlage die Förderung des Binnenmarkts als wesentliches Regelungsziel in
den Vordergrund.

Aus den Erwägungsgründen der Richtlinie ergibt sich jedoch, dass es sich bei
der Förderung des Binnenmarkts lediglich um einen Aspekt des Regelungsziels
handelt. Auch nach dem 5. Erwägungsgrund soll die Richtlinie zwar den freien
Dienstleistungsverkehr zwischen den Mitgliedstaaten fördern; jedoch unter der
Voraussetzung, dass ein fairer Wettbewerb stattfindet, der die Wahrung von Ar-
beitnehmerrechten garantiert. Den Aspekt des Arbeitnehmerschutzes betonen
auch die Erwägungsgründe 13 und 14, denen zu Folge die Richtlinie dazu dient,
„einen Kern zwingender Bestimmungen über ein Mindestmaß an Schutz" für die
entsandten Arbeitnehmer festzulegen. Hervorgehoben wird hier jedoch zugleich,
dass die Richtlinie die Arbeitnehmerschutzvorschriften koordinieren will.

---

[211] EuGH 18.12.2007 Rs. C-341/05 *(Laval un Partneri Ltd)* Slg. 2007, I-11767.
[212] EuGH 18.12.2007 Rs. C-341/05 *(Laval un Partneri Ltd)* Slg. 2007, I-11767 Rn. 80.
[213] EuGH 3.4.2008 Rs. C-346/06 *(Rüffert)* NZA 2008, 537, Rn. 33; zustimmend *Bungenberg,* EuR 2008, 397 (404).

Das EVÜ räumt den Mitgliedstaaten einen recht weiten Spielraum ein, innerhalb dessen sie ihre arbeitnehmerschützenden Bestimmungen auf entsandte Arbeitnehmer aus anderen Mitgliedstaaten für zwingend anwendbar erklären können. Nach dem Internationalen Privatrecht kann das Recht des Arbeitsortes je nach Mitgliedstaat daher in sehr unterschiedlichem Umfang auf ausländische Arbeitsverhältnisse einwirken. Hier will die Entsenderichtlinie eine Angleichung erreichen. Dies ergibt sich auch aus dem 6. Erwägungsgrund der Richtlinie. Danach verfolgt sie ausdrücklich das Ziel, Unsicherheiten hinsichtlich des auf die Arbeitsverhältnisse entsandter Arbeitnehmer anwendbaren Rechts zu beseitigen und damit für Rechtssicherheit zu sorgen. Die Koordinierungswirkung und die damit einhergehende erhöhte Rechtssicherheit für entsendende Unternehmen können die Entsendung von Arbeitnehmern erleichtern und damit letztlich den Binnenmarkt fördern, so dass diese Aspekte der Erwägungsgründe die Berufung auf Art. 57 Abs. 2 und Art. 66 EG aF (Art. 47 Abs. 2 und Art. 55 EG nF) als Ermächtigungsgrundlage stützen.

Die Entsenderichtlinie dient damit zwei unterschiedlichen Gemeinschaftszielen: Einerseits soll sie den freien Dienstleistungsverkehr gem. Art. 49 EG fördern, andererseits soll sie dem aus Art. 2 EG folgenden Gebot, ein gewisses Maß an Arbeitnehmerschutz zu garantieren, Rechnung tragen.

Diese beiden Ziele der Richtlinie stehen in einem Spannungsverhältnis. Muss ein Unternehmen im Fall einer grenzüberschreitenden Dienstleistungserbringung die im Zielstaat maßgeblichen Arbeitnehmerschutzvorschriften beachten, erhöht dies seine Informationskosten und in den meisten Fällen die Arbeitsentgelte. Damit führt die Erstreckung von Mindeststandards auf entsandte Arbeitnehmer typischerweise zu einer Erschwerung des grenzüberschreitenden Dienstleistungsverkehrs[214]. Das Ausmaß der Erschwerung hängt dabei von der Intensität der gebotenen Anpassung an das Arbeitsortsrecht ab[215]. Legt man die Richtlinie dahingehend aus, dass sie den Mitgliedstaaten eine umfassende Befugnis verleiht, nationale arbeitnehmerschützende Vorschriften auf entsandte Arbeitnehmer zu erstrecken, bedeutet dies gleichzeitig, ihnen eine weitreichende Befugnis zur Beschränkung des Dienstleistungsverkehrs einzuräumen. Durch eine solche Auslegung gewinnt der Arbeitnehmerschutz gegenüber dem freien Dienstleistungsverkehr als mindestens gleichrangigem Regelungsziel ein zu starkes Gewicht[216]. Sie berücksichtigt nicht, dass die Entsenderichtlinie gerade Ausdruck des Bemühens ist, die im EG-Vertrag verankerten Wirtschaftsfreiheiten einerseits und die

---

[214] *Eichenhofer,* ZIAS 1996, 55 (74 f.); *Franzen,* DZWir 1996, 89 (92); *ders.,* ZEuP 1997, 1055 (1059 ff.); *Rebhahn,* DRdA 1999, 173 (179); *Rieble/Lessner,* ZfA 2002, 29 (50); *Sellin,* Arbeitnehmermobilität und Entsenderecht, S. 263.
[215] *Rebhahn,* DRdA 1999, 173 (179).
[216] *Klumpp,* NJW 2008, 3473 (3476).

Rechte der Arbeitnehmer während der Entsendungszeit andererseits miteinander in Einklang zu bringen[217].

Dieses Bemühen kann nur Erfolg haben, wenn beide Regelungsziele zu einem Ausgleich gebracht werden, der auch der Förderung des freien Dienstleistungsverkehrs ausreichend Rechnung trägt. Einen Beitrag zur Förderung des Binnenmarktes leistet die Entsenderichtlinie jedoch nur, wenn der in den Erwägungsgründen zum Ausdruck kommende Koordinierungszweck hinreichend berücksichtigt wird. Eine Koordinierung zwingender Arbeitnehmerschutzvorschriften wird wiederum nur erreicht, wenn der in Art. 3 Abs. 1 Unterabs. 1 lit. a–g niedergelegte Katalog zwingender Arbeitnehmerschutzbestimmungen als Höchstmaß dessen verstanden wird, was in anderen Mitgliedstaaten ansässigen Unternehmern bei der Entsendung ihrer Arbeitnehmer im Rahmen einer grenzüberschreitenden Dienstleistungserbringung abverlangt werden darf[218]. Ein solches Verständnis von Art. 3 Abs. 1 Unterabs. 1 lit. a–g ermöglicht den grenzüberschreitend tätigen Arbeitgebern eine Einschätzung, welche Arbeits- und Beschäftigungsbedingungen des Einsatzortes bei der Entsendung von Arbeitnehmern Anwendung finden. Dies führt zu einer erhöhten Rechtssicherheit für das entsendende Unternehmen, welche wiederum eine Erleichterung des grenzüberschreitenden Dienstleistungsverkehrs zur Folge hat[219].

2. Abschließende Festlegung erstreckungsfähiger tarifvertraglicher Regelungen

Art. 3 Abs. 1 Unterabs. 1 2. Spiegelstrich EG-RL 96/71 verpflichtet die Mitgliedstaaten zu einer Erstreckung von Arbeits- und Beschäftigungsbedingungen, die in allgemeinverbindlich erklärten Tarifverträgen und Schiedssprüchen geregelt sind, sofern sie einerseits die im Kernbereichskatalog genannten Aspekte und andererseits die Baubranche betreffen. Eine verpflichtende Erstreckung tarifvertraglicher Regelungen hat demnach grundsätzlich drei Voraussetzungen: Es

---

[217] Diese Zielsetzung betont auch die Kommission: Mitteilung der Kommission an den Rat, das Europäische Parlament, den Europäischen Wirtschafts- und Sozialausschuss und den Ausschuss der Regionen vom 25.7.2003 über die Durchführung der Richtlinie 96/71 EG in den Mitgliedstaaten, KOM (2003) 458 endg., Punkt 1. (Einleitung).

[218] Den Koordinierungszweck sieht auch der EuGH als maßgebend an, wenn er zur Begründung anführt, eine andere Auslegung nehme der Richtlinie ihre praktische Wirksamkeit: EuGH 18.12.2007 Rs. C-341/05 *(Laval un Partneri Ltd)* Slg. 2007, I-11767 Rn. 80; EuGH 3.4.2008 Rs. C-346/06 *(Rüffert)* NZA 2008, 537 Rn. 80; zustimmend *Hänlein*, ZESAR 2008, 275 (278).

[219] *Blanke*, AuR 1999, 417 (421); *Dobmann*, Die Tariftreueerklärung bei der Vergabe öffentlicher Aufträge, S. 218; *ders.*, EuZW 2007, 685 (686); *Plesterninks*, Entsenderegelungen nach nationalem und europäischen Recht, S. 138; *Preis/Temming*, Die Urlaubs- und Lohnausgleichskasse im Kontext des Gemeinschaftsrechts, S. 177; *Rebhahn*, DRdA 1999, 173 (185).

muss sich um einen Tarifvertrag der Baubranche handeln, dieser Tarifvertrag muss für allgemeinverbindlich erklärt worden sein und er muss die im Katalog des Art. 3 enthaltenen Arbeits- und Beschäftigungsbedingungen regeln.

Jenseits dieser Verpflichtung steht den Mitgliedstaaten nach der Richtlinie ein begrenzter Spielraum zu, innerhalb dessen sie die Erstreckung tariflicher Normen vorsehen *können*. Dieser Spielraum betrifft zwei unterschiedliche Aspekte: Art. 3 Abs. 10 2. Spiegelstrich EG-RL 96/71 gestattet den Mitgliedstaaten, ausländischen Unternehmern die Einhaltung tariflicher Mindestbedingungen auch in anderen Branchen als der Baubranche vorzuschreiben. Außerdem sieht Art. 3 Abs. 8 Unterabs. 2 EG-RL 96/71 für Mitgliedstaaten, die über kein System zur Allgemeinverbindlicherklärung verfügen, in einem begrenzten Rahmen die Möglichkeit vor, auch Regelungen nicht für allgemeinverbindlich erklärter Tarifverträge einer Ausweitung der Arbeits- und Beschäftigungsbedingungen zugrunde zu legen.

Ob es den Mitgliedstaaten darüber hinaus erlaubt ist, Dienstleistungserbringern aus anderen Mitgliedstaaten aufzugeben, den von ihnen entsandten Arbeitnehmern tarifvertraglich festgelegte Arbeitsbedingungen zu garantieren, ist nicht ausdrücklich geregelt. Fraglich ist, ob Mitgliedstaaten, die wie Deutschland über ein System zur Allgemeinverbindlicherklärung von Tarifverträgen verfügen, im Anwendungsbereich der Richtlinie nicht allgemeinverbindliche Tarifverträge auf entsandte Arbeitnehmer erstrecken dürfen. Möglich erscheint auch, dass die Mitgliedstaaten eine Ausweitung von Arbeitsbedingungen, die in einfachen Tarifverträgen, die nicht die Voraussetzungen des Art. 3 Abs. 8 Unterabs. 2 EG-RL 96/71 erfüllen, geregelt sind, vorsehen. Außerdem sind Regelungen denkbar, die zu einer Erstreckung tarifvertraglicher Regelungen führen, die nicht den durch Art. 3 Abs. 1 Unterabs. 1 lit. a–g EG-RL 96/71 festgelegten Kernbereich betreffen.

Mangels einer ausdrücklichen Regelung muss auch hier die Frage, ob die Entsenderichtlinie die Möglichkeiten, tarifvertragliche Regelungen auf entsandte Arbeitnehmer zu erstrecken, abschließend regelt, durch Auslegung der Richtlinie geklärt werden. Anhaltspunkte liefern wiederum die Systematik des Art. 3 EG-RL 96/71 sowie das Regelungsziel der Entsenderichtlinie.

a) Auslegung nach der Systematik des Art. 3 EG-RL 96/71

Auch Arbeits- und Beschäftigungsbedingungen, die in Tarifverträgen festgelegt sind, können nur auf entsandte Arbeitnehmer aus anderen Mitgliedstaaten erstreckt werden, wenn sie einen der in Art. 3 Abs. 1 Unterabs. 1 lit. a–g EG-RL 96/71 abschließend aufgelisteten Aspekte des Kernbereichs betreffen. Eine Erstreckung weiterer Arbeitsbedingungen auf entsandte Arbeitnehmer sieht allein Art. 3 Abs. 10 1. Spiegelstrich EG-RL 96/71 für den Bereich der öffentlichen

Ordnung vor. Darüber hinaus lässt die Richtlinie keine Abweichung hinsichtlich der regelbaren „Aspekte" vor. Insbesondere erlaubt Art. 3 Abs. 10 2. Spiegelstrich EG-RL 96/71, der die Möglichkeiten zur Erstreckung tarifvertraglicher Regelungen gegenüber Art. 3 Abs. 1 erweitert, eine solche Abweichung nicht. Der Erlaubnistatbestand bezieht sich ausdrücklich nur auf den Tätigkeitsbereich. Die Mitgliedstaaten, die von der Erlaubnis Gebrauch machen, bleiben wie bei der Erstreckung staatlich gesetzten Rechts an den in Art. 3 Abs. 1 EG-RL 96/71 festgelegten abschließenden Katalog von erstreckungsfähigen Arbeits- und Beschäftigungsbedingungen gebunden.

Eine Abgeschlossenheit der Richtlinie dahingehend, dass nur allgemeinverbindlich erklärte Tarifverträge oder solche, die die Voraussetzungen des Art. 3 Abs. 8 Unterabs. 2 EG-RL 96/71 erfüllen, auf die Arbeitsverhältnisse entsandter Arbeitnehmer angewendet werden können, hat Generalanwalt *Mengozzi* nicht angenommen. In seinen Schlussanträgen in der Rechtssache *Laval un Partneri Ltd* legt er dar, dass ein Mitgliedstaat, der nicht über ein System zur Allgemeinverbindlicherklärung von Tarifverträgen verfügt, nicht verpflichtet sei, von der in Art. 3 Abs. 8 EG-RL 96/71 vorgesehenen Variante Gebrauch zu machen, da es sich hier um eine fakultativ eröffnete Variante handle. Daraus schließt *Mengozzi*, dass es den Mitgliedstaaten neben dieser Option nicht verwehrt ist, auf andere Weise dafür zu sorgen, dass tarifliche Bestimmungen gegenüber ausländischen Dienstleistenden anzuwenden sind[220].

Der EuGH ist dieser Auffassung des Generalanwalts im Urteil nicht gefolgt. Dort stellt er für Mindestlöhne ausdrücklich fest, dass diese nach den in Art. 3 Abs. 1 und 8 EG-RL 96/71 vorgesehenen Modalitäten festgesetzt werden müssen[221]. Diese Linie hat der EuGH auch in der Entscheidung über das Vergabegesetz des Landes Niedersachsen beibehalten[222]. Seine Auffassung deckt sich insoweit mit der Meinung der Europäischen Kommission. Diese geht in einer Mitteilung aus dem Jahr 2003 von einer Abgeschlossenheit der Richtlinie hinsichtlich der Erstreckungsmöglichkeiten tarifvertraglicher Normen aus. In einer Untersuchung zur Durchführung der Richtlinie stellte sie fest, dass sich in den Umsetzungsvorschriften der Mitgliedstaaten keine Hinweise auf die Option von Art. 3 Abs. 8 Unterabs. 2 EG-RL 96/71 gebe. Daraus schließt die Kommission in ihrem Bericht ganz selbstverständlich, dass diejenigen Mitgliedstaaten, die über kein System zur Allgemeinverbindlicherklärung von Tarifverträgen verfügen, die in Tarifverträgen festgelegten Arbeits- und Beschäftigungsbedingungen nicht auf die in ihr Hoheitsgebiet entsandten Arbeitnehmer anwenden. Die Kommission

---

[220] Schlussanträge des Generalanwalts *Mengozzi* v. 23.5.2007 Rs. C-341/05 *(Laval un Partneri Ltd)* Rn. 174 ff., insbes. 179 ff.
[221] EuGH 18.12.2007 Rs. C-341/05 *(Laval un Partneri Ltd)* Slg. 2007, I-11767 Rn. 70 f.
[222] EuGH 3.4.2008 Rs. C-346/06 *(Rüffert)* NZA 2008, 537, Rn. 25 ff.; zustimmend *Seifert,* EuZA 2008, 526 (531); aA *Bayreuther,* NZA 2008, 626 (627).

geht ausdrücklich davon aus, dass für in diese Mitgliedstaaten entsandte Arbeitnehmer allein die in Rechtsvorschriften festgelegten Arbeits- und Beschäftigungsbedingungen gelten können[223].

Nur diese Auslegung ist mit der Systematik des Art. 3 EG-RL 96/71 vereinbar. Die detaillierten Regelungen, welche Tarifnormen unter welchen Voraussetzungen auf entsandte Arbeitnehmer erstreckt werden können, erscheinen nur dann sinnvoll, wenn sie abschließend sind. Das verdeutlicht insbesondere Art. 3 Abs. 8 Unterabs. 2 EG-RL 96/71. Die Vorschrift stellt klar, dass eine Ausweitung von Arbeitsbedingungen, die nicht in für allgemeinverbindlich erklärten Tarifverträgen geregelt sind, nur in begrenzten Ausnahmefällen in Betracht kommen soll[224]. Hätte der Gemeinschaftsgesetzgeber den Mitgliedstaaten hier weitergehende Spielräume einräumen wollen, hätte er den Ausnahmetatbestand weiter fassen können.

b) Auslegung nach dem Regelungsziel der EG-RL 96/71

Was den Inhalt erstreckungsfähiger Tarifverträge betrifft, so spielt auch hier das Richtlinienziel eine wichtige Rolle. Eine unbeschränkte Befugnis der Mitgliedstaaten zur Erstreckung tariflich geregelter Arbeitsbedingungen unterliegt in dieser Hinsicht denselben Bedenken wie eine schrankenlose Ausweitung anderer arbeitnehmerschützender Rechtsvorschriften. Sie würde zu einem Ungleichgewicht zwischen den beiden Aspekten des Regelungsziels der Entsenderichtlinie führen, die nicht nur den Arbeitnehmerschutz verbessern, sondern auch den freien Dienstleistungsverkehr fördern soll. Einer Förderung des Dienstleistungsverkehrs kann die Richtlinie aber nur dienen, wenn sie eine Koordinierungswirkung erzielt, die zu mehr Rechtssicherheit für die Erbringer grenzüberschreitender Dienstleistungen führt.

Vor diesem Hintergrund müssen auch die Regelungen der Richtlinie zu den Modalitäten der Erstreckung von Tarifverträgen auf entsandte Arbeitnehmer als abschließend angesehen werden. Zwar ist dem EuGH zuzustimmen, wenn er feststellt, die Richtlinie ziele nicht darauf ab, die Systeme zur Festsetzung von Arbeits- und Beschäftigungsbedingungen zu harmonisieren, so dass die Mitgliedstaaten ihre Freiheit behalten, auf nationaler Ebene ein System zu wählen, das die Richtlinie nicht ausdrücklich vorsieht[225]. Lediglich eine Erstreckung von ta-

---

[223] Mitteilung der Kommission an den Rat, das Europäische Parlament, den Europäischen Wirtschafts- und Sozialausschuss und den Ausschuss der Regionen vom 25.7.2003 über die Durchführung der Richtlinie 96/71 EG in den Mitgliedstaaten, KOM (2003) 458 endg., Punkt 4.1.2.1.

[224] *Bitterich*, ZIP 2008, 1455 (1461); *Dobmann*, Die Tariftreueerklärung bei der Vergabe öffentlicher Aufträge, S. 216 f.; *ders.*, EuZW 2007, 685 (686).

[225] EuGH 18.12.2007 Rs. C-341/05 *(Laval un Partneri Ltd)* Slg. 2007, I-11767 Rn. 68.

rifvertraglichen Regelungen, die nach solchen nationalen Systemen festgesetzt werden, auf entsandte Arbeitnehmer kann wegen des insofern abschließenden Charakters der Richtlinienbestimmungen nicht erfolgen. Dies würde zu großer Rechtsunsicherheit hinsichtlich der auf entsandte Arbeitnehmer anwendbaren tarifvertraglichen Regelungen führen, welche durch die Richtlinie gerade vermieden werden soll. Unternehmen, die ihre Dienstleistungen in einem anderen Mitgliedstaat anbieten wollen, müssen wissen, welche tarifvertraglich festgelegten Arbeitsbedingungen sie zwingend beachten müssen und in welchen Tarifverträgen sie geregelt sind.

3. Ergebnis der Auslegung

Die Entsenderichtlinie legt fest, in welchem Maß die Mitgliedstaaten zur Erstreckung von Arbeits- und Beschäftigungsbedingungen auf entsandte Arbeitnehmer verpflichtet sind. Sie enthält in Art. 3 Abs. 1 Unterabs. 1 lit. a–g EG-RL 96/71 einen Katalog von Arbeits- und Beschäftigungsbedingungen, die auf entsandte Arbeitnehmer erstreckt werden müssen, soweit in den Mitgliedstaaten für die dort aufgeführten Bereiche bereits Rechts- oder Verwaltungsvorschriften oder für allgemeinverbindlich erklärte Tarifverträge existieren.

Daneben enthält die Entsenderichtlinie abschließende Bestimmungen darüber, inwieweit die Mitgliedstaaten jenseits dieser Verpflichtung Unternehmern aus anderen Mitgliedsaaten aufgeben dürfen, ihren Arbeitnehmern bei der Erbringung grenzüberschreitender Dienstleistungen die Arbeits- und Beschäftigungsbedingungen des Arbeitsortes zu garantieren. Das gilt sowohl für den Regelungsgegenstand als auch für das Schutzniveau. Eine Ausweitung nationaler Regelungen ist insbesondere nicht schon dann gestattet, wenn sie den Schutz entsandter Arbeitnehmer verbessert. Die Erstreckung von Arbeits- und Beschäftigungsbedingungen, die nicht die im Katalog des Art. 3 Abs. 1 Unterabs. 1 lit. a–g EG-RL 96/71 aufgelisteten Aspekte betreffen, ist den Mitgliedstaaten nur dann erlaubt, wenn es sich um Vorschriften im Bereich der öffentlichen Ordnung handelt (Art. 3 Abs. 10 2. Spiegelstrich EG-RL 96/71). Dies gilt sowohl für die Ausweitung von tarifvertraglichen Regelungen als auch für die Erstreckung staatlich gesetzten Rechts.

Auch hinsichtlich der Erstreckung tariflicher Regelungen auf entsandte Arbeitnehmer aus anderen Mitgliedstaaten trifft die Richtlinie abschließende Regelungen. Sie sieht grundsätzlich nur eine Ausweitung solcher Bestimmungen vor, die in für allgemeinverbindlich erklärten Tarifverträgen festgelegt sind. Nur für den Fall, dass ein Mitgliedstaat nicht über ein System zur Allgemeinverbindlicherklärung verfügt, können auch einfache Tarifnormen auf entsandte Arbeitnehmer erstreckt werden, an die dann jedoch näher bestimmte Voraussetzungen gestellt werden (Art. 3 Abs. 8 Unterabs. 2 EG-RL 96/71).

Da die deutsche Rechtsordnung über ein System zur Allgemeinverbindlicherklärung von Tarifverträgen verfügt, kommt nach der Richtlinie eine Erstreckung tariflicher Regelungen nur in Betracht, soweit es sich um Bestimmungen allgemeinverbindlicher Tarifverträge handelt; der Ausnahmetatbestand des Art. 3 Abs. 8 Unterabs. 2 EG-RL 96/71 greift insoweit nicht ein und kann somit bei der Beurteilung der Tariftreuegesetze außer Betracht bleiben.

IV. Folgen für die Tariftreuegesetze

Die Tariftreuegesetze der Bundesländer verlangen von den Bietern, die sich an öffentlichen Vergabeverfahren beteiligen, sich bei der Angebotsabgabe schriftlich zu verpflichten, ihren Arbeitnehmern das am Ort der Leistungsausführung tarifvertraglich vorgesehene Entgelt zu zahlen. In welchen Wirtschaftszweigen diese Tariftreueerklärung verlangt wird, variiert in den einzelnen Bundesländern. Auch wie der jeweils einschlägige Tarifvertrag zu bestimmen ist, ist in den Ländern unterschiedlich geregelt[226]. Gemeinsam ist den Regelungen jedoch, dass sich die Bieter zur Einhaltung von regionalen tariflichen Entgeltregelungen verpflichten müssen. Die Tariftreuegesetze bewirken damit im Ergebnis, dass Unternehmer ihren entsandten Arbeitnehmern tarifliche Entgeltbedingungen gewähren müssen, die in nicht für allgemeinverbindlich erklärten Tarifverträgen festgesetzt sind und die überdies nicht als Mindestlohnbedingungen qualifiziert werden können. Wegen des abschließenden Charakters der Entsenderichtlinie ist den Mitgliedstaaten eine Erstreckung von arbeitnehmerschützenden Regelungen, die über das durch die Richtlinie vorgegebene Schutzniveau hinausgehen, nicht erlaubt. Aus demselben Grund dürfen die Mitgliedstaaten eine Erstreckung tariflicher Regelungen nur in den durch die Richtlinie vorgesehenen Fällen vornehmen, was im Fall der Bundesrepublik Deutschland bedeutet, dass es sich um Regelungen handeln muss, die in für allgemeinverbindlich erklärten Tarifverträgen festgelegt sind[227]. Die Tariftreuegesetze sind damit gleich in zweifacher Hinsicht nicht mit der Entsenderichtlinie vereinbar[228].

Unerheblich ist in diesem Zusammenhang, dass die Verpflichtung des Dienstleistungserbringers zur Zahlung des örtlichen Tariflohns nicht aufgrund gesetzlicher Vorgaben, sondern erst durch die Abgabe seiner schuldrechtlichen Verpflichtungserklärung entsteht. Für die Beurteilung der Tariftreuegesetze kann es keinen Unterschied machen, ob die Erstreckung der Entgeltbedingungen durch

---

[226] Vgl. Teil 2 C. III.

[227] EuGH 3.4.2008 Rs. C-346/06 *(Rüffert)* NZA 2008, 537, Rn. 27; diese Ansicht vertrat auch die Kommission der Europäischen Gemeinschaften in der Rechtssache C-346/06, vgl. Schlussanträge des Generalanwalts *Bot* v. 20.9.2007 Rs. C-346/06 Rn. 53 f.

[228] EuGH 3.4.2008 Rs. C-346/06 *(Rüffert)* NZA 2008, 537, Rn. 24 ff.

oder lediglich aufgrund der Gesetze erfolgt. Andernfalls könnte die Sperrwirkung der Richtlinie unterlaufen werden[229]. Die Regelungstechnik der Tariftreuegesetze vermag folglich an ihrer Unvereinbarkeit mit der Richtlinie nichts zu ändern.

Der abschließende Charakter der Entsenderichtlinie kann jedoch nur für ihren Anwendungsbereich gelten. Jenseits des in Art. 1 EG-RL 96/71 definierten Anwendungsbereichs können die Mitgliedstaaten daher bei der Vergabe öffentlicher Aufträge hinsichtlich des an die entsandten Arbeitnehmer zu zahlenden Lohns unter Umständen weitergehende Anforderungen stellen. Soweit die landesgesetzlichen Regelungen die Abgabe einer Tariftreueerklärung fordern, ohne dass es dabei um die Entgeltbedingungen für entsandte Arbeitnehmer geht, bestehen im Hinblick auf ihre Vereinbarkeit mit der Entsenderichtlinie keine Bedenken. Aus diesem Grund könnte für die Beurteilung der Vereinbarkeit von Tariftreuegesetzen mit der Entsenderichtlinie eine Differenzierung nach Wirtschaftszweigen erforderlich sein[230].

Wie oben dargestellt[231], verlangen alle landesgesetzlichen Regelungen die Abgabe von Tariftreueerklärungen bei der Auftragsvergabe im Baubereich. In der Bauwirtschaft werden Dienstleistungserbringer aus anderen Mitgliedstaaten typischerweise grenzüberschreitend tätig, ohne am Ort der Baustelle eine Niederlassung zu errichten. Vielmehr beschäftigen sie zur Ausführung eines Bauauftrags in der Regel Arbeitnehmer, die üblicherweise in ihrem Heimatland arbeiten, so dass in diesen Fällen der Anwendungsbereich der Entsenderichtlinie regelmäßig eröffnet ist.

Einige Landesgesetze fassen ihren Anwendungsbereich weiter und knüpfen auch die Auftragsvergabe im Bereich des Öffentlichen Personennahverkehrs[232], in der Abfallwirtschaft[233], im Bewachungsgewerbe[234], oder im Gebäudereinigerhandwerk[235] an die Abgabe einer Tariftreueerklärung. Regelungen, die die Abgabe von Tariftreueerklärungen in diesen Wirtschaftsbereichen vorsehen, wären mit Blick auf die Sperrwirkung der Richtlinie ohne Weiteres als unproblematisch einzustufen, wenn der Anwendungsbereich der Richtlinie in diesen Bereichen nicht eröffnet wäre, weil öffentliche Aufträge in diesen Bereichen durch Dienst-

---

[229] *Dobmann*, Die Tariftreueerklärung bei der Vergabe öffentlicher Aufträge, S. 219.
[230] Vgl. *Dobmann*, Die Tariftreueerklärung bei der Vergabe öffentlicher Aufträge, S. 219, der annimmt, dass die Sperrwirkung der Richtlinie im Bereich des Öffentlichen Personennahverkehrs nicht eintreten kann.
[231] Teil 1 B II.
[232] § 4 Abs. 1 S. 3 Brem. VergabeG; § 3 Abs. 1 S. 3 HmbVgG aF; § 2 Abs. 1 TTG Schl.-H.
[233] § 2 Abs. 1 TTG Schl.-H.
[234] § 1 Abs. 1 HVgG.
[235] § 1 Abs. 1 HVgG.

leistungserbringer aus anderen Mitgliedstaaten nicht mit Hilfe entsandter Arbeitnehmer ausgeführt werden[236].

Der Anwendungsbereich der Entsenderichtlinie ist nicht auf bestimmte Branchen beschränkt. Das deutet darauf hin, dass der Richtliniengeber bei Erlass der Richtlinie davon ausging, dass Arbeitnehmerentsendungen in einer Vielzahl von Wirtschaftszweigen vorkommen können. Gem. Art. 2 EG-RL 96/71 gilt als entsandter Arbeitnehmer im Sinne der Richtlinie jeder Arbeitnehmer, der während eines begrenzten Zeitraums seine Arbeitsleistung im Hoheitsgebiet eines anderen Mitgliedstaats als demjenigen erbringt, in dessen Hoheitsgebiet er normalerweise arbeitet. Im öffentlichen Personennahverkehr, im Bewachungsgewerbe und im Gebäudereinigerhandwerk werden die Aufträge nicht für ein bestimmtes Projekt vergeben. Die Vergabe öffentlicher Aufträge erfolgt jedoch in der Regel für einen befristeten Zeitraum, so dass auch der grenzüberschreitende Einsatz der Arbeitnehmer von vornherein zeitlich begrenzt ist. Inwieweit in bestimmten Branchen die Ausführung des Auftrags durch entsandte Arbeitnehmer sinnvoll ist oder unter welchen Umständen der Bieter eine Niederlassung am Ort der Auftragserfüllung gründet, bleibt seiner Organisationsentscheidung vorbehalten. Soweit aber auch nur die Möglichkeit besteht, dass Bieter aus anderen Mitgliedstaaten sich an der Auftragsvergabe beteiligen und den Auftrag gegebenenfalls durch entsandte Arbeitnehmer ausführen lassen wollen, können die Tariftreuegesetze nicht als von vornherein unproblematisch eingestuft werden.

Die Tariftreueregelungen verstoßen gegen die Entsenderichtlinie und sind damit auch auf sekundärrechtlicher Ebene europarechtswidrig. Ein branchenbezogener Bereich, innerhalb dessen die Verpflichtung zur Abgabe einer Tariftreueerklärung ohne Weiteres als richtlinienkonform angesehen werden könnte, verbleibt nicht.

Erweisen sich Bestimmungen des nationalen Rechts als richtlinienwidrig, muss dies nicht in jedem Fall die Unanwendbarkeit der Norm zur Folge haben. Zwar gilt der Grundsatz des Anwendungsvorrangs prinzipiell auch für das europäische Sekundärrecht[237] und damit auch im Bereich der Richtlinien. Dennoch führt nicht jeder Verstoß gegen eine europäische Richtlinie zur Unanwendbarkeit der nationalen Vorschrift. Bei dem Grundsatz des Anwendungsvorrangs des Gemeinschaftsrechts handelt es sich um eine Kollisionsregelung. Wenn Regelungen nationalen Rechts mit dem Gemeinschaftsrecht kollidieren, werden sie verdrängt und müssen hinter der europäischen Regelung zurücktreten. Ein Kollisionsfall, der nach diesem Grundsatz aufzulösen ist, entsteht indes nur, wenn zwei Normen denselben Sachverhalt in unterschiedlicher Weise regeln wollen. Ein solcher Kol-

---

[236] So für den Bereich des ÖPNV: *Dobmann,* Die Tariftreueerklärung bei der Vergabe öffentlicher Aufträge, S. 219, der davon ausgeht, dass eine Tätigkeit in diesem Wirtschaftszweig der Natur der Sache nach dauerhaft sein muss.

[237] *Ruffert,* in: Calliess/Ruffert, Art. 249 EGV Rn. 26.

D. Vereinbarkeit mit der Entsenderichtlinie

lisionsfall setzt daher voraus, dass die gemeinschaftsrechtliche Bestimmung unmittelbare Wirkung entfaltet[238].

Richtlinien kommt eine unmittelbare Wirkung jedoch im Allgemeinen nicht zu. Sie wenden sich in der Regel an die Mitgliedstaaten und müssen von diesen in nationales Recht umgesetzt werden; ein Konfliktfall entsteht in diesem Fall nicht. Nur ausnahmsweise können auch Richtlinienbestimmungen unmittelbare Wirkung entfalten. Voraussetzung ist, dass die Umsetzungsfrist für die Richtlinie abgelaufen ist, der Mitgliedstaat die Richtlinie nicht oder nicht vollständig umgesetzt hat. Darüber hinaus muss die Norm inhaltlich unbedingt und hinreichend genau sein[239]. Liegen diese Voraussetzungen vor, kann der Richtlinie im Verhältnis zwischen Bürger und Staat unmittelbare Wirkung zukommen.

Eine unmittelbare Wirkung der Entsenderichtlinie kommt nach diesen Maßstäben von vornherein nicht in Betracht. Es fehlt ihr schon an der inhaltlichen Bestimmtheit. Sie gibt lediglich einen Rahmen vor, innerhalb dessen die Mitgliedstaaten über die Erstreckung nationaler Mindestarbeitsbedingungen frei entscheiden können. Eine eigenständige Regelung der Entsendesachverhalte ist ihr nicht zu entnehmen. Bereits aus diesem Grund scheidet eine unmittelbare Anwendung aus. Die Entsenderichtlinie kann sich daher nicht im Wege des Anwendungsvorrangs gegenüber nationalen Regelungen, die die von ihr geforderten Vorgaben nicht einhalten, durchsetzen. Sie steht einer Anwendung der Tariftreueregelungen im Ergebnis nicht entgegen[240].

---

[238] *Kerwer,* NZA 2002, 1316 (1318); *Schlachter,* RdA 2004, 352 (356).
[239] *Schmidt,* in: von der Groeben/Schwarze, Art. 249 EG Rn. 42.
[240] Ebenso *Dobmann,* Die Tariftreueerklärung bei der Vergabe öffentlicher Aufträge, S. 219 f.; aA allerdings ohne detaillierte Begründung *Bayreuther,* EuZW 2009, 102 (103).

Teil 5

Zusammenfassung und Ausblick

Die Untersuchung zeigt, dass die rechtlichen Probleme der Tariftreuegesetze der Bundesländer im Bereich des Europäischen Arbeitsrechts liegen. Das nationale Recht, insbesondere das Verfassungsrecht, steht den untersuchten Regelungen, die die Vergabe eines öffentlichen Auftrags an die Einhaltung örtlicher Tariflöhne knüpfen, nicht entgegen.

Zwar sind Tariftreueregelungen auch im Hinblick auf die durch Art. 9 Abs. 3 GG geschützte Koalitionsfreiheit nicht von vornherein unbedenklich. Legt man die negative Koalitionsfreiheit weit aus und versteht sie als Freiheit, grundsätzlich von der Normsetzung der Koalitionen verschont zu bleiben, liegt schon unter diesem Gesichtspunkt ein Eingriff in den Schutzbereich von Art. 9 Abs. 3 GG vor, denn die Tariftreueregelungen verlangen von Außenseitern, sich zur Einhaltung tarifvertraglicher Normen zu verpflichten. Daneben ist auch die kollektive Koalitionsfreiheit berührt, wenn die Vergabe öffentlicher Aufträge an die Einhaltung örtlicher Tariflöhne geknüpft wird. Da die Verpflichtung zur Abgabe einer Tariftreueerklärung alle Arbeitgeber, unabhängig davon, ob sie kraft Tarifbindung an einen anderen als den vom Auftraggeber vorgegebenen Entgelttarifvertrag gebunden sind, trifft, werden Koalitionen, die nicht Partei des ausgewählten Tarifvertrages sind, daran gehindert, die Arbeitsbedingungen ihrer Mitglieder selbständig umfassend zu regeln und so in ihrer Tarifautonomie beeinträchtigt.

Im Ergebnis sind die Eingriffe in den Schutzbereich der Koalitionsfreiheit jedoch gerechtfertigt. Die landesrechtlichen Tariftreueregelungen sollen nach dem Willen der Gesetzgeber einen Schutz der Tarifautonomie bewirken. Dadurch, dass Tariflöhne bei der Vergabe von öffentlichen Aufträgen von allen Auftragnehmern einzuhalten sind, wird den örtlichen Tariflöhnen zur Durchsetzung verholfen. Dies stützt die Ordnungsfunktion der Tarifverträge. Die Tarifvertragsparteien sollen vor Außenseiterkonkurrenz geschützt und dadurch in die Lage versetzt werden, eine autonome Regelung des Arbeitslebens zu schaffen. Ferner verfolgen die Landesgesetzgeber durch die Tariftreueregelungen das Ziel, die Arbeitslosigkeit in bestimmten Wirtschaftsbereichen zu bekämpfen. Dass die Bekämpfung der Arbeitslosigkeit vor allem durch eine Verdrängung ausländischer Niedriglohnanbieter vom deutschen Markt bewirkt werden soll, ist aus der Sicht des nationalen Verfassungsrechts nicht zu beanstanden.

Ob die Tariftreueregelungen tatsächlich die Tarifautonomie stützen oder die Bekämpfung der Arbeitslosigkeit fördern können, ist für die verfassungsrechtliche Bewertung nicht entscheidend. Es ist insoweit ausreichend, wenn der Gesetzgeber die von ihm ergriffenen Maßnahmen für zielführend halten kann. Ihm steht hier eine weite Einschätzungsprärogative zu.

Einer Prüfung am Maßstab des Europäischen Arbeitsrechts halten die Tariftreueregelungen dagegen nicht stand. Sie beeinträchtigen in unzulässiger Weise die Dienstleistungsfreiheit. Müssen Bieter aus dem EU-Ausland eine Tariftreueerklärung abgeben und die von ihnen entsandten Arbeitnehmer nach Maßgabe der örtlichen Tarifverträge entlohnen, wird für sie die grenzüberschreitende Dienstleistungserbringung zumindest weniger attraktiv. Diese Beeinträchtigung des freien Dienstleistungsverkehrs ist nicht gerechtfertigt. Auch zum Schutz entsandter Arbeitnehmer ist eine Beschränkung der Grundfreiheiten nur zulässig, wenn sie erforderlich ist. Nationale Entgeltbedingungen können nach ständiger Rechtsprechung des EuGH daher nur auf entsandte Arbeitnehmer erstreckt werden, wenn es sich um Mindestentgeltbedingungen handelt. Tariflöhne können indes nicht ohne Weiteres als Mindestlöhne angesehen werden. Etwas anderes kann allenfalls gelten, wenn ein von Tarifvertragsparteien festgesetzter Lohn ausnahmsweise flächendeckend Standards bestimmt, die für alle Arbeitsverhältnisse Geltung beanspruchen. Im Fall der Abgabe einer Tariftreueerklärung ist der Auftragnehmer jedoch gerade an regionale Tariflöhne gebunden, die eine überdurchschnittliche Entlohnung vorsehen.

Die Tariftreueregelungen verstoßen nicht nur gegen die Dienstleistungsfreiheit, sondern darüber hinaus auch gegen die Entsenderichtlinie. Diese enthält einen abschließenden Katalog von Arbeitsbedingungen, die auf entsandte Arbeitnehmer erstreckt werden dürfen. Auch nach der Richtlinie können die Arbeitgeber anderer Mitgliedstaaten lediglich zur Zahlung von „Mindestlöhnen" verpflichtet werden. Außerdem legt die Entsenderichtlinie auch abschließend fest, unter welchen Voraussetzungen der Anwendungsbereich tarifvertragliche Regelungen auf entsandte Arbeitnehmer ausgedehnt werden kann. Im Einklang mit der Dienstleistungsfreiheit erlaubt die Entsenderichtlinie nur eine Erstreckung flächendeckend geltender Tarifnormen. Mitgliedsstaaten, wie die Bundesrepublik, die über ein System der Allgemeinverbindlicherklärung verfügen, dürfen von Arbeitgebern aus anderen Mitgliedstaaten lediglich die Einhaltung solcher Tarifnormen fordern, die in allgemeinverbindlichen Tarifverträgen enthalten sind.

Die Ergebnisse der vorliegenden Arbeit decken sich insoweit mit der Rechtsprechung des Bundesverfassungsgerichts einerseits und des Europäischen Gerichtshof andererseits. Wie die Prüfung gezeigt hat, stellen das nationale Verfassungsrecht und das Europäische Arbeitsrecht unterschiedliche Anforderungen an den deutschen Gesetzgeber. Beschränkungen der Grundfreiheiten sind nur aufgrund der eng auszulegenden geschriebenen Rechtfertigungsgründe oder aus Gründen des zwingenden Allgemeinwohls möglich. Nationale wirtschaftliche Interessen können in diesem Rahmen von vornherein keine Berücksichtigung finden; eine Beschränkung des Binnenmarktes ist insoweit unzulässig. Das nationale Verfassungsrecht billigt dem Gesetzgeber demgegenüber einen weiteren Spielraum zu. Auch hier bedürfen Eingriffe in die Grundrechte einer Rechtfertigung. Die Rechtfertigungsmöglichkeiten sind jedoch weniger stark eingeschränkt. Insbesondere ist es dem Gesetzgeber nicht prinzipiell verboten, zum Schutz der heimischen Wirtschaft oder zur Sicherung deutscher Arbeitsplätze die Grundrechte zu beschränken. Hinzu kommt, dass das Bundesverfassungsgericht dem Gesetzgeber hinsichtlich der Frage, ob eine Maßnahme erforderlich und geeignet ist, ein bestimmtes Ziel zu erreichen, eine weite Einschätzungsprärogative zubilligt. Das Ergebnis, dass die Tariftreueregelungen gegen europäisches Recht, nicht jedoch gegen nationales Verfassungsrecht verstoßen, ist demnach nicht widersprüchlich, denn zwischen den beiden Rechtsgebieten besteht ein Spannungsverhältnis[1].

Die Befürworter der landesrechtlichen Tariftreuegesetze, die sich nach dem Urteil des Bundesverfassungsgerichts im Jahr 2006 bestärkt sahen, müssen nach der Entscheidung des EuGH nunmehr erkennen, dass die Normen in ihrer derzeitigen Form mit dem Europäischen Arbeitsrecht nicht vereinbar sind. Aufgrund des Vorrangs des Europarechts können die Gesetze nicht mehr in der bisherigen Art und Weise angewandt werden[2]. Eine Tariftreueerklärung darf von solchen Bietern, die sich auf die Dienstleistungsfreiheit berufen können, nicht mehr verlangt werden. Dass sie verfassungsrechtlich nicht zu beanstanden sind, ist dabei unerheblich[3].

Dass die Gesetze nicht mehr in der gewohnten Art und Weise angewandt werden dürfen, hat nicht nur Auswirkungen auf künftige Vergabeverfahren. Vielmehr muss die Europarechtswidrigkeit der Normen auch in laufenden und sogar in bereits abgeschlossenen Verfahren beachtet werden. Bieter, die keine Tariftreueerklärung abgegeben haben, dürfen in laufenden Verfahren nicht von der Auftragsvergabe ausgeschlossen werden, soweit sie sich auf die Dienstleistungsfreiheit berufen können. Stellt sich hinsichtlich bereits abgeschlossener Verfahren heraus, dass ein Unternehmen aus dem EU-Ausland sein Tariftreueversprechen nicht eingehalten hat, können die Sanktionsvorschriften nicht greifen. Der Auftraggeber kann weder eine im Landesgesetz vorgesehene Vertragsstrafe durchsetzen[4], noch kann das Unternehmen von der Vergabe künftiger Aufträge ausgeschlossen werden. Soweit die Landesgesetze Bestimmungen enthalten, die dem Auftraggeber bei einem Verstoß gegen die Tariftreuepflicht das Recht einräumen, den Auftrag zu kündigen, dürfen auch diese Normen gegenüber EU-Ausländern,

---

[1] Vgl. dazu auch *Bungenberg,* EuR 2008, 397 ff.
[2] *Bayreuther,* EuZW 2009, 102 (104); *Coen,* EuroAS 2008, 73 (76); *Hanau,* NZA 2008, 751 f.; *Hänlein,* ZESAR 2008, 275; *Keßler/Dahlke,* EWS 2008, 247 f.
[3] Zutreffend *Coen,* EuroAS 2008, 73 (76).
[4] *Coen,* EuroAS 2008, 73 (76 f.); *Steiff/André,* NZBau 2008, 364 (365 f.).

die sich auf die Dienstleistungsfreiheit berufen können, nicht angewendet werden[5].

Wie bereits dargestellt, verbleibt jedoch ein Anwendungsbereich der Tariftreuegesetze. Bei der Vergabe öffentlicher Aufträge kann eine Tariftreueerklärung auch weiterhin verlangt werden, soweit Konflikte mit der Dienstleistungsfreiheit ausgeschlossen sind. So kann eine Tariftreueerklärung bei der Auftragsvergabe an ausländische Unternehmer, die entweder ihren Sitz außerhalb der EU haben oder in den neuen Mitgliedstaaten ansässig sind und sich wegen der geltenden Übergangsfristen noch nicht auf die Dienstleistungsfreiheit berufen können, weiterhin verlangt werden. Auch bei der Auftragsvergabe an deutsche Unternehmer bleiben die Tariftreuegesetze anwendbar. Zwar werden deutsche Bieter gegenüber den Unternehmern aus dem EU-Ausland gegebenenfalls benachteiligt, wenn sie sich zur Entlohnung nach den örtlichen Tarifverträgen verpflichten müssen, während ihre Konkurrenten aus dem EU-Ausland auf der Basis der Lohnsätze ihres Herkunftsstaates – oder im Anwendungsbereich des AEntG auf der Basis des dort festgelegten Mindestlohns – kalkulieren können. Eine solche Inländerdiskriminierung ist jedoch aus Sicht des Europarechts unbeachtlich. Sie könnte allenfalls dazu führen, dass unter den Umständen, die die Inländerdiskriminierung begründen, die Tariftreuegesetze verfassungsrechtlich neu beurteilt werden müssen[6], denn ob die Regelungen bei dieser Anwendung noch geeignet sind, die mit ihnen verfolgten Ziele zu erreichen, erscheint äußerst fraglich. Aber auch wenn sich die Landesgesetze nunmehr als verfassungswidrig erweisen sollten, kann dies nicht dazu führen, dass sie in ihrem verbleibenden Anwendungsbereich nicht mehr zu beachten sind. Solange die Landesgesetzgeber nicht reagieren und auch keine Entscheidung des Bundesverfassungsgerichts vorliegt, sind sie geltendes Landesrecht und müssen weiterhin angewendet werden[7]. Den Vergabestellen kommt insoweit keine Verwerfungskompetenz zu.

Die meisten Bundesländer, darunter Berlin[8], Bremen[9], Niedersachsen[10] und das Saarland[11], haben auf die Entscheidung des Europäischen Gerichtshofs zunächst in der Weise reagiert, dass sie Vergabestellen angewiesen haben, bei der Vergabe

---

[5] *Steiff/André*, NZBau 2008, 364 (365 f.).
[6] Vgl. dazu ausführlich *Bayreuther*, EuZW 2009, 102 (104 f.).
[7] Vgl. zum BayBauVG *Gundel*, EuZW 2008, 678 (679).
[8] Vgl. Pressemitteilung des Landes Berlin vom 15.4.2008, abrufbar unter http://www.berlin.de/landespressestelle/archiv/2008/04/15/98419/index.html (28.2.2009).
[9] Senator für Wirtschaft und Häfen, Rundschreiben 1/2008 vom 7.4.2008, S. 2, abrufbar unter http://www.wirtschaft.bremen.de/sixcms/media.php/13/Rundschreiben%202001-2008%20keine%20Tariftreue.pdf (28.2.2009).
[10] Runderlass vom 11.4.2008, NdsMBl. Nr. 16/2008, S. 500.
[11] Erlass der saarländischen Landesregierung zu den Auswirkungen der Urteils des EuGH vom 3.4.2008, Amtsblatt Nr. 16 v. 24.4.2008, S. 711.

öffentlicher Aufträge nunmehr gänzlich auf die Abgabe einer Tariftreueerklärung zu verzichten.

Auch wenn diese Maßnahmen politisch nachvollziehbar erscheinen mögen, so kann der eingeschlagene Weg rechtlich nicht überzeugen. Die Landesgesetzgeber sind vielmehr dazu aufgerufen, ihre Gesetze anzupassen oder aufzuheben[12]. Hier stellt sich die Frage, wie eine solche Anpassung aussehen könnte. Die Neuregelungen müssen einerseits verfassungs- und europarechtskonform ausgestaltet werden, sollen aber andererseits den von den Landesgesetzgebern verfolgten Zielen dienen.

Wie eine solche Anpassung aussehen könnte, zeigen die zum 1.1.2009 in Kraft getretenen Neufassungen der Gesetze von Hamburg[13] und Niedersachsen[14]. Die Länder haben unterschiedliche Wege eingeschlagen: § 3 HmbVgG nF bestimmt nunmehr, dass Aufträge für Bauleistungen und anderer Dienstleistungen, die das Arbeitnehmer-Entsendegesetz in der jeweils geltenden Fassung erfasst, nur an solche Unternehmen vergeben werden dürfen, „die sich bei der Angebotsabgabe schriftlich verpflichtet haben, ihren Arbeitnehmerinnen und Arbeitnehmern bei der Ausführung dieser Leistung ein Entgelt zu zahlen, das in Höhe und Modalitäten *mindestens den Vorgaben desjenigen Tarifvertrages entspricht, an den das Unternehmen aufgrund des Arbeitnehmerentsendegesetzes gebunden ist.*"

Diesem Beispiel sind im Dezember 2009[15] bzw. im Juli 2010[16] die Länder Bremen und Berlin gefolgt. Auch sie knüpfen für Dienstleistungen, deren Erbringung dem Geltungsbereich des Arbeitnehmer-Entsendegesetzes unterfällt, jeweils an die nach dem Arbeitnehmer-Entsendegesetz verbindlichen Tarifverträge an[17]. Eine Besonderheit gegenüber dem HmbVgG besteht jedoch darin, dass die Forderung einer Tariftreueerklärung in der bisherigen Form für den Bereich des öffentlichen Personennahverkehrs aufrecht erhalten bleibt[18].

Niedersachsen hat sich für eine andere Variante entschieden. § 3 Abs. 1 Nds. LVergabeG lautet in der aktuellen Fassung: „Unternehmen, die sich um einen Bauauftrag bewerben, müssen sich bei der Angebotsabgabe schriftlich verpflichten, ihren Arbeitnehmerinnen und Arbeitnehmern bei der Ausführung der Leis-

---

[12] Für eine Aufhebung des Gesetzes hat sich Bayern entschieden, vgl. § 6 des Gesetzes zur Änderung des Bayerischen Pressegesetzes und anderer Gesetzes, BayGVBl. 2009, S. 630.

[13] Änderungsgesetz vom 16.12.2008, HmbGVBl. S. 436, zuletzt geändert am 22.5. 2010 – HmbGVBl. 2010, S. 345.

[14] LVergabeG v. 15.12.2008, Nds. GVBl. 27/2008, S. 411.

[15] Bremisches Gesetz zr Sicherung von Tariftreue, Sozialstandards und Wettbewerb bei öffentlicher Auftragsvergabe, Brem. GBl. 2009, S. 476.

[16] Berliner Ausschreibungs- und Vergabegesetz vom 8.7.2010, Berl. GVBl. 2010, S. 399.

[17] Vgl. § 11 Brem. TtVG, § 1 Abs. 2 VgG Bln. nF.

[18] Vgl. § 10 Brem. TtVG; § 1 Abs. 3 VgG Bln. nF.

tung mindestens *das in für allgemeinverbindlich erklärten Tarifverträgen vorgesehene Entgelt* [...] *zu zahlen*".

In der Literatur wird seit der *Rüffert-Entscheidung* ganz überwiegend vertreten, es sei den Ländern nach der Entscheidung des EuGH generell erlaubt, die Vergabe öffentlicher Aufträge an die Einhaltung allgemeinverbindlicher Tarifverträge zu knüpfen[19]. Ob dies uneingeschränkt zutrifft – und damit die niedersächsische Neufassung als unbedenklich eingestuft werden kann – bedarf jedoch einer genaueren Prüfung.

So erscheint die Verpflichtung zur Abgabe einer Tariftreueerklärung, die sich auf einen nach § 5 TVG allgemeinverbindlichen Lohntarifvertrag außerhalb des Anwendungsbereichs des Arbeitnehmerentsendegesetzes bezieht, durchaus problematisch[20]. Zwar lässt das Europäische Arbeitsrecht eine Erstreckung von Entgeltbedingungen, die in allgemeinverbindlichen Tarifverträgen geregelt sind, grundsätzlich zu. Entscheidend ist aber, dass es sich um Mindestentgeltbedingungen handelt. Der EuGH hat hinsichtlich der Tariftreueregelung des Landes Niedersachsen zu Recht festgestellt, dass sie nicht aus Gründen des Arbeitnehmerschutzes als gerechtfertigt angesehen werden könne, weil nicht erkennbar sei, dass Arbeitnehmer, die bei der Ausführung öffentlicher Aufträge eingesetzt würden, schutzwürdiger seien als diejenigen, die im privaten Sektor tätig seien[21]. Damit hat das Gericht zum Ausdruck gebracht, dass es Regelungen, die zu einer unterschiedlichen Behandlung der Arbeitnehmergruppen führen, nicht als Mindestentgeltbedingungen akzeptiert. Außerhalb des Anwendungsbereichs des Arbeitnehmergesetzes kann ein Unternehmer seinen Arbeitnehmern untertarifliche Löhne zahlen. Dies gilt auch, wenn ein allgemeinverbindlicher Tarifvertrag existiert, soweit die Arbeitsvertragsparteien an einen Tarifvertrag gebunden sind, der ein geringeres Entgelt vorsieht. Auch ausländische Arbeitgeber sind zur Einhaltung allgemeinverbindlicher Tarifverträge außerhalb des AEntG nicht verpflichtet, sondern können die von ihnen entsandten Arbeitnehmer zu den Bedingungen des Herkunftsstaates beschäftigen. Die Vergabe öffentlicher Aufträge an eine Tariftreueerklärung zu knüpfen, könnte daher auch bei einem Bezug auf einen allgemeinverbindlichen Lohntarifvertrag nur einen Schutz für den öffentlichen, nicht aber für den privaten Dienstleistungsbereich schaffen.

---

[19] *Bungenberg*, EuR 2008, 397 (408); *Hänlein*, ZESAR 2008, 275 (280); *Koberski/Schierle*, RdA 2008, 233 (237); *Scherer-Leydecker*, EWiR 2008, 375 (376); *Thüsing/Granetzny*, NZA 2009, 183 (184), aA wohl nur *Seifert*, EuZA 2008, 526 (537).

[20] Zu den praktischen Schwierigkeiten vgl. *Steiff/André*, NZBau 2008, 364 (366).

[21] Dieses Problem sprechen auch *Thüsing/Granetzny* an, kommen jedoch zu dem Ergebnis, dass eine Tariftreueerklärung, die allgemeinverbindliche Tarifverträge in Bezug nimmt, mit den Vorgaben des EuGH vereinbar ist, da allgemeinverbindliche Tarifverträge in ihrem Anwendungsbereich alle Arbeitnehmer erfassten: *Thüsing/Granetzny*, NZA 2009, 183 (184).

Aus rechtlicher Sicht gänzlich unproblematisch erscheint dagegen die neue Regelung des Hamburgischen Vergabegesetzes, des Bremischen Tariftreue- und Vergabegesetzes und des Berliner Ausschreibungs- und Vergabegesetzes, soweit an die nach dem Arbeitnehmer-Entsendegesetz verbindlichen Tarifverträge angeknüpft wird. Wird bei der Verpflichtung zur Einhaltung von Tariflöhnen auf einen Mindestlohntarifvertrag einer in das Arbeitnehmerentsendegesetz aufgenommenen Branche Bezug genommen, so bestehen gegen die Forderung einer Tariftreueerklärung keine Bedenken. Die in einem solchen Tarifvertrag festgesetzten Löhne sind ohnehin von allen Unternehmen, die entsprechende Dienstleistungen in Deutschland erbringen, einzuhalten. Eine Tariftreueerklärung hat insoweit rein deklaratorischen Charakter und wäre nicht zu beanstanden. Allerdings ist ihre Bedeutung darauf beschränkt, für den Fall, dass die Mindestlohntarife nicht an die Arbeitnehmer weitergegeben werden, zusätzliche Sanktionsmöglichkeiten zu schaffen. So können die öffentlichen Auftraggeber bei einem Verstoß gegen die zwingenden Mindestlohnvorschriften weiterhin eine Vertragsstrafe verlangen oder den Auftrag kündigen, obwohl das Arbeitnehmerentsendegesetz diese Möglichkeiten nicht vorsieht.

Es bleibt dabei, dass ein Nichtanwendungserlass keine geeignete Problemlösung darstellt. Ein solches Vorgehen ist rechtswidrig. Die Gesetzgeber in Hessen, im Saarland und in Schleswig-Holstein müssen reagieren. Sie haben die Möglichkeit eine Anpassung der Gesetze vorzunehmen, wobei jedoch nach hier vertretener Auffassung letztlich lediglich eine gesetzliche Verpflichtung zur Abgabe einer deklaratorischen Tariftreueerklärung europarechtlich völlig unbedenklich ist. Nach den letzten Neuregelungen durch die Landesgesetzgeber scheint sich abzuzeichnen, dass die Länder überwiegend an der Forderung einer (modifizierten) Tariftreueerklärung festhalten. In Bundesländern, die bislang nicht über Tariftreuegesetze verfügten, gibt es Bestrebungen zum Erlass neuer Gesetze[22]. Die Befürworter der (ursprünglichen) Tariftreueregelungen dürften die Entwicklung dennoch nicht als Erfolg betrachten. Selbst wenn es zur Verabschiedung neuer Vergabegesetze kommt und Tariftreueerklärungen in Zukunft in weiteren Bundesländern verlangt werden: bei einer europarechtskonformen Ausgestaltung durch die Landesgesetzgeber bleibt die neue Generation der Tariftreueerklärungen in ihrer Wirkung beschränkt.

---

[22] Vgl. Übersicht des Wirtschafts- und Sozialwissenschaftlichen Instituts (WSI), abrufbar unter http://www.boeckler.de/pdf/wsi_ta_tariftreue_uebersicht.pdf (7.9.2010).

Literaturverzeichnis

Adam, Jürgen: Vertragsfreiheit als Mittel der Sozialpolitik? – Zur Zulässigkeit der Verfolgung von Sekundärzwecken bei der Vergabe öffentlicher Aufträge, in: Peer, Gundula Maria/Faber, Wolfgang/Auer, Martin/Götzl, Philipp/Heidinger, Albert/Holly, Andrea/Janisch, Sonja/Rüffler, Friedrich/Sprohar-Heimlich, Helga/Fortunat Stagl, Jakob/Waß, Clemens (Hrsg.): Jahrbuch Junger Zivilrechtswissenschaftler 2003, Zivilrecht zwischen Liberalismus und sozialer Verantwortung – Salzburger Tagung, 10.–13. September 2003, Stuttgart/München/Hannover/Berlin/Weimar/Dresden 2004, S. 295–312.

Antweiler, Pia: Instrumentalisierung staatlicher Auftragsvergabe für politische Zwecke, Hamburg 2003 (Zitierweise: *Antweiler,* Instrumentalisierung staatlicher Auftragsvergabe).

Arnold, Hans: Die Europarechtliche Dimension der Konstitutiven Tariftreueerklärungen im deutschen Vergaberecht, Frankfurt am Main 2004 (Zitierweise: *Arnold,* Europarechtliche Dimension der Konstitutiven Tariftreueerklärungen).

Basedow, Jürgen: Der kollisionsrechtliche Gehalt der Produktfreiheiten im europäischen Binnenmarkt: favor offerentis, RabelsZ 59 (1995), 2–55.

Bayreuther, Frank: Anmerkung zu EuGH vom 25.10.2001, EuZW 2001, 764–766.

– Die Novelle des Arbeitnehmerentsende- und des Mindestarbeitsbedingungengesetzes, DB 2009, 678–683.

– Die Rolle des Tarifvertrags bei der AGB-Kontrolle von Arbeitsverträgen – Ein Beitrag zur Herausbildung normativer Beurteilungsmaßstäbe bei der Angemessenheitskontrolle von allgemeinen Geschäftsbedingungen in Arbeitsverträgen, RdA 2003, 81–91.

– Inländerdiskriminierung bei Tariftreueerklärungen im Vergaberecht, EuZW 2009, 102–107.

– Tariftreue vor dem Aus – Konsequenzen der Rüffert-Entscheidung des EuGH für die Tariflandschaft, NZA 2008, 626–630.

Becker, Ulrich: Anmerkung zu EuGH vom 3.4.2008, JZ 2008, 891–893.

Bepler, Klaus: Problematische Arbeitsverhältnisse und Mindestlohn, in: Annuß, Georg/Picker, Eduard/Wissmann, Hellmut (Hrsg.), Festschrift für Reinhard Richardi zum 70. Geburtstag, München 2007, S. 189–203.

Berrisch, Georg M./*Nehl,* Hanns Peter: Anmerkung zu BGH vom 18.01.2000, ZIP 2000, 434–436.

Bieback, Karl-Jürgen: Neue Strukturen der Koalitionsfreiheit? – Zum Konflikt zwischen Tarifvertrag und Gesetz im Urteil des Bundesverfassungsgerichts v. 27.4.1999 – Abstandsgebot, AuR 2000, 201–204.

- Rechtliche Probleme von Mindestlöhnen, insbesondere nach dem Arbeitnehmer-Entsendegesetz, RdA 2000, 207–216.

Biedenkopf, Kurt: Zum Problem der negativen Koalitionsfreiheit, JZ 1961, 346–354.

Birk, Rolf: Entsendung und Freizügigkeit – Die europarechtliche Stellung entsandter Arbeitnehmer zur Erfüllung von Aufträgen –, in: Kothe, Wolhard/Dörner, Hans-Jürgen/Anzinger, Rudolf (Hrsg.), Festschrift für Hellmut Wißmann zum 65. Geburtstag, München 2005, S. 523–534.

- Internationales Tarifvertragsrecht, in: Sandrock, Otto (Hrsg.), Festschrift für Günther Beitzke zum 70. Geburtstag, Berlin/New York 1979, S. 831–872.

Bispinck, Reinhard/*Schäfer,* Claus: Niedriglöhne und Mindesteinkommen: Daten und Diskussionen in Deutschland, in: Schulten, Thorsten/Bispinck, Reinhard/Schäfer, Claus (Hrsg.), Mindestlöhne in Europa, Hamburg 2006.

Bitterich, Klaus: Tariftreue vor dem EuGH – Vergabefremde Zielsetzungen öffentlicher Auftraggeber als Problem gemeinschaftsrechtskonformer Vertragsgestaltung – zugleich Besprechung EuGH v. 3.4.2008 – Rs C-346/06, ZIP 2008, 1288 – Rüffert, ZIP 2008, 1455–1463.

Blanke, Thomas: Die Neufassung des Arbeitnehmerentsendegesetzes: Arbeitsmarktregulierung im Spannungsverhältnis von Dienstleistungsfreiheit, Arbeitnehmerschutz und Tarifautonomie, AuR 1999, 417–426.

Bleckmann, Albert: Die Personenverkehrsfreiheit im Recht der EG – Vom Gleichheitssatz zur Verankerung absoluter Grundrechte, DVBl. 1986, 69–75.

Böhm, Monika/*Danker,* Claudia: Politische Zielvorgaben als Vergabekriterien, NVwZ 2000, 767–768.

Breideneichen, Ulf: Gütermarktregelnde Tarifvereinbarungen und Tariftreueerklärungen – Legitimation innerhalb des Kartell-, Verfassungs- und Europarechts, Hamburg 2004.

Buchner, Herbert: Die Tarifnorm – Das Maß aller Dinge? Gesetzgebung auf ordnungspolitischem Irrweg, in: Wank, Rolf/Hirte, Heribert/Frey, Kaspar/Fleischer, Holger/Thüsing, Gregor (Hrsg.), Festschrift für Herbert Wiedemann zum 70. Geburtstag, München 2002, S. 211–228.

- Tarifvertragsgesetz und Koalitionsfreiheit – Zur verfassungsrechtlichen Problematik der §§ 3 Abs. 2, 3 Abs. 3, 5 und 9 Abs. 1 TVG, München 1964.

Büdenbender, Ulrich: Die Erklärung der Allgemeinverbindlichkeit von Tarifverträgen nach dem Arbeitnehmer-Entsendegesetz, RdA 2000, 193–207.

Bungenberg, Marc: „Tariftreue" zwischen Bundesverfassungsgericht und EuGH – konträres oder komplementäres wirtschaftsverfassungsrechtliches Verständnis?, EuR 2008, 397–408.

Burgi, Martin/*Waldhorst,* Nicola: Primärrechtliche Anforderungen an Bestimmtheit und Transparenz von Tariftreueverpflichtungen, RdA 2006, 85–92.

Butzer, Hermann: Verfassungsrechtliche Grundlagen zum Verhältnis zwischen Gesetzgebungshoheit und Tarifautonomie, RdA 1994, 375–385.

Calliess, Christian/*Ruffert,* Matthias (Hrsg.): EUV, EGV – Das Verfassungsrecht der Europäischen Union mit Europäischer Grundrechtecharta, Kommentar, 3. Auflage, München 2007 (Zitierweise: *Bearbeiter,* in Calliess/Ruffert).

Coen, Martin: Sozialer Schutz der Arbeitnehmer bei der Vergabe öffentlicher Bauaufträge; EuroAS 2008, 73–77.

Däubler, Wolfgang: Das Grundrecht auf Mitbestimmung und seine Realisierung durch tarifvertragliche Begründung von Beteiligungsrechten, Frankfurt am Main 1973.

– Die Auswirkungen der Schuldrechtsmodernisierung auf das Arbeitsrecht, NZA 2001, 1329–1337.

– Die Entsende-Richtlinie und ihre Umsetzung in das deutsche Recht, EuZW 1997, 613–618.

– Tarifliche Leistungen nur für Gewerkschaftsmitglieder?, BB 2002, 1643–1648.

– Tariftreue statt Sozialkostenwettbewerb?, ZIP 2000, 681–688.

– (Hrsg.): Tarifvertragsgesetz mit Arbeitnehmerentsendegesetz, 2. Auflage, Baden-Baden 2006 (Zitierweise: Däubler/*Bearbeiter*).

v. Danwitz, Thomas: Die Rechtsprechung des EuGH zum Entsenderecht, EuZW 2002, 237–244.

Dauses, Manfred A. (Hrsg.): Handbuch des EU-Wirtschaftsrechts, München, Loseblatt, Stand: 23. Ergänzungslieferung November 2008 (Zitierweise: *Bearbeiter,* in: Dauses).

Deinert, Olaf: Arbeitnehmerentsendung im Rahmen der Erbringung von Dienstleistungen innerhalb der Europäischen Union, RdA 1996, 339–352.

Diehn, Thomas: AGB-Kontrolle von arbeitsrechtlichen Verweisungsklauseln, NZA 2004, 129–135.

Dieterich, Thomas: Flexibilisiertes Tarifrecht und Grundgesetz, RdA 2002, 1–17.

Dobmann, Volker: Anmerkung zu den Schlussanträgen des Generalanwalts Bot beim EuGH v. 20.9.2007, Rs. C-346/06 (Tariftreueerklärung), EuZW 2007, 685–686.

– Anmerkung zu EuGH vom 3.4.2008 VergabeR 2008, 484–486.

– Die Tariftreueerklärung bei der Vergabe öffentlicher Aufträge, Baden-Baden 2007.

– Perspektiven für die Tariftreuegesetze nach der Entscheidung des Bundesverfassungsgerichts, VergabeR 2007, 167–175.

Dörfler, Thorsten Friedrich: Die Nettolohnhaftung nach dem Arbeitnehmer-Entsendegesetz –Möglichkeit ihrer dogmatischen Einordnung. Prüfung ihrer Vereinbarkeit mit Europäischem Recht, Marburg 2002.

Döring, René: Rechtsprobleme des Ausländereinsatzes in der deutschen Bauwirtschaft, Aachen 2006.

Doppler, Marisa: Die Vereinbarkeit des Arbeitnehmer-Entsendegesetzes mit Europäischem Recht, Bonn 2000.

Dornbusch, Tessa: Die Berücksichtigung vergabefremder Zwecke bei der öffentlichen Auftragsvergabe und ihre Verknüpfung mit dem Arbeitsrecht – insbesondre die Tariftreueerklärung auf der Grundlage des § 97 Abs. 4, 2. HS GWB, Berlin 2004 (Zitierweise: *Dornbusch,* Berücksichtigung vergabefremder Zwecke).

Dreher, Meinrad: Anmerkung zu BGH vom 18.1.2000, JZ 2000, 519–521.

Dreier, Horst (Hrsg.): Grundgesetz – Kommentar Band I, Art. 1–19, 2. Auflage, Tübingen 2004 (Zitierweise: Dreier/*Bearbeiter*).

Ehlers, Dirk (Hrsg.): Europäische Grundrechte und Grundfreiheiten, 2. Auflage, Berlin 2005 (Zitierweise: *Bearbeiter,* in Ehlers, EuGR).

Eichenhofer, Eberhard: Arbeitsbedingungen bei Entsendung von Arbeitnehmern, ZIAS 1996, 55–82.

Erfurter Kommentar zum Arbeitsrecht: Hrsg.: Rudi Müller-Glöge, Ulrich Preis, Ingrid Schmidt, 10. Auflage, München 2010 (Zitierweise: ErfK/*Bearbeiter*).

Franzen, Martin: Arbeitskollisionsrecht und sekundäres Gemeinschaftsrecht: Die EG-Entsende-Richtlinie, ZEuP 1997, 1055–1074.

– „Gleicher Lohn für gleiche Arbeit am gleichen Ort?" – Die Entsendung von Arbeitnehmern aus EU-Staaten nach Deutschland –, DZWir 1996, 89–101.

– Internationales Arbeitsrecht, AR-Blattei SD 920.

– Kurzzeitige Arbeitnehmerentsendung und Dienstleistungsfreiheit (zu EuGH, 15.3. 2001 – Rs. C-165/98 – André Mazzoleni u. Inter Surveillance Assistance SARL, unten S. 210, Nr. 9), IPRax 2002, 186–191.

– Vertragsstatut und zwingende Bestimmungen im internationalen Arbeitsrecht, IPRax 2003, 239–243.

Frenz, Walter: Handbuch Europarecht, Band 1, Europäische Grundfreiheiten, Berlin/ Heidelberg 2004 (Zitierweise: *Frenz,* Europäische Grundfreiheiten).

– Soziale Vergabekriterien, NZBau 2007, 17–23.

Friese, Birgit: Kollektive Koalitionsfreiheit und Betriebsverfassung, Berlin 2000.

Fritzsche, Sebastian: Die Vereinbarkeit des Arbeitnehmer-Entsendegesetzes sowie der erfassten Tarifverträge mit höherrangigem Recht, Frankfurt am Main, 2001.

Fuchs, Maximilian: Anmerkung zu EuGH vom 25.10.2001, SAE 2002, 83–87.

Gamillscheg, Franz: Anmerkung zu BAG 27.4.1988, AP BeschFG 1985 § 1 Nr. 4.

– Die Differenzierung nach der Gewerkschaftszugehörigkeit, Berlin 1966.

– Die Grundrechte im Arbeitsrecht, Berlin 1989.

– Ein Gesetz über das internationale Arbeitsrecht, ZfA 1983, 307–373.

Gerken, Lüder/*Löwisch,* Manfred/*Rieble,* Volker: Der Entwurf eines Arbeitnehmer-Entsendegesetzes in ökonomischer und rechtlicher Sicht, BB 1995, 2370–2375.

Görres, Steffen: Grenzüberschreitende Arbeitnehmerentsendung in der EU – Die Umsetzung der europäischen Entsenderichtlinie in deutsches Recht, Wien/Graz 2003.

Grabitz, Eberhard/*Hilf,* Meinhard (Hrsg.): Das Recht der Europäischen Union, Bd. 2, EGV – Kommentar, München, Loseblatt, Stand: 34. Ergänzungslieferung 2008 (Zitierweise: *Bearbeiter,* in Grabitz/Hilf).

Grundmann, Stefan: Europäisches Schuldvertragsrecht – Das europäische Recht der Unternehmensgeschäfte (nebst Texten und Materialien zur Rechtsangleichung), Berlin/New York 1999.

Günther, Jens: AGB-Kontrolle von Arbeitsverträgen, Frankfurt am Main 2007.

Gundel, Jörg: Anmerkung zu BayVerfGH vom 20.6.2008, EuZW 2008, 678–679.

Hänlein, Andreas: Das Rüffert-Urteil des EuGH zum Gebot der „Tariftreue" bei der Vergabe öffentlicher Aufträge, ZESAR 2008, 275–282.

Hänsel, Tobias: Rechtsschutz im Unterschwellenbereich und Tariftreue: Endlich Klarheit oder doch nicht?, NJW-Spezial 2007, 69–70.

Hailbronner, Kai/*Nachbaur,* Andreas: Die Dienstleistungsfreiheit in der Rechtsprechung des EuGH, EuZW 1992, 105–113.

Hanau, Peter: Das Arbeitnehmer-Entsendegesetz, NJW 1996, 1369–1373.

– Gebremster Schub im Arbeitsrecht, NJW 2002, 1240–1243.

– Lohnunterbietung („Sozialdumping") durch Europarecht, in: Due, Ole/Lutter, Marcus/Schwarze, Jürgen (Hrsg.), Festschrift für Ulrich Everling, Band I, Baden-Baden 1995, S. 415–431.

– Neue Rechtsprechung zur negativen Tarifvertragsfreiheit, in: Pitschas, Rainer/Uhle, Arnd (Hrsg.), Wege gelebter Verfassung in Recht und Politik, Festschrift für Rupert Scholz zum 70 Geburtstag, Berlin 2007, S.1035–1045.

– Tariftreue nicht überall vor dem Aus, NZA 2008, 751–752.

– Verbands-, Tarif- und Gerichtspluralismus, NZA 2003, 128–132.

Haratsch, Andreas/*Koenig,* Christian/*Pechstein,* Matthias: Europarecht, 5. Auflage, Tübingen 2006.

Hauschka, Christoph E./*Henssler,* Martin: Ein „Billigarbeitsrecht" für die deutsche Seeschiffahrt? – Die arbeitsrechtlichen Folgen des Gesetzentwurfs zur Einführung eines Internationalen Seeschiffahrtsregisters, NZA 1988, 597–601.

Heilmann, Frank Sven: Das Arbeitsvertragsstatut, Konstanz 1991.

Heiseke, Jürgen: Negative Koalitionsfreiheit und tarifliche Schutzklauseln, RdA 1960, 299–303.

Henssler, Martin: Arbeitsrecht und Schuldrechtsreform, RdA 2002, 129–140.

– Tarifautonomie und Gesetzgebung, ZfA 1998, 1–40.

Henssler, Martin/*Sittard,* Ulrich: Flexibler Mindestlohn durch Konkretisierung des Sittenwidrigkeitstatbestands – Zugleich Besprechung zum Urteil BAG v. 26.4.2006 – 5 AZR 549/05, RdA 2007, 159–165.

Henssler, Martin/*Willemsen,* Heinz Josef/*Kalb,* Heinz-Jürgen (Hrsg.): Arbeitsrecht Kommentar, 3. Auflage, Köln 2008 (Zitierweise: HWK/*Bearbeiter*).

Hergenröder, Curt Wolfgang: Der Arbeitskampf mit Auslandsberührung, Berlin 1987.

– Europäisches und Internationales Tarifvertragsrecht, AR-Blattei SD 1550.15.

- Internationales Arbeitsrecht im Konzern – Gedanken zur gleichnamigen Monographie von Abbo Junker, ZfA 1999, 1–47.

Hickl, Manfred: Auswirkungen und Probleme des Entsendegesetzes, NZA 1997, 513–518.

Höfling, Wolfram: Grundelemente einer Bereichsdogmatik der Koalitionsfreiheit – Kritik und Reformulierung der sog. Kernbereichslehre –, in: Wendt, Rudolf/Höfling, Wolfram/Karpen, Ulrich/Oldiges, Martin (Hrsg.), Staat, Wirtschaft, Steuern, Festschrift für Karl Heinrich Friauf zum 65. Geburtstag, Heidelberg 1996, S. 377–389.

Höfling, Wolfram/*Rixen,* Stephan: Tariftreue oder Verfassungstreue? – Von der „gewährleistungsstaatlichen" Relativierung des Grundrechtsschutzes am Beispiel der Tariftreue-Entscheidung des BVerfG, RdA 2007, 360–366.

Hölzl, Franz Josef: Anmerkung zu BVerfG 11.7.2006, VergabeR 2007, 53–59.

Hönsch, Ronald: Die Neuregelung des Internationalen Privatrechts aus arbeitsrechtlicher Sicht, NZA 1988, 113–119.

v. Hoffmann, Bernd/*Thorn,* Karsten: Internationales Privatrecht, 9. Auflage, München 2007.

Hoppe, Jeannine: Die Entsendung von Arbeitnehmern ins Ausland – Kollisionsrechtliche Probleme und internationale Zuständigkeit, Berlin 1999.

Hueck, Alfred/*Nipperdey,* Hans Carl: Lehrbuch des Arbeitsrechts, Zweiter Band, Kollektives Arbeitsrecht, Erster Halbband (II/1), 7. Auflage, Berlin/Frankfurt am Main 1966.

Humbert, Doreen: Staatliche Regelungsbefugnisse für Arbeitsentgelte und -bedingungen, Hamburg 2004 (Zitierweise: *Humbert,* Staatliche Regelungsbefugnisse).

Ingelfinger, Helmar: Arbeitsplatzgestaltung durch Betriebsnormen, 1995.

Ismar, Philip: Arbeitnehmerentsendung nach Schweden – eine europarechtliche Einschätzung aus deutscher Perspektive. Von der lex Britannia zum Vaxholmkonflikt, Hamburg 2007.

Jacobs, Matthias: Entgeltfindung zwischen Markt und Staat – Bemerkungen zur aktuellen Diskussion um einen gesetzlichen Mindestlohn, in: Kohl, Helmut/Kübler, Friedrich/Ott, Claus (Hrsg.): Zwischen Markt und Staat, Gedächtnisschrift für Wolfgang Rainer Walz, Köln 2008, S. 289–306.

- Tarifeinheit und Tarifkonkurrenz, Berlin 1999.

- Tarifpluralität statt Tarifeinheit – Aufgeschoben ist nicht aufgehoben!, NZA 2008, 325–333.

Jacobs, Matthias/*Krause,* Rüdiger/*Oetker,* Hartmut: Tarifvertragsrecht, München 2007.

Jarass, Hans D./*Pieroth,* Bodo: Grundgesetz für die Bundesrepublik Deutschland – Kommentar, 9. Auflage, München 2007.

Junker, Abbo: Das Internationale Arbeitsrecht im Spiegel der Rechtsprechung, in: Oetker, Hartmut/Preis, Ulrich/Rieble, Volker (Hrsg.), 50 Jahre Bundesarbeitsgericht, München 2004, S. 889–912 (Zitierweise: *Junker,* in: 50 Jahre Bundesarbeitsgericht).

- Gewöhnlicher Arbeitsort und vorübergehende Entsendung im Internationalen Privatrecht, in: Lorenz, Stephan/Trunk, Alexander/Eidenmüller, Horst/Wendehorst, Christiane/Adolf, Johannes (Hrsg.), Festschrift für Andreas Heldrich zum 70. Geburtstag, München 2005, S. 719–739.
- Grundkurs Arbeitsrecht, 7. Auflage, München 2008.
- Internationales Arbeitsrecht im Konzern, Tübingen 1992.

Junker, Abbo/*Wichmann,* Julia: Das Arbeitnehmer-Entsendegesetz – doch ein Verstoß gegen Europäisches Recht?, NZA 1996, 505–512.

Kämmerer, Axel/*Thüsing,* Gregor: Neue Wirkungen des Tarifvertrags: Möglichkeiten eines Tariftreuegesetzes, in: Thüsing, Gregor (Hrsg.), Tarifautonomie im Wandel, Köln/Berlin/Bonn/München 2003, S. 213–238.

Käppler, Renate: Beschränkungen der Dienstleistungsfreiheit durch das Arbeitnehmerentsenderecht und das sozialpolitische Prinzip der Mindestharmonisierung in Art. 137 EG, in: Jobst-Hubertus Bauer (Hrsg.), Festschrift für Peter Schwerdtner zum 65. Geburtstag, München 2003, S. 751–767.

Karenfort, Jörg/*Koppenfels,* Ulrich von/*Siebert,* Stefan: „Tariftreueregelungen" bei der Vergabe öffentlicher Aufträge – vereinbar mit deutschem Kartellrecht und Europarecht?, BB 1999, 1825–1835.

Kayser, Elke: Nationale Regelungsspielräume im öffentlichen Auftragswesen und gemeinschaftsrechtliche Grenzen – Zur Vereinbarkeit nationaler Maßnahmen im öffentlichen Auftragswesen zur Sicherung der Wirtschafts- und Sozialordnung mit Gemeinschaftsrecht, Marburg 1999 (Zitierweise: *Kayser,* Nationale Regelungsspielräume).

Kemper, Michael: Die Bestimmung des Schutzbereichs der Koalitionsfreiheit (Art. 9 Abs. 3 GG), Zugleich ein Beitrag zur Lehre von den Einrichtungsgarantien, Heidelberg 1990.

Kerwer, Christof: Finger weg von der befristeten Einstellung älterer Arbeitnehmer?, NZA 2002, 1316–1321.

Kessler, Jürgen/*Dahlke,* Ann: Anmerkung zu EuGH vom 3.4.2008, EWS 2008, 247–248.

Kittner, Michael/*Zwanziger,* Bertram (Hrsg.): Arbeitsrecht. Handbuch für die Praxis, 5. Auflage, Frankfurt am Main 2009 (Zitierweise: *Bearbeiter,* in: Kittner/Zwanziger).

Kling, Michael: Die Zulässigkeit vergabefremder Regelungen – Möglichkeiten und Grenzen einer politischen Instrumentalisierung der Vergabe öffentlicher Aufträge, 2. Auflage 2003, abrufbar unter: http://www.jura.uni-mainz.de/dreher/Dateien/Die_Zulaessigkeit_vergabefremder_ Regelungen.pdf (13.2.2009) (Zitierweise: *Kling,* Zulässigkeit vergabefremder Regelungen).
- Tariftreue und Dienstleistungsfreiheit, EuZW 2002, 229–237.

Klumpp, Steffen: Dienstleistungsfreiheit versus Tariftreue, NJW 2008, 3473–3477.

Knipper, Michael: Tariftreueerklärungen im öffentlichen Auftragswesen – Verfassungs-, vergabe- und allgemein wettbewerbsrechtliche Aspekte, WuW 1999, 677–684.

Koberski, Wolfgang/*Asshoff*, Gregor/*Hold*, Dieter: Arbeitnehmer-Entsendegesetz, Kommentar, 2. Auflage, München 2002.

Koberski, Wolfgang/*Schierle*, Florian: Balance zwischen Dienstleistungsfreiheit und Arbeitnehmerschutz gewahrt? – Zugleich Besprechung zum Urteil des EuGH v. 3.4.2008 – Rs. C-346 – Rüffert, RdA 2008, 233–238.

Kocher, Eva: Die Tariftreueerklärung vor dem EuGH, DB 2008, 1042–1045.

Koenigs, Folkmar: Zum Verhältnis Dienstleistungsfreiheit – sozialer Schutz der Arbeitnehmer, DB 2002, 1270–1273.

Konzen, Horst: Europäische Dienstleistungsfreiheit und nationaler Arbeitnehmerschutz, NZA 2002, 781–783.

Kort, Michael: Die Bedeutung der europarechtlichen Grundfreiheiten für die Arbeitnehmerentsendung und die Arbeitnehmerüberlassung, NZA 2002, 1248–1254.

Kramer, Tobias: Tariftreue im europäischen Vergaberecht Zur Zulässigkeit der Instrumentalisierung des Verfahrens zur Vergabe öffentlicher Aufträge für politische Zwecke vor dem europäischen Gemeinschaftsrecht und dem WTO-Vergaberecht, insbesondere zur Berücksichtigung von Tariflöhnen im Vergabeverfahren, Teilband 2 (S. 431–849), Hamburg 2006 (Zitierweise: *Kramer*, Tariftreue im europäischen Vergaberecht).

Krebber, Sebastian: Anmerkung zu EuGH vom 23.11.1999, ZEuP 2001, 365–378.

– Die Bedeutung von Entsenderichtlinie und Arbeitnehmer-Entsendegesetz für das Arbeitkollisionsrecht, IPRax 2001, 22–28.

– Die Vereinbarkeit von Entsenderichtlinie und Arbeitnehmer-Entsendegesetz mit der Dienstleistungsfreiheit und Freizügigkeit des EGV, in: Weber, Christoph/Steinbeck, Anja/Henrichs, Joachim/Ingelfinger, Helmar/Jacobs, Matthias/Müller, Hans-Friedrich/Raab, Thomas/Treber, Jürgen (Hrsg.), Jahrbuch Junger Zivilrechtswissenschaftler 1997, Europäisierung des Privatrechts – Zwischenbilanz und Perspektiven, Mainzer Tagung 10.–13. September 1997, Stuttgart/München/Hannover/Berlin/Weimar/Dresden 1997, S. 129–156.

Kreiling, Simone: Die Erstreckung betrieblicher und betriebsverfassungsrechtlicher Normen auf Außenseiter, Frankfurt am Main 2003.

– Tariflohn kraft staatlicher Anordnung?, NZA 2001, 1118–1125.

Kunert, Oliver: Vergaberecht und öffentliches Recht, Köln/Berlin/Bonn/München 2002.

Lakies, Thomas: Inhaltskontrolle von Vergütungsvereinbarungen im Arbeitsrecht, NZA-RR 2002, 337–344.

Lehne, Klaus-Heiner/*Haak*, Max: Tariftreuegesetz aus europarechtlicher Perspektive, ZfBR 2002, 656–660.

Lenz, Carl Otto/*Borchardt*, Klaus-Dieter (Hrsg.): EU- und EG-Vertrag, Kommentar zu dem Vertrag über die Europäische Union und zu dem Vertrag zur Gründung der Europäischen Gemeinschaft, 4. Auflage, Köln 2006 (Zitierweise: *Lenz*/*Bearbeiter*).

Lieb, Manfred: Arbeitsrecht, 9. Auflage, Heidelberg, 2006.

Lingemann, Stefan: Allgemeine Geschäftsbedingungen und Arbeitsvertrag, NZA 2002, 181–192.

Löwisch, Manfred: Landesrechtliche Tariftreue als Voraussetzung der Vergabe von Bau- und Verkehrsleistungen, DB 2004, 814–819.

Löwisch, Manfred/*Rieble*, Volker: Tarifvertragsgesetz, Kommentar, 2. Auflage, München 2004.

Lorenz, Egon: Das objektive Arbeitsstatut nach dem Gesetz zur Neuregelung des Internationalen Privatrechts, RdA 1989, 220–228.

Losch, Alexandra: Das niedersächsische Landesvergabegesetz – eine erste kritische Bestandsaufnahme –, NdsVbl. 2003, 73–80.

Lunk, Stefan/*Nehl*, Hans Peter: „Export" deutschen Arbeitsschutzrechts?, DB 2001, 1934–1939.

Mankowski, Peter: Der Vorschlag für die Rom I-Verordnung, IPRax 2006, 101–113.

Marx, Fridhelm: Vergabefremde Aspekte im Lichte des europäischen und des deutschen Rechts, in: Schwarze, Jürgen (Hrsg.), Die Vergabe öffentlicher Aufträge im Lichte des europäischen Wirtschaftsrechts, Baden-Baden 2000, S. 77–86.

Meyer, Nina: Die Einbeziehung politischer Zielsetzungen bei der öffentlichen Beschaffung – Zur Zulässigkeit der Verwendung sogenannter „beschaffungsfremder Kriterien" unter besonderer Berücksichtigung der Tariftreueerklärungen, Berlin 2002 (Zitierweise: *Meyer*, Einbeziehung politischer Zielsetzungen bei der öffentlichen Beschaffung).

Mühlbach, Tatjana: Tariftreue und europäisches Vergaberecht, RdA 2003, 339–346.

Müller, Carsten: International zwingende Normen des deutschen Arbeitsrechts, Tübingen 2005.

Müller, Thomas/*Thüsing*, Gregor: Anmerkung zu BVerfG vom 24.03.1996, EzA Art. 9 GG Nr. 61.

v. Münch, Ingo/*Kunig*, Philip (Hrsg.): Grundgesetz-Kommentar, Band 1 (Präambel bis Art. 19 GG), 5. Auflage, München 2000 (Zitierweise: v. Münch/Kunig/*Bearbeiter*).

Münchener Handbuch zum Arbeitsrecht, Hrsg.: Reinhard Richardi, Otfried Wlotzke, Band 1: Individualarbeitsrecht I, §§ 1–113, 2. Auflage, München 2000 (Zitierweise: MünchArbR/*Bearbeiter*).

– Band 3: Kollektives Arbeitsrecht, §§ 240–394, 2. Auflage, München 2000 (Zitierweise: MünchArbR/*Bearbeiter*).

Münchener Kommentar zum Bürgerlichen Gesetzbuch, Hrsg.: Kurt Rebmann, Franz Jürgen Säcker, Roland Rixecker, Bd. 4, Schuldrecht Besonderer Teil II (§§ 611–704, EFZG, TzBfG, KSchG, 5. Auflage, München 2009 (Zitierweise: MüKo/*Bearbeiter*).

– Bd. 10, Einführungsgesetz zum Bürgerlichen Gesetzbuch (Art. 1–46), Internationales Privatrecht, 4. Auflage, München 2006 (Zitierweise: MüKo/*Bearbeiter*).

Nettekoven, Tanja Elisabeth: Die Erstreckung tariflicher Mindestlöhne in allgemeinverbindlichen Tarifverträgen auf entsandte Arbeitnehmer im Baugewerbe – Eine Untersuchung der Entsenderegelung in Deutschland am Maßstab der Dienstleistungsfreiheit und der Tarifautonomie –, Bonn 2000 (Zitierweise: *Nettekoven,* Erstreckung tariflicher Mindestlöhne).

Ossenbühl, Fritz/*Cornils,* Matthias: Tarifautonomie und staatliche Gesetzgebung – Zur Verfassungsmäßigkeit von § 1 Abs. 3a des Arbeitnehmer-Entsendegesetzes, Bonn 2000 (Zitierweise: *Ossenbühl/Cornils,* Tarifautonomie und staatliche Gesetzgebung).

Otto, Hansjörg: Tarifautonomie unter Gesetzes- oder Verfassungsvorbehalt, in: Bettermann, Karl August/Löwisch, Manfred/Otto, Hansjörg/Schmidt, Karsten (Hrsg.), Festschrift für Albrecht Zeuner zum siebzigsten Geburtstag, Tübingen 1994, S. 121–145.

Palandt, Otto: Bürgerliches Gesetzbuch mit Nebengesetzen, insbesondere mit Einführungsgesetz (Auszug), Allgemeines Gleichbehandlungsgesetz (Auszug) einschließlich Rom I- und Rom II-Verordnungen, Allgemeines Gleichbehandlungsgesetz (Auszug), BGB-Informationspflichten-Verordnung, Wohn- und Betreuungsvertragsgesetz, Unterlassungsklagengesetz, Produkthaftungsgesetz, Erbbaurechtsgesetz, Wohnungseigentumsgesetz, Versorgungsausgleichsgesetz, Lebenspartnerschaftsgesetz, Gewaltschutzgesetz, 68. Auflage, München 2009 (Zitierweise: Palandt/*Bearbeiter*).

Peter, Gabriele: Rechtsschutz für „Niedriglöhner" durch Mindestlohn, ArbuR 1999, 289–296.

Peter, Gabriele/*Kempen,* Ernst Otto/*Zachert,* Ulrich: Die Sicherung tariflicher Mindeststandards – Rechtliche und rechtspolitische Aspekte, Baden-Baden 2004 (Zitierweise: *Bearbeiter,* in: Peter/Kempen/Zachert, Sicherung tariflicher Mindeststandards).

Pieroth, Bodo: Koalitionsfreiheit, Tarifautonomie und Mitbestimmung, in: Badura, Peter/Dreier, Horst (Hrsg.), Festschrift 50 Jahre Bundesverfassungsgericht, Zweiter Band, Klärung und Fortbildung des Verfassungsrechts, Tübingen 2001, S. 293–317.

Pieroth, Bodo/*Schlink,* Bernhard: Grundrechte, Staatsrecht II, 24. Auflage, Heidelberg 2008.

Plesterninks, Ingo: Entsenderegelungen nach nationalem und europäischem Recht, Frankfurt am Main 1998.

Preis, Ulrich/*Temming,* Felipe: Anmerkung zu BAG vom 20.7.2004, EzA AEntG § 1 Nr. 3.

– Die Urlaubs- und Lohnausgleichskasse im Kontext des Gemeinschaftsrechts, Frankfurt am Main 2006.

Preis, Ulrich/*Ulber,* Daniel: Tariftreue als Verfassungsproblem, NJW 2007, 465–471.

Rebhahn, Robert: Entsendung von Arbeitnehmern in der EU – arbeitsrechtliche Fragen zum Gemeinschaftsrecht, DRdA 1999, 173–186.

Reichert, Friedhelm: Vergaberechtlicher Zwang zur Zahlung von Tariflöhnen – Die sogenannten „Tariftreueerklärungen" und ihre Vereinbarkeit mit deutschem und europäischem Wirtschafts- und Vergaberecht, Berlin 2007.

Reichold, Hermann: Abschied von der Tarifeinheit im Betrieb und die Folgen; RdA 2007, 321–328.

Reinecke, Gerhard: Kontrolle Allgemeiner Arbeitsbedingungen nach dem Schuldrechtsmodernisierungsgesetz, DB 2002, 583–588.

– Vertragskontrolle im Arbeitsverhältnis, NZA Beilage 3/2000, 23–33.

Richardi, Reinhard: Gestaltung der Arbeitsverträge durch Allgemeine Geschäftsbedingungen nach dem Schuldrechtsmodernisierungsgesetz, NZA 2002, 1057–1064.

Rieble, Volker: Arbeitsmarkt und Wettbewerb – Der Schutz von Vertrags- und Wettbewerbsfreiheit im Arbeitsrecht –, Berlin/Heidelberg/New York 1996.

– Der Fall Holzmann und seine Lehren, NZA 2000, 225–234.

– Tariftreue vor dem BVerfG, NZA 2007, 1–4.

Rieble, Volker/*Bonmann,* Ingmar: Anmerkung zu BAG vom 20.7.2004, SAE 2005, 194–197.

Rieble, Volker/*Lessner,* Jan: Arbeitnehmer-Entsendegesetz, Nettolohnhaftung und EG-Vertrag, ZfA 2002, 29–89.

Sachs, Michael (Hrsg.): Grundgesetz – Kommentar, 5. Auflage, München 2009 (Zitierweise: Sachs/*Bearbeiter*).

Säcker, Franz Jürgen: Grundprobleme der kollektiven Koalitionsfreiheit – Rechtsquellen- und interpretationstheoretische Bemerkungen zur legislativen und judikativen Konkretisierung des Art. 9 Abs. 3 GG, Düsseldorf 1969.

Sansone, Piero/*Ulber,* Daniel: Neue Bewegung in der Mindestlohndebatte?, AuR 2008, 125–131.

Schaub, Günther (Hrsg.): Arbeitsrechts-Handbuch – Systematische Darstellung und Nachschlagewerk für die Praxis, 12. Auflage, München 2007 (Zitierweise: Schaub/*Bearbeiter*).

Scherer-Leydecker, Christian: Kurzkommentar zu EuGH vom 3.4.2008, EWiR 2008, 375–376.

Schlachter, Monika: Anmerkung zu BAG 9.7.2003, RdA 2004, 179–181.

– Gemeinschaftsrechtliche Grenzen der Altersbefristung, RdA 2004, 352–358.

– Grenzüberschreitende Arbeitsverhältnisse, NZA 2000, 57–64.

– Grenzüberschreitende Dienstleistungen: Die Arbeitnehmerentsendung zwischen Dienstleistungsfreiheit und Verdrängungswettbewerb, NZA 2002, 1242–1248.

Schleusener, Axel Aino: Der Begriff der betrieblichen Norm im Lichte der negativen Koalitionsfreiheit (Art. 9 Abs. 3 GG) und des Demokratieprinzips (Art. 20 GG), ZTR 1998, 100–109.

– Die Zulässigkeit qualitativer Besetzungsregelungen in Tarifverträgen, Berlin 1997.

Schlüter, Wilfried: Tarifmacht gegenüber Außenseitern – Zur Verfassungsmäßigkeit der tariflichen Schlichtungsstellen (§ 76 Abs. 8 BetrVG) –, in: Leßmann, Herbert/Großfeld, Bernhard/Vollmer, Lothar (Hrsg.), Festschrift für Rudolf Lukes zum 65. Geburtstag, Köln/Berlin/Bonn/München 1989, S. 559–573.

Schmidt-Eriksen, Christoph: Tarifvertragliche Betriebsnormen – Zum Konflikt individueller und kollektiver Gestaltung des Arbeitsverhältnisses und zur Reichweite tarifvertraglicher Gestaltungsmacht gegenüber dem Arbeitgeber, Baden-Baden 1992.

Schmitt, Jochen: Anmerkung zu BAG vom 24.3.2004, SAE 2005, 201–204.

Schöne, Franz-Josef: Dienstleistungsfreiheit in der EG und deutsche Wirtschaftsaufsicht, Köln/Berlin/Bonn/München 1989 (Zitierweise: *Schöne,* Dienstleistungsfreiheit und deutsche Wirtschaftsaufsicht).

Schrammel, Walter: Dienstleistungsfreiheit und Sozialdumping, EuzA 2009, 36–46.

Schubert, Claudia: Ist der Außenseiter vor der Normsetzung durch die Tarifvertragsparteien geschützt? – Ein Beitrag zum sachlichen Schutzbereich der negativen Koalitionsfreiheit, RdA 2001, 199–207.

Schüren, Peter: Tarifgeltung für Außenseiter? – „No Taxation without Representation!", RdA 1988, 138–149.

Schwab, Brent: Anmerkung zu BGH vom 18.1.2001, AuR 2000, 273–275.

– Anmerkung zu BVerfG 11.7.2006, AuR 2007, 97–100.

– Die vergaberechtliche „Tariftreueerklärung" im Spannungsfeld zwischen Arbeitsrecht und Wettbewerb, NZA 2001, 701–707.

Schwarze, Jürgen (Hrsg.): EU-Kommentar, Baden-Baden 2000 (Zitierweise: Schwarze/ *Bearbeiter*).

Schwarze, Roland: Der Betriebsrat im Dienst der Tarifvertragsparteien, Berlin 1991.

– Die verfassungsrechtliche Garantie des Arbeitskampfes – BVerfGE 84, 212, JuS 1994, 653–659.

Seifert, Achim: Die vergaberechtliche Tariftreuepflicht vor dem Europäischen Gerichtshof – Urteil des Europäischen Gerichtshofs vom 3.4.2008 – Rechtssache Rüffert, EuZA 2008, 526–539.

– Rechtliche Probleme von Tariftreueerklärungen – Zur Zulässigkeit der Verfolgung arbeitsmarktpolitischer Zielsetzungen durch die Vergabe öffentlicher Bauaufträge –, ZfA 2001, 1–30.

Sellin, Jessica: Arbeitnehmermobilität und Entsenderecht – Tarif- und kollisionsrechtliche Autonomiebegrenzungen als Wettbewerbsschranken, Berlin 2006.

Selmayr, Martin: Die gemeinschaftsrechtliche Entsendungsfreiheit und das deutsche Entsendegesetz, ZfA 1996, 615–658.

Singer, Reinhard/*Büsing,* Tomke Christine: Anmerkung zu EuGH vom 24.1.2002, SAE 2003, 35–39.

Sittard, Ulrich: Deutscher Mindestlohn: Zur Ausdehnung des Arbeitnehmer-Entsendegesetzes und zur Fluchtmöglichkeit für Arbeitgeber, ZIP 2007, 1444–1449.

- Neue Mindestlohngesetze in Deutschland, NZA 2009, 346–351.
- Staatliche Außenseiterbindung zum Konkurrenzschutz? – Zur Rechtmäßigkeit der geplanten Tarifnormerstreckung in der Postbranche, NZA 2007, 1090–1093.

Steiff, Jakob/*André*, Tobias: Konsequenzen aus dem EuGH-Urteil zur Tariftreue, NZBau 2008, 364–367.

Stoll, André: Eingriffsnormen im Internationalen Privatrecht – Dargestellt am Beispiel des Arbeitsrechts, Frankfurt am Main 2002.

Streinz, Rudolf (Hrsg.): EUV/EGV – Vertrag über die Europäische Union und Vertrag zur Gründung der Europäischen Gemeinschaft, München 2003 (Zitierweise: Streinz/ *Bearbeiter*).

Stybny, Derk: Mindestlohn und Entsendegesetz in Deutschland – unter Berücksichtigung europarechtlicher Entwicklungen, in: Düwell, Franz Josef/Stückemann, Wolfgang/Wagner, Volker (Hrsg.), Bewegtes Arbeitsrecht, Festschrift für Wolfgang Leinemann zum 70. Geburtstag, Neuwied 2006.

Thüsing, Gregor: Anmerkung zu BVerfG vom 17.10.1995, EzA GG Art. 9 Nr. 60.

- Rechtsfragen grenzüberschreitender Arbeitsverhältnisse – Grundlagen und Neuigkeiten im Internationalen Arbeitsrecht, NZA 2003, 1303–1312.
- Schulden statt Schulen? – Zu U.S.-amerikanischen Vorläufern und zum ökonomischen Sinn eines Tariftreuegesetzes, NJW 2002, 2071–2072.
- Tarifautonomie und Gemeinwohl, in: Oetker, Hartmut/Preis, Ulrich/Rieble, Volker (Hrsg.), 50 Jahre Bundesarbeitsgericht, München 2004, S. 889–912 (Zitierweise: *Thüsing*, in: 50 Jahre Bundesarbeitsgericht).

Thüsing, Gregor/*Granetzny*, Thomas: Noch einmal: Was folgt aus Rüffert?, NZA 2009, 183–185.

Thüsing, Gregor/*Lambrich*, Thomas: Arbeitsvertragliche Bezugnahme auf Tarifnormen – Verbandsaustritt, Verbandswechsel, Betriebsübergang, RdA 2002, 193–213.

Thüsing, Gregor/*Müller*, Carsten: Geklärtes und Ungeklärtes im Internationalen Tarifrecht, BB 2004, 1333–1337.

Thüsing, Gregor/*Zacharias*, Diana: Anmerkung zu BVerfG vom 3.4.2001, EzA GG Art. 9 Nr. 75.

Tiedje, Teemu: Die Verfassungsmäßigkeit eines Tariftreueverlangens bei Bauauftragsvergabe, NZBau 2007, 23–27.

Tschöpe, Ulrich: Sind Entgeltabreden der Inhaltskontrolle nach §§ 305 ff. unterworfen?, DB 2002, 1830–1834.

von der Groeben, Hans/*Schwarze*, Jürgen (Hrsg.): Kommentar zum Vertrag über die Europäische Union und zur Gründung der Europäischen Gemeinschaften, Bd. 1: Art. 1–53 EUV, Art. 1–80 EGV, 6. Auflage, Baden-Baden 2003 (Zitierweise: *Bearbeiter*, in: von der Groeben/Schwarze).

Wagenitz, Thomas: Die personellen Grenzen der Tarifmacht, Frankfurt am Main 1972.

Wank, Rolf: Anmerkung zu BVerfG vom 10.1.1995, AP GG Art. 9 Nr. 76.

- Anmerkung zu BVerfG vom 14.11.1995, JZ 1996, 629–632.
- Die Entwicklung der Dienstleistungs- und Niederlassungsfreiheit in der EU, NZA Beilage 2/2005, 88–97.

Wank, Rolf/*Börgmann,* Udo: Die Einbeziehung ausländischer Arbeitnehmer in das deutsche Urlaubskassenverfahren, NZA 2001, 177–186.

Weber, Claus: Die Dienstleistungsfreiheit nach den Art.59 ff. EG-Vertrag – einheitliche Schranken für alle Formen der Dienstleistung?, EWS 1995, 292–296.

Weinacht, Felix: Vorlagebeschluss zur Berliner Tariftreueerklärung und vergabefremde Kriterien im Kartellvergaberecht, WuW 2000, 382–388.

Weyand, Joachim: Die tarifvertragliche Mitbestimmung unternehmerischer Personal- und Sachentscheidungen – eine Studie über die Zulässigkeit und die Möglichkeit der Mitbestimmung durch Tarifvertrag unter besonderer Berücksichtigung ihrer historischen Entwicklung, Baden-Baden 1989.

Wichmann, Julia: Dienstleistungsfreiheit und grenzüberschreitende Entsendung von Arbeitnehmern, Frankfurt am Main 1998.

Wiedemann, Herbert: Tarifautonomie und staatliches Gesetz, in: Farthmann, Friedhelm/ Hanau, Peter/Isenhardt, Udo/Preis, Ulrich (Hrsg.), Arbeitsgesetzgebung und Arbeitsrechtsprechung, Festschrift zum 70. Geburtstag von Eugen Stahlhacke, Neuwied/ Kriftel/Berlin 1995, S. 675–692.

- (Hrsg.): Tarifvertragsgesetz, 7. Auflage, München 2007 (Zitierweise: Wiedemann/ *Bearbeiter*).

Wiedmann, Ariane: Anmerkung zu EuGH vom 3.4.2008, EuZW 2008, 306–310.

Wimmer, Norbert: Die Gestaltung internationaler Arbeitsverhältnisse durch kollektive Normenverträge, Baden-Baden 1992.

Winkler von Mohrenfels, Peter: Abschluß des Arbeitsvertrages und anwendbares Recht, EAS B 3000.

Wolter, Henner: Tariftreue vor dem Bundesverfassungsgericht, AuR 2006, 137–144.

Wurmnest, Wolfgang: Das neue Internationale Arbeitsvertragsrecht der Rom I-Verordnung, EuZA 2009, 481–499.

Ziekow, Jan: Vergabefremde Zwecke und Europarecht, NZBau 2001, 72–78.

Zöllner, Wolfgang: Tarifmacht und Außenseiter, RdA 1962, 453–459.

Sachregister

Allgemeinverbindlichkeit 29 ff., 63, 177
Arbeitnehmer-Entsendegesetz 31 ff., 39, 40 f., 159, 173, 196
Arbeitnehmerfreizügigkeit 125, 161
Arbeitnehmerschutz 28, 50, 123, 154, 160 ff., 180 ff.
Arbeitsvertragsstatut 49 ff.
– Objektive Anknüpfung 50 ff.
– Rechtswahl 49 ff.
– Zwingende Bestimmungen 57 ff.

Berufsfreiheit 79, 118 f.

Dienstleistungsfreiheit 17, 41, 121 f. 129 ff., 193
– Beschränkungsverbot 133 ff.
– Diskriminierungsverbot 132, 135, 145
Diskriminierung
– mittelbare 137 ff., 146 ff.
– unmittelbare 142 ff.
Doppelbelastungsverbot 141, 166 f.

Entgeltvereinbarung
– AGB-Kontrolle 27, 45 ff.
– Sittenwidrigkeit 42 ff.
Entsenderichtlinie 122, 173 ff.
– Abschließender Charakter 178 ff.
– Anwendungsbereich 174
– Regelungsgegenstand 175
Entsendungsfreiheit 144 f.

Freizügigkeit, s. Arbeitnehmerfreizügigkeit

Inhaltskontrolle 27, 45 ff.

„Keck-Rechtsprechung" des EuGH 136, 152
Koalitionsfreiheit
– Ausgestaltung 92 ff., 98
– Eingriff 92 ff., 98
– kollektive 72 ff., 100, 107 f.
– negative 76 ff., 100 ff.
– positive individuelle 72, 106
– Reichweite (international) 86 ff.
– Schutzbereich 72 ff.

Lohnaufwand 149 ff., 172

Mindestbedingungen 159, 168 ff., 184
Mindestlohn 26, 40, 45, 116, 144 ff., 159, 167, 171, 185, 188

Öffentlicher Personennahverkehr 15, 21, 189 f.

Rechtswahl, s. Arbeitsvertragsstatut
Rom I-Verordnung 26, 48 f.
Rüffert-Entscheidung 18, 122, 125, 181, 197

Sanktionsmöglichkeiten 22, 66, 166, 194, 198
Sittenwidrige Lohnvereinbarung 42 ff.
Sozialdumping 16 f., 158 ff.
Sozialversicherungssysteme 154, 157 f.

Tarifeinheit 36 ff., 67
Tarifkonkurrenz 36 ff., 67
Tarifnormen
– allgemeinverbindliche 29, 62 ff., 156, 176 ff.

– Geltungsbereich 33 ff.
– Wirkung 27 f.
Tarifpluralität 36 ff.
Tariftreueerklärung
– deklaratorische 65, 148, 153, 198
– konstitutive 65 f., 148
Tarifvertragsfreiheit 25, 83, 104 f.

Tarifvertragsordnung 155 f.

Verwaltungsaufwand 146 ff.

Wettbewerbsverzerrung 16, 154, 158 ff.

Zwingende Bestimmungen
s. Arbeitsvertragsstatut

Die Einbeziehung politischer Zielsetzungen bei der öffentlichen Beschaffung

Zur Zulässigkeit der Verwendung sogenannter „beschaffungsfremder Kriterien" unter besonderer Berücksichtigung der Tariftreueerklärungen

Von

Nina Meyer

Schriften zum Europäischen Recht, Band 88
592 S. 2002 ⟨978-3-428-10816-9⟩ € 98,–

Haben öffentliche Auftraggeber ihre Beschaffungsentscheidungen strikt nach betriebswirtschaftlichen Kriterien auszurichten, oder dürfen sie auch politische Zielsetzungen einbeziehen, etwa indem sie frauenfördernde Betriebe bevorzugen, die Verwendung von Tropenholz ausschließen oder verlangen, daß den Arbeitnehmern bei der Ausführung des Auftrags der tarifliche Lohn gezahlt wird (Tariftreueerklärungen)? Diese meist unter dem Stichwort der „beschaffungsfremden" oder „vergabefremden Kriterien" verhandelte Frage ist Gegenstand der vorliegenden Arbeit.

Im ersten Teil klärt die Verfasserin die Terminologie und arbeitet das hinter den Begriffen stehende Sachproblem heraus. Außerdem führt sie Unterscheidungen ein, die für die im zweiten Teil folgende rechtliche Beurteilung von Bedeutung sind. Dort untersucht sie zum einen das Vergaberecht selbst. Zum anderen erörtert sie die in Betracht kommenden Normen nicht vergaberechtlicher Art. Nina Meyer illustriert ihre Untersuchung durch zahlreiche konkrete Beispiele. Eingehend behandelt sie die Tariftreueerklärungen einschließlich der bei diesen auftretenden Sonderprobleme.

Duncker & Humblot · Berlin

Schriften zum Sozial- und Arbeitsrecht

271 Christoph Roos
Die Akkreditierung fachkundiger Stellen und Zertifizierung für Träger von Maßnahmen der beruflichen Weiterbildung im System der Qualitätssicherung nach den §§ 77 ff. SGB III. Rechtliche Probleme und mögliche Lösungen für die betriebliche Praxis. 659 S. 2008 ⟨978-3-428-12699-6⟩ € 98,– E-BOOK

272 René von Wickede
Sonderkündigungsschutz im Arbeitsverhältnis. 509 S. 2009 ⟨978-3-428-12900-3⟩ € 98,– E-BOOK

273 Thomas Diehn
Rückkehrzusagen beim Betriebsübergang. 306 S. 2009 ⟨978-3-428-12838-9⟩ € 78,– E-BOOK

274 Stefan Koop
Das Tarifvertragssystem zwischen Koalitionsmonopolismus und Koalitionspluralismus. 365 S. 2009 ⟨978-3-428-12964-5⟩ € 88,– E-BOOK

275 Indra Burg
Positive Maßnahmen zwischen Unternehmerfreiheit und Gleichbehandlung. 316 S. 2009 ⟨978-3-428-12926-3⟩ € 78,– E-BOOK

276 Eva Maria Willemsen
Die arbeitsvertragliche Bezugnahme auf den Tarifvertrag bei Tarifwechsel. 484 S. 2009 ⟨978-3-428-12958-4⟩ € 98,– E-BOOK

277 Christian-David Wagner
Betriebliche Bündnisse für Arbeit – Retter der Tarifautonomie? 205 S. 2009 ⟨978-3-428-12965⟩ € 68,– E-BOOK

278 Katharina Paukner
Streikrecht entsandter ausländischer Arbeitnehmer im inländischen Betrieb. 239 S. 2009 ⟨978-3-428-13029-0⟩ € 82,– E-BOOK

279 Peter Breschendorf
Zweiteilung der Belegschaft. Chancen und Risiken einer Differenzierung nach der Gewerkschaftszugehörigkeit. 414 S. 2009 ⟨978-3-428-13009-2⟩ € 98,– E-BOOK

280 Konrad von Hoff
Das Verbot der Altersdiskriminierung aus Sicht der Rechtsvergleichung und der ökonomischen Analyse des Rechts. 418 S. 2009 ⟨978-3-428-13006-1⟩ € 98,– E-BOOK

281 Jan von Trotha
Stress am Arbeitsplatz – Haftung des Arbeitgebers auf Schadensersatz für hieraus resultierende Gesundheitsschäden? Ein Beitrag zur Entwicklung eines Haftungsmodells unter besonderer Berücksichtigung der britischen Rechtsprechung zu dieser Frage. 331 S. 2009 ⟨978-3-428-13105-1⟩ € 88,– E-BOOK

282 Asusa Schul
Verlagerung der Betriebsratszuständigkeit. 294 S. 2009 ⟨978-3-428-12927-0⟩ € 98,– E-BOOK

283 Florian Dehmel
Das Leistungsverweigerungsrecht des Arbeitnehmers an seiner Arbeitsleistung. 325 S. 2009 ⟨978-3-428-13142-6⟩ € 88,– E-BOOK

284 Wolfgang Lucht
Nachfolgende Betriebsvereinbarungen über Direktzusagen einer betrieblichen Altersversorgung. Ein Beitrag zur gerichtlichen Kontrolle von Betriebsvereinbarungen und zur entgeltlichen Struktur der Zusage einer arbeitgeberfinanzierten betrieblichen Altersversorgung. 475 S. 2009 ⟨978-3-428-13018-4⟩ € 98,– E-BOOK

Internet: www.duncker-humblot.de